Mutige Menschen
Widerstand im Dritten Reich

Christian Nürnberger

MUTIGE MENSCHEN

Widerstand im Dritten Reich

Mit Illustrationen von Katharina Bußhoff

Gabriel

Das wirklich Irrationale und tatsächlich Unerklärbare
ist nicht das Böse, im Gegenteil: es ist das Gute.
Imre Kertész

Inhalt

Vorwort

Es waren nur zwölf Jahre. Eine kurze Spanne in der langen Geschichte der Menschheit. Und doch fallen diese wenigen Jahre zwischen 1933 und 1945 aus dem Strom der Zeit heraus wie kein anderer Abschnitt. Noch heute, sechs bis sieben Jahrzehnte danach, stellt sich dieser Augenblick der Weltgeschichte dem Zurückblickenden so groß und ungeheuer ins Sichtfeld, dass es ihm schwerfällt, die Zeit dahinter noch wahrzunehmen. So etwas wie das absolut Böse war in jenen zwölf Jahren zur Herrschaft gekommen, und wer, wie ich, sechs Jahre nach dem Ende dieser Herrschaft geboren wurde, darf sich als Davongekommener glücklich schätzen, denn keiner weiß, wie er sich damals verhalten hätte.

Meine erste Erinnerung an das Ungeheure ist eine kurze Filmszene in Schwarz-Weiß. Ich weiß nicht mehr, wann ich sie gesehen habe, ich weiß nicht mehr, wie der Film hieß, weiß nur, dass ich noch Kind war, und ich in dieser einzigen Szene eigentlich schon alles Wesentliche, was diese zwölf Jahre ausmachte, erfasst hatte. Die Szene zeigt, wie deutsche Uniformierte Hunderte von Juden – Männer, Frauen, Junge, Alte und Kinder – zu einem Bahnhof treiben und dort unter großem Geschrei die Menschen in fensterlose Vieh-Waggons stoßen, prügeln, schubsen und zusammenpferchen, bis jeder Waggon so voll ist, dass keine weitere Person mehr hineinpasst.

In so einem berstend vollen Waggon steht eine Mutter, die ihr Kind zu sich hereinziehen will, ein kleines Mädchen, vielleicht fünf oder sechs Jahre alt. Aber ein Uniformierter entreißt der Mutter das Kind, reicht es nach hinten weiter, die Mutter tobt, schreit, will aus dem Waggon springen, aber wird zu-

9

rückgestoßen. Man sieht das Mädchen, das immer weiter nach hinten gedrängt wird, wie es zurückblickt auf die weinende, verzweifelte Mutter, die von mehreren kräftigen Männern am Absprung gehindert wird, bis andere die Klappe zumachen und den Wagen verriegeln. Dann stampft und zischt die schwarze Lok mit den todgeweihten Menschen in seinen Wagen unter Rauch- und Dampfschwaden aus dem Bahnhof. Das Kind verschwindet in der Menge. Es wird mit dem nächsten Zug in ein Vernichtungslager gebracht, aber in ein anderes als das, wohin seine Mutter unterwegs ist. Die beiden sehen sich nie wieder.

Ein Herrenmenschen-Volk hatte alle anderen zu Untermenschen erklärt und die Juden zu Ungeziefer. Mutter-Kind-Beziehungen gibt es bei Ungeziefer nicht. Daher konnten die Männer sachlich und ungerührt, ohne Beanspruchung ihres Gewissens, die Mutter und das Kind auseinanderreißen, beide ihrem grausamen Schicksal überlassen, und zugleich konnten sie daheim weiterhin liebende Ehemänner und zärtliche Familienväter bleiben, die selbst ihrem Hund oder ihrer Katze mehr Mitgefühl entgegenbrachten als dieser jüdischen Mutter und deren Kind.

Das Ungeheuerliche dieser Zeit hatte ich in dieser einzigen Filmszene erfasst. Verstanden, wie so etwas möglich war und wie es dazu hat kommen können, hatte ich nicht. Und schon gar nicht hätte ich es damals und auch noch Jahre später für möglich gehalten, dass ich vielleicht selbst dabei mitgemacht hätte. Dazu bedurfte es noch vieler weiterer Filme, Bücher, der Berichte von Zeitzeugen und vor allem einer wachsenden Selbsterkenntnis.

Es gibt noch ein zweites Bild, das sich tief in mein Gedächtnis gegraben hat, ebenfalls aus einem Film: Durch das Schaufenster eines jüdischen Geschäfts fliegen Steine. Die Ehefrau des Ladeninhabers schreit entsetzt auf. Der Ehemann beruhigt sie mit den Worten: »Du musst dich nicht aufregen, das sind dumme Jungen, draußen steht ein Polizist, den werde ich auf den Vorfall aufmerksam machen, und dann wird alles seinen geordneten Gang gehen. Diese dummen Jungen werden nie wieder einen Stein in unseren Laden werfen.«

Dann geht der Mann hinaus zu dem Schutzmann auf der Straße, beginnt ihm von dem Vorfall zu erzählen – und wird von dem Ordnungshüter barsch unterbrochen mit den Worten: »Schweig, Saujud.« Der Mann verstummt augenblicklich. Die Kamera zeigt sein Gesicht, seine Augen, und der Zuschauer sieht, wie in diesem Moment für den Mann eine Welt zusammenbricht. Dann erfolgt ein Schwenk auf die Steinewerfer, die an die Wand des Hauses schreiben: »Kauft nicht beim Juden.« Und der sogenannte Schutzmann schützt nicht, steht dabei und greift nicht ein. Der »Ordnungshüter« sieht beifällig nickend zu, wie sich die Ordnung in Deutschland auflöst und alles aus den Fugen gerät. Von jetzt an müssen Juden, Sinti, Roma, Sozialdemokraten und Kommunisten Angst haben, wenn jemand an die Haustür klopft. Es könnten Beamte der Geheimen Staatspolizei (Gestapo) sein, mit einem Haftbefehl in der Tasche. Gefängnis, Zwangsarbeit, Folter, Tod können die Folgen sein.

Juden hatten ein tiefes Zutrauen zum deutschen Staat und seine Ordnung. Juden bewunderten diesen Staat und haben im Ersten Weltkrieg für ihn gekämpft, sind verwundet worden, gefallen, haben stolz das Eiserne Kreuz und andere Auszeichnungen getragen, die ihnen für ihren Kampf verliehen worden waren. Darum sind sie in Deutschland geblieben, als Adolf Hitler 1933 an die Macht kam, statt zu fliehen und sich zu retten, als dies noch gefahrlos möglich gewesen wäre.

Sie hatten gedacht, die Deutschen seien ein vernünftiges, zivilisiertes Volk, Hitlers Herrschaft werde eine kurze Episode bleiben. Ihr Vertrauen in die deutsche Kulturnation war zu groß, als dass sie sich hätten vorstellen können, dass diese Nation sie schon wenige Jahre später durch die ganze Welt hetzen, verhaften, deportieren, wie Ungeziefer behandeln und millionenfach ermorden würde.

Das Beklemmende für mich und meine ganze Generation der Nachkriegsgeborenen war und ist, dass unsere Eltern und Großeltern in dieser Zeit gelebt haben und auf irgendeine Weise in diese Geschichte verstrickt waren. Die Steinewerfer, der Polizist, die Leute, die plötzlich »Judensau« brüllten, die vielen, die geschwiegen und weggesehen haben, wenn Juden auf der Straße schikaniert, durch die Straßen gehetzt, geschlagen, getreten und gedemütigt wurden, die Bürger, die ihre jüdischen Nachbarn und Bekannten von heute auf morgen nicht mehr grüßten, die Beamten, die darüber wachten, dass sich Juden den Davidsstern auf die Kleider nähten, die Denunzianten, die andere anzeigten, wenn sie einen Juden versteckten, die Menschen, die sich an jüdischem Besitz und Vermögen bereicherten, all die vielen willigen Helfer und Wähler Hitlers samt der evangelisch und katholisch Getauften, die sechs Millionen ihrer jüdischen Brüder in ganz Europa zusammentrieben, in Viehwaggons pferchten, in die Konzentrationslager transportierten und sie dort in den Tod schickten – das war die Generation meiner Eltern, Großeltern und Lehrer.

Ein Volk, das deutsche, hatte versucht, ein anderes Volk, das jüdische, restlos auszurotten. Fast wäre es gelungen und die Täter hießen wie wir, die Kinder der Täter. Ob sie sich nun einfach nur passiv verhalten oder mehr oder weniger aktiv mitgewirkt haben. Sie waren verstrickt, haben ihre Verstrickung lange beschwiegen und nur durch beharrliches Nachfragen widerwillig Auskünfte erteilt, die meistens auf den Satz hinausliefen: »Ihr könnt da gar nicht mitreden, ihr könnt euch kein Urteil über uns anmaßen, denn ihr seid nicht dabei gewesen, im Übrigen haben wir dafür bezahlt, wir sind um unsere Jugend betrogen worden und möchten nun nicht mehr daran erinnert werden, sondern nach vorne schauen.«

Meine beiden Großväter, einfache Bauern, hatten Hitler von Anfang an durchschaut, mein Vater nicht. Er war dabei bei den Aufmärschen am Reichsparteitagsgelände in Nürnberg und hatte die Aufgabe, als Wachmann mit geladenem Gewehr für Hitlers Sicherheit zu sorgen. »Ich stand zwölf Meter von Hitler entfernt«, erzählte mein Vater, »es wäre mir ein Leichtes gewesen, ihn mit einem einzigen Schuss niederzustrecken.«

Kann sein, dass das nutzlos gewesen wäre. Vielleicht hätten Göring, Himmler, Goebbels damals, 1936, einfach fortgesetzt, was Hitler begonnen hatte. Vielleicht hätten sie sich aber auch im Kampf um Hitlers Nachfolge gegenseitig umgebracht, das nationalsozialistische Wahnsystem wäre zusammengebrochen und Deutschland wäre zur Demokratie zurückgekehrt. Auch das wäre möglich gewesen.

Mein Vater hatte nicht geschossen, Hitler konnte sein katastrophales Werk fortsetzen. Am Ende dieser zwölf Jahre war die Erde getränkt mit dem Blut von einer unvorstellbaren Zahl an toten Soldaten und Zivilisten. Nach Schätzungen, die stark voneinander abweichen, lag die Zahl der Toten und Vermissten des Zweiten Weltkriegs bei rund 55, vielleicht auch 60 Millionen. Dazu kommen Millionen Flüchtlinge, Vertriebene, Verletzte und Enteignete. Pommern, Schlesien, Ostpreußen und das Sudetenland gingen den Deutschen verloren und der Rest wurde geteilt, sodass es vierzig Jahre lang zwei deutsche Staaten gab, die Bundesrepublik und die DDR.

Vor diesen zwölf Jahren war Deutschland eine weltweit geachtete Wirtschafts-, Wissenschafts-, Technologie- und Militärmacht und eine bewunderte Kulturnation, deren Kunst, Musik und Literatur in der ganzen Welt geschätzt wurden. Danach wurde es eine relativ unbedeutende Mittelmacht, die nur im Verbund mit den anderen europäischen Mittelmächten noch etwas in der Welt erreichen kann. Während der zwölf Jahre dazwischen hat dieses Land seine größten Geister und kreativsten Menschen im Krieg verheizt, ins Ausland getrieben oder in Gefängnissen und Konzentrationslagern ermordet. Was es in den tausend Jahren zuvor aufgebaut hatte, hat es innerhalb von zwölf Jahren selbst zerstört. Andere Völker haben dafür ganze Epochen gebraucht.

Zu welchen Verbrechen der Mensch fähig ist, hat man schon immer gewusst, aber dass er auch zu dem fähig ist, was in jenen zwölf Jahren in Deutschland geschah, das wusste man noch nicht. Das war neu, das überschattet auch bis heute und vermutlich noch lange in der Zukunft die Verbrechen der anderen, wie etwa das Morden und Foltern unter Josef Stalin in Russland oder Mao Tse Tung in China. Auch die etwas weiter zurückliegenden Verbrechen der europäischen Kolonialherren – Engländer, Spanier, Portugiesen, Franzosen, Belgier, Holländer – in den Kolonien in Afrika, Asien und Amerika, die Versklavung der Schwarzen oder die Ausrottung der Indianer reichen nicht an den deutschen Versuch heran, alle Angehörigen eines Volkes systematisch überall auf der Welt aufzuspüren, sie in extra dafür gebaute Vernichtungsfabriken zu transportieren und dort industriell auszulöschen, bürokratisch, rational, kalt, leidenschaftslos, logistisch und technisch perfekt, wahnsinnig.

Ein tausendjähriges Reich unter der Herrschaft der Deutschen wollten Adolf Hitler, dessen zahlreiche Helfer und Millionen Zujubler errichten. Gelungen ist ihnen, dass man sich ihrer auch noch in tausend Jahren mit Schrecken erinnern wird. Ihre Taten werden für immer als historisch einmaliges und unvergleichliches Ereignis aus den vielen »normalen« Katastrophen der Menschheitsgeschichte herausragen.

Die sechs Millionen Juden, die Hitler hat umbringen lassen, hätten vielleicht überleben können, wenn mein Vater geschossen hätte. Ein einziger Schuss aus dem Gewehr meines Vaters hätte vielleicht verhindern können, dass 55 Millionen Menschen sterben mussten. Mich gäbe es dann nicht, denn diesen Schuss auf Hitler hätte mein damals 25-jähriger Vater nicht überlebt.

Keinem der vielen Millionen Menschen, die dann überlebt hätten, hätte ich gefehlt, niemand hätte mich vermisst, die Weltgeschichte wäre wahrscheinlich glücklicher verlaufen.

Warum hat mein Vater nicht geschossen? Warum haben die vielen anderen, die Hitler so nahe gekommen waren wie er, nicht geschossen? Natürlich, weil sie um ihr eigenes Leben fürchteten, aber vor allem, weil sie keine Notwendigkeit dafür sahen. Mein Vater war, wie Millionen andere auch, von Hitler fasziniert. Die Aufmärsche von rund 500 000 Teilnehmern aus Hitlers Partei, der SA[1], der Wehrmacht und des Staates auf dem Nürnberger Parteitagsgelände, die Fahnen, die Musik, Hitlers Reden, die gesamte Inszenierung solch eines noch nie gesehenen Massenspektakels, das hat meinen Vater und Millionen anderen Deutschen die Gänsehaut auf den Rücken getrieben. Sie dachten, etwas Großes geschehe, und sie wollten daran mitwirken, um sich selber groß vorzukommen.

Ursprünglich war mein Vater Sozialdemokrat, aber dann, als er sah, dass es plötzlich wieder Arbeit gab für alle, dass es den kleinen Leuten zunehmend besser ging, sie sogar in Urlaub fahren durften, und erst recht später, als Hitler durch seine Blitzsiege in Polen und in der Tschechoslowakei einen nationalen Siegestaumel auslöste, da zog auch er seine SA-Stiefelchen an und wollte mit den Siegern sein. Er war ein Mitläufer. Die Persönlichkeit, die er hätte sein müssen, um das Gewehr auf Hitler zu richten und abzudrücken, war er nicht.

Wenigstens war er kein Judenmörder und kein Kriegsverbrecher. Ein günstiges Schicksal hatte ihn davor bewahrt, zum Täter zu werden. In den Krieg musste er nicht ziehen, weil er wegen eines Schädelbasisbruchs, den er bei einem Motorradunfall erlitten hatte, kriegsuntauglich war. Juden gab es nicht in dem kleinen Dorf, in dem er seinen Hof bewirtschaftete. Er konnte sich also auch nicht an ihnen vergreifen und sich nicht auf ihre Kosten bereichern. Ich durfte in einem Haus aufwachsen, in dem es nichts gab, was aus geraubtem jüdischen Besitz, sogenanntem arisierten Vermögen, stammte.

---

[1] Die »Sturmabteilung«, SA genannt, war eine militärähnliche Kampforganisation der NSDAP, die in der Öffentlichkeit präsent war durch ihre Aufmärsche, und in Straßen- und Saalschlachten gewaltsam gegen Kommunisten, Sozialdemokraten und Juden vorging. Zeitweise diente sie Hitler auch als Hilfspolizei.

Nach dem Krieg hatte er das Unrecht eingesehen, das durch ihn und seine Generation über die Welt gekommen war, hat sein Versagen nicht beschwiegen, sondern es bereut, ist wieder ein braver Sozialdemokrat geworden und geblieben bis zuletzt. Und ich, sein Sohn, kann ihn nicht anklagen, dass er kein Held gewesen ist, weil ich nicht weiß, ob ich einer gewesen wäre.

Mein Vater war ein einfacher ungebildeter Mann. Warum sollte er an Hitler zweifeln, wenn Gebildetere als er Hitler zugejubelt haben? Pfarrer haben von der Kanzel herab Hitler verehrt und die Juden verdammt. Die »Deutschen Christen« haben zum Christentum konvertierte Juden aus ihrer Kirche hinausgeworfen. Die Zeitungen, das Radio waren voll des Lobes über Hitler. Einer der größten Philosophen Europas, Martin Heidegger, hat Jahre gebraucht, um zu erkennen, dass er einem Verbrecher auf den Leim gegangen war, und so mancher Absolvent eines humanistischen Gymnasiums oder eines christlichen Internats hat auch nach dem Krieg noch nicht einsehen wollen, dass die Deutschen eine katastrophale Schuld auf sich geladen haben, die abzutragen noch viele Generationen beschäftigen wird. Vor diesem Hintergrund erscheint es eher als erstaunlich, dass meine ungebildeten Großväter über Hitler klüger urteilten als viele Gebildete. Geschwiegen hatten aber auch meine beiden Großväter, die Großmütter ebenfalls, die Mutter auch.

Als ich jung war, hatte ich lange nicht verstanden, warum es so wenige waren, die das offensichtliche Unrecht erkannt hatten. Noch weniger waren es, die es öffentlich benannt haben. Und ganz wenige haben dagegen mit Worten und Taten gekämpft. Heute, da ich älter bin und ich mich und die anderen Menschen näher kennengelernt habe, wundere ich mich eher, dass es überhaupt Menschen gab, die einsam und unter Lebensgefahr gegen den Strom geschwommen sind.

Ich muss in diesem Zusammenhang immer an die Geschichte des Autofahrers denken, der nachts auf der Autobahn aus dem Radio die Meldung hört, dass genau auf seinem Streckenabschnitt ein Geisterfahrer unterwegs sei. Er blickt aus dem Fenster und murmelt vor sich hin: Einer? Hunderte!

Es gibt manchmal im Leben und in der Geschichte Situationen, in denen der Geisterfahrer recht hat und tatsächlich nicht er auf der falschen Spur in die falsche Richtung fährt, sondern die vielen anderen. Es gehört viel Verstand dazu, um die Ausnahme von der Regel zu unterscheiden. Vor allem aber braucht es ein ungeheures Selbstbewusstsein, Vertrauen in die eigene Urteilskraft und Standvermögen, um als Einzelner gegen die übergroße Mehrheit mit sicherer Stimme zu behaupten: Ihr alle irrt, nur ich allein bewege mich in die richtige Richtung.

Inmitten einer Menge zu stehen, die zu Hunderttausenden »Sieg Heil« brüllt, und zu denken oder zu sagen, ihr seid alle verrückt, ist offenbar nur sehr starken Ausnahme-Persönlichkeiten möglich. Etlichen zehntausend Personen, Christen wie Juden, Kommunisten, Sozialdemokraten, Gewerkschaftlern, Liberalen und Nationalkonservativen war das möglich. Sosehr sie sich auch voneinander unterschieden, so verschieden ihre Herkunft war, so sehr einte sie die Überzeugung, dass so etwas wie ein göttliches oder moralisches Gesetz existiert, das unbedingt gelten muss, koste es auch das eigene Leben. Viele kostete es dann auch tatsächlich das Leben.

Eigentlich sind diese Menschen noch schwerer zu begreifen als die gewöhnlichen Täter und Mitläufer. Vor allem sind sie viel interessanter. Von solchen interessanten, außergewöhnlichen Persönlichkeiten, die einsam und unter Einsatz ihres Lebens gegen den übermächtigen Strom geschwommen sind, handelt dieses Buch. Es wird keine leichte Lektüre, denn die meisten der hier enthaltenen Geschichten enden mit einem Mord. Das ist schwer erträglich. Aber noch unerträglicher wäre es, wenn es diese wenigen nicht gegeben hätte. Seien wir dankbar und froh, dass es sie gab.

Das Welt-Schicksalsjahr 1933

Am 30. Januar 1933 legte sich ein dunkler Schatten über die Welt. Es wurde kalt in Europa und das Zentrum, von dem die Kälte ausging, gehörte zu Deutschland und hieß Berlin. Dort wurde Adolf Hitler zum Reichskanzler ernannt.

In jenen Tagen lebte in Dresden ein Literaturwissenschaftler, Professor für Romanistik an der Technischen Hochschule, der damit begann, seine alltäglichen Erlebnisse und Gedanken aus dieser Zeit in ein Tagebuch zu schreiben – Victor Klemperer. Den zum Protestantismus konvertierten Juden plagen zunächst ganz normale Alltagssorgen, wie sie viele andere auch hatten: Geldnöte, Schulden, berufliche Probleme, Kälte und Frost im schlecht geheizten Haus, ein Prozess gegen einen Betrüger. Aber je länger Hitlers Herrschaft dauert, desto stärker treten die politischen Probleme in den Vordergrund, werden Klemperers private Alltagssorgen zunehmend von der Judenfeindlichkeit der Regierung dominiert, die sich auch gegen konvertierte Juden richtet.

Kurz nach Hitlers Ernennung zum Reichskanzler schreibt Klemperer: »Es ist eine Schmach, die jeden Tag schlimmer wird. Und alles ist still und duckt sich, am tiefsten die Judenheit und ihre demokratische Presse.«

Wenige Wochen später, im März, heißt es: »Vollkommene Revolution und Parteidiktatur. Und alle Gegenkräfte wie vom Erdboden verschwunden.« Bang fragt er: »Wie lange werde ich noch im Amt sein?« Wenig später fügt er hinzu: »Noch zittert man nicht um sein Leben – aber um Brot und Freiheit.« Und immer wieder das Gefühl: »Niemand atmet mehr frei, kein freies Wort, weder gedruckt noch gesprochen. (…) Und niemand rührt sich, alles zittert, verkriecht sich.«

Er hat recht. Wenn auch nicht ganz.

Rund 200 Kilometer nördlich von Klemperers Wohnung spricht schon zwei Tage nach Hitlers Ernennung zum Kanzler ein junger Theologe Klartext. Dietrich Bonhoeffer markiert in Berlin in einem Rundfunkbeitrag die Grenzen, die dem Amt des »Führers« gesetzt sind. Zweieinhalb Monate später, Hitler hatte sich soeben mithilfe des »Arierparagrafen« die Möglichkeit verschafft, jüdische Beamte aus dem Staatsdienst zu entlassen, schreibt Bonhoeffer in einem Aufsatz, wo jetzt der Platz der Kirche zu sein habe: an der Seite der Juden. Und diesem Standpunkt bleibt Bonhoeffer treu, mit allen Konsequenzen, bis zu seiner Ermordung kurz vor Kriegsende.

Dort, in Berlin, kreuzt sich Bonhoeffers Weg mit dem eines anderen Theologen mit einer ganz anderen Herkunft, mit Martin Niemöller. Er gehört zu jenen, die als Nationalsozialisten begonnen, den Führerstaat begrüßt, Juden zur Zurückhaltung ermahnt haben – und dann doch Widerstandskämpfer geworden sind. Niemöller war ein deutsch-nationaler U-Boot-Kommandant im Ersten Weltkrieg, danach Kommandeur eines Freikorps, das die Weimarer Demokratie bekämpfte, wurde schließlich Landwirt, später Pfarrer und geriet als solcher zunächst nur deshalb in Widerspruch zu den Nazis, weil er die Vermischung von politischen Aussagen mit dem christlichen Glaubensbekenntnis ablehnte.

Einmal zum Widerspruch und eigenem Nachdenken herausgefordert, entwickelte sich der Nationalkonservative zum Kirchenkämpfer, Oppositionellen und Widerstandskämpfer, den die Nazis ins Konzentrationslager steckten. Er überlebte die Haft und den Krieg und wurde danach zu einem streitbaren, politisch weit links stehenden Kirchenmann, der sich bis zu seinem Lebensende immer wieder in die Tagespolitik einmischte und konservative Kreise gegen sich aufbrachte.

Auch Arvid Harnack war Mitglied der Nationalsozialistischen Deutschen Arbeiterpartei (NSDAP) und hatte in Berlin einen bedeutenden Posten im Reichswirtschaftsministerium – den er und seine amerikanische Frau Mildred nutzten, um mit den Russen gegen das Hitler-Regime zu arbeiten. Schon 1933 hatte Mildred einen Diskussionszirkel aufgebaut, aus dem 1939 das Widerstandsnetz *Rote Kapelle* entstand. Mildred und Arvid Harnack überlebten ihren Kampf gegen Hitler nicht.

Einer, der damals regelmäßig Kontakt hatte zu Mildred Harnack und der *Roten Kapelle*, war Robert Havemann, der selbst eine Widerstandsgruppe namens *Europäische Union* gegründet hatte. Auch er flog auf, wurde verhaftet, hat aber überlebt, nach dem Krieg am Aufbau der DDR mitgearbeitet in der Hoffnung, hier das bessere, freiere und friedlichere Deutschland entstehen zu lassen – und wurde, ähnlich wie Victor Klemperer, bitter enttäuscht. Auch er versprach sich viel vom ersten deutschen »Arbeiter- und Bauernstaat«.

Ungefähr zur selben Zeit, als Bonhoeffer seinen ersten öffentlichen Protest gegen Hitler artikuliert und Klemperer in Dresden verzweifelt auf Signale des Widerstands wartet, verlässt 310 Kilometer nordwestlich ein junger Sozialist seine Heimatstadt Lübeck, um nach Norwegen zu fliehen und von dort aus den Kampf gegen Hitler aufzunehmen, Willy Brandt heißt er. Er wird überleben und Kanzler eines anderen Deutschlands werden.

450 Kilometer südwestlich von Klemperer kämpft ein einfacher Handwerksgeselle, der Schreiner Georg Elser, mit den Widrigkeiten des Alltags. Sein Vater ist Alkoholiker, die Familie verschuldet. Georg Elser arbeitet still und unauffällig, so viel er kann, um die familiäre Not zu lindern. Den Hitlergruß verweigert er. Sonst fällt er nicht weiter auf, aber sechs Jahre später wird er ganz allein ein Bombenattentat auf Hitler verüben. Das misslingt.

Ebenfalls still und unauffällig bewältigt 2350 Kilometer südwestlich an der deutschen Botschaft in Madrid Fritz Kolbe, ein tüchtiger Konsulatssekretär, seinen Alltag. Er wird zum Oberinspektor befördert, nach Kapstadt versetzt und während des Krieges zum Oberkommando der Wehrmacht beordert. Dort erhält er Einblick in wichtige politische und militärische Geheimnisse. Die verrät er an die Amerikaner. Nicht für Geld, sondern weil er will, dass Hitler nicht das letzte Wort behält in Europa.

Im 470 Kilometer entfernten München wächst ein Mädchen heran, das erst zwölf Jahre alt ist, als Hitler an die Macht kommt. Es hat nur noch zehn Jahre zu leben, denn ab ungefähr 1942 schließt es sich der Widerstandsgruppe *Weiße Rose* an, verteilt Flugblätter gegen Hitler, ruft zum Sturz des NS-Regimes auf, wird verhaftet und 1943 ermordet, gemeinsam mit dem Bruder Hans und anderen Mitgliedern der Widerstandsgruppe.

Auch außerhalb Deutschlands gab es den Aufstand des Gewissens und der Menschlichkeit gegen Hitler. Dafür werden in diesem Buch zwei Beispiele erzählt, das von Janusz Korczak und Irena Sendler, beide aus Polen. Als deutsche Truppen Polen überfielen und besetzten, wurde systematisch Jagd auf Juden gemacht. In Warschau wurden sie aus ihren Wohnungen vertrieben und ins Getto gepfercht. Auch ein Waisenhaus mit jüdischen Kindern musste ins Getto. Als dort 200 Kinder von der SS zum Abtransport in das Vernichtungslager Treblinka abgeholt wurden, konnte der Leiter des Waisenhauses, der Arzt und Pädagoge Janusz Korczak, seine Kinder nicht im Stich lassen und bestand darauf, mitzufahren. Gemeinsam mit seinen Kindern starb er in der Gaskammer. Eine andere Polin, die Krankenschwester Irena Sendler, verschaffte sich unter dem Vorwand der Epidemiekontrolle Zugang zum Warschauer Getto und schmuggelte zusammen mit Helfern 2500 jüdische Kinder heraus, brachte sie in polnischen Familien, Klöstern und Waisenhäusern unter, verschaffte ihnen falsche Papiere und rettete ihnen dadurch das Leben.

Die größte, am weitesten verzweigte und für das Hitler-Regime gefährlichste Widerstandsgruppe aber hatte ihr Zentrum rund 200 Kilometer östlich von Berlin in einem kleinen Nest, das heute aber weltberühmt ist eben wegen des Widerstandes. Der Ort heißt Kreisau, liegt in Schlesien, heißt heute Krzyżowa und gehört zu Polen. Dort wohnte die Familie von Moltke. Dort traf sich von 1933 an fast alles, was Rang und Namen hatte und gegen Hitler war. Dieser *Kreisauer Kreis* wurde mit den Jahren immer größer und soziologisch immer bunter. Konservative Adlige, Sozialisten, Protestanten, Katholiken fanden sich auf dem Schloss von Helmuth James Graf von Moltke zusammen und berieten, wie man Hitler stürzen könne und wie es danach weitergehen sollte. Diese Menschen hätten sich zur Keimzelle eines neuen Deutschland entwickeln können, wenn nicht auch sie vorzeitig entdeckt und Hitlers Schlächtern ausgeliefert worden wären. Einige Mitglieder dieses Kreises hatten auch das Attentat des Grafen Claus Schenk von Stauffenberg mit geplant. Auch dieser Anschlag auf Hitler scheiterte, aber er wurde zum Symbol des Widerstandes und zum Beweis, dass sich nicht alle verkrochen hatten damals, wie es Victor Klemperer in seiner Einsamkeit erschien.

Klemperer konnte das natürlich nicht wissen, denn jede Opposition gegen Hitler war lebensgefährlich. Wer sich daran beteiligte, musste es heimlich tun, im Untergrund, vom Ausland aus, verdeckt, konspirativ. Zu Klemperer konnte daher von den geheimen Plänen und Aktionen nichts durchdringen.

Auch deshalb nicht, weil der ganze Widerstand letztlich erfolglos blieb. Viele derer, die es gewagt hatten, gegen die Barbarei zu kämpfen, haben mit ihrem Leben dafür bezahlt. Erreicht haben sie so wenig wie jene, die davongekommen sind. Es brauchte die geballte Kraft der Armeen Russlands, Amerikas, Englands und Frankreichs, um Hitler niederzuringen.

Daher kann man die Widerständler als Gescheiterte betrachten. Einzeln, immer nur für sich betrachtet, waren sie das auch, denn keiner hat sein Ziel – Hitlers Herrschaft zu beenden – erreicht. In ihrer Summe aber beweisen sie und all jene, die Juden versteckt, zur Flucht verholfen oder Oppositionelle beschützt, abgeschirmt oder vor der Gestapo bewahrt haben: Es hat auch ein anderes Deutschland gegeben. Das zu beweisen war ebenfalls ein Ziel vieler Widerständler und dieses Ziel haben sie erreicht.

Dank ihrer weiß die Welt: Nicht alle Deutschen waren Mörder. Nicht alle waren Mitläufer. Nicht alle haben geschwiegen. Gewiss, es waren wenige. Das lag aber nicht nur an einem allgemeinen Mangel an Mut, das lag auch daran, dass Hitler vom ersten Tag seiner Kanzlerschaft an seine Gegner systematisch verhaften, verschleppen und ermorden ließ, in die Flucht trieb oder im Krieg verheizte. Sie waren gar nicht mehr in der Lage, wirksam Widerstand zu leisten. So blieben nur noch wenige, die trotz aller Widrigkeiten und unter Lebensgefahr von der Existenz eines anderen Deutschlands künden konnten, aber es waren doch so viele, dass sie als Ganzes sichtbar hervortreten und man heute über sie sagen kann: Ihr Einsatz hat sich gelohnt. Ihre Handlungen waren nicht sinnlos. Sie haben uns Deutschen nach dem Krieg die Rückkehr in die Welt ermöglicht. Ihr Opfer war nicht umsonst.

Dietrich Bonhoeffer
Dem Rad in die Speichen fallen

* 1906 in Breslau ✸ 1912 Umzug der Familie nach Berlin ✸ 1923 Theologiestudium in Tübingen, Rom und Berlin ✸ 1927 Promotion ✸ 1928 Erstes theologisches Examen, Vikariat in Barcelona ✸ 1930 Zweites theologisches Examen und Habilitation, Studienaufenthalt am Union Theological Seminary in New York ✸ 1933–35 Pfarrer der deutschen evangelischen Gemeinde in London-Sydenham ✸ 1935 Leitung des Predigerseminars der *Bekennenden Kirche* in Zingst und Finkenwalde, nach der Schließung 1937 Fortsetzung im Untergrund ✸ 1936 Entziehung der Lehrerlaubnis für Hochschulen ✸ 1942 Begegnung mit dem Bischof von Chichester, George Bell ✸ 1943 Verlobung mit Maria von Wedemeyer ✸ 5. April Verhaftung durch die Gestapo unter Beschuldigung der Wehrkraftzersetzung ✸ 8. April 1945 Verurteilung zum Tod, Hinrichtung am 9. April

Maria hieß sie, war zwanzig Jahre alt und hatte sich gerade in einen 18 Jahre älteren Mann verliebt. Im Februar 1943 schrieb sie ihm: »Wenn Du mich hier so sehen würdest. Ich glaube, Du würdest mich manchmal gar nicht mögen. – Wenn ich so wild reite und mich mit Stallknechten auf Platt unterhalte. – (…). Wenn ich Grammophon spiele, dazu auf einem Bein durch die Stube hüpfe und auf das andere einen Strumpf mit einem riesengroßen Loch ziehe, (…) Ich mache noch viel schlimmere Sachen. Ich rauche eine Zigarre, weil ich solch ein Ding noch nie geraucht habe und doch wissen muß, wie das ist, und dann ist mir so sauhundeschlecht, daß ich weder zum Mittag noch zum Abendbrot etwas essen kann. – Oder ich stehe in der Nacht auf, ziehe ein langes Kleid an, tanze wie wild im Saal – gehe mit Harro spazieren und schlafe dafür am ganzen Vormittag durch.«

Im Mai 1944 schrieb sie, nachdem sie bei herrlichem Frühlingswetter im Garten gearbeitet hat: »Und vor allem freue ich mich drauf, das einmal in einem eigenen Gärtchen tun zu dürfen. Hilfst Du mir dann? Stellst Du Dir das nicht wahnsinnig lustig vor, wenn wir beide zusammen unseren Garten hübsch machen. In die Mitte kommt ein großer Rasenplatz, auf dem im Frühjahr Krokusse und dann Schlüsselblumen und Vergißmeinnicht wachsen. (...) In unserm Garten steht ein weißer Tisch mit Bank und Stühlen und im Sommer frühstücken wir draußen. Einen Hund haben wir vielleicht auch. – Es wird traumhaft schön werden. Und ich freue mich drauf!«

Der Traum wird sich nie erfüllen.

Der Mann, dem diese Briefe gelten, sitzt im Gefängnis und geht ein Jahr später aufs Schafott. Dietrich Bonhoeffer heißt er, Pfarrer ist er und gehört zu den wenigen in Deutschland und in der Evangelischen Kirche, die Hitler von Anfang an durchschauen und darum konsequent und kompromisslos bekämpfen.

Im Januar 1943 hat er sich mit Maria von Wedemeyer verlobt. Kaum drei Monate später wird er verhaftet. Aus dem Gefängnis schreibt er an den Freund Eberhard Bethge über seine Beziehung zu Maria: »Nun sind wir fast ein Jahr verlobt und haben uns noch nie eine Stunde allein gesehen. Ist das nicht Wahnsinn?«

Bei diesem Wahnsinn bleibt es.

Dietrich und Maria leben ihre kurze Liebe über Briefe aus. Zuletzt gibt es nicht einmal mehr Briefe. Der Kontakt zwischen den beiden reißt ab, als die Nazis ihn aus seinem Berliner Gefängnis holen, um ihn über mehrere Stationen quer durch Deutschland ins Lager Flossenbürg zu bringen. Als er dort am 9. April gehängt wird, wissen weder Maria noch seine Angehörigen, wo er ist, ob er noch lebt oder schon tot ist. Erst nach Kriegsende können sie mühsam in Erfahrung bringen, wie die letzten Monate in Dietrich Bonhoeffers Leben endeten.

Aus welchem Holz muss einer geschnitzt sein, der solch einen Leidensweg auf sich nimmt? Bonhoeffer hätte nach seiner Verlobung noch rechtzeitig aussteigen, sich aus der Gefahr begeben, mit seiner Maria ins Ausland fliehen können. Jeder normal verliebte Mensch hätte das getan, hätte sich gesagt: Pfeif auf Hitler, pfeif auf den Widerstand, die Liebe meines Lebens ist mir jetzt wichtiger, ich muss an unsere gemeinsame Zukunft denken. Er hat es nicht getan.

Und sie, Maria? Sie trug es mit. Nie hat sie ihn gebeten, um ihrer gemeinsamen Zukunft willen von seinem gefährlichen Tun abzulassen. Sie hat gebangt, gezittert um ihn, aber sich nie beklagt, nie daran gezweifelt, dass er tun muss, was er tut. Beide stimmten darin überein, dass es etwas gibt, was das Menschsein übersteigt und wichtiger ist als alles andere, wichtiger auch als ihre Liebe.

Wie wird man so? Wie entwickelt sich aus einem Kind ein junger Erwachsener, der lieber ins Gefängnis geht und seinen Tod in Kauf nimmt, als seine Verliebtheit auszuleben? Woher weiß einer, wann er ruhig mit dem Strom schwimmen kann und wann unter gar keinen Umständen? Woher nimmt er die Kraft, gegen den Strom zu schwimmen, woher den Mut, die Sicherheit des eigenen Urteils? Und woher die Gelassenheit gegenüber der Gefahr des Todes?

Bei den Menschen, die wir heute als Widerstandskämpfer bezeichnen, handelte es sich um sehr unterschiedliche Charaktere. Die einen waren zu Beginn für Hitler oder zumindest nicht gegen ihn und haben längere Zeit gebraucht, um gegen ihn zu sein, und noch länger, um ihn aktiv zu bekämpfen. Viele Offiziere der Wehrmacht gehörten zu dieser Gruppe. Andere, meist eher unpolitische Menschen, verhielten sich anfangs neutral, gleichgültig, abwartend, bis sie aktiv wurden. Eine dritte Gruppe wusste von Anfang an: Diesen Hitler, seine Helfer, deren Weltanschauung und deren Politik muss man bekämpfen, kompromisslos. Das waren in der Regel Kommunisten, die aber zuvor leider auch die Demokratie bekämpft und deshalb mit dazu beigetragen haben, Hitler zu ermöglichen. Und: Sie waren gegen Hitler, weil sie für Stalin waren, den anderen Diktator und Massenmörder.

Und dann gab es noch einige wenige wie Bonhoeffer, die von Anbeginn gegen diese ganze Diktatur kämpften, aber nicht, weil sie Kommunisten waren, sondern Christen. Und von jenen war Bonhoeffer der Entschiedenste, der schon ganz früh öffentlich opponierte und wusste: Da gibt es nicht viel zu diskutieren, da hat man keinen Entscheidungs- und Interpretationsspielraum. Entweder ist man Christ, dann kann man kein Nazi sein. Oder man ist Nazi, dann kann man kein Christ sein. Und dann gab es plötzlich massenhaft beides, christliche Nazis, nationalsozialistische Christen. Etwas, was Bonhoeffer zwar erschütterte, aber nicht verunsicherte, sondern nur sein theologisches Denken tief greifend veränderte.

Schon als junger Mann hatte er, wo andere schwankten, ein entschiedenes Urteil, kein vorschnelles, sondern eines, das Bestand hatte über den Tag hinaus. Als der 16-jährige Schüler Bonhoeffer im Jahr 1922 hörte, der Reichsaußenminister Walther Rathenau sei von Rechtsextremisten erschossen worden, habe Bonhoeffer mit großer Entrüstung reagiert, berichtet einer seiner Mitschüler. Rathenau war ein auf Ausgleich bedachter Friedenspolitiker, der Deutschland zu einem verlässlichen Partner in Europa entwickeln wollte. Seine Position war jedoch damals in konservativen Kreisen, im Adel, im Militär höchst umstritten. Nur wenige teilten sie, zu den wenigen gehörte Bonhoeffer.

Über dessen Reaktion auf den Rathenau-Mord sagte der genannte Mitschüler: »Ich erinnere mich, dass er fragte, wo denn Deutschland hinkommen solle, wenn man ihm seine besten Führer ermorde. Ich erinnere mich daran, weil ich es bewunderte, dass man so genau wissen konnte, wo man stand.«

Zu wissen, wo man steht, war nicht leicht in der jungen, von vielen Seiten angefeindeten Weimarer Demokratie. Bonhoeffer jedoch wusste es stets mit fast traumwandlerischer Sicherheit. Hitler war noch gar nicht an der Macht, aber schon gab Bonhoeffer wie ein Seher merkwürdige Sätze von sich. Verstanden haben sie wohl nur wenige, viele hielten sie für übertrieben, aber schon wenige Jahre später wurden sie traurige Realität: »Wir müssen uns nicht wundern, wenn auch für unsere Kirche wieder Zeiten kommen werden, wo Märtyrerblut gefordert werden wird«, sagte er in einer Predigt im Juni 1932.

Und als Hitler dann am 30. Januar 1933 zum Kanzler ernannt wurde, trug Bonhoeffer nur zwei Tage später im Rundfunk seine gegen Hitler gerichteten Gedanken über die Figur des Führers vor, der in der Gefahr steht, zum Verführer zu werden. Obwohl er da noch fast ganz im Sinne des konservativen Bürgertums argumentierte, gegen die Führerschaft einzelner Menschen nichts einzuwenden hatte und über Hitler selbst kein Wort verlor, brach die Sendeleitung Bonhoeffers Radio-Essay vorzeitig ab – zu brisant waren seine Gedanken, zu deutlich erkennbar war die indirekte, in seinen allgemeinen Erwägungen enthaltene Kritik an jenem Verführer, der sich mit »mein Führer« anreden ließ.

Während also die Masse des Volkes Hitlers Ernennung zum Reichskanzler feierte, andere sich noch abwartend verhielten und nicht wenige, selbst viele Juden, sich der irrigen Annahme hingaben, bei Hitler handle es sich um einen kurzen Spuk, gehörte Bonhoeffer schon zu jener sehr kleinen Minderheit, die mit untrüglichem Instinkt spürte, dass nun alles auf eine Katastrophe zusteuern würde, wenn den Nationalsozialisten kein Einhalt geboten werde. Tief sitzende antijüdische Vorurteile in gebildeten konservativen, kirchlichen und sogar liberalen Kreisen waren weit verbreitet. Kaum jemand ergriff Partei für die jüdischen Mitbürger, die nun von Tag zu Tag mehr unter Schikanen und Gewalt zu leiden hatten. Nur Bonhoeffer hatte lediglich zwei Monate gebraucht, um unerschrocken und deutlich wie immer seiner Kirche öffentlich ihren Platz an der Seite der Juden zuzuweisen.

Mit derselben Unerschrockenheit formuliert er zu dieser Zeit auch schon klar und hellsichtig wie kaum ein anderer ein Programm des Widerstands, das er dann später tatsächlich ganz konsequent durchziehen wird bis zu seinem Tod: Wenn der Staat gegen seine elementaren Pflichten verstößt und die Fundamente des Rechts aushöhlt, dann stehen der Kirche drei abgestufte Verhaltensmuster zur Verfügung. Erstens muss sie öffentlich Stellung beziehen gegen solch einen Staat, zweitens muss sie sich um die Opfer staatlichen Handelns – also beispielsweise um die Juden – kümmern und drittens besteht die Pflicht der Kirche darin, »nicht nur die Opfer unter dem Rad zu verbinden, sondern dem Rad selbst in die Speichen zu fallen«, womit gemeint ist: handfest einzugreifen, den Wagen zum Stehen zu bringen, durch aktiven Widerstand.

Nur ganz wenige hatten damals Ohren für diese Botschaft. Früh schon wurde es einsam um Bonhoeffer und es stellt sich die Frage: Warum haben nicht alle so klarsichtig und entschieden gehandelt wie er? Wie konnte die Masse der Deutschen sich dieser einzig richtigen und wahrhaft vernünftigen Position Bonhoeffers widersetzen? Und woher nahm Bonhoeffer die Kraft und die Sicherheit, der Masse zu widerstehen?

Letztgültig lassen sich solche Fragen nicht beantworten, aber vermutlich gilt für Widerstandskämpfer auch nur, was für alle Menschen gilt: Was aus einem wird, hängt am wenigsten von ihm selber ab, sondern von den Zufällen, in die einer hineingeboren wird und die ihm im Lauf seiner Entwicklung widerfahren. Auch Widerstandskämpfer wird man vermutlich nur zu einem geringen Teil aus eigener Kraft und zu einem großen aus geschenkter.

Der Tank, aus dem in der Regel die meiste Kraft kommt, die Kraft fürs Leben, ist etwas sehr Altes und sehr Einfaches: die Familie. Zu welchen Überzeugungen einer gelangt, welcher Charakter in ihm heranreift, wofür er sich interessiert und wofür nicht, ob er für seine Überzeugungen kämpft oder sie verleugnet oder nie welche entwickelt, wird stark vorbestimmt von der Familie, in der er aufwächst.

Natürlich spielen auch die Gene, körperliche Robustheit, Gesundheit und die geistig-seelischen Anlagen, mit denen einer geboren wird, eine Rolle. Aber auch das kommt von Mutter und Vater und deren Vorfahren. Im Verlauf der Entwicklung eines Kindes üben mit fortschreitender Zeit die Geschwister einen wachsenden Einfluss aus, dazu Verwandte, Lehrer, Pfarrer, und nicht zu vergessen die Lektüre und die religiös-weltanschaulichen Überzeugungen, mit denen ein Kind in Berührung kommt, was aber ebenfalls zum großen Teil ein Ergebnis des Familienlebens und eine Folge unvorhergesehener Ereignisse, Erlebnisse und Zufälle ist.

Was an dem Ort, an dem man aufwächst, gedacht wird, als Wahrheit gilt, für gut befunden wird und was nicht, das dringt unaufhaltsam in Leib, Seele und Geist eines heranwachsenden Menschen ein und gewinnt Macht über ihn. Wenn einer in eine Welt hineingeboren wird, in der er von lauter Mitläufern umgeben ist, wird er sehr wahrscheinlich ebenfalls ein Mitläufer. Denkt seine Welt antisemitisch, entwickelt er sich mit hoher Wahrscheinlichkeit zum Antisemiten.

Bevor also einer überhaupt erst damit beginnen kann, sich selbst zu formen, ist er schon vorgeformt worden von den Zusammenhängen und Strukturen, die nun einmal da sind, wenn man geboren wird, von einer Gesamtkonstellation, die sich aus dem Zusammenspiel von Familie, Politik, Wirtschaft, Technik, Religion, Geschichte, Landschaft, Schuldzusammenhängen und Verstrickungen seiner Zeit ergibt. So wird jeder zu einem Kind seiner Zeit und meistens gelingt es immer nur wenigen, sich von diesen zufälligen, aber prägenden Konstellationen zu emanzipieren und sich seine eigene Form zu geben. Es müssen viele günstige Umstände zusammenkommen, wenn einer es schafft, sich über die Zufälle seiner Existenz zu erheben, sich mit den Bedingtheiten seines Lebens auseinanderzusetzen, und sie in freier Entscheidung zu überwinden.

Man kann das gut zeigen am Beispiel des Pfarrers und Theologen Dietrich Bonhoeffer. Bei ihm ist es ein großbürgerlicher Professorenhaushalt in Breslau, in den er im Februar 1906 als sechstes von acht Geschwistern hineingeboren und in dem er geprägt wird. Die Familie bewohnt eines jener großen Bürgerhäuser, die man heute als »Herrenhaus« bezeichnen würde, und seine Bewohner fühlen sich auch so. Man weiß, wer man ist. Man hat Personal, Gesinde, das zu solch einem Haus gehört: die Köchin, das Stubenmädchen, der Chauffeur, die Erzieherin und weitere Dienstboten. Geldsorgen kennt die Familie nicht. Die Kinder haben genug Spielzeug, Bücher, Platz für Freunde, ein eigenes Zimmer, einen Garten und ein Ferienhaus im Harz.

Aber man versteht sich als Herr im guten Sinn. Im Hause Bonhoeffer beruft man sich nicht auf seine Herkunft, sondern auf seine Leistung. Man fühlt sich nicht geboren, um zu herrschen, sondern um zu dienen: Zwar mit Autorität und dem Anspruch auf Gehorsam, aber in Verantwortung für die, die einem anvertraut sind. Die Welt ist klar geordnet, die Rollen sind ebenso klar definiert und eindeutig zugewiesen. Wie in der Familie der Vater als Patriarch in der Mitte stand und alles dominierte, so stand in der Nation der Kaiser an der Spitze, und ihm war alles andere untergeordnet. Der Staat, die Nation, das Militär, das waren zu jener Zeit drei Faktoren, die sich selbstverständlicher und zugleich höchster Wertschätzung erfreuten im Bürgertum, im Großen und Ganzen auch im Hause Bonhoeffer.

Und so steht denn auch im Zentrum der Familie der Vater, Karl Bonhoeffer, Professor für Psychiatrie und Neurologie. Er ist nicht nur Vater, sondern eine Institution, zu der man als Kind Distanz hält und der man sich nur mit Respekt nähern kann. Er spricht leise und nicht viel. Umso größer ist die Aufmerksamkeit, wenn er etwas sagt, und umso gewichtiger ist das wenige, das er sagt. Entsprechend verlangt er auch von seinen Kindern, sich knapp, klar und sachlich auszudrücken – womit er diese einerseits einschüchtert, ihnen manche Hemmung auferlegt, sie andererseits zwingt, vor dem Reden zu denken.

Über die dadurch erzeugten Hemmungen dachte Bonhoeffer später, als Erwachsener, nach und kam zu dem Schluss, dass sie für ihn am Ende ein Vorteil waren: »Manche verderben sich selbst dadurch, dass sie sich mit Mittlerem abfinden und so vielleicht schneller zu Leistungen kommen, sie haben eben weniger Hemmungen zu überwinden. Ich habe es als einen der stärksten Erziehungsfaktoren in unserer Familie empfunden, dass man uns so viele Hemmungen zu überwinden gegeben hat (in Bezug auf Sachlichkeit, Klarheit, Natürlichkeit, Takt, Einfachheit etc.), bevor wir zu eigenen Äußerungen gelangen konnten. (...) Und manchmal dauert es lange, ehe man eine solche Hürde genommen hat, und man denkt wohl auch gelegentlich, man hätte auf sehr viel billigere, leichtere Weise zu Erfolgen kommen können, wenn man diese Hindernisse einfach umgangen hätte.«

Meistens sahen die Kinder ihren Vater nur bei Tisch, immer mittags um zwei, und dort ging es – nach heutigen Maßstäben – etwas steif zu. Die Kinder durften nur etwas sagen, wenn sie gefragt wurden. Hielt der Vater im Haus nachmittags Sprechstunde für seine Patienten, wurde von den Kindern absolute Rücksichtnahme verlangt. Das Arbeitszimmer des Vaters war tabu und durfte nur in ganz seltenen Ausnahmefällen mit besonderer Erlaubnis der Mutter betreten werden.

In den meisten bürgerlichen und großbürgerlichen Haushalten war das damals so. Das Leben, das Verhalten wie die Überzeugungen waren in ihren Grundmustern genormt. Selbstverständlich war man national gesinnt, selbstverständlich akzeptierte man die Monarchie. Und dass alle führenden Köpfe der Nation aus dem Adel und dem Großbürgertum stammten, hielt man für so selbstverständlich wie ein Naturgesetz. Auch der junge Dietrich Bonhoeffer dachte so, hielt nichts von der Sozialdemokratie, den Arbeiterparteien und schon gar nichts von den Kommunisten. Diese Kräfte bedeuten für ihn damals Unordnung, Chaos, die Macht der Straße, Anarchie, Bolschewismus.

Er hatte bis dahin allerdings auch nie seine großbürgerlichen Kreise verlassen, hatte nie einen Anlass, in jene Armutsviertel zu gehen, in denen die Arbeiter, die Arbeitslosen und sein Dienstpersonal lebten. Später, als Pfarrer, wird er in diese Viertel gehen. Und seine Meinung ändern.

Dass er es tut und sich damit aus seiner Familie entfernt, wurzelt dennoch im Leben seiner Familie. Innerhalb der ganzen Uniformität des Großbürgertums blieb noch ein großer Spielraum für beträchtliche Unterschiede zwischen den einzelnen Häusern, und diese Unterschiede brachten unterschiedliche Biografien hervor. So wissen sich die Bonhoeffer-Kinder bei aller Distanz zum Vater und dessen damals üblicher Strenge auf eine verborgene Weise dennoch von ihm geliebt, was damals noch weniger selbstverständlich war als heute. Sie bemerken die Liebe ihres Vaters nicht an seinen Worten, schon gar nicht an zärtlichen Gesten, Umarmungen, Gefühlsäußerungen, sondern an den Nuancen menschlichen Verhaltens, der sparsamen, von angestrengter Selbstbeherrschung reduzierten Mimik, Gestik und Sprache ihres Vaters.

Als im Jahr 1918 Dietrichs Bruder Walter im Ersten Weltkrieg getötet wird, zeigt der Vater äußerlich kaum eine Regung. Wie tief sein Schmerz tatsächlich war, wird erst sehr viel später deutlich, als die Familie herausfand, dass er von jenem Tag an zehn Jahre lang das Familientagebuch nicht weiterschreiben konnte.

Mindestens so wichtig wie der Vater war die Mutter Paula. Mütter durften Gefühle zeigen und Paula strömte über von Gefühl, machte aber auch deutlich, dass Gefühl und Verstand zusammengehören. Und: Sie hielt nichts von der preußischen Erziehung, dem Drill, der Unterwerfung, der Erziehung zu Ruhe und Ordnung als erster Bürgerpflicht. Kritisch äußerte sie immer wieder, den Deutschen würde im Leben gleich zweimal das Rückgrat gebrochen, zuerst in der Schule, dann im Militär – eine durchaus zutreffende Beschreibung der Erziehung im Reich des Kaisers Wilhelm. Wohl auch eine der Ursachen dafür, dass später ein Hitler möglich werden konnte und so viele zum Gehorsam erzogene Offiziere und Beamte sich bis zuletzt so schwer getan hatten, gegen Hitler aufzustehen.

Im Haus Bonhoeffer dagegen atmete ein Geist der Freiheit und der kritischen Prüfung. Sowohl der Vater wie die Mutter haben diesen Geist gefördert und der Vater als Mann der Wissenschaft impfte seine Kinder mit nüchternem Realitätssinn und Misstrauen gegen große Worte, große Gefühle, Phrasen, Geschwätz, Schlagwörter, Gemeinplätze und Wortschwalle. So erzogene Kinder mussten fast zwangsläufig immun werden gegen den Pomp des Nationalsozialismus, die Beschwörung falscher Gefühle, die Lüge und die Heuchelei. Wo andere der Faszination der Massenaufmärsche, dem Führer-

kult, dem bloßen Schein, dem falschen Pathos und dem Glamour der nationalsozialistischen Inszenierungen erlagen, durchschauten die Bonhoeffers von
Anfang an, welche Dämonen hinter der glänzenden Fassade ihr Unwesen trieben. Sie hörten aus der Sprache der NS-Redner deren barbarische Gesinnung
und deren Mangel an Geist, Kultur und Bildung heraus. Wo andere vor Ehr-
furcht schauderten, erkannten sie die Jämmerlichkeit der Figuren, die sich da
zu Übermenschen aufgeblasen hatten.

Insofern hatten die Bonhoeffer-Kinder einfach Glück mit ihrem Elternhaus. Glück hatten sie auch noch auf andere Weise. Sie lernten schon am Fa-
milientisch, dass man sich politisch streiten kann, ja soll, dass man unterschiedliche Meinungen über die Monarchie und das kaiserliche Deutschland
haben kann, und dass es diese unterschiedlichen Meinungen auch in der eigenen Familie und ihrer sehr bunten Verwandtschaft gibt, und zwar schon
länger. Die Familie des Vaters bestand durchaus nicht nur aus treuen Untertanen des Kaisers, sondern es gab auch schon liberale Demokraten, und unter den adligen Vorfahren der Mutter gab es auch manchen Aussteiger und
auch einen, der im Gefängnis war, weil er 1848 für die Republik gekämpft
hatte.

Im großen Haus der Eltern lebten zeitweise ledige oder verwitwete Tanten,
ältere Vettern und die Großmutter. Onkel und Cousinen kamen zu Besuch,
aber auch Kollegen und Studenten des Vaters, Freunde und Freundinnen aus
der Nachbarschaft, Bräute und Verlobte der älteren Geschwister – was ebenfalls ein großes Glück ist für ein Kind. Wie viel Anregungen für die Fantasie,
wie viel Anlässe zum selbstständigen Weiterdenken ein Kind allein aus den
vielfältig aufgeschnappten Erzählungen, Meinungsäußerungen, Streitigkeiten, Gesprächsfetzen und den persönlichen Beziehungen in solch einem von
den unterschiedlichsten Menschen bevölkerten sozialen Kosmos erhält,
kann man kaum ermessen.

Und schließlich: Als Dietrich Bonhoeffer sechs Jahre alt ist, zieht die Familie aus Breslau nach Berlin. Der Vater übernimmt dort den führenden Lehr-
stuhl für Psychiatrie und Neurologie und die Leitung der Berliner Charité.
Damit ist er nun weit oben angekommen in der gesellschaftlichen Hierarchie
des Kaiserreichs aber auch in der internationalen Hierarchie der Wissenschaftler. Er wohnt standesgemäß in einer Villa im Professorenviertel im nob-
len Stadtteil Grunewald und hat als Nachbarn den Physiker Max Planck, den

Theologen Adolf von Harnack, den Historiker Hans Delbrück. Die besucht man auch und die kommen selbst zu Besuch ins Haus. Im Schlepptau haben sie oft auch noch Gäste aus dem Ausland, berühmte Gäste meistens, und wenn nicht berühmt, so zumindest bedeutend. Menschen, die andere Leute nur aus der Zeitung oder dem Lexikon kennen, gehen im Hause Bonhoeffer ein und aus und hinterlassen ihre Eindrücke in Dietrichs Kopf.

Ein weiterer für die Entwicklung Dietrich Bonhoeffers wichtiger Punkt, in dem er sich von seinen Durchschnitts-Zeitgenossen unterschied, war sein früh erworbener Kosmopolitismus. 1934, also ein Jahr nach der Ernennung Hitlers zum Reichskanzler, hatte der damals 28-jährige Bonhoeffer schon einen Studienaufenthalt in Rom, ein Vikariat in Barcelona, ein Studiensemester in New York und ein Jahr als Pfarrer in London hinter sich. Noch vor Vollendung seines 30. Lebensjahres war Bonhoeffer international vernetzt und hatte gelernt, dass auch andere Völker und Nationen ihre Dichter und Denker hatten und über eine den Deutschen in jeder Hinsicht ebenbürtige Kultur und Wissenschaft verfügten.

Aus diesen Glückstreffern aber machte Bonhoeffer dann sein Eigenes. Begonnen hatte er damit schon in frühester Jugend, als er sich im Alter von 15 Jahren entschied, an seinem Gymnasium Hebräisch als Wahlfach zu nehmen. Das war praktisch schon die Vorentscheidung für die Theologie, die er dann später tatsächlich studierte.

Warum ausgerechnet Theologie? Warum nichts Handfestes wie seine Geschwister, die Naturwissenschaftler, Juristen oder wenigstens Sozialpädagogen wurden? Sein Vater, das spürte er, sah es ungern, obwohl er kein Wort darüber verlor und sich nie erlaubt hätte, seine Kinder daran zu hindern, ihre eigenen Wege zu gehen. Die Gründe konnte der junge Bonhoeffer anscheinend selbst nicht so richtig nennen. Vielleicht war es ja einfach nur der Wunsch, etwas ganz anderes machen zu wollen als seine Geschwister und der Vater, um sich auf einem der Familie fremden Feld selbstständig zu bewähren.

Aber dass die Entscheidung richtig war, daran gab es, je älter er wurde, umso weniger Zweifel. Und später, als Bonhoeffer mitten im Getümmel des gefährlichen Widerstands gegen Hitler steckte, sah auch der Vater ein, dass er sich mit seiner unausgesprochenen Geringschätzung des Theologen und Pfarrers wohl geirrt hatte. In einem Brief gestand der Vater dem Sohn: »Als

Du Dich seinerzeit für die Theologie entschlossen hast, dachte ich manchmal im Stillen, dass ein stilles, unbewegtes Pastorendasein, wie ich es von meinen schwäbischen Onkeln kannte und wie es Mörike schildert, eigentlich doch fast zu schade für Dich wäre. Darin habe ich ja, was das Unbewegliche anlangt, mich gröblich getäuscht. Daß eine solche Krise auch auf dem Gebiete des Kirchlichen noch möglich wäre, schien mir aus meiner naturwissenschaftlichen Erziehung heraus eigentlich ausgeschlossen.«

Wie der Vater, so hatten auch Bonhoeffers Lehrer an der Universität und seine Kollegen und Vorgesetzten in der Kirche nicht mit etwas gerechnet, womit man in der Kirche eigentlich immer rechnen sollte, auch wenn es viel zu selten geschieht: Bonhoeffer nahm die Bibel beim Wort. Nicht wörtlich im Sinne von Buchstabenglaube nahm er das Wort Gottes, sondern ernst nahm er es, tödlich ernst.

Für Bonhoeffer hat nie ein Zweifel daran bestanden, dass Leben und Glauben zusammengehören. Fast instinktiv hat er die in seiner Kirche allgegenwärtige Tendenz bekämpft, scheinbar sauber zu trennen zwischen relevanter »Welt« und irrelevantem »Evangelium«. Was einer im Hören auf das Wort Gottes als wahr erkannt hat, muss er öffentlich aussprechen. Und was er öffentlich ausgesprochen hat, muss er tun. Was sonntags gepredigt wird, muss werktags gemacht werden, auch wenn es unbequem ist. Der christliche Glaube ist nicht dazu da, wohlhabenden Bürgern eine erbauliche Stunde im Sonntagsgottesdienst zu bereiten, ihrer Bürgerlichkeit die religiösen Weihen zu verleihen und das Sahnehäubchen für ihr sorgenfreies Leben abzugeben.

Bonhoeffer las daher die Bibel nicht zu seiner Erbauung oder zur Befriedigung religiöser Gefühle, sondern weil er tatsächlich erwartete, dass durch den alten Text über den Graben der Geschichte hinweg Gottes Stimme selbst zu hören ist. Wohl wissend, dass diese alten, schwer verständlichen Texte der Bibel zu ganz anderen Zeiten von uns völlig fremden Menschen für ganz andere Menschen als uns geschrieben wurden, las er in der Erwartung, aus diesen Buchstaben das lebendige Wort Gottes herauszuhören. Wer sich ganz ehrlich diesem toten Buchstabenhaufen öffnet und wirklich aufmerksam und unvoreingenommen hinhört, der wird auch etwas hören, und zwar das aktuell, jetzt für die jeweilige Gegenwart gültige Wort Gottes - das hat Bonhoeffer geglaubt.

In diesem Glauben hat er dann auch tatsächlich etwas gehört. Das passiert selten in der Kirchengeschichte, aber zuverlässig immer wieder, und wenn es passiert, ist in der Kirche meistens der Teufel los. Genau das geschah auch, als Bonhoeffer einfach ernst machte mit dem Evangelium und sich von diesen alten Texten durch seine Gegenwart führen ließ wie ein Blinder von seinem Blindenhund. So, nicht anders, wurde er herausgeführt aus seiner bürgerlichen Herkunft, immer weiter weg von seinem staatsgläubig protestantischen Traditions-Christentum.

Daran erkennt man im Übrigen mit hoher Verlässlichkeit, dass einer wirklich Gott gehört hat und nicht sich selbst, dass es einen wegführt vom Gewohnten, meistens mit Unannehmlichkeiten verbunden ist für einen selbst und die anderen und in der Regel großen Ärger einbringt. Was aber hat Bonhoeffer »gehört«? Natürlich nicht einen Ruf wie Donnerhall nach dem Muster: Werdet Widerstandskämpfer! Auch nicht: Stürzt Hitler! Oder: Mischt kräftig in der Politik mit!

Nein, was er hörte, waren einfach nur Gedanken, die sich ganz leise in seinem Kopf zusammensetzten und sachliche, unspektakuläre, aber eindeutige Sachverhalte ausdrückten: Was bei euch mit den Juden geschieht, ist nicht Gottes Wille. Oder: Was dieser Hitler tut, steht ihm nicht zu. Er überschreitet seine Grenzen.

Mehr war es nicht. Aber wenn einer so etwas hört und ernst nimmt, ergibt sich der Rest von selbst.

Hitler begann mit der Zerstörung der Demokratie vom ersten Tag seiner Kanzlerschaft an. Versammlungsverbote, Gleichschaltungsgesetze, der geduldete, teilweise staatlich geförderte Terror der Straße, angeführt von SA-Trupps, Einschüchterung der Gegner, Verhaftung der Kritiker, das nahm nun kein Ende mehr. Am 7. April 1933 eröffnete die Regierung die offizielle, staatlich betriebene Hetze gegen die Juden mit dem »Arierparagrafen«. Sein Inhalt: »Beamte, die nicht arischer Abstammung sind, sind in den Ruhestand zu versetzen.« Das hieß: Die Juden waren aus dem Staatsdienst zu entlassen. Wovon sie künftig leben sollten, war dem Staat egal.

Die Kirchen waren von dem Paragrafen nicht betroffen. Noch nicht. Aber Bonhoeffer ahnte schon, was kommen würde, schrieb deshalb vorsorglich einen Vortrag über *Die Kirche vor der Judenfrage*, und noch im selben Monat, also im April, trug er ihn in einem Kreis von Pfarrern vor. Es ist jener bereits erwähnte Vortrag, in dem er davon spricht, dass es zur Pflicht der Kirche werden könnte, »dem Rad in die Speichen zu fallen«.

Es ist ein streng theologischer, im Grunde fast unpolitischer Vortrag. Als guter Lutheraner gestand Bonhoeffer dem Staat das Recht zu, auch die »Judenfrage« gesetzlich zu regeln. Als konservativer Theologe und Kind seiner Zeit war er, wie alle anderen, ganz unschuldig und naiv davon überzeugt, dass natürlich die Juden einem falschen Glauben anhingen, im Irrtum, ja in der Verstocktheit lebten, dass sie bekehrt werden müssen und eines Tages auch bekehrt werden. Aber dann verlässt er den Boden der bisher gültigen Luther-Theologie und behauptet, die Kirche habe den Staat zu fragen, ob er sein Handeln verantworten könne. Schon das war ein heftiger Angriff gegen alle damals lehrenden Groß-Theologen, denn dass die Kirche sich in die Angelegenheiten des Staates nicht einzumischen habe, das hatte doch Luther selbst schon vor vier Jahrhunderten entschieden. Das war ein erzprotestantisches Dogma.

Aber Bonhoeffer ging noch weiter und verlangte, die Kirche habe sich um die Opfer staatlichen Handelns zu kümmern, auch wenn diese nicht der Kirche angehörten. Sie habe sich also um die Juden zu kümmern. Das sahen die zuhörenden Pfarrer überhaupt nicht ein. Einige verließen unter Protest den Vortrag. So konnten sie nicht hören, dass Bonhoeffer noch eins draufsetzte, und so verpassten sie jenen geschichtlichen Moment, in dem Bonhoeffer mit dem Wort von »dem Rad in die Speichen fallen« erstmals den Gedanken eines aktiven kirchlichen Widerstands öffentlich aussprach.

Diejenigen, die Bonhoeffer bis zuletzt zugehört hatten, waren nicht begeistert. Fühlten sich auch nicht richtig betroffen. Was hatten sie mit den Juden zu schaffen? Bei dieser Haltung der Pfarrerschaft und der Christen blieb es weit überwiegend, auch als es jüdischen Rechtsanwälten immer schwerer gemacht wurde, ihren Beruf auszuüben, auch als der Arierparagraf in der Folgezeit auf immer mehr Bereiche des gesellschaftlichen Lebens ausgedehnt wurde, und zuletzt auch auf die Kirche.

Das musste das für Bonhoeffer Bedrückende, ja Dämonische gewesen sein: Dass das, was er glasklar als Gottes Wort vernommen hatte, von seinen Amtsbrüdern nicht so gehört wurde.

Sie sahen mehrheitlich keinen Anlass, gegen Hitler vorzugehen. Schlimmer noch: Sie öffneten diesem Hitler die Kirchentür. Weit. Und verbeugten sich vor ihm. Tief. Statt die Juden zu schützen, beteiligten sie sich an der Hetz-jagd. Statt den staatlich Verfolgten einen Schutzraum in ihrer Kirche zu bie-ten, lieferten sie die Opfer der Staatsmacht aus. Statt in der Kirche von der Kanzel herab laut das Evangelium zu verkünden, plapperten sie die Parolen der Nazis nach und versahen diese mit kirchlichen Weihen. Statt zu protestie-ren, wenn jüdische Geschäfte boykottiert, zerstört oder gar geplündert wur-den, applaudierten sie.

Nach Hitlers Ernennung zum Reichskanzler am 30. Januar 1933 veranstal-teten viele Landeskirchen Fest- und Dankgottesdienste. Plötzlich hingen in den Kirchen Hakenkreuzflaggen und innerhalb der evangelischen Kirche spielte sich eine Gruppierung in den Vordergrund, die sich im Jahr davor ge-gründet hatte: die Glaubensbewegung Deutsche Christen.

Diese forderten die Verschmelzung der 29 Landeskirchen zu einer nach dem Führerprinzip strukturierten »Reichskirche«, die »Entjudung« der kirchlichen Botschaft durch Abkehr vom Alten Testament, die »Reinhaltung der germanischen Rasse« durch »Schutz vor Untüchtigen« und »Minderwer-tigen«, die Vernichtung des »volksfeindlichen Marxismus«, ein Verbot der Eheschließung zwischen Christen und Juden und den Ausschluss von zum Christentum konvertierten Juden.

In Preußen erkannte am 9. September 1932 der Berliner Oberkirchenrat die Deutschen Christen mitsamt ihrem Programm als Kirchenpartei an. Bei den folgenden Kirchenwahlen am 13. November 1932 erreichten sie durchschnitt-lich ein Drittel aller Sitze in den Kirchenvorständen der Preußischen Landes-kirche. Nur wenige Monate später, am 23. Juli 1933, gewannen die Deutschen Christen in fast allen Landeskirchen eine Mehrheit von etwa zwei Dritteln al-ler abgegebenen Stimmen. Zuvor schon hatte Hitler der evangelischen Kirche eine neue Verfassung verordnet, die das »Führerprinzip mit einem lutheri-schen Reichsbischof« festsetzte und von 28 Landeskirchen anerkannt wurde. Am 6. September 1933 erreichten die Deutschen Christen ihr Ziel. Sie wählten ihren »Reichsbischof« Ludwig Müller und setzten den Arierparagrafen in der Kirche durch. Der Reichsbischof wurde Hitlers Vertrauensmann.

In all diesen Monaten kämpfte der 27-jährige Bonhoeffer unermüdlich ge-gen die braune Flut, versuchte seine Kirche wachzurütteln, hielt Ausschau nach Verbündeten. Weitgehend vergeblich. Er vervielfältigte Resolutionen mit seinen Studenten, sprach auf Protestversammlungen gegen den Reichsbischof und fand immerhin zwei Verbündete: Gerhard Jacobi, Pfarrer an der Berliner Kaiser-Wilhelm-Gedächtniskirche, und Martin Niemöller, Weltkriegskapitän und noch bis vor Kurzem Nationalist und Gegner der Weimarer Demokratie. Von Deutschlands Theologen wusste Bonhoeffer nur Karl Barth und Rudolf Bultmann auf seiner Seite. Paul Tillich hätte noch ein wichtiger Mit-Kämpfer sein können, aber der wurde 1933 wegen einer Schrift gegen die Nationalsozialisten entlassen und emigrierte in die USA.

Aber was konnten drei einzelne Pfarrer und ein paar Theologen gegen die braune Flut und den Zeitgeist ausrichten? Die Mehrheit der Amtskollegen hielt den Aktionismus dieses jungen Bonhoeffer für übertrieben. Der hatte vorgeschlagen, in einen Beerdigungsstreik zu treten. Da schmunzelten viele nur. Er schlug vor, aus dieser Kirche massenhaft auszutreten. Ohne Erfolg.

Zu Hilfe kamen ihm nicht die zögerlichen Amtskollegen, die auch sahen, dass die Dinge in ihrer Kirche in eine ungute Richtung liefen, zu Hilfe kamen ihm die Nazi-Christen. Indem sie überzogen.

Auf einer Großkundgebung der Deutschen Christen in Berlin am 13. November 1933 forderte der Gauobmann der »Deutschen Christen von Großberlin«, Reinhold Krause, unter dem Jubel von 20 000 Zuhörern die »Befreiung« der christlichen Religion »vom Alten Testament mit seiner jüdischen Lernmoral, von diesen Viehhändler- und Zuhältergeschichten«. Und selbst das Neue Testament sollte »entjudet«, von allen offenbar entstellten und abergläubischen Berichten« gereinigt werden. Auch die »Minderwertigkeitstheologie des Rabbiners Paulus« müsse raus.

Das ging vielen evangelischen Christen nun doch zu weit. Gegen die Ausformung des Luthertums zu einer christlichen Nationalreligion hätten sie nichts gehabt, aber die Umwandlung ihres Glaubens in eine Hitler-Religion, das konnten sie nicht mehr mittragen. Tausende traten nun wieder aus, verließen die Deutschen Christen. Fast alle Teilorganisationen der evangelischen Kirche distanzierten sich von dieser Gruppierung und ihrem Reichsbischof Müller. Damit hatten die Deutschen Christen ihre beste Zeit hinter sich. Es gab sie zwar weiterhin bis zum bitteren Ende, aber ihre bestimmende Macht über die Kirche hatten sie verloren, mussten sie sich teilen mit Christen, die anderer Ansicht waren, gemäßigter, distanzierter, oppositioneller.

Aber eine Umkehr der evangelischen Christen, so etwas wie geschlossenen Widerstand gegen Hitler, hat es nicht gegeben, auch später nicht, bis ganz zuletzt nicht. Was es gab, war der Pfarrernotbund. Sein Hauptakteur war Martin Niemöller. Von Anfang an dabei: Dietrich Bonhoeffer.

Der Pfarrernotbund verpflichtete seine Mitglieder, der Anwendung des Arierparagrafen in der Kirche zu widerstehen und vom Kirchenausschluss bedrohten jüdischen Pfarrern zu helfen, auch finanziell. Dies war immerhin ein Zeichen. Ein Signal für einen machtvollen Widerspruch, wie ihn Bonhoeffer forderte, war es nicht. Dieser ging nun nach England, weil er nicht Pfarrer werden wollte in einer Kirche, die mehrheitlich hinter Hitler stand und in ihrer Minderheit uneins war, zu zaghaft, zu leisetreterisch, zu wenig selbstsicher auftrat. Bonhoeffer spürte, wie sein Drängen in diesem Kreis der Zögerlichen zunehmend als lästig empfunden wurde.

An Karl Barth, den kämpferischsten Hitler-Gegner von Rang unter Deutschlands evangelischen Theologen, schrieb Bonhoeffer von England aus damals: »Ich fühlte, daß ich mich unbegreiflicherweise gegen alle meine Freunde in einer radikalen Opposition befände, ich geriet mit meinen Ansichten über die Sache immer mehr in die Isolierung, obwohl ich persönlich in nächster Beziehung mit diesen Menschen stand und blieb – und das alles machte mir angst, machte mich unsicher, ich fürchtete, daß ich mich aus Rechthaberei verrennen würde – und dabei sah ich gar keinen Grund dafür, daß ich jetzt gerade die Dinge richtiger und besser sehen sollte als so manche ganz tüchtige und gute Pfarrer, zu denen ich einfach aufsehe – und so dachte ich, es wäre wohl Zeit, für eine Weile in die Wüste zu gehen und einfach Pfarrarbeit zu tun, so anspruchslos wie irgend möglich.«

Barth hielt rein gar nichts von der Wüstenidee und machte Bonhoeffer unmissverständlich deutlich, dass die Wüste nicht in England sondern in Deutschland sei, und dort sei auch Bonhoeffers Platz. Er solle darum das nächstbeste Schiff nehmen und zurückkehren. Damit jedoch ließ sich Bonhoeffer rund anderthalb Jahre Zeit. Die nutzte er einerseits, um seinen eigenen Standpunkt weiter zu klären, andererseits, um Kontakte in England zu knüpfen und diese für den Widerstand daheim zu nutzen. Dabei war er nicht ganz erfolglos. Der Erzbischof von Canterbury empfing Bonhoeffer, das machte die deutschen Behörden nervös.

In London lernte Bonhoeffer den anglikanischen Bischof von Chichester, George Kennedy Allen Bell, kennen, der in der ökumenischen Bewegung hohe Ämter bekleidete und einer der engsten ausländischen Freunde Bonhoeffers wurde. Bonhoeffer und Bell erreichten, dass englische Gemeinden öffentlich über das Treiben der Deutschen Christen sprachen, den Rücktritt von Ludwig Müller verlangten und kritische Briefe an den Reichspräsidenten schrieben. Das störte.

Das Hitler-Regime saß damals noch nicht so fest im Sattel, als dass es sich hätte leisten können, die öffentliche Weltmeinung zu ignorieren. Hitler brauchte das Ausland für verschiedene Ziele wie etwa die Olympischen Spiele, die er nach Berlin holen wollte. Auch wollte er, während er schon an Krieg dachte und mit der Aufrüstung begann, die ausländischen Mächte in Sicherheit wiegen. Sie sollten nicht vorzeitig auf die Idee kommen, ihrerseits aufzurüsten. Insofern kam einer wie Bonhoeffer dem Regime total in die Quere.

Und in Barmen, nahe Wuppertal, formierte sich vom 29. bis zum 31. Mai 1934 neuer Ärger für das Hitler-Regime. Dort trafen sich 138 Abgeordnete aus allen evangelischen Kirchen und schlugen den Nazis die geöffneten Kirchentüren wieder zu, indem sie die berühmte »Barmer Theologische Erklärung« formulierten. Diese im Wesentlichen von Karl Barth formulierte Erklärung enthält eigentlich nur Selbstverständliches in sechs Sätzen, zum Beispiel, dass Jesus Christus der Glaubensgrund der Kirche sei. Aber damals war die Formulierung des Selbstverständlichen eine hochpolitische Angelegenheit: Wer darauf beharrte, dass in der Kirche Gott der Herr sei, verwarf damit, ohne dass er das ausdrücklich formulieren musste, den Anspruch, dass Hitler der Herr über die Kirche sein könne.

Die paar Sätze dieser Barmer Erklärung wirkten wie eines dieser Schilder auf Metzgerei-Türen, wo man einige Hunde sieht und die Aufschrift »Wir müssen leider draußen bleiben«. Vor Kirchentüren hing jetzt - unsichtbar, aber wirksam - ein Schild, das Hitler, Goebbels, Göring zeigt und die Aufschrift: »Wir müssen leider draußen bleiben.« Hitler soll getobt haben, als er von den Neuigkeiten aus Barmen unterrichtet wurde.

Damit waren die Maßstäbe wieder einigermaßen zurechtgerückt in der Evangelischen Kirche. Aus dieser Barmer Erklärung wuchs die *Bekennende Kirche*, die später den Anspruch erhob, die »rechtmäßige Evangelische Kirche Deutschlands« zu sein. Viel ausgerichtet hat sie nicht, weil sie weitgehend unpolitisch blieb, mehr auf ihren Selbsterhalt bedacht war als darauf, die politische Großwetterlage zu ändern. Dass sie klargestellt hatte, dass in der Kirche Gott der Herr sei und darum kein anderer, damit waren die meisten zufrieden. Wer aber außerhalb der Kirche, also in der Welt, in Deutschland, Herr sein solle, darüber konnten sie sich nicht einigen. Aber wenigstens war die Existenz der *Bekennenden Kirche* etwas, woran die Kirche nach dem Krieg anknüpfen konnte. Sie konnte sagen: Nicht alle waren Nazis, nicht alle hatten versagt, nicht alle hatten mitgemacht.

Als Bonhoeffers von vornherein auf maximal zwei Jahre beschränkte Zeit in England vorbei war, wollte er eigentlich nach Indien, Gandhi kennenlernen, von dem er so viel gehört und gelesen hatte. Ob sich von ihm etwas lernen ließe für die aktuelle Lage in Deutschland? Daraus wurde nichts. Seine *Bekennende Kirche* brauchte ihn in Deutschland, um an der »Erneuerung des Pfarrerstandes« mitzuarbeiten. Er sollte ein Predigerseminar leiten.

In Predigerseminare werden Theologen geschickt, die ihr Examen hinter sich und ihre erste praktische Bewährung in einer Gemeinde vor sich haben. Es ist also eine Vorbereitung auf den Pfarrerberuf. Bonhoeffer wurde nach Finkenwalde bei Stettin in Pommern geschickt. Dort sollte er Pfarrer fit machen für ihren Dienst in Gemeinden der Bekennenden Kirche. Das war eine Aufgabe nach seinem Geschmack.

Der junge Direktor und seine jungen Theologen bezogen ein altes Gutshaus, in dem es praktisch an allem fehlte, was notwendig war, ob Betten, Bücher oder Brot. Sie bettelten sich das Fehlende zusammen und Bonhoeffer ließ einfach seine umfangreiche Privatbibliothek aus Berlin nach Finkenwalde kommen, und seinen Bechstein-Flügel gleich dazu.

Kaum hatten die Seminare begonnen, wurden sie verboten. Im Mai 1935 zogen die ersten Seminaristen ein, im Dezember 1935 erließ die Regierung eine Verordnung »zur Durchführung des Gesetzes zur Sicherung der Evangelischen Kirche«. Sie erklärte alle »kirchenregimentlichen und kirchenbehördlichen Befugnisse durch kirchliche Vereinigungen oder Gruppen« als unzulässig.

Bonhoeffer rief daraufhin seine Kandidaten zusammen und stellte ihnen angesichts der neuen Lage frei, abzureisen. Alle blieben. Sie machten einfach weiter. Immerhin: Eine kleine Gruppe von Pfarrern gehorchte Gott mehr als den Menschen. Zunächst hatte das keine Folgen, denn es dauerte rund zwei Jahre, bis die Behörden vom illegalen Treiben in Finkenwalde Wind bekamen. Dann aber erschien die Gestapo, um das Haus zu versiegeln.

Bonhoeffer fand trotzdem noch für zweieinhalb weitere Jahre eine Form der Fortsetzung des Predigerseminars: die des »Sammelvikariates«. Die Zuweisung von Kandidaten ins Vikariat bei Gemeindepfarrern – dem Berufseinstieg – war üblich und unbestritten vonseiten der Amtskirche. Also suchte Bonhoeffer Pfarrer, die bereit waren Bekenntnis-Vikare zu nehmen. Die Woche über sollten sie in einem leeren Pfarrhaus zusammenkommen und den Lehrbetrieb mit Bonhoeffer fortsetzen. Man fand solche Pfarrer in den benachbarten Kreisen Köslin und Schlawe. Ihre Vorgesetzten deckten alles. Bonhoeffer fuhr nun je eine halbe Woche zum Unterricht nach Köslin und nach Groß-Schlönwitz bei Schlawe bzw. seit 1939 in ein Kleist'sches Forsthaus Sigurdshof in der Nähe.

Das funktionierte, bis die Gestapo wiederkam. Im März 1940 versiegelte sie auch den Sigurdshof. Fünf Jahre Predigerseminar, fünf Jahre Finkenwalde waren nun zu Ende. Aber sie hatten sich gelohnt, nicht nur, weil demonstriert wurde, dass man als Kirche in der Diktatur Möglichkeiten hat zu widerstehen, sondern auch, weil Bonhoeffer in dieser Zeit etwas für die evangelische Kirche völlig Neues, weil Katholisches, ausprobiert hatte: Mit seinem Freund und späteren Biografen Eberhard Bethge und einigen weiteren Finkenwaldern hatte er eine Kommunität gegründet, deren Mitglieder sich, wie Mönche, zu Besitzlosigkeit, Gütergemeinschaft, Ehelosigkeit und Einsatz für die Sache Christi in der Welt verpflichteten.

Hier lernten Bonhoeffer und die Seinen, dass Christus-Nachfolge nicht bedeutet, ein Leben als einsamer Held führen zu sollen, sondern ein Leben in Gemeinschaft. Denn nur aus diesem Leben mit den anderen speist sich die Kraft, die nötig werden kann, wenn man später dann doch dazu verurteilt ist, einsam und verlassen irgendwo auszuharren oder seinem Tod entgegenzusehen – eine Kraft, die Bonhoeffer schon bald brauchen sollte.

Ganz anders war es den übrigen Teilen der *Bekennenden Kirche* ergangen. Schon um das Jahr 1938 war nicht mehr viel von ihr übrig. Zu viele ihrer Mitglieder schafften es nicht, sich von ihrer deutschnationalen Staatsgläubigkeit zu lösen. Hitler und die Nationalsozialisten brachen ein Recht nach dem anderen und in der Kirche wurde immer wieder aufs Neue diskutiert, ob man dazu etwas sagen, ja sogar dagegen protestieren solle. Hitler ließ Pfarrer den Eid auf seine Person abnehmen und diese schafften es nicht, sich dem Ansinnen geschlossen zu widersetzen. Als am 9. November 1938 in der Reichspogromnacht die Synagogen brannten und Juden zu Tausenden misshandelt wurden, brachte die sogenannte *Bekennende Kirche* kein öffentliches Wort mehr zustande.

Einsamer Rufer in der Wüste damals wieder einmal: Dietrich Bonhoeffer. »Nur wer für die Juden schreit, darf gregorianisch singen«, rief er seinen Amtskollegen und Mitchristen in die Ohren, womit gemeint war: Wenn ihr euch jetzt nicht für die Juden und überhaupt alle Verfolgten einsetzt, dann hört auf, Gottesdienste zu feiern. Predigt und Gebet sind dann nur leeres Gerede, Lied und Gesang nur hohler Klang. Aber viele derer, die Bonhoeffer hörten, und erst recht jene, die ihn nicht hörten, gingen gregorianisch singen, um anschließend draußen, auf der Straße, »Judensau« zu brüllen.

So zeichnete sich für Bonhoeffer immer deutlicher ab, dass er mit wenigen Getreuen und vielleicht mit ganz anderen Verbündeten in eine ganz andere Richtung gehen musste. Nach einem Zwischenaufenthalt in England und in den USA, wo ihm abermals klar wurde, dass sein Platz nicht im Exil sein konnte, auch nicht in der inneren Emigration, sondern mitten im Getümmel in Deutschland, entschied er sich schließlich zu jener letzten radikalen Konsequenz, die er in Gedanken schon früh längst vorweggenommen hatte: den Kampf gegen Hitler im Untergrund fortsetzen, konspirativ tätig werden, und, ja, notfalls Gewalt anwenden. Und das hieß: Sein eh schon gefährliches Leben würde dadurch noch gefährlicher werden. Sich gegen Hitler zu verschwören, um ihn zu beseitigen, bedeutete im Fall der Entdeckung den sicheren Tod. Diese Möglichkeit nahm Bonhoeffer nun bewusst in Kauf.

Natürlich wäre er alleine gar nicht fähig gewesen, direkte Gewalt gegen Hitler auszuüben. Dazu brauchte er Verbündete. Er fand sie in der Villa seines Vaters, wo schon immer hochrangige Persönlichkeiten aus Politik, Wissenschaft und Militär verkehrten. Und auch verwandtschaftliche Verbindungen nutzte er jetzt für seinen Kampf gegen Hitler. Hans von Dohnanyi beispielsweise, Referent des Justizministers Franz Gürtner, war ein Schwager Dietrich Bonhoeffers – und einer derer, die heimlich am Sturz Hitlers arbeiteten. Dohnanyi konspirierte mit Hans Oster, damals Oberst in der militärischen Abwehr des Admirals Canaris. Dohnanyi, Oster, Canaris arbeiteten wiederum mit Ludwig Beck zusammen, General und Haupt der späteren Verschwörung gegen Hitler. Diese Männer statteten den Grafen Stauffenberg mit jener Bombe aus, mit der Hitler getötet werden sollte.

Dietrich Bonhoeffer war über die konspirativen Tätigkeiten dieser Verschwörer schon früh eingeweiht. Wenn er eh schon Mitwisser war und das, was er wusste, billigte – was bereits ein todeswürdiges Verbrechen war –, sollte er dann nicht auch den letzten Schritt machen und zum aktiven Mittäter werden? Bonhoeffer hatte in dieser Frage lange mit sich gerungen. Die Entscheidung fiel, als er mal wieder im Ausland, in den USA, war. Dort hat er dann klar erkannt: Es muss sein. Man muss dem Rad in die Speichen fallen.

Nach seiner Rückkehr aus den USA sagte er seinem Schwager: Ich mach mit. Was soll ich tun? Wofür könnt ihr mich brauchen?

Sie brauchten ihn, um die Regierungen des Auslands darüber zu informieren, dass sie an Hitlers Sturz arbeiteten, einerseits, weil sie sich Hilfe von außen erwarteten, andererseits, um prinzipiell zu signalisieren: Nicht alle sind Nazis. Nicht einmal in der obersten Heeresleitung und unter Hitlers höchsten Beamten herrscht bedingungslose Gefolgschaft. Außerdem sollte Bonhoeffer die Verschwörer mit Informationen aus dem Ausland, vor allem von ausländischen Freunden, versorgen. Für diese Aufgabe war Bonhoeffer mit seinen internationalen Kontakten und dem Vertrauen, das er sich im Ausland erworben hatte, genau der Richtige. Die internationalen ökumenischen Beziehungen des Pfarrers sollten nun also für den deutschen militärischen Geheimdienst – in Wahrheit natürlich dem Widerstand – genutzt werden. Es war nichts mehr normal in diesem Land und dieser Kirche.

Und so reiste also Bonhoeffer ab dem Frühjahr 1941 mit gefälschten Pässen in die Schweiz, nach Schweden, Norwegen und Italien, später auch wieder nach England zu seinem Freund, dem Bischof George Bell. Ihm erzählte Bonhoeffer von einem bevorstehenden Putsch gegen Hitler, nannte Einzelheiten und die Namen der Beteiligten. Die englische Führung sollte beim Auftauchen dieser Namen im Falle des Staatsstreiches den Putschisten Raum und Zeit geben, um eine neue Regierung zu etablieren.

Alles, was Bonhoeffer Bell berichtete, gab dieser an den britischen Außenminister Eden weiter, aber dieser lehnte jede Antwort an die Verschwörer ab. Warum? Glaubte man dem Deutschen nicht? Oder wollte man nichts davon hören, weil man sich sowieso auf der Siegerstraße wähnte und man sich mit einem am Boden liegenden Deutschland, das bedingungslos kapitulieren muss, leichter tat als mit einem neuen Deutschland, das mitten im Krieg Friedensverhandlungen anbietet? Die Historiker sind sich bis heute uneinig in dieser Frage. Fest steht nur: Die englische Führung wusste von den Verschwörern, aber diese spielten in der englischen Kriegspolitik keine Rolle.

Bischof Bell verstand das nicht. Im Frühjahr 1943 – in Deutschland wurde gerade auch unter Mitarbeit von Bonhoeffer und Dohnanyi ein Bombenattentat auf Hitler vorbereitet – konnte Bischof Bell im britischen Oberhaus die Frage stellen, ob die englische Regierung gewillt sei, zwischen Nazis und Deutschen zu unterscheiden. Die Antwort fiel unbefriedigend aus. Und die von Fabian von Schlabrendorff in Hitlers Nähe geschmuggelte Bombe explodierte nicht.

Bonhoeffer konspirierte weiter im Ausland, mit Helmuth Graf von Moltke in Norwegen, mit seinem Schwager Dohnanyi in Rom. Zu Hause bereiteten die Verschwörer das nächste Bombenattentat vor, das immer wieder verschoben werden musste, weil Hitlers Reisepläne sich änderten, weil der um Hitler errichtete Schutzzaun immer enger wurde oder auch, weil es schon erste Verhaftungen gab.

Am 5. April 1943 war es bei Dietrich Bonhoeffer so weit. Zwei Männer, der Oberstkriegsgerichtsrat Manfred Roeder und der Gestapo-Kriminalrat Sonderegger, bogen gegen 16 Uhr in einem schwarzen Mercedes um die Ecke, stiegen aus und holten Bonhoeffer ab – nicht, weil sie von den Verschwörern und deren Putschplänen Wind bekommen hätten, sondern wegen einer dummen Geschichte, die einen ganz anderen Hintergrund hatte: kleine Eifersüchteleien und Rivalitäten zwischen Reichssicherheitshauptamt und militärischer Abwehr und die übliche Machtsucht eines Nazi-Schergen, in diesem Fall Himmler. Er wollte die Abwehr des Generals Canaris seinem Machtbereich einverleiben. Dazu war der Nachweis nötig, dass die Abwehr schlecht arbeite. Also überprüfte man dies und das und entdeckte Devisenunregelmäßigkeiten bei einem Mann, der im Auftrag eines Konsuls Schmidhuber in München zu handeln vorgab. Schmidhuber aber gehörte zu denen, die in Canaris' Auftrag bestimmte Leute zu unterstützen hatten, zum Beispiel Dietrich Bonhoeffer.

Schmidhuber wurde 1942 verhaftet und natürlich immer wieder vernommen. Irgendwann wird er wohl den Namen Bonhoeffer genannt haben, und damit nahm die Sache ihren Lauf. Bonhoeffer landete im Gefängnis Berlin-Tegel. Dort blieb er und wartete auf seinen Prozess. Noch waren Hitler und seine Getreuen ahnungslos. Das änderte sich am 20. Juli 1944, dem Tag des Bombenattentats auf Hitler durch Graf Stauffenberg – das Hitler überlebte.

Jetzt wurde die Verschwörung aufgedeckt, wurde eine große Zahl der Verschwörer verhaftet und teilweise sofort hingerichtet. Nun war es wohl nur noch eine Frage der Zeit, bis die Ermittler auch Bonhoeffers Beiträge zur Verschwörung entdeckten. Dieser fasste daher den Plan, aus dem Gefängnis zu fliehen. Sein Wächter, Unteroffizier Knobloch, der heimlich mit ihm konspirierte, war bereit, ihm zur Flucht zu verhelfen. Am 24. September fuhren Freunde und Verwandte Bonhoeffers nach Berlin-Niederschönhausen und gaben dort Kleidung, Lebensmittelkarten und Geld in einem Schrebergarten ab. Eine Woche später aber wurden eben diese Freunde und Verwandten, darunter Eberhard Bethge, verhaftet. Bonhoeffer ließ daraufhin den Fluchtplan fallen, um seine Helfer nicht zusätzlich zu gefährden. Es kam, wie es kommen musste. Die Ermittler wurden nun auf Bonhoeffers Verschwörer-Rolle aufmerksam und verfrachteten ihn aus Tegel in das Kellergefängnis des Reichssicherheitshauptamts. Noch immer war ihnen das ganze Ausmaß der Verschwörung unbekannt. Noch gab es weiße Flecken auf ihrer Karte und das verhinderte die sofortige Vollstreckung der Todesurteile. Man wollte nun aus den Gefangenen alles herauspressen und herausfoltern, was diese wussten. Andererseits stand Berlin bereits unter Beschuss der Alliierten.

Daher wurden am 7. Februar 1945 Bonhoeffer und andere prominente Häftlinge ins Konzentrationslager Buchenwald gebracht. Als auch dort die Alliierten näher rückten, verfrachtete man die Gefangenen in den Bayerischen Wald. Am 5. April entschied Hitler, dass Oster, Canaris, Dohnanyi und Bonhoeffer hinzurichten seien.

Das Deutsche Reich steht jetzt kurz vor der Kapitulation, alles bricht zusammen, nichts funktioniert mehr, 25 Tage noch, und Hitler wird Selbstmord begehen, der Krieg wird vorbei sein – aber Hitlers Mordmaschine funktioniert bis zuletzt.

Am 8. April werden Canaris, Oster und Bonhoeffer im Konzentrationslager Flossenbürg standgerichtlich zum Tode verurteilt. Im Morgengrauen des 9. April wurden Bonhoeffer und seine Freunde erhängt. Vermutlich am 9. April wurde Hans von Dohnanyi im Konzentrationslager Sachsenhausen umgebracht. Noch am 23. April, eine Woche vor Hitlers Ende, arbeitet dessen Mordmaschine weiter. Bonhoeffers Bruder Klaus und sein Freund Rüdiger Schleicher werden nachts aus ihrem Gefängnis geholt und von einem Rollkommando der SS erschossen. Nur Eberhard Bethge wurde durch die Ankunft der Sowjets in Berlin befreit und überlebte.

Der Lagerarzt in Flossenbürg berichtete, Dietrich Bonhoeffer habe vor seiner Hinrichtung gebetet und er sei ruhig und gefasst gewesen.

Noch in Berlin hatte er ein Gedicht geschrieben, das zur Jahreswende für seine Mutter und seine Verlobte Maria bestimmt war. Es ist eines der schönsten Gedichte des evangelischen Geistes und vielleicht einer der letzten verbliebenen Gründe, warum man auch heute noch Christ sein kann. Sein letzter Vers lautet:

Von guten Mächten wunderbar geborgen,
erwarten wir getrost, was kommen mag.
Gott ist bei uns am Abend und am Morgen
und ganz gewiss an jedem neuen Tag.

Claus von Stauffenberg
Hochverrat aus Gewissensgründen

* 1907 in Jettingen/Bayern ✹ 1923 Claus und sein Bruder Berthold werden in den Kreis um Stefan George eingeführt ✹ 1926 Eintritt in das 17. traditionsreiche Reiterregiment in Bamberg ✹ 1927/1928 Ausbildung an der Infanterieschule in Dresden ✹ 1933 Ernennung zum Leutnant ✹ 1936 Studium an der Kriegsakademie in Berlin-Moabit ✹ 1938 Absolvierung einer Generalstabsausbildung in Berlin, Beförderung zum Zweiten Generalstabsoffizier, Teilnahme an der Besetzung des tschechischen Sudetenlandes ✹ 1939 Einsatz als Oberleutnant in einer Panzerdivision im Polenfeldzug ✹ 1940 Teilnahme als Generalstabsoffizier an der Westoffensive gegen Frankreich ✹ 1942 Anschluss an den militärischen Widerstand ✹ 1943 Versetzung zur 10. Panzerdivision in Afrika, Kriegsverletzung, nach seiner Genesung Ausarbeitung des Operationsplans »Walküre« mit Olbricht, von Quirnheim und Treschkow ✹ Oktober 1943 Ernennung zum Stabschef des Allgemeinen Heeresamts in der Berliner Bendlerstraße ✹ 1944 Ernennung zum Stabschef des Befehlshabers des Ersatzheeres ✹ 20. Juli 1944 Attentat auf Adolf Hitler im Führerhauptquartier »Wolfsschanze«, Verhaftung nach gescheitertem Attentat ✹ 20/21. Juli 1944 Erschießung gemeinsam mit von Haeften, von Quirnheim und Olbricht im Hof des Bendlerblocks

Es war in einem Land, das sich Deutschland nannte, aber mit dem heutigen Deutschland nicht mehr das Geringste zu tun hat. Dieses Land, von dem nichts mehr übrig ist, war zwar eine Demokratie, die erste auf deutschem Boden, aber wurde von Menschen regiert, verwaltet und beschützt, die innerlich der kurz zuvor untergegangenen Monarchie, dem Kaiser und dessen Königen und Fürsten nachtrauerten. Die Demokratie, der sie nun dienen mussten, hatten sie nie gewollt. Die ist wie ein böses Schicksal über sie gekommen, und wer versprach, sie von diesem Übel zu erlösen, dem zu folgen waren sie bereit.

Deshalb hat dieses Land die merkwürdigsten Biografien hervorgebracht. Eine dieser merkwürdigen Biografien begann am 15. November 1907 und wurde später weltberühmt unter dem Namen Claus Schenk Graf von Stauffenberg. Seinem Land zu dienen, fühlte er sich berufen. Leidenschaftlich und mit großem Ernst hatte er versucht, dieser Aufgabe gerecht zu werden. Aber eben weil er die Aufgabe so ernst nahm, kam er an einen Punkt, an dem er zum Verräter werden musste, um seinen Auftrag zu erfüllen.

»Es ist Zeit, dass jetzt etwas getan wird«, sagte er, als er an diesem Punkt angekommen war und plante, Hitler zu töten. »Derjenige allerdings, der etwas zu tun wagt, muß sich bewußt sein, daß er wohl als Verräter in die deutsche Geschichte eingehen wird. Unterläßt er jedoch die Tat, dann wäre er ein Verräter vor seinem eigenen Gewissen.« Darum riskierte er die Tat - etwas, das er selbst bis fast ganz zuletzt nie für möglich gehalten hätte.

Als Kind war dieser Stauffenberg eher schwächlich, oft krank, beachtete aber seine Schwäche nicht, sondern nahm es beim Spielen mit seinen älteren Brüdern und allen Dorfbuben auf, hatte weder Scheu vor Pferden noch vor hoch beladenen Heuwagen. Beim Skifahren brauste er die steilsten Hänge herunter, mit viereinhalb erklärte er, er wolle ein Held sein, mit sieben verblüffte er nach einer Halsoperation seine Ärzte und Krankenschwestern durch seine Tapferkeit und erklärte hinterher: »Nun war ich doch sehr heldisch und nun kann ich, wenn ich groß bin, als Soldat in jeden Krieg ziehen.«

Im selben Jahr brach tatsächlich ein Krieg aus, der Erste Weltkrieg, und inmitten der Begeisterung der Erwachsenen klagte Claus schluchzend, die Brüder sagten, in zehn Jahren dürften sie in den Krieg und er dürfe nicht mit. In dieser Hinsicht unterschied sich Claus kaum von den anderen Kindern. Der Krieg war ein Abenteuer, auf das sich so gut wie jeder Junge freute, das jeder Junge einmal erlebt haben musste. Dass erst der Krieg den Jüngling zum Mann mache, war damals eine weit verbreitete Meinung. Die meisten Männer, junge wie alte, hielten den Krieg für die willkommene Unterbrechung des langweiligen, unheroischen Alltags, für ein Fest. In diesem Geist wurden die Kinder erzogen, auch Claus von Stauffenberg.

Claus war aber nicht nur ein Haudrauf und Rabauke, sondern auch ein frommes, musizierendes, für Gedichte und Balladen empfängliches Kind. Als er alt genug war, um zu begreifen, dass er zusammen mit einem Zwillingsbrüderchen geboren wurde, das nur einen Tag gelebt hatte, trauerte er um seinen Zwillingsbruder. Seiner Mutter brachte er damals eine Zeit lang jeden Tag frische Blumen für das Grab seines Bruders, und wo er ein Kreuz sah, kniete er nieder, betete, und sagte, er habe an sein Brüderchen gedacht.

Als Zehnjähriger begann er mit großem Eifer Cello zu spielen, seine älteren Brüder Berthold und Alexander spielten Klavier und Violine, und schon bald gaben die drei Hauskonzerte. Als Zwölfjähriger hat er seiner achtjährigen Cousine Elisabeth einen Altar gebaut, um ihr Religion beizubringen, weil sie noch so wenig von der heiligen Messe wisse. Seine Mutter unterhielt Briefkontakt zum Dichter Rainer Maria Rilke.

In einem Schulaufsatz über die Frage »Was willst du werden?« schrieb der 16-Jährige: »Des Vaterlandes und des Kampfes fürs Vaterland würdig zu werden und dann sich dem erhabenen Kampf für das Volk zu opfern« sei sein Wunsch und Ziel. Man müsste diesen Satz nur einmal mit den Sätzen heutiger 16-Jähriger vergleichen, wenn man sie fragte, was sie einmal werden wollen, dann bekäme man den Eindruck, dass zwischen dem Deutschland von heute und dem Stauffenbergs nicht hundert, sondern tausend Jahre liegen müssen.

Im jugendlichen Alter sehnte Stauffenberg sich nach Führung und schloss sich einer Art Geheimbund an, einem Kreis von »Jüngern«, die der Dichter Stefan George um sich versammelt hatte. Er ließ sich »Meister« nennen und verlangte Gefolgschaft und Gehorsam, was er tatsächlich bekam. Vom George-Kreis und dessen bestimmenden Einfluss auf die Brüder Stauffenberg werden wir noch hören.

Als Soldat und Rittmeister wollte Claus von Männern geführt werden, »deren Haltung ihm Achtung abzwingt«, wie er 1939 in einem Brief an einen General schrieb. Drei Jahre später erkannte er in seinem Führer Adolf Hitler einen Mann, der ihm nicht Achtung, sondern Abscheu und tiefste Verachtung abverlangte. Von ihm wollte er sich und sein Land nicht mehr länger führen lassen und plante den Tyrannenmord. Weitere zwei Jahre später versuchte er es, scheiterte, und wurde, noch keine 37 Jahre alt, standrechtlich erschossen. Da hatte dieser Stauffenberg einen sehr weiten Weg zurückgelegt, einen viel weiteren als die meisten seiner adligen Zeitgenossen.

Solch eine Biografie mit solch einem Weg war aber auch nur möglich in jenem geschlagenen, am Boden liegenden Land, das sich in diesen Jahren zwischen den beiden Weltkriegen erstmals als Demokratie versuchte. Es hatte den Ersten Weltkrieg verloren und in Versailles von den Siegermächten einen Frieden diktiert bekommen, der es ächzen und stöhnen ließ. Reparationszahlungen, Gebietsabtretungen, Begrenzung des Heeres auf 100 000 Mann – Bedingungen, deren Fortbestand garantiert hätte, dass dieses Land nie mehr auf die Beine kommt, sich von seiner militärischen Niederlage nie mehr erholt. Es war ein unkluger Frieden, der diesem Land von den Siegermächten diktiert worden war.

Sie hätten wissen müssen, dass sich die Bewohner dieses gedemütigten, aber immer noch stolzen Landes nie abfinden würden, in die Zweitklassigkeit bugsiert worden zu sein und daran gehindert zu werden, wieder aufzusteigen. Sie hätten sich denken können, dass sie sich mit diesem Frieden neuen Krieg einhandeln. Sie waren Sieger, aber keine klugen.

Und tatsächlich hieß es dann auch in diesem Land schon bald, mit solch einem »Schandfrieden« könne sich kein »aufrechter Deutscher« jemals abfinden. Und es gab viele »aufrechte Deutsche«. Es gab sie im Adel, im Bürgertum, im Militär, in der Verwaltung, in der Justiz und auch im gewöhnlichen Volk. Und diese »aufrechten Deutschen« waren keine Demokraten, die es auch gab, jedoch den vielen anderen verhasst waren, denn die Demokraten haben nach einhelliger Meinung der »aufrechten Deutschen« den »Schandfrieden« akzeptiert, das einst einige Volk »entzweit«, dem im Felde unbesiegten Heer von hinten den Dolch in den Rücken gestoßen. Das war eine Lüge, aber sie wurde geglaubt, gebetsmühlenartig wiederholt und jenen Demokraten um die Ohren gehauen, die sich in einer »Schwatzbude« namens Parlament angeblich immer nur stritten und damit zusätzlich zur weiteren Schwächung des einst gesunden »Volkskörpers« beitrugen. Demokratie war ein Übel, »undeutsch«, »jüdisch«, verdorben, unbrauchbar für eine gesunde deutsche Volksgemeinschaft – so dachten viele damals. Die höheren Stände sprachen es aus, die unteren plapperten es nach und so marschierten sie gemeinsam in die nächste, selbst gemachte Katastrophe.

Auch im Hause Stauffenberg konnte man der Demokratie nichts Positives abgewinnen. Der Vater Alfred Graf Stauffenberg nannte die Regierung ein »Lumpenpack«. Dies ist aber, wenn man sich mit der Geschichte dieser Familie näher auseinandersetzt, nicht weiter verwunderlich, denn mit der Abdankung des Kaisers und dem Ende der Monarchie nach dem verlorenen Ersten Weltkrieg mussten auch die Fürsten und Könige gehen, die damals in Deutschland regierten, und mit ihnen deren Beamte und Diener.

So ein königlicher Beamter war der Vater Stauffenberg. In seiner Württemberger Heimat regierte König Wilhelm II. von Württemberg. Ihm hatte der Vater Stauffenberg als Oberhofmarschall gedient bis zum 30. November 1918, dem Tag, an dem auch dieser König auf die Krone verzichtete. Damit war nicht nur die Karriere des Grafen Stauffenberg beendet, sondern eine ganze Tradition der Familie Stauffenberg, denn sieben Jahrhunderte lang hatten die Stauffenbergs immer in relativ hoher Stellung irgendeinem Monarchen gedient. Als Ministeriale im Ritterstand wurden sie im 13. Jahrhundert zu Schenken der Grafen von Zollern berufen und seitdem standen sie in ununterbrochener Reihenfolge immer im Dienst eines Königs von Bayern, eines Fürstbischofs von Bamberg oder zuletzt eben dem König von Württemberg. Solch einer Familie musste die Monarchie geradezu zwangsläufig als natürliche und zugleich gottgewollte Weltordnung erscheinen und bei dem Gedanken, dass das Volk regiere, konnte es sich für die Stauffenbergs nur um eine Verrücktheit handeln.

Nun war die Verrücktheit da und die göttliche Ordnung weg, mit ihr verschwanden fast alle Privilegien der Monarchen und ihrer Diener. Was blieb, war der dem Adel verinnerlichte Gedanke, zum Dienst am König und zur Herrschaft über das Volk berufen zu sein. Man konnte zwar den Dienstadel von einem Tag auf den anderen abschaffen, nicht aber das in Jahrhunderten gewachsene Standesbewusstsein dieser Schicht, nicht deren Haltungen und Prägungen, nicht deren Weltanschauung und nicht deren blinde Flecken in ihrer Sicht der Wirklichkeit. Und so verwundert es kaum, dass die Söhne Stauffenbergs - Alexander, Berthold und Claus - allesamt ganz selbstverständlich eine herausgehobene Führungsposition im Staat beanspruchten. Sie waren ganz und gar unreflektiert von dem für sie selbstverständlichen Gedanken durchdrungen, dass sie etwas qualitativ anderes - Besseres - seien als ihre Stallknechte und Dienstboten und das übrige Volk. Sie waren keine Demokraten, sondern Aristokraten.

Das aber ist ihnen nicht anzulasten, denn sie hatten kaum eine Chance, Demokraten zu werden. Stattdessen ist ihnen umso höher anzurechnen, dass sie trotz des Geistes, in dem sie erzogen wurden, und trotz des Zeitgeistes, in den sie hineingeboren wurden, an einem bestimmten Punkt die Kraft fanden, sich von ihren Prägungen zu befreien und einfach nur ihrem offenbar unzerstörten menschlichen Kern und ihrem intakten Gewissen zu gehorchen, denn alle drei engagierten sich später gegen Hitler, Claus aber am entschlossensten und an vorderster Front.

In jenen aristokratischen Häusern, in denen solche Leute wie die Stauffenbergs aufwuchsen, gab es nur eine ganz bestimmte Literatur, eine ganz bestimmte andere Literatur gab es nicht. Man führte sich automatisch Texte zu Gemüte, welche die eigene Weltsicht bestätigten, die eigenen Urteile bestärkten, den eigenen Glauben festigten. Was diese Weltsicht hätte relativieren, gar infrage stellen können, ignorierte man nicht einmal, denn es existierte nicht, es drang nicht durch die dicken Mauern der Adelshäuser, und wenn doch, erkannte man sofort das Verderbliche daran und schied es aus. Theoretisch hätten die literarisch und poetisch interessierten Stauffenberg-Brüder durchaus mit Werken von Bert Brecht in Berührung kommen können, mit Texten von Kurt Tucholsky, Carl Ossietzky, Klaus Mann, Heinrich Mann, Thomas Mann, Lion Feuchtwanger, Erich Kästner, Joseph Roth, Erich Maria Remarque, Bertha von Suttner und all den Literaten, deren Bücher später von den Nazis öffentlich verbrannt wurden. Sie hätten sich jederzeit Antikriegsliteratur, Bücher gegen Militarismus, Nationalismus und Antisemitismus zu Gemüte führen können oder Zeitschriften wie die linksintellektuelle *Weltbühne* oder den satirischen *Simplicissimus*. Es war aber niemand da, der den Adel und das konservative Bürgertum an diese Literatur hätte heranführen können.

Man las auch den *Stürmer* nicht, das nationalsozialistische Hetzblatt. Auch dieser wurde als »verderblich« erkannt und aussortiert. Dass es aber einen großen Unterschied gab zwischen dem *Stürmer* und beispielsweise der linksintellektuellen *Weltbühne*, das überstieg offenbar das Unterscheidungsvermögen des durchschnittlichen adligen Offiziers von damals.

Praktisch war es daher so, dass man sich in den Adelshäusern an die bewährten Alten – Goethe und Schiller – und an die ganz Alten – Griechen und Römer – hielt, dazu an konservativ Christliches, Romantisches und vor allem an Nationales, ja Nationalistisches. Nur das galt als gute Literatur. Hölderlin verehrte man, Ludwig Uhland und leider auch Theodor Körner und Ernst Moritz Arndt.

Arndt und Körner waren blutrünstige Hassprediger, deren Verse die Köpfe von Generationen von Schülern verseucht haben. »Sauft euch satt in Blut« dichtete Körner 1813 in seinem »Lied von der Rache«. »Ha, welche Lust, wenn an dem Lanzenknopfe ein Schurkenherz zerebt, und das Gehirn aus dem gespaltnen Kopfe am blutgen Schwerte klebt!«

Die Schurken, das waren die Franzosen, die man nur hassen kann, ja hassen muss, wie Ernst Moritz Arndt im selben Jahr, also 1813, ausführte: »Es ist eine unumstößliche Wahrheit, daß alles, was Leben und Bestand haben soll, eine bestimmte Abneigung, einen Gegensatz, einen Haß haben muß; daß jedes Volk sein eigenes innigstes Lebenselement hat, es ebenso eine feste Liebe und einen festen Haß haben muß, wenn es nicht in gleichgültiger Nichtigkeit und Erbärmlichkeit vergehen und zuletzt mit Unterjochung endigen will.« Und darum, so fuhr Arndt fort, wolle er »den Haß gegen die Franzosen, nicht bloß für diesen Krieg, ich will ihn für lange Zeit, ich will ihn für immer.«

Er hat seinen Willen bekommen. Rund anderthalb Jahrhunderte lang war Frankreich der deutsche Erbfeind. Dreimal wurde Frankreich von den Deutschen überfallen. Auch in Arndts Hass gegen die Juden, diese »Plage und Pest der Christen«, dieses »entartete und verdorbene Volk«, das »wie die Fliegen und Mücken und anderes Ungeziefer flattert«, sind viele Deutsche ihrem Dichter gefolgt.

Solch blutrünstige Franzosen- und Judenhasser waren die Stauffenbergs nicht. Dazu waren sie dann doch zu gebildet und vornehm. Aber infiziert von schwärmerischer Nationalromantik, deutschnationaler Blut-und-Boden-Mystik, unreflektierter Kriegsverherrlichung, übersteigerter Heldenverehrung und deutsch-christlichen Auserwähltheitsfantasien waren sie schon und deshalb auch überzeugt, dass ihnen als Angehörige der arischen Rasse eine besondere Stellung unter den Völkern zukommt. Diesem Einfluss konnten sie sich nicht entziehen, da hatten Heerscharen von deutschen Studienräten, Professoren, Offiziersausbildern, Kadetten-Anstalts-Direktoren, Pfarrern, Bischöfen und Schulaufsichtsbehörden seit ungefähr 1806 ganze Arbeit geleistet.

In jenem Jahr endete das fast tausendjährige Heilige Römische Reich deutscher Nation. Napoleon hatte ganz Europa mit Krieg überzogen, das alte Reich war nicht mehr handlungsfähig, sein Kaiser Franz II. legte die Reichskrone nieder und damit war eine große Epoche der Deutschen zu Ende. Es begannen die Befreiungskriege, ein neues deutsches Nationalbewusstsein erwachte, und das, was sich da zu einem neuen Deutschland entwickelte, hätte sich an der Aufklärung und den Mutterländern der Demokratie orientieren können, am England der bürgerlichen Revolutionen des 17. Jahrhunderts, an der Menschenrechts-Charta der Sieger im amerikanischen Unabhängigkeitskrieg, an den Errungenschaften der Französischen Revolution von 1789 oder wenigstens an einem seiner eigenen großen Geister wie etwa an Immanuel Kant, dem deutschen Philosophen der Aufklärung.

Aber die führenden Schichten in den Königs- und Fürstenhäusern, in den fürstbischöflichen Residenzen und auch in den lutherischen Pfarrhäusern schauten nicht nach vorn, sondern zurück, trauerten ihrem untergegangenen Reich und ihrer verlorenen Größe nach, entschieden sich daher für die Gegenaufklärung, für romantische Deutschtümelei und für die Selbstvergottung der Nation. Sie rühmten den Krieg und den Heldentod auf dem Feld der Ehre – »süß ist es, fürs Vaterland zu sterben«. Echte Soldaten, Soldaten von Rang und mit Verantwortungsgefühl haben dieses Maulheldentum nie geteilt. So hat etwa der preußische Generalfeldmarschall Helmuth von Moltke 1879 gesagt, »dass jeder Krieg, auch der siegreiche, ein nationales Unglück ist«.

Die Dichter aber, Schriftsteller und Schwadroneure und in ihrem Gefolge die Studienräte und Professoren, wurden nicht müde, den Krieg zu feiern. Und sie werteten alles ab, was »welsch« (französisch), jüdisch oder einfach nur »undeutsch« war, und priesen alles Deutsche und alles Völkische, und später kamen der »Rassegedanke«, die Idee der »Reinheit des Blutes« und die Vorstellung von der »arischen Herrenrasse« hinzu, die hoch über Slawen, Juden und anderen Rassen steht. Diese Vorgeschichte muss man kennen, wenn man verstehen will, wie es möglich sein konnte, dass ein ganzes Volk seinem Führer in den Untergang folgte.

Auf Kritik und Widerstand stieß diese deutsche Vorgeschichte erst nach dem verlorenen Ersten Weltkrieg. Jetzt entstand Anti-Kriegsliteratur, jetzt hagelte es Hohn und Spott über preußischen Drill, deutsche Großmannssucht und aus Minderwertigkeitskomplexen gespeiste Selbstüberschätzung deutscher Spießbürger. Jetzt wurde die Hohlheit deutschnationalen Pathos' entlarvt und die geistige Beschränktheit dummdreist daherschnarrender Kasino-Offiziere. Die Monarchie wurde hinterfragt, der Adel kritisiert, die Rolle des Bürgertums beleuchtet, der deutsche Untertanengeist beschrieben, die Erziehung zum blinden Gehorsam angegriffen. Aber es war nur eine kleine intellektuelle Minderheit, die auf diese Weise der deutschen Vorgeschichte zu Leibe rückte, nur eine Minderheit unter den deutschen Lesern hatte sich damit beschäftigt. Und ehe sich die neuen Gedanken unter den Deutschen hätten verbreiten können, hatte Hitler sie verboten, die Bücher verbrannt, ihre Urheber verfolgt, ins Ausland getrieben, im Krieg verheizt oder in Konzentrationslagern umgebracht.

In jener kurzen Zeit, in der diese Gedanken noch frei waren, drang davon in die Paläste und Herrenhäuser nur wenig ein, ins Haus Stauffenberg vermutlich gar nichts. Daher ist es kein Zufall, dass sich die gebildeten, literarisch und musisch höchst interessierten Brüder Stauffenberg nicht mit Bertold Brecht befassten, sondern jenen Dichter als ihren Meister erkoren, der zu ihrem Weltbild passte: Stefan George.

Er hatte mit Leuten wie Arndt oder Körner nichts zu tun. Seinen Gedichten kann man literarische Qualität nicht absprechen. Aber infiziert von deutschtümelnd-christlich-romantischer Mythologie war sein Denken und waren seine Gedichte doch. Eben deshalb zeigten sich die gebildeten, christlich und deutschnational erzogenen Stauffenberg-Brüder so empfänglich für die Lyrik des Stefan George. Es war fast logisch, dass sie sich ihn als Leitstern erkoren und eben nicht Bert Brecht.

Hinzu kam die eindrucksvolle Persönlichkeit Georges, von deren Charisma die schwärmerischen, romantisch veranlagten Jünglinge Berthold und Claus magisch angezogen wurden. Nun hatten sie ihren Meister, den Führer, nach dem sie sich sehnten, der ihnen Achtung abverlangte. Dass dieser »Jünger« um sich scharte, deren Hingabe er autoritär forderte, fanden die Stauffenberg-Brüder nicht etwa anstößig, sondern gerade gut, ja faszinierend. Ein Auserwählter schart Auserwählte um sich, die er für würdig erachtet, ihm zu Diensten zu sein.

Auch für das, was dieser George lehrte, waren die Ohren der Stauffenbergs wie geschaffen. Mit revolutionär-konservativem Pathos prophezeite er das Kommen eines säkularen Erlösers und mit ihm das Ende der verhassten Moderne und der gleichmacherischen Demokratie, dieser Herrschaft des Pöbels. Im Zentrum der George'schen Gedankenwelt stand die Idee eines »Geheimen Deutschlands«, das, an seine große Vergangenheit anknüpfend, unter der Führung der Größten und Edelsten den »Materialismus« der Weimarer Republik hinwegfegen und das Leben in Deutschland zu seiner wahren Spiritualität zurückführen sollte. Die Stauffenbergs stellten sich unter diesem »Geheimen Deutschland« ein idealisiertes mittelalterliches Reich vor, durch das Europa – natürlich unter der Führung Deutschlands – ein neues Maß an Kultur und Zivilisation erlangen sollte.

Ihr Programm steckte im Grunde in dem Namen jenes untergegangenen Reiches, dem sie nachtrauerten: heilig, römisch, deutsch, national. Die Stauffenbergs waren gute Katholiken. Als solche dachten sie natürlich bei den Wörtchen »heilig« und »römisch« an ihre heilige katholische Kirche. Sie waren aber auch gebildete Traditionalisten, daher schwang im Wörtchen »römisch« für sie auch Rom mit, also die Kultur der griechisch-römischen Antike, das Fundament Europas. Und die Führungsrolle für Europa fiel nach Meinung der deutsch-nationalen Brüder natürlich ganz selbstverständlich der deutschen Nation zu.

Es war veredelter, auf künstlerisches Niveau gehobener Nationalsozialismus, was der George-Kreis sich da zusammenfantasiert hatte. Und die männerbündisch-homoerotisch aufgeladene Atmosphäre unter den George-Jüngern war vermutlich auch nur eine sublime Form jener platten Homosexualität, wie sie in der SA um Ernst Röhm praktiziert wurde.

Daher verwundert es nicht, dass die Stauffenbergs, vor allem Claus, gegen die Nazis nur Einwände hatten, die vor allem ästhetischer Natur waren. Stauffenberg, der Adlige, sah von Anfang an das Gewöhnliche und Niedrige an dieser Bewegung und das Primitive an deren führenden Gestalten. Aber, so dachte er, die dahinterstehende reine Idee ist nicht schlecht, und wenn sich nur die Richtigen dieser Idee annähmen, Leute wie er, könnte daraus durchaus etwas Großes und zugleich Vernünftiges werden. Daher hatte er zunächst keine Einwände gegen die Machtübernahme der Nazis. Parteimitglied wurde er jedoch nie. Andere aus dem George-Kreis traten der Partei oder SA bei. George selbst sah interessiert zu, aber hielt Abstand.

1944, nach dem Attentat, Claus war schon tot, sein Bruder Berthold lebte noch und wurde verhört, sprach Berthold für sich und seinen Bruder, als er im Verhör sagte, mit der Innenpolitik der Nazis seien sie im Wesentlichen einverstanden gewesen. Das Führerprinzip, eine gesunde Rangordnung innerhalb der Volksgemeinschaft, auch den »Rassegedanken«, den Kampf gegen Korruption, die Betonung des Bäuerlichen gegen den Geist der Großstadt, dies alles hätten sie für gut befunden. Zum Widerstand habe man sich dann später nur deshalb entschlossen, weil diese guten Grundideen der nationalsozialistischen Weltanschauung von deren Führern in ihr Gegenteil verkehrt wurden.

Von dieser Sicht der Dinge – auch sie noch nicht die letzte Sicht – war Claus von Stauffenberg noch weit entfernt, als Hitler die Macht übernahm. Damals hatte er noch keinerlei Probleme, in der Reichswehr Hitler zu dienen. Weil er die nicht hatte, machte er rasch Karriere in der Armee, denn er war intelligent, konnte eine Lage schnell und treffsicher beurteilen und ebenso schnell die richtigen Schlüsse daraus ziehen. Seine Untergebenen führte er vorbildlich, bei seinen Vorgesetzten wusste er sich durch Verhalten und Leistung Anerkennung zu verschaffen.

Dass er später dennoch zum Hitler-Attentäter werden sollte, war das Ergebnis einer längeren Entwicklung. Diese begann nicht mit der Erkenntnis des Widerspruchs zwischen guter Idee und schlechter Verwirklichung, sondern mit einer Summierung ganz verschiedener Einzelheiten, die sich heute nicht mehr in die richtige Reihenfolge bringen lassen, die aber zusammenwirkten und so allmählich den Entschluss zum Widerstand in ihm reifen ließen. Eine wichtige Rolle dürfte die Behandlung der Juden durch die Nazis gespielt haben. Zum George-Kreis hatten auch Juden gehört, darunter einige, die deutschnationaler dachten als viele Nichtjuden. Diese jüdischen Freunde wurden plötzlich vom Regime verfolgt, schikaniert, entrechtet. Bekannte Stauffenbergs, Freunde, Verwandte waren mit Jüdinnen verheiratet, die Frau seines eigenen Bruders Alexander hatte einen jüdischen Vater und eben deshalb 1936 ihren Arbeitsplatz verloren. Als Alexander sie 1937 heiratete, galten bereits die Nürnberger Rassengesetze. Die Heirat bedeutete also einen durchaus mutigen Schritt im nationalsozialistischen Deutschland. 1941 als »jüdischer Mischling« bewertet, wurde sie aufgrund ihrer kriegswichtigen Rolle als Testpilotin durch Dekret der Reichskanzlei im gleichen Jahr »deutschblütigen Personen gleichgestellt«.

Obwohl Claus Stauffenberg nichts gegen Rassentrennung hatte, hatte er sehr wohl etwas gegen die Repressionen und vor allem gegen die gewaltsamen Ausschreitungen gegen Juden. Eben das setzte bei ihm einen Denkprozess in Gang, der sich im Laufe der Jahre mit anderen Beobachtungen und Überlegungen verband und dann in den Entschluss mündete, Hitler zu töten.

Diese anderen Beobachtungen und Überlegungen waren ästhetisch-traditioneller, militärisch-handwerklicher und moralischer Natur.

Ästhetisch erkannte er in Hitler einen Kleinbürger, dessen Untertan er nicht sein wolle, hat er einem Wuppertaler Buchhändler schon vor dem Krieg gesagt. Man solle es ihm nicht als Arroganz auslegen, aber solches lasse die Tradition seiner Familie einfach nicht zu. Das war natürlich trotzdem Arroganz, wenn auch in diesem Fall eine gesunde.

Militärisch-handwerklich beobachtete er mit wachsendem Unmut, wie sachfremde, von der Partei initiierte Einflüsse in die politisch neutrale Reichswehr einflossen, diese auf unzulässige Weise politisierten und zu einem verlängerten Arm der Partei machen wollten. Und Hitlers Entschluss, gegen alle Welt in den Krieg zu ziehen, hielt er für falsch.

Letztlich ausschlaggebend dürften dann aber moralische Gründe gewesen sein, die in seinen späteren Erfahrungen im Krieg wurzelten. Zunächst aber war er kriegsbegeistert wie die meisten seiner jungen Kollegen. Besonders nach seiner Rückkehr aus dem Polen-Feldzug, bei dem Hitlers Truppen das Land in einem dann »Blitzkrieg« genannten Einsatz überrollt hatten, bereitete sich Stauffenberg geradezu begeistert auf den Feldzug gegen Frankreich vor. Deutschland war damals eine in der Welt führende Wissenschafts-, Technologie- und Militärnation, und im Krieg gegen Polen wurde den Militärs erst so richtig bewusst, wozu sie imstande waren. Nun wollten sie weitersiegen.

Und sie siegten weiter. Auch Frankreich fiel fast kampflos in die Hände der Wehrmacht und jetzt revidierte Stauffenberg sein Urteil über Hitler. Seinem Wuppertaler Buchhändler sagte er um das Jahr 1940 oder 1941, Deutschland sei bei Hitler in guten Händen, die Nähe des Führers rege zu schöpferischem Denken an, und heute müsse er sagen: »Der Vater dieses Mannes war kein Kleinbürger. Der Vater dieses Mannes ist der Krieg.« So spricht ein Soldat, der sich gerade im Siegesrausch befindet.

Während dieses Rauschs schwankte der sonst in seinem Urteil so sichere Stauffenberg, war hin und her gerissen, erkannte in lichten Momenten Hitler klar als Verbrecher, und hat ihn sich in dunkleren Momenten wieder schöngeredet, vielleicht weil er ahnte, wohin es führt, wenn sein negatives Urteil über Hitler die Oberhand gewinnt. Stauffenberg war mit Leib und Seele Soldat, der in tiefem Ernst einen Eid auf Hitler geschworen hatte. So einen Eid zu brechen, zum Hochverräter zu werden, gar einen Tyrannenmord zu begehen, zu so etwas konnte einer wie Stauffenberg sich naturgemäß nicht über Nacht entschließen. Das wollte er eigentlich nicht, das war für einen wie ihn undenkbar. Deshalb suchte er, wohl eher unbewusst, krampfhaft nach guten Seiten an Hitler, und war dankbar, wenn er welche entdecken konnte.

Und deshalb hat es Jahre gedauert, bis er jenen glasklaren, eingangs zitierten Gedanken aussprechen konnte, dass er nur noch die Wahl hat, Hitler zu töten und damit als Verräter in die deutsche Geschichte einzugehen, oder es nicht zu tun, und damit als Verräter vor seinem eigenen Gewissen dazustehen. Im Jahr 1941 war Stauffenberg von dieser Einsicht noch weit entfernt. Andere im Generalstab und in zivilen Kreisen arbeiteten bereits an Umsturzplänen. Stauffenberg hörte von diesen »hochverräterischen Umtrieben« und fühlte die Pflicht, das anzuzeigen, tat es aber nicht. Er war eben noch unentschieden. Einerseits hegte er schon Sympathien für die Putschisten, andererseits fühlt er sich noch an seinen Eid gebunden. Letztlich ausschlaggebend war dann wohl sein nüchterner Verstand, der ihm damals sagte: Gegen einen siegreichen Feldherrn putscht man nicht. Niemals würden die Putschisten einen Rückhalt im Volk finden, wenn sie jetzt Hitler in den Rücken fielen.

Die Lage änderte sich, als Hitler seine Truppen nach Russland schickte. Einige wenige Generale hielten diesen Einsatzbefehl für Wahnsinn, die anderen gehorchten, Hitler glaubte an einen weiteren Blitzsieg noch vor Einbruch des Winters. Sein großer Irrtum. Jetzt vermehrten sich die Zweifel im Generalstab an dem Feldherrn-Genie Hitler, je länger der Russland-Feldzug dauerte, je größer die Verluste der Armee wurden, je mehr der Nachschub stockte. Immer mehr Generale kamen zu der Einsicht, dass der Krieg nicht mehr zu gewinnen sei und man sich jetzt besser um einen Waffenstillstand bemühen sollte. Aber nur wenige hatten den Mut, das Hitler ins Gesicht zu sagen, und wer den Mut hatte, flog aus dem Generalstab. Hitler umgab sich jetzt mit Jasagern. Die Realitätsverleugnung in seiner Umgebung erreichte gespenstische Ausmaße, Bunkermentalität machte sich breit. Die anderen schmiedeten Umsturzpläne.

Stauffenberg konnte sich noch immer nicht dazu durchringen, in den Kreis der Verschwörer einzutreten. Nicht mitten im Krieg, sagte er. »Aber dann, wenn wir nach Hause kommen, werden wir mit der braunen Pest aufräumen.«

Die Nazis in ihren Braunhemden waren jetzt also die »braune Pest«. So weit immerhin war Stauffenberg jetzt. Zum Meinungsumschwung beigetragen haben die Verbrechen der SA und der SS in den von der Wehrmacht besetzten Gebieten. Ab Sommer 1941 ließ Stauffenberg Belastungsmaterial gegen die SS sammeln. Aber es dauerte noch ein gutes Jahr, bis Stauffenberg unter Vertrauten sagte: Hitler muss weg.

Stauffenberg hatte inzwischen von verschiedenen Seiten von den Gräueltaten der SS und der SA gehört, von Juden-Erschießungen, und davon, dass SS-Leute in einem ukrainischen Ort sämtliche Juden zusammengetrieben und sie gezwungen hatten, ihr eigenes Massengrab auszuheben, bevor sie erschossen wurden. Auch von Auschwitz hatte er im Mai 1942 erstmals gehört.

Damit wusste er nun genug. Er hatte selbst mit angesehen, was SA und SS, aber auch Reichswehrtruppen mit der Zivilbevölkerung anstellten, er sah, was in den eroberten Gebieten mit Juden geschah, er sah, wie sich die politische Führung bereicherte und wie sie jedes Gefühl für Sitte, Ehre und Anstand vermissen ließ im Umgang mit den unterworfenen Völkern, Kriegsgefangenen und Zivilisten. Dieses Deutschland, das sich da vor seinen Augen entwickelte, hatte mit jenem edlen, gerechten, vorbildlich handelnden »Geheimen Deutschland«, für das er kämpfte, nicht das Geringste zu tun. Und da sagte er, Hitler müsse beseitigt werden, meinte aber, dies zu tun, sei die Aufgabe der Heeresgruppen- und Armeeführer.

Vom Sommer 1942 an häuften sich Äußerungen Stauffenbergs über die Notwendigkeit, Hitler zu stürzen, der »ein Narr und ein Verbrecher« sei. Im Hauptquartier bei Winniza sagte er: »Wir müssen mit dieser Gesellschaft Schluss machen.«

Aber wie? Und wer ist »wir«? Schon seit Längerem hatte er verächtlich von »Bombenschmeißerle« gesprochen. Gemeint waren jene Offiziere in seiner Umgebung, die immer nur von der Beseitigung Hitlers redeten, aber nie etwas dafür unternahmen. Daher platzte er während einer Lagebesprechung, bei denen sich mal wieder alle einige waren, dass die Befehle von oben unsinnig seien und man Hitler endlich die Wahrheit sagen müsse, mit dem Satz hervor: »Hitler ist der eigentlich Verantwortliche; eine grundsätzliche Änderung ist nur möglich, wenn er beseitigt wird. Ich bin bereit, es zu tun.«

Damit war es heraus. Die anderen erschraken und machten sich heimlich Notizen, verrieten ihn aber nicht. Stauffenberg aber suchte ab jetzt aktiv den Kontakt zu den Verschwörern, von denen er gehört hatte. Doch dabei kam ihm eine Versetzung in die Quere. Im März 1943 wurde der in der Zwischenzeit zum Oberst im Generalstab beförderte Stauffenberg zu den Truppen des Generalfeldmarschalls Erwin Rommel nach Afrika versetzt und dort am 7. April bei einem Tieffliegerangriff schwer verwundet. Er verlor das linke Auge, die rechte Hand und zwei Finger der linken Hand.

Nach seiner Genesung in der Heimat besuchte er in Berlin die Hitlergegner um den General der Infanterie Friedrich Olbricht und den Leiter des Allgemeinen Heeresamtes, Generalmajor Henning von Tresckow. Er wurde rasch mit ihnen einig. Vor allem stimmten sie darin überein, dass es mit einem Tyrannenmord allein nicht getan sei. Danach müsse es einen Staatsstreich geben, müssten Hitlers Helfer verhaftet und unschädlich gemacht und eine neue Regierung gebildet werden, und das alles müsse sehr schnell gehen.

Dabei entwarfen sie einen genialen Plan, der als die »Operation Walküre« in die Geschichte einging. Sie schrieben bereits existierende, auf Hitler selbst zurückgehende Befehlspläne einfach um. Im Falle eines Aufstandes von Zwangsarbeitern oder Kriegsgefangenen sollte das Ersatzheer gegen sie eingesetzt werden, das eigentlich dazu dient, für Nachschub an Soldaten und Material zu sorgen. Olbricht und Tresckow änderten Hitlers Pläne nun so, dass sich damit ein Staatsstreich durchführen ließ. Statt gegen Aufständische sollte das Ersatzheer nach Hitlers Tod gegen die SS und die Nazi-Führung eingesetzt werden und deren wichtigste Köpfe verhaften.

So genial der Plan auch war, zuvor musste Hitler getötet werden. Wer sollte es tun? Wann? Wo? Wie? Dafür gab es noch immer keine Ideen. Und auch der Walküre-Plan sah bisher nur auf dem Papier gut aus. Man brauchte Helfer, Eingeweihte, entschlusskräftige Offiziere, die die Nerven nicht gleich verlieren, wenn Unplanmäßiges passieren sollte. Und Unplanmäßiges passiert immer. Und je mehr Leute eingeweiht werden in die Umsturzpläne, desto größer wird die Gefahr, dass vorzeitig alles auffliegt.

Außerdem brauchte Stauffenberg in Berlin ein militärisches Amt, damit dessen sich häufende Besuche bei Olbricht und Tresckow keinen Verdacht erregten. Stauffenberg wurde daher zum Stabschef des Allgemeinen Heeresamts im Berliner Bendlerblock ernannt. Dadurch erhielt er Zugang zu den Lagebesprechungen in den Führerhauptquartieren.

Ein ganz wichtiger Kopf im Militär war Generaloberst Ludwig August Theodor Beck. Er koordinierte die Attentatspläne mit Carl Friedrich Goerdeler und hielt Verbindung zum zivilen Widerstand, den es auch gab. Im Zentrum dieses Widerstands der Zivilisten stand Helmuth James Graf von Moltke aus Kreisau. In dessen Landgut trafen sich schon seit längerer Zeit Militärs und Zivilisten wie der Sozialdemokrat Julius Leber, der Gewerkschafter Wilhelm Leuschner und Angehörige des Adels, unter anderen auch Stauffenbergs Bruder Berthold und der Cousin Peter Graf Yorck von Wartenburg. Dort, im später sogenannten *Kreisauer Kreis*, wurden Pläne für die Zeit nach Hitler geschmiedet - auch wieder nur für danach.

Es kam auch einmal zu einem Treffen zwischen Claus und dem Kopf der *Kreisauer*, Helmuth Moltke. Moltke war sehr angetan von Claus, notierte hinterher, dieser sei ihm lieber als Berthold - eine Sympathie, die nicht auf Gegenseitigkeit beruhte. Claus sprach etwas abfällig vom »Kreisauer Kränzchen«, und Moltke war ihm unsympathisch. Außerdem merkte er, dass Moltke zwar Verständnis für die Attentatspläne auf Hitler hatte, aber sie eigentlich innerlich ablehnte.

Zu jenem Zeitpunkt gingen Stauffenberg die vielerlei Bedenken und komplizierten Erwägungen der Bedenkenträger schon längst auf die Nerven. Er war in dieser Frage schon »durch«, hatte seinen Standpunkt geklärt, und daher erschien ihm die Frage der *Kreisauer* - was kommt »danach« - als die Aufzäumung des Pferds von hinten. Ihm ging es um die viel brennendere Frage des »Tags davor«.

Wer sollte wo, wie und womit Hitler töten und möglichst auch Himmler und Göring? Diese Frage war noch immer ungeklärt. Wie schwierig das war, erkannte man an der Tatsache, dass Hitler bereits zwei Attentate wie durch ein Wunder überlebt hatte.

Schon am 8. November 1939 hatte der Schreinergeselle Georg Elser eine selbst gebaute Bombe im Münchner Bürgerbräukeller deponiert, wo Hitler als Redner angekündigt war. Die Bombe explodierte exakt zu der von Elser geplanten Zeit um 21.20 Uhr. Acht Menschen wurden getötet, Hitler hätte der neunte sein können, wenn ihm nicht, wie er es nannte, »die Vorsehung« zu Hilfe gekommen wäre.

Diese »Vorsehung« war, ohne dass Hitler es erfuhr, auch am Werk, als Fabian von Schlabrendorff, der Ordonnanzoffizier des Obersten Henning von Tresckow, am 13. März 1943 zwei als Cognacflaschen getarnte Sprengstoffpakete in Hitlers Flugzeug geschmuggelt hatte. Schlabrendorff aktivierte selbst den Zünder und übergab das Päckchen an Oberstleutnant Brandt, der in dasselbe Flugzeug wie Hitler einstieg. Da war also bereits ein Wehrmachts-Offizier bereit, sich mit Hitler in die Luft zu sprengen und durch einen wirklichen Heldentod fürs Vaterland zu sterben, jedoch: Der Sprengsatz explodierte nicht. Es war zu kalt im Frachtraum des Flugzeugs. Am nächsten Morgen flog Schlabrendorff unter höchstem Risiko mit einem Kurierflugzeug nach Ostpreußen, suchte Brandt auf und tauschte das Paket wieder aus.

Nun war es Claus von Stauffenberg, der es riskieren sollte. Er selbst war schon lange die treibende Kraft inmitten zögernder Verschwörer. Er fühlte, wie ihnen die Zeit davonlief. Längst schon ahnten die Beschützer Hitlers etwas von den Verschwörungsplänen. Deshalb schirmten sie ihn immer besser ab. Fieberhaft versuchten sie, die Pläne aufzudecken, die Hintermänner zu entlarven. Schon gab es erste Verhaftungen. Bonhoeffer, Dohnanyi wanderten hinter Gitter, später wurden Graf Moltke und Julius Leber verhaftet, und noch immer erfreuten sich Hitler, Himmler, Göring ihres Lebens. Sie zu töten, wurde nun täglich schwieriger.

Und die Zahl der wenigen, die für ein Attentat infrage kamen und sich bereit erklärten, es zu riskieren, wurde immer kleiner. Wenn sie nicht verhaftet wurden, sprangen sie im letzten Moment ab, schoben religiöse Motive vor, Gewissensgründe, den Eid oder auch nur, wie Moltke und einige *Kreisauer*, rein sachliche Erwägungen, das Argument einer neuen Dolchstoßlegende. Gewiss waren die Gewissenszweifel nicht nur vorgeschoben, sondern die Zweifel auch echt. Stauffenberg kannte das. Er hatte ja lange selbst mit sich gerungen, aber eben weil er das hinter sich hatte, konnte er nun argumentieren, dass ein Treue-Eid nicht nur den Soldaten binde, sondern auch dessen Führung, also Hitler. Dieser habe längst alles gebrochen, was man überhaupt brechen kann, die Gesetze des Völkerrechts und des Kriegsrechts ebenso wie alle Gebote von Sitte, Anstand und Moral. Er sah, wie ihm viele seiner potenziellen Mitstreiter einfach dadurch abhandenkamen, dass sie aus ihren selbst gebauten komplizierten Gedankengefängnissen nicht herausfanden.

Mit seinem Blick auf die einfacheren, grundlegenderen Wahrheiten, zu denen er sich durch das Gestrüpp der theologisch-philosophisch-politischen Bedenken vorgekämpft hatte, sah der Tatmensch Stauffenberg nun glasklar, worum es eigentlich noch ging: um die Wahl zwischen zwei Übeln. Natürlich macht sich schuldig, wer Hitler tötet. Wer aber sieht oder weiß, wie in Auschwitz die Kamine rauchen, und dennoch nichts tut, macht sich ebenfalls schuldig. Es geht also nur noch um die Frage: Wer macht sich schuldiger? Ein Unrecht müsse man auf sich nehmen, sagte Stauffenberg wenige Tage vor dem 20. Juli, das des Tuns oder das des Nichtstuns.

Die Zögerer um ihn herum erschienen ihm wie Männer, die nach dem Motto handeln: Wasch mir den Pelz, aber mach mich nicht nass. Sie wollten Deutschland retten, aber zugleich auch ihr Seelenheil. Beides könne man aber nun nicht mehr haben, sagte Stauffenberg. Und angesichts dessen, was draußen in der Welt los war, hatte er für sich entschieden, sein Seelenheil zu opfern. Gerade das erschien ihm in der Lage, in der er sich befand, christlicher, als durch Nichtstun sein Seelenheil zu retten.

Tatsächlich war damals eigentlich für jeden Vernünftigen unter der Armeeführung erkennbar, dass Hitler sein Volk opferte und seine Soldaten verheizte für seinen Wahn und seine Hirngespinste. Wenn jemand sein Volk und seine Soldaten verraten hat, dann Hitler. Anständig war es daher nicht mehr, diesem Mann weiter die Treue zu halten, anständig war es nun, mit ihm zu brechen. An den Eid auf diesen Mann fühlte sich Stauffenberg daher nun wirklich nicht mehr gebunden. Und, so ließ Stauffenberg einmal durchblicken, er habe auch bei Luther und bei Thomas von Aquin nachgelesen, was diese über den Tyrannenmord dachten. Beide hätten ihn gebilligt.

So sah Stauffenberg zwischen März und Juli 1944 immer klarer, dass die Sache wohl auf ihn zulaufen werde, und er wehrte sich nicht dagegen. Er wollte jetzt, nachdem so viel geredet und geplant und konspiriert worden war, endlich die Tat. Daher erklärte er sich bereit, Hitler, Göring, Himmler einfach mit der Pistole zu erschießen oder sich mit diesen in die Luft zu sprengen. Damit aber waren die anderen nicht einverstanden, denn man brauchte Stauffenberg auch nach Hitlers Tod für den anschließenden Staatsstreich. Gerade einen wie Stauffenberg brauchte man, denn das Häuflein der Verschwörer war klein, zermürbt, verzagt und es war keineswegs sicher, dass die »Operation Walküre« klappen würde.

Stauffenberg dagegen war nun der entschlossenste unter all den Zögerlichen in seiner Umgebung, er war unter den Verschwörern auch der Einzige, der jetzt noch gelegentlich Zugang zu Hitler bekam, denn am 1. Juli 1944 wurde Stauffenberg zum Oberst befördert und gleichzeitig zum Chef des

Stabes beim Befehlshaber des Ersatzheeres ernannt. In dieser Eigenschaft fuhr er nun öfter zu Besprechungen mit Hitler. Auch deshalb war klar: Stauffenberg würde das Attentat ausführen müssen. Aber er würde es so ausführen müssen, dass er lebend dabei heraus- und rechtzeitig wieder nach Berlin käme, um den Staatsstreich zu leiten.

Für Stauffenberg klärte sich auch noch ein dritter Punkt: Das »Vaterland« würde er mit seiner Tat nicht mehr retten können. In der Normandie waren inzwischen die Amerikaner gelandet. Sie trieben das deutsche Heer in Frankreich vor sich her, zurück in die Heimat. Auch im Osten trieb die Rote Armee die Deutschen zurück. Es war nur noch eine Frage der Zeit, bis Deutschland kapitulieren musste. Daher ging es jetzt nicht mehr darum, in Friedensverhandlungen mit den Kriegsgegnern noch möglichst viel für Deutschland herauszuholen, sondern nur noch um ein rasches Ende, die Niederlage anzuerkennen, und das sinnlose Sterben unter den Soldaten und der Zivilbevölkerung zu beenden und dem Morden in den Konzentrationslagern Einhalt zu gebieten. Die Tat gegen Hitler war jetzt nur noch für die »Ehre« und ein Ende des Blutvergießens. Die Welt sollte erfahren, dass es in Hitlers Armee ehrenvolle Männer gegeben hat, die nicht mit dem einverstanden waren, was in deutschem Namen geschah, und vielleicht würde das die Sieger ein bisschen gnädiger stimmen.

In diesem Sinne hatte sich auch Tresckow geäußert. Ihn ließ Stauffenberg über einen Mittelsmann fragen, ob denn jetzt, da der Krieg unzweifelhaft verloren sei, ein Attentat überhaupt noch einen Sinn habe. Und dieser antwortete, ein politischer Zweck sei mit einem Attentat nun nicht mehr zu erreichen, die letzten Chancen seien verspielt, und trotzdem müsse es gemacht werden, denn »es kommt nicht mehr auf den praktischen Zweck an, sondern darauf, dass die deutsche Widerstandsbewegung vor der Welt und vor der Geschichte unter Einsatz des Lebens den entscheidenden Wurf gewagt hat. Alles andere ist daneben gleichgültig.«

In diesem Bewusstsein bereitete sich Stauffenberg auf seine Tat vor. Sollte es misslingen, mochte er scheitern, sollte er anschließend hingerichtet werden, seine Ehre wird man ihm nicht mehr nehmen können, so dachte er.

Kaum eine Woche nach seiner Beförderung bot sich ihm erstmals die Chance dazu. Er wurde zu einer Besprechung mit Hitler auf den Obersalzberg in dessen Berghof geholt. In Stauffenbergs Aktentasche steckte Sprengstoff. Aber er unternahm nichts. Göring und Himmler waren nicht anwesend. Deren Anwesenheit hatten aber die Generale Kluge und Rommel zur Bedingung für die Ausführung eines Attentats gemacht. Ob diese Forderung im letzten Moment erhoben wurde, um das Attentat unmöglich zu machen? Niemand weiß das, aber die Forderung war nicht unvernünftig. Göring wäre Hitlers Nachfolger gewesen und Himmler führte die SS, eine mögliche Bürgerkriegsarmee, die im Falle eines Putsches schwer zu besiegen gewesen wäre.

Am 11. Juli war Stauffenberg wieder auf dem Obersalzberg. Wieder mit Sprengstoff in der Tasche. Und wieder fehlten Göring und Himmler. Das Attentat unterblieb.

In den Tagen danach zog Hitler mit seinen Getreuen von seinem Berghof in den Alpen in die Wolfsschanze, einem Führerhauptquartier in Ostpreußen (heute Polen). Stauffenberg wurde für den 15. Juli dorthin beordert. Und an diesem Tag sollte er zuschlagen. Er wurde von mehreren Offizieren in Berlin daran gehindert. Weil Himmler nicht da war.

Stauffenberg war darüber ungehalten. Er wollte jetzt Hitler töten, auch ohne Himmler und ohne Göring. Aber er musste nach Berlin zurück, ohne seine Tat ausführen zu können.

Die nächste Gelegenheit ergab sich am 20. Juli. Diesmal sollte es geschehen, endgültig, mit oder ohne Himmler, egal wo Göring ist, und egal, was die ewigen Bedenkenträger in Berlin sagen oder tun. Auch Olbricht, Tresckow und einige andere sind dafür, es jetzt endlich zu wagen. Sie halten sich in Berlin bereit, um die »Operation Walküre« zu starten.

In der Früh um sieben fliegt Stauffenberg am 20. Juli 1944 mit seinem Adjutanten Werner von Haeften in das Führerhauptquartier Wolfsschanze, in Stauffenbergs Tasche zwei Päckchen mit Sprengstoff und Zündern. Nach der Ankunft lassen sich die beiden unverzüglich zum etwa 6 km entfernten Nordeingang des Sperrkreises II fahren.

Um elf Uhr geht Stauffenberg zu einer Besprechung mit Generalfeldmarschall Wilhelm Keitel und erfährt, dass die heutige »Lage« nicht wie üblich um 13.00 Uhr, sondern bereits um 12.30 Uhr stattfinden wird. Grund: Hitler erwartet den Besuch des italienischen Faschistenführers Benito Mussolini. Diese Änderung erschwert die Sache. In die zwei Sprengstoffpakete zwei scharf gemachte Zünder einzubauen, ist nicht so einfach, schon gar nicht für einen, dem eine Hand ganz fehlt und der an der anderen nur noch drei Finger hat. Nun wird es schwierig werden, denkt Stauffenberg.

Und es wird noch schwieriger. Auch der Ort der Besprechung mit Hitler ändert sich. Sie soll im Teehaus stattfinden, nicht im Führerbunker, auf den sich Stauffenberg vorbereitet hatte, den er kannte. Im Teehaus, wo er noch nicht war, sind die Fenster wegen der Sommerhitze alle geöffnet. Das wird den Druck der Bombe vermindern. Sowohl über der Decke als auch unter dem Fußboden befinden sich Hohlräume. Es gibt nur einen Holz- und keinen festen Steinfußboden. Das kann den Druck weiter vermindern. Aber daran denkt Stauffenberg jetzt nicht. Er muss handeln, schnell.

Gegen 12.15 Uhr zieht er sich unter dem Vorwand, sein Hemd wechseln zu wollen, in einen Raum zurück und lässt sich von Haeften die Tasche mit dem Sprengstoff geben. Er entnimmt die erste Sprengladung, macht die Zünder scharf und setzt sie ein. Bei dieser schwierigen Arbeit werden die beiden nun auch noch gestört. Oberfeldwebel Werner Vogel tritt ins Zimmer und mahnt zur Eile, der Führer warte bereits.

Stauffenberg gelingt es daher nicht mehr, das zweite Sprengstoffpaket mit einem Zünder zu versehen. Und da macht er einen schwerwiegenden, wahrscheinlich entscheidenden Fehler, und bis heute ist unklar, warum, aber wahrscheinlich waren es die Hektik und der Stress, unter dem die letzten Handgriffe des Attentats erledigt werden mussten. Stauffenberg packt nur das eine Paket mit dem Zünder in die Aktentasche, mit der er zu Hitler ins Teehaus geht. Das andere lässt er bei Haeften zurück, der es an sich nimmt.

Gegen 12.30 Uhr geht Stauffenberg mit der Bombe in der Tasche in die Besprechung mit Hitler. General Adolf Heusinger berichtet gerade über die Situation an der Ostfront. Ein Adjutant bittet darum, dem schwer kriegsversehrten Stauffenberg einen Stehplatz dicht neben Hitler freizumachen. Stauffenberg hatte darum ersucht: »Damit ich für meinen Vortrag nachher alles mitbekomme.«

Die Tasche stellt er unter dem Tisch in der Nähe Hitlers ab. Heusingers Mitarbeiter Oberst Heinz Brandt schiebt sie wohl mit dem Fuß noch ein Stück zur Seite – hinter die massive Stütze des schweren Lagetisches, über den sich der Diktator gerade beugt. Einen Augenblick später verlässt Stauffenberg den Raum unter dem Vorwand, telefonieren zu müssen.

Etwa zehn Minuten sind vergangen, seit er den Zündmechanismus in Gang gesetzt hat. Jetzt müsste die Bombe eigentlich hochgehen. Aber auf die Minute genau konnte man so einen chemischen Zünder nicht einstellen. Temperatur, Wetter, Luftdruck und Luftfeuchtigkeit beeinflussten den Zündzeitpunkt.

Um 12.42 Uhr dann eine gewaltige Detonation. Stauffenberg und Haeften sehen in etwa 200 Meter Entfernung Feuer, Staub und Rauch aus den geöffneten Fenstern quellen. Stauffenberg und Haeften hören Hilfeschreie und die Rufe nach einem Arzt, während sie jetzt in höchster Eile den Ort des Geschehens verlassen. Im Vorbeifahren sieht Stauffenberg, wie jemand auf einer Bahre aus der Baracke getragen wird. Er ist zugedeckt mit Hitlers Mantel und da ist sich Stauffenberg gewiss: Hitler ist tot.

Ein Irrtum, wie sich noch herausstellen wird. Unter Hitlers Mantel lag jemand anders.

Die Explosion riss einem Stenografen beide Beine ab, ein General wurde von einem Holzsplitter durchbohrt, das Gesicht von Hitlers Chefadjutant verbrannt. Fast allen 24 Anwesenden, auch Hitler, zerfetzte es die Trommelfelle. Im Fußboden, wo die Aktentasche stand, klafft ein 55 Zentimeter großes Loch. Aber Hitler lebte. Die »Vorsehung« hat ihn auch diesen Anschlag wieder überleben lassen. Die Sprengkraft der Einzelladung in Stauffenbergs Tasche hatte nicht gereicht. Sehr wahrscheinlich wäre das Attentat gelungen, wenn beide Sprengstoffpakete in der Aktentasche gewesen wären, denn natürlich wäre das zweite, auch ohne Zünder, mit explodiert. Es war, als ob Hitler mit dem Teufel im Bunde steckte.

Aber Stauffenberg verlässt die Wolfsschanze in der Gewissheit, dass sein Attentat geglückt sei, und strebt mit Haeften in höchster Eile seinem Flugzeug zu. Schon an der ersten Wache werden sie aufgehalten. Stauffenberg erklärt, dass er dringend zum Flughafen müsse. Der Wachhabende lässt ihn passieren. Aber sie haben noch eine weitere Wache zu überwinden, die Außenwache Süd. Während der Fahrt dahin wird in der Wolfsschanze Alarm ausgelöst. Der Wachhabende der Außenwache Süd hat nun die strikte Anweisung, niemanden passieren zu lassen. Stauffenberg wird scharf, beharrt auf sofortige Weiterfahrt, aber der Wachmann lässt sich nicht beeindrucken, weigert sich, die Schranke zu öffnen.

Nun pokert Stauffenberg hoch, sagt, er möchte mit der Kommandantur verbunden werden. Der Wunsch wird ihm gewährt. Und er hat Glück. Am anderen Ende der Leitung ist Möllendorff. Der hegt keinen Verdacht, kennt Stauffenberg persönlich, und erteilt dem Wachhabenden den Befehl, Stauffenbergs Auto passieren zu lassen. Die Überlebenden in der Wolfsschanze und die übrigen Militärs hatten zu diesem Zeitpunkt offenbar noch nicht begriffen, was geschehen war. Ein Nachrichtenoffizier kommentierte den Knall mit dem Hinweis auf Minen im Wald, die öfters durch Rehe ausgelöst werden.

Auf der Fahrt zum Flugzeug wirft Haeften das zweite Sprengstoffpäckchen aus dem Wagen.

Gegen 13.15 Uhr hebt die Propellermaschine ab und fliegt die beiden Offiziere nach Berlin. Mehr als zwei Stunden sind sie nun in der Luft und können nichts tun und können nicht wissen, dass in Berlin bereits widerstreitende Gerüchte vom Attentat kursieren. In der einen Version ist es geglückt und ist Hitler tot, in der anderen hat er überlebt. Angesichts solcher Gerüchte ist ein Teil der Verschwörer ratlos und bleibt untätig. Die Operation Walküre hätte längst begonnen haben müssen, als Stauffenberg und Haeften in der Luft sind.

Aber angesichts der unklaren Lage speisen General Friedrich Olbricht und Generalleutnant Fritz Thiele ausgiebig zu Mittag. Erst gegen 15 Uhr kehren sie zurück und holen die Walküre-Befehle aus dem Panzerschrank – zwei Stunden zu spät. Zwei Stunden lang war es dem Mitverschwörer General Erich Fellgiebel in der Wolfsschanze gelungen, die Nachrichtenverbindungen des Führerhauptquartiers zu wichtigen Wehrmachtsstellen abzuschneiden und damit Hitlers Gefolgsleuten die Möglichkeit zu Gegenbefehlen zu nehmen. Danach war es ihm nicht mehr möglich zu verhindern, dass die Nachricht vom Scheitern des Attentats nach Berlin drang. Und es war ihm nicht mehr möglich zu verhindern, dass die Militärs in der Wolfsschanze jetzt ihre Befehle nach Berlin durchgaben.

Das war Olbricht noch nicht bekannt, als er gegen 16 Uhr das Büro von Generaloberst Friedrich Fromm, dem Befehlshaber des Ersatzheeres, betritt und erklärt, Hitler sei tot, Fromm müsse nun die Walküre-Befehle erteilen. Fromm aber gehörte zu den Wankelmütigen, hatte es bisher vermieden, sich aktiv am Widerstand zu beteiligen, war aber anderseits in die Pläne eingeweiht und hatte sie gedeckt. Hätten die Nachrichten aus Ostpreußen allesamt eindeutig Hitlers Tod bezeugt, hätte Fromm vermutlich mitgespielt.

Nun aber war er skeptisch und spielte auf Zeit, um noch in letzter Minute seinen Kopf zu retten.

Da Olbrichts Informationen anders lauten und er daher überzeugt ist, das Attentat sei tatsächlich geglückt, lässt er Fromm in der Wolfsschanze anrufen. Dort meldet sich fröhlich General Wilhelm Keitel und sagt: »Was soll denn los sein? Es ist alles in bester Ordnung.« Auf die Frage nach dem Attentat erwiderte Keitel, es habe zwar ein Attentat stattgefunden, aber sei zum Glück fehlgeschlagen. Der Führer sei nur unwesentlich verletzt. Dieses Gespräch hörte Olbricht mit an, um dann sofort den Raum zu verlassen.

Von jetzt an läuft die Uhr gegen die Verschwörer. Die Walküre-Befehle werden zwar von Olbricht in Berlin herausgegeben. Aber aus der Wolfsschanze kommen die Gegenbefehle. Und General Keitel lässt die Wehrkreiskommandos vom Scheitern des Attentats unterrichten.

In Berlin wird unterdessen nach dem Walküreplan das Wachbataillon Groß-Deutschland unter der Führung von Major Otto Ernst Remer in Marsch gesetzt, ebenso die Panzer-Einsatzbrigade Döberitz. Auch in Prag, Paris und Wien werden Verschwörer aktiv, um dortige Nazi-Größen zu verhaften.

Zwischen 16.30 Uhr und 17.00 Uhr trifft endlich Stauffenberg im Bendlerblock ein und geht mit Olbricht zu General Fromm, dem Stauffenberg berichtet, Hitler getötet zu haben. Olbricht berichtet, die Walküre-Befehle ausgelöst zu haben. Fromm weigert sich, die Verschwörer zu unterstützen. Daraufhin nehmen ihn Stauffenberg und Olbricht fest.

Major Remer funktioniert noch nach dem Walküreplan und riegelt befehlsgemäß das Regierungsviertel ab. Was vorgeht, durchschaut er noch nicht.

Gegen 17.00 Uhr wird über den Rundfunk von dem missglückten Attentat berichtet. Ein schwerwiegender Fehler der Verschwörer. Der Walküre-Plan sah zwar die Besetzung des Rundfunks vor, diese war auch erfolgt, jedoch unter der Leitung eines Offiziers, der rundfunktechnisch ahnungslos war und daher von den Technikern in einem leeren Studio vorgegaukelt bekam, es werde nichts gesendet. Es wurde aber gesendet, aus einem anderen Studio, von dem der Offizier nichts wusste.

In der Truppe von Major Remer schöpft ein Leutnant Verdacht und bittet, Goebbels sprechen zu dürfen. Die Bitte wird gewährt. Der Leutnant berichtet von der Operation Walküre, Goebbels lässt daraufhin Major Remer zu sich kommen, um ihn über die wahre Lage – Hitler lebt – aufzuklären. Er verbindet

Remer telefonisch mit Hitler und dieser befiehlt ihm, den Putsch niederzuschlagen.

Es ist ungefähr 19.00 Uhr und ab jetzt läuft es gegen die Verschwörer, entgleitet ihnen die Kontrolle. Befehle werden nicht mehr ausgeführt, Nachrichten nicht mehr übermittelt, während die Nachrichten- und Befehlsmaschine der Hitlertreuen auf Hochtouren läuft.

Major Remers Wachbataillon besetzt den Bendlerblock, in dem Stauffenberg wie ein Löwe gegen alle kämpft, aber schon werden drinnen und draußen die ersten Verschwörer verhaftet. Hitlertreue dringen ein, um Stauffenberg festzunehmen. Es kommt zu einer Schießerei, bei der er am Arm verletzt wird. Schließlich gelingt es den Hitlertreuen, General Fromm zu befreien. Dieser lässt gegen 22.50 Uhr die Verschwörer verhaften und verkündet sein »standgerichtliches Urteil« wegen »Hoch- und Landesverrat« gegen Olbricht, Stauffenberg, Mertz von Quirnheim und von Haeften. Die »Operation Walküre« ist gescheitert. Es ist vorbei und Mitternacht.

Der 21. Juli bricht an und im Bendlerblock werden vier Gefangene in den Hof vor einen großen Sandhaufen geführt: General der Infanterie Friedrich Olbricht, Oberleutnant Werner von Haeften, Oberst im Generalstab Albrecht Ritter Mertz von Quirnheim und Oberst im Generalstab Claus Schenk Graf von Stauffenberg. Zwischen 0.15 und 0.30 Uhr werden die vier von zehn Unteroffizieren der Reihe nach erschossen.

Stauffenberg war als Letzter dran. Kurz bevor die Gewehrsalven auf ihn abgefeuert wurden, soll er gerufen haben: »Es lebe das heilige Deutschland.« Vielleicht hat er aber auch gerufen: »Es lebe das geheime Deutschland.« Oder nur »es lebe Deutschland«?

Man weiß es nicht. Die Zeugenberichte darüber sind widersprüchlich und es kann auch sein, dass Stauffenbergs Ruf im Lärm der Gewehrsalven untergegangen ist.

Hitlers Rache war grausam. So gut wie alle Verschwörer wurden ausfindig gemacht und, wenn sie sich nicht vorher selbst umbrachten, verhaftet, verhört, gefoltert, in Konzentrationslager verschleppt, erschossen oder erhängt. Ihre Verwandten, die Frauen und Kinder wurden in Sippenhaft genommen, auseinandergerissen, verschleppt. Dass die meisten es dennoch überlebten, ist einzig den vorrückenden Truppen der Alliierten zu verdanken, die sie am Ende des Krieges befreien konnten.

Was wäre passiert, wenn das Attentat geglückt und auch die Operation Walküre gelungen wäre? Natürlich lässt sich die Frage nicht beantworten, aber mit guten Gründen lässt sich vermuten, dass die Putschisten es schwer gehabt hätten. Nach Bekanntwerden des Attentats gab es Treuebekundungen des Volkes im Reich, Dankgottesdienste, Ergebenheitsadressen an Hitler. Auch wenn diese von Goebbels' NS-Propaganda initiiert und gesteuert wurden, darf man mit guten Gründen vermuten, dass das Volk kaum Sympathien für die Attentäter gehabt hätte.

Selbst wenn es also den Verschwörern gelungen wäre, eine neue Regierung zu bilden, einen Waffenstillstand zu erwirken und in Friedensverhandlungen einzutreten, hätten sie es wieder, wie schon die Weimarer Demokratie, mit zahlreichen Gegnern und der Lüge zu tun bekommen, dass Hitler den Krieg noch gewonnen hätte, wenn er nicht daran gehindert worden wäre. Möglich ist auch, dass es zu bürgerkriegsähnlichen, von SA und SS geschürten Unruhen gekommen wäre. Vermutlich hat es also so kommen müssen, wie es gekommen ist. Wahrscheinlich hat es des Wegs bis zum bitteren Ende, der totalen Niederlage und der totalen Kapitulation bedurft, um die verblendeten Deutschen als Ganzes zur Vernunft zu bringen.

Aber andererseits: Vielleicht hätte ein gelungenes Attentat auf das Ausland Eindruck gemacht. Die Vielzahl derer, die hingerichtet wurden, wären am Leben geblieben und ein eindrucksvoller Beweis für den Widerstand gewesen. Vielleicht hätten sie die Siegermächte zu einem klugen, zukunftsweisenden Friedensschluss bewegen können.

Gewiss aber ist: Wäre die Sache der Verschwörer gelungen und der Krieg im Juli 1944 beendet worden, wäre den Deutschen, wie auch den Juden in den Konzentrationslagern, sehr viel Leid und Elend erspart geblieben. Die Opfer des Krieges bis zum 20. Juli 1944 waren geringer als die Opfer, welche den Deutschen in den restlichen zehn Monaten noch abverlangt wurden. Bis zum Tag des gescheiterten Attentats hatte der Krieg rund 2,8 Millionen Deutschen – Soldaten und Zivilisten – das Leben gekostet. In den zehn folgenden Monaten bis Kriegsende aber sind 4,8 Millionen Menschen umgekommen, nicht gerechnet die Juden, die noch millionenfach ermordet wurden, und nicht gerechnet die Opfer in den anderen Ländern.

Zahlreiche deutsche Städte wurden erst nach dem 20. Juli 1944 dem Erdboden gleichgemacht, so etwa Bochum, Braunschweig, Bremen, Darmstadt,

Dresden, Duisburg, Düsseldorf, Essen, Frankfurt, Freiburg, Heilbronn, Hildesheim, Kiel, Mainz, München, Nürnberg, Paderborn, Potsdam, Stuttgart, Ulm, Würzburg. All diese Städte mit ihren Kirchen, Kunstschätzen, Kulturdenkmälern und Prachtbauten hätten gerettet werden können, wenn das Attentat auf Hitler und die Operation Walküre gelungen wären. Und Männer wie Dietrich Bonhoeffer, Julius Leber, die Brüder Stauffenberg, die Mitglieder des *Kreisauer Kreises* um Helmuth Moltke und viele andere, die das Nachkriegsdeutschland dringend gebraucht hätte, wären am Leben geblieben.

Die Deutschen hätten also im Fall des Gelingens den Widerständlern auf Knien danken müssen, aber sie hätten es sehr wahrscheinlich nicht getan. Sie wären vermutlich innerlich noch nicht dazu bereit gewesen. Viele waren es ja noch nicht einmal nach dem Krieg. Es hat lange gedauert, bis sich der Nachkriegsstaat Bundesrepublik des Widerstands gegen Hitler erinnerte, und noch länger, bis das Volk so etwas wie Stolz auf die Männer und Frauen des Widerstands empfinden konnte. Manche können es noch heute nicht.

So wird man wohl Justus Delbrück recht geben müssen, einem Schwager Dietrich und Klaus Bonhoeffers. Am Tag nach dem Attentat haben Delbrück, Emmi und Klaus Bonhoeffer den Schutt aus der Ruine eines Nachbarhauses weggeräumt. Während einer Arbeitspause in den Trümmern fragte Emmi, ob denn nun irgendein Sinn in dem Scheitern zu entdecken sei. Eine Zeit lang schwiegen die beiden Männer. Dann sagte ihr Bruder Justus: »Ich glaube, es war gut, daß es gemacht wurde, und vielleicht auch gut, daß es mißlang.«

Helmuth James
von Moltke

Ein freier Geist zieht Kreise

* 1907 ❀ Kindheit auf dem Familiengut und in Berlin ❀ 1923–1925 Besuch des Lander-
ziehungsheims in Schondorf am Ammersee und des Realgymnasiums in Potsdam ❀
1927–1929 Jurastudium in Breslau, Heidelberg, Berlin und Wien ❀ 1929 Übernahme des
Guts Kreisau ❀ 1934 Assessorexamen ❀ 1935–1938 Verzicht auf Richterlaufbahn. Bear-
beitung von Fragen des Völkerrechts und des internationalen Privatrechts in dem von
ihm eröffneten Anwaltsbüro ❀ 1938 Teilhaber eines größeren Anwaltsbüros, legt in England seine letzten juristischen Examina ab ❀ 1939 Ernennung zum Kreisverwaltungsrat.
Tätig als Sachverständiger für Kriegs- und Völkerrecht im Amt Ausland/Abwehr des
Oberkommandos der Wehrmacht in Berlin ❀ 1942/1943 Drei Beratungen der *Kreisauer*
Gemeinschaft finden auf dem Familiengut Moltkes statt ❀ 18. Januar 1944: Festnahme,
ab Februar Inhaftierung im Konzentrationslager Ravensbrück ❀ Januar 1945 Anklage
vor dem Volksgerichtshof ❀ 23. Januar 1945 Hinrichtung in Berlin-Plötzensee

Am 30. Januar 1933 saßen in Berlin ein Gutsbesitzer-Ehepaar und ein ehemaliger Landrat beim Mittagessen und sprachen über die Nachricht des Tages:
Adolf Hitler war zum Reichskanzler ernannt worden. Was hatte diese Nachricht zu bedeuten?

Nicht viel, meinte der alte Landrat, Karl Ohle. Er war nicht sonderlich auf-
geregt und erwartete von der Hitler-Regierung dasselbe wie von den Vorgän-

ger-Regierungen: eine kurze Amtsdauer. Der neue Reichskanzler werde bei der Lösung der Probleme ebenso versagen wie die Kanzler vor ihm und daher über kurz oder lang scheitern wie alle anderen.

Der junge Gutsbesitzer, Helmuth James Graf von Moltke, widersprach. Heftig. Und erregt. Auch seine Ehefrau Freya widersprach dem Landrat. Das Ehepaar Moltke sollte recht behalten und Moltke sollte sich in den folgenden Jahren zum führenden politischen Kopf des zivilen Widerstands entwickeln. Aber das war damals noch nicht vorauszusehen.

Gespräche wie die zwischen den Moltkes und dem Landrat hatte es an jenem Tag und in den Wochen und Monaten danach überall in Deutschland und auch im Ausland gegeben. Und die Mehrheit der Teilnehmer an diesen Gesprächen dürfte den Standpunkt des alten Landrats eingenommen haben, denn »die Geschichte Hitlers ist die Geschichte seiner Unterschätzung durch seine zeitweiligen Verbündeten wie durch seine Gegner«, sagte der Historiker Heinrich August Winkler in einem Interview der Süddeutschen Zeitung (18.02.2008).

Als Hitler Kanzler wurde, äußerte Julius Leber, ein führender Sozialdemokrat, herablassend, er warte wie alle Welt darauf, endlich die »geistigen Grundlagen dieser Bewegung zu erfahren«. Der SPD-Fraktionsvorsitzende Rudolf Breitscheid klatschte vor Vergnügen in die Hände, als er von Hitlers Ernennung zum Kanzler erfuhr, und sagte, endlich werde er sich zugrunde richten. Andere wiesen darauf hin, dass Hitler im Parlament keine Mehrheit hatte und daher jederzeit überstimmt werden könne. Wie naiv das alles war, sollte sich schon bald immer deutlicher herausstellen. Weil aber so viele so naiv waren, lag das, was dann folgte, damals außerhalb des Vorstellungsvermögens vieler Deutscher und sogar vieler Mitglieder der NSDAP.

Auch die meisten Juden täuschten sich, hielten die NS-Herrschaft für ein vorübergehendes Phänomen. Zu dieser politischen Naivität gesellte sich bei den Juden noch die Bewunderung für das deutsche Volk und die Liebe zur deutschen Kultur, eine tragische, die Deutschen zutiefst beschämende Liebe, die viele Juden daran hinderte, das Land zu verlassen, als dies noch gefahrlos möglich gewesen wäre. Aber weil sie glaubten, Hitler werde vergehen wie ein Spuk, und weil sie davon durchdrungen waren, es auch unter Hitler-Deutschland weiterhin mit einer Kulturnation zu tun zu haben, blieben sie – bis die Flucht nur noch unter Lebensgefahr oder gar nicht mehr möglich war.

Die Unterschätzung Hitlers hat nach dem Krieg vielen Parteigängern und Mitläufern als Entlastungsargument gedient. Man habe ja nicht wissen können, wohin die nationalsozialistische Herrschaft führe, Hitler habe sie belogen und verführt, er sei eben wie ein Dämon irgendwie schicksalhaft über das deutsche Volk gekommen, und daher treffe die einzelnen Angehörigen dieses Volkes keine Schuld, lautete das Argument.

Wahr daran ist: In Hitler hatte diese Generation so etwas wie eine gemeinsame Schicksalsmacht, die Krieg, Tod, Vertreibung, Hunger und Inflation über sie gebracht hatte. Zu ihrer Jugend hatten brennende Städte, Verlust von Hab und Gut, und an Leib und Seele verletzte Kriegsheimkehrer gehört. Darum stimmt es schon, wenn diese Generation sagte, sie sei um ihre Jugend betrogen worden und Hitler habe ihnen ihr Leben vermasselt. Das war die große, alle mit allen verbindende Gemeinsamkeit dieser Kriegsgeneration.

Aber haben die »Opfer« ihrem Betrüger nicht zwölf Jahre lang die Treue gehalten, ihn gewählt, ihm gehorcht, ihn bejubelt, ihm bei all seinen Verbrechen geholfen, die Verbrechen begangen? Ja, das haben sie. Die »Opfer« waren Täter, Mitwisser, Zuschauer, Wegseher, Schweiger. Sie haben sich ihr Schicksal selbst eingebrockt.

Die Tragik daran ist: Viele von ihnen wurden schuldlos schuldig. So wie diese Generation Hitlers von Eltern, Lehrern, Pfarrern und den Medien erzogen worden war – deutschtümelnd, nationalistisch, militaristisch romantisch, antisemitisch, anti-aufklärerisch, auf Disziplin und Gehorsam gedrillt – musste sie auf Hitler hereinfallen, musste der Obrigkeit gehorchen. Das Klima, in dem diese Generation heranwuchs, war demokratiefeindlich und daher mussten die Deutschen der Weimarer Demokratie skeptisch bis ablehnend gegenüberstehen. Sie waren vorbereitet auf einen Führer, der allen sagt, was zu tun sei. Sie sehnten einen Führer herbei, der Ordnung schafft, und als er kam, mussten sie ihm folgen, blind, bis zuletzt, bis in den Tod. Der nach dem Ersten Weltkrieg diktierte Friedensvertrag von Versailles hat es Leuten wie Hitler leicht gemacht, die Deutschen gegen die einstigen Kriegsgegner aufzuhetzen und sie in einen neuen Krieg zu führen, um die »Schmach von Versailles« zu tilgen. Die Deutschen mussten daher wollen, dass Hitler den Krieg gewinnt.

Sie mussten. Aber niemand ist so unfrei, dass er nur muss und nicht auch anders könnte. Einen gewissen Spielraum hätten sie gehabt; anfangs, vor

Hitler, sogar einen relativ großen. Sie hätten sich besser informieren und für öffentliche Angelegenheiten, also für Politik, interessieren können. Sie hätten sich für ihre Demokratie engagieren und dadurch gefahrlos Hitler verhindern können. Und wenn es für uns heute eine Lehre aus der NS-Herrschaft gibt, dann die, dass es lebenswichtig ist, sich für Politik zu interessieren und für die Demokratie zu engagieren.

Weil der Kriegsgeneration die Demokratie egal war, kam Hitler an die Macht, und nun hätten sie sehen können, dass Juden menschenunwürdig behandelt wurden. Sie hätten, als sie bemerkten, dass Juden aus der Nachbarschaft plötzlich von einem Tag auf den anderen verschwanden, fragen können, wo sie sind, und was mit ihnen geschieht. Jetzt aber wäre dieses Fragen nicht mehr gefahrlos gewesen. Darum schwiegen die meisten, fragten nicht, sahen weg. Fragen zu stellen hatten sie nicht gelernt. Und hinterher sagten sie, man habe ja nichts gewusst, darum seien sie unschuldig.

Dass man sehr wohl hätte wissen oder zumindest ahnen können, was Hitler im Schilde führte, dass man sich gegen das Betrogenwerden hätte wehren können, wenn man nicht so bequem und denkfaul gewesen wäre, das beweist das Gespräch zwischen Ohle und Moltke bei jenem Mittagessen in Berlin. Moltke widersprach dem Hitler-Unterschätzer Ohle heftig. Moltke spürte, ahnte und wusste, dass die Ernennung dieses Kanzlers eine Zäsur bedeutete, und er befürchtete Schlimmstes.

Warum sah er schärfer als seine Zeitgenossen, was Hitlers Kanzlerschaft bedeutete? Warum konnte er, der junge, noch lebensunerfahrene Mann, die Lage besser beurteilen als der alte, lebenserfahrene Landrat?

Darauf gibt es zunächst drei einfache Antworten: Erstens war Moltke ein überzeugter Demokrat und eben deshalb hat er sich zweitens schon seit seiner Jugend für Politik interessiert und dabei ein waches Gespür für Menschen und für das Zeitgeschehen entwickelt. Drittens hatte er, wiederum aus einem Informationsbedürfnis heraus, Hitlers Buch *Mein Kampf* gelesen.

Jeder hätte dieses Buch lesen können. Jeder hätte seit 1925 erfahren können, wes Geistes Kind Hitler ist. In dem Buch entfaltete er seine antisemitische Weltanschauung, forderte den Anschluss Österreichs an das Deutsche Reich, die Schaffung eines Lebensraums im Osten, die Zerschlagung des »Bolschewismus« durch einen Eroberungskrieg gegen Russland, die Abschaffung der Demokratie und deren Ersetzung durch einen »germanischen Führerstaat«.

Dass die Nationalsozialisten sechs Millionen Juden ermorden würden, war aus dieser Botschaft nicht herauszulesen. Dass Hitler Krieg und Unheil heraufbeschwören würde, wenn er an die Macht käme, das hätte man sehr wohl herauslesen können. Moltke hatte es herausgelesen, darum wusste er, dass Hitler ein Feind der Demokratie war und die Alleinherrschaft anstreben würde, und darum ahnte er, dass schlimme Dinge passieren würden.

Aber Moltke war ein Privilegierter. Er wuchs nicht auf wie die große Schar seiner Zeitgenossen. Dass Moltke schon in jungen Jahren gelernt hatte, politisch zu denken und die Demokratie zu schätzen, ist nicht primär sein eigenes Verdienst, sondern darauf zurückzuführen, dass er eben Glück hatte mit seinen Eltern, ein Glück, das Hitlers Wählern offenbar nicht zuteilgeworden war.

Zwar wuchs Moltke als Erstgeborener eines Gutsherrn in einem Schloss und in einer traditionellen hierarchischen Welt auf, die von adelig-gutsherrlichen Vorstellungen geprägt war. Und er trug einen traditionsbeladenen Namen, denn er war der Urgroßneffe von Helmuth Carl Bernhard Graf von Moltke, jenem preußischen Generalfeldmarschall, der als Chef des Generalstabes wesentlichen Anteil an den preußisch-deutschen Siegen im Deutsch-Dänischen Krieg, im Preußisch-Österreichischen Krieg und im Deutsch-Französischen Krieg hatte. Im Gedenkzimmer des Generals wurde Helmuth getauft, und hinter dem provisorischen Altar hing kein Kruzifix und kein religiöses Bild, sondern die Ahnentafel der von Moltke, zurückreichend bis in die Epoche Heinrichs des Löwen.

Dennoch herrschte in diesem Schloss in Kreisau, einem kleinen Ort in der Nähe von Breslau, kein militaristischer und nationalistischer Geist, wie es in den benachbarten schlesischen Gütern der Brauch war, sondern ein freiheitlich-liberaler, demokratischer Geist. In diesem Schloss gab es andere Bücher, andere Gespräche und einen anderen Umgang miteinander als in den anderen Schlössern. Das lag an Helmuths Vater, dem Grafen Helmuth Adolph von Moltke, der schon im ausgehenden Kaiserreich mit liberalen Ideen sympathisierte und als einer der wenigen Adeligen 1920 der liberalen DVP beitrat. Außerdem war er ein melancholischer und etwas sektiererisch veranlagter Schöngeist, der biologisch-dynamische Landwirtschaft betrieb, Sympathien für Rudolf Steiners Anthroposophie hegte und der aus Amerika kommenden Sekte der »Christlichen Wissenschaft« in Deutschland zum Durchbruch verhelfen wollte.

Aber mehr als der Vater dürfte die Mutter Dorothy Helmuth und seine Geschwister geprägt haben, eine gebürtige Südafrikanerin mit schottischen Wurzeln, die 1902 durch Europa gereist war, sich in Moltke verliebte und ihn schließlich heiratete. In Dorothy hatte der Vater Moltke eine liberale Demokratin gefunden, die der internationalen Frauenbewegung nahestand, die Weimarer Demokratie für einen großen Fortschritt hielt und ihre Kinder entsprechend erzog. Dieser Vater, diese Mutter, dazu die durch die Mutter in den kleinen Ort Kreisau eingeführte Internationalität brachte in das Kreisauer Schloss eine Weite, an der es in anderen deutschen Häusern fehlte. Schon in den beiden Vornamen, Helmuth James, kommt die doppelte Verwurzelung von Mutter und Sohn im deutschen und angelsächsischen Kulturkreis zum Ausdruck.

»Jemand muß«, schrieb sie 1910 an ihre Eltern, »die Mauer der Traditionen und Vorurteile einreißen und die Luft der Freiheit hereinlassen, so daß sich Individualitäten entwickeln können.« In dieser »Luft der Freiheit« durfte Helmuth James von Moltke heranwachsen. So wurde er im Kreisauer Schloss völlig anders erzogen als die meisten seiner Altersgenossen. Das Ergebnis dieser Erziehung war ein Charakter, der fast zwangsläufig, aber dennoch in freier Entscheidung, in die Opposition gegen das NS-Regime münden musste.

Am 20. April 1933, dem Geburtstag des »Führers«, wie Hitler sich nun nennen ließ, waren die Häuser in Kreisau beflaggt und geschmückt – nur das Moltke'sche Schloss nicht. So blieb es bis zum Ende des Dritten Reiches.

Helmuth James von Moltke erhielt zunächst, wie es in seinen Kreisen üblich war, Privatunterricht zu Hause. 1916, mit neun Jahren, wechselte er aufs Gymnasium im nahe gelegenen Schweidnitz und entwickelte sich zu einem sehr mittelmäßigen Schüler. »Ich hatte nicht gelernt, zu arbeiten und mich zu konzentrieren«, hat er später über sich selbst gesagt, und das blieb auch so im Landerziehungsheim in Schondorf am Ammersee, in das ihn die Eltern mit fünfzehn Jahren schickten.

Aber es reichte, um 1925 das Abitur am Potsdamer Realgymnasium zu machen und danach Jura zu studieren in Breslau, Heidelberg, Berlin und Wien.

Was aber macht ein junger Mensch, der gegen Hitler ist, aber sein juristisches Staatsexamen ziemlich genau in dem Moment abschließt, in dem Hitler an die Macht kommt? Für Juristen gab es fast nur Beschäftigungsmöglichkeiten im Staatsdienst. Im Staat aber war gerade »die Macht an die Stelle des Rechts« getreten, wie Moltkes Mutter Dorothy schon im Februar 1933 erkannt hatte. Als Jurist dem Staat zu dienen, hieß: Hitler zu dienen.

Wenn man das nicht will, was bleibt dann als Alternative? Er könne sich ja auf sein Gut zurückziehen und »verbauern«, äußerte Moltke gegenüber seiner Frau Freya, und fügte doch sogleich hinzu, dass er diese Art von »innerer Emigration« wohl kaum durchhalte. Die Verwaltung seines Landguts hätte einen wie Moltke nicht ausgefüllt, das wusste er selbst, und darum hatte er diese Möglichkeit auch nur erwähnt, um sie zu verwerfen. Was aber dann? Gegen Hitler kämpfen? Natürlich, ja. Aber wie?

Vom Dagegensein zur konkreten Widerstandshandlung ist es auch für den Mutigen oft ein langer Weg, denn da muss die Frage geklärt werden: Welche Möglichkeiten habe ich denn? Welche Mittel stehen mir zur Verfügung, um meinem bloßen Dagegensein echte Taten folgen zu lassen, und zwar nach Möglichkeit wirksame, erfolgreiche?

Auf diese Frage hatten viele derer, die dagegen waren, keine Antwort. Vielen blieb tatsächlich nur die »innere Emigration«, die selten ohne Kompromisse gelang. Ein Exodus, eine echte Emigration ins Ausland wäre da schon ehrlicher und kompromissloser gewesen – aber wie im Ausland überleben? Wo? Wovon?

Zumindest dieses Problem wäre für Moltke lösbar gewesen. Tatsächlich hat darum seine Mutter Dorothy die Möglichkeit der Emigration ernsthaft erwogen. Er hätte nach Südafrika gehen können, wo er mithilfe seines Großvaters mit Sicherheit beruflich irgendwo untergekommen wäre. Auch nach Amerika hätte er gehen können, wo die Familie einflussreiche Freunde hatte. Aber weil man so eine schwerwiegende Entscheidung nicht über Nacht trifft, und weil für ihn als Nichtjuden und Träger eines auch von den Nazis geachteten Namens keine Gefahr bestand, konnte er sich mit dieser Entscheidung Zeit lassen und in Ruhe darüber nachdenken, wie er sein Dagegensein am besten realisieren könnte.

Er nutzte die Zeit, um im Ausland Erfahrungen zu sammeln, reiste im März 1934 nach Südafrika, kehrte daraus aber mit der Erkenntnis zurück, dass er dort auch nicht leben wollte. Der politische Kopf, der er war, sah deutlich und scharf das Problem dieses Landes: die undemokratische Herrschaft einer weißen Minderheit über eine schwarze Mehrheit. Scharfsichtig prognostizierte er: »So wird wohl auch dieses Land den Leidensweg der Militarisierung und Faschisierung gehen, mit besonderer Betonung von Rassefragen der Ausbeuterschicht gegen die Unterdrückten.« Genauso ist es gekommen.

Südafrika war also nichts für ihn, das Thema Emigration aber noch nicht ganz erledigt. Zwar hatte er sich nach seiner Südafrika-Reise dagegen entschieden, aber mehr theoretisch. Auswandern hieße, »sein Land und seine Landsleute im Stich zu lassen, wenn sie einen brauchen«. Man sehe von außen zu, »statt die bösen Tage im Innern zu teilen«.

Also bleiben? Sich in einen elfenbeinernen Turm einschließen? Geht nicht, denn fast alle Berufe wurden von den Nazis politisch organisiert. Alle wurden »erfasst« und mussten sich irgendwie anpassen. Ohne Kompromisse ging es nicht. »Dazubleiben und die Tyrannei zu überleben« ist also auch keine Lösung.

Die einzige Lösung wäre Widerstand, die Organisation einer Opposition. Aber das Personal, das dafür infrage gekommen wäre, war zu einem großen Teil längst verhaftet, saß im Gefängnis oder schon in Konzentrationslagern, war ins Ausland geflohen oder bereits ermordet. Man könnte also allenfalls mit vertrauenswürdigen Freunden zusammenarbeiten, die Maßnahmen der Regierung unauffällig durchkreuzen und versuchen, den Verfolgten des Regimes zu helfen. Genau das hat Moltke dann getan, aber erst Jahre später. Dass er nicht sofort damit begann, hatte vermutlich mit dem sogenannten Röhm-Putsch zu tun.

Ernst Röhm war einer der ältesten Kampfgefährten Adolf Hitlers und Führer der Sturmabteilung (SA). Die ursprünglich als Saalschutz gegründete SA war zunächst Hitlers bewaffnete Schlägertruppe, hatte sich aber im Laufe der Jahre zu einer paramilitärischen Vereinigung und zuletzt zu einer zweiten Armee mit vier Millionen Mitgliedern neben der Reichswehr entwickelt. Röhm ist dadurch zu einem mächtigen Mann geworden, der auf dem Höhepunkt seiner Macht von Hitler verlangte, die Reichswehr in die SA einzugliedern. Hitler wusste, dass sich die Reichswehr das niemals hätte bieten lassen. Zugleich erkannte er, dass ihm in Röhm ein gefährlicher Rivale erwachsen war.

Daher gab er den Befehl, Röhm zu ermorden und die SA zu entmachten. Am

30. Juni 1934 wurde die gesamte SA-Führung durch SS-Einheiten ermordet. Seitdem war klar, dass Hitler ein Mensch ohne Skrupel ist, der über Leichen geht, wenn es seinem Machterhalt dient. Und klar war auch, dass sich in tödliche Gefahr begibt, wer sich mit dieser Macht anlegt.

Dies alles hatte Moltke auch vor Röhms Ermordung schon geahnt, aber nun war der Beweis durch Hitler selbst erbracht. Aus Moltkes Einschätzung der Person Hitlers war jetzt sicheres Wissen geworden. Sollte man sich wirklich mit dieser Person anlegen und sein Leben riskieren?

Neben der Klärung dieser Frage stand zunächst Dringlicheres an: Das Kreisauer Gut war verschuldet und musste dringend saniert werden. Die Sanierung gelang, aber um den Familienbesitz zu erhalten, war es auch notwendig, dass Moltke seinen eigenen Lebensunterhalt durch Ausübung eines Berufs verdiente. Da der Staatsdienst nicht infrage kam, dachte er an die Gründung einer Anwaltskanzlei, aber er musste erkennen: Auch als Anwalt wurde man von Hitler in Dienst genommen. Also erwog er doch wieder die Emigration und sah sich in ganz Westeuropa um, reiste nach Basel, Bern, Genf, Paris, Den Haag und London, um sich ein Bild von den Arbeitsmöglichkeiten in diesen Städten zu machen. Schließlich blieb er in England hängen und machte dort den »Barrister«, was ein englischer Rechtsanwalt ist.

Aber eigentlich, und das schälte sich nun bei seinen vielen Auslandsaufenthalten immer deutlicher heraus, war Moltke Gutsbesitzer und Jurist immer nur im Nebenberuf. Diese Nebenberufe übte er nur aus, um eine ökonomische Basis zu haben. Hauptberuflich und mit Leidenschaft aber war er Politiker, Netzwerker, Kommunikator, auch Visionär. Wo immer ihn die Notwendigkeit, seinen Lebensunterhalt zu verdienen, hinführte, knüpfte er sogleich Kontakte, suchte er die Bekanntschaft von Menschen, die mit seinem Juristenberuf wenig, mit seiner Leidenschaft für Politik aber viel zu tun hatten. Immer wieder gelang es ihm, einflussreiche Persönlichkeiten des Auslands für sich einzunehmen und Freundschaften zu schließen.

In England lernte er Lionel George Curtis kennen, der sich wissenschaftlich mit Außenpolitik und internationalen Beziehungen befasste und einen gewissen Einfluss auf die englische Politik ausübte. Über Curtis lernte Moltke den Diplomaten Lord Lothian und die Bischöfe Arthur Carley Headlam und George Bell kennen, mit dem auch Dietrich Bonhoeffer in Verbindung stand.

Auf England setzte Moltke große Hoffnungen im Kampf gegen Hitler – und wurde immer wieder enttäuscht. Eindringlich warnte Moltke seine englischen Gesprächspartner vor Hitler. Eindringlich riet er zur Härte gegenüber Hitler. Aber die englische Regierung wollte Frieden, Ruhe, keine Abenteuer, ließ Hitler gewähren, betrieb Beschwichtigungspolitik, machte ihm sogar den Hof und trug zu dessen internationaler Aufwertung bei. Auch die Franzosen machten mit. Wären Engländer und Franzosen zu Beginn von Hitlers Herrschaft kompromissloser aufgetreten, wäre die Geschichte vielleicht anders verlaufen.

So hätte es beispielsweise schon 1938 einen militärischen Staatsstreich geben können, wenn englische und französische Diplomaten während der sogenannten Sudetenkrise nicht so nachgiebig gewesen wären. Hitler hatte vor, die Tschechoslowakei zu überfallen. Am 30. Mai verkündete er dem Oberkommando der Wehrmacht seine Pläne und nannte den 1. Oktober 1938 als Termin für den Angriff.

Zahlreiche Offiziere der Wehrmacht waren aber davon überzeugt, dass England und Frankreich dann der Tschechoslowakei beistehen würden. Und einen Krieg gegen die Westmächte zu gewinnen, hielten sie für aussichtslos. Daher haben einige Offiziere unter Führung des Generals Ludwig August Theodor Beck und des Obersten Hans Oster den Plan gefasst, Hitler zu verhaften, wenn er den Befehl zum Angriff geben würde. Sie hatten sogar England über ihre Ansicht informiert und nachdrücklich darum gebeten, Hitler nicht nachzugeben, sondern stattdessen die Putschisten zu unterstützen.

Daraus wurde nichts, weil die drei Westmächte zur Überraschung Hitlers und der Wehrmachtsoffiziere bereit waren, um des Friedens willen den deutschsprachigen Teil der Tschechoslowakei zu opfern und den Deutschen zu überlassen. Dadurch fielen die Putschpläne in sich zusammen. Hitler stand nun als Friedensbewahrer da, noch dazu als erfolgreicher, der den anderen das Sudetenland abgehandelt hatte.

Wenige Monate später, am 15. März 1939, wurde die von den Nationalsozialisten so titulierte »Rest-Tschechei« besetzt und als Reichsprotektorat Böhmen und Mähren ins Großdeutsche Reich eingegliedert. Engländer und Franzosen sahen tatenlos zu. Am 1. September 1939 griff Hitler Polen an. Es war der Beginn des Zweiten Weltkriegs.

Schnelle Anfangserfolge der Wehrmacht – die Eroberung Polens in wenigen Wochen, die Besetzung großer Teile Skandinaviens und Westeuropas, vor allem die schnelle Niederlage Frankreichs – ließen Hitlers Kritiker inner- und außerhalb der Wehrmacht verstummen. Offiziere, die anfangs gegen Hitler waren, waren nun für ihn. Die wenigen, die ihn weiterhin aus dem Amt putschen oder ermorden wollten, warteten auf einen geeigneten Zeitpunkt, der lange nicht kam. So vergingen die Jahre.

Moltke verfolgte all dies mit wachsendem Entsetzen. Nach seinen Jahren in England war er endgültig nach Deutschland zurückgekehrt. Die Frage emigrieren oder bleiben hatte er nun endgültig entschieden. Bleiben, um im Rahmen seiner bescheidenen Möglichkeiten etwas gegen Hitler zu unternehmen. Die Frage war aber noch immer: was? Allein gegen Hitler, das hieß: allein gegen Hitlers SA und SS, allein gegen die Armee, die Presse, die Polizei, den Geheimdienst. Es hieß: aussichtslos, lass es bleiben. Allein vermagst du gar nichts. Also konnte der erste Schritt in den Widerstand nur darin bestehen, Verbündete zu finden, Gleichgesinnte, mit denen zusammen man zumindest beraten konnte, was möglich ist.

Schon das war im Hitlerreich eine schwere Aufgabe, denn wem konnte man noch trauen? Hitler hatte seine Spitzel überall. Denunzianten gab es zuhauf. Jede unvorsichtige Äußerung gegenüber Menschen, denen man nicht hundertprozentig vertrauen durfte, konnte einen ins Gefängnis bringen.

Ab den Wintermonaten 1938/39 fing Moltke an, sich auf Freunde und Bekannte von früher zu besinnen, Menschen, von denen er annahm, dass sie ähnlich dachten wie er. Zu ihnen streckte er seine Fühler aus und es kamen zusammen: Horst von Einsiedel, ein sozialdemokratischer Volkswirtschaftler, der schon seit 1930 ein Gegner der Nationalsozialisten war; Adolf Reichwein, ebenfalls Sozialdemokrat, Bildungspolitiker, Reformpädagoge und Wirtschaftswissenschaftler, der 1933 aus politischen Gründen als Professor an der Pädagogischen Akademie Halle entlassen wurde; Otto Heinrich von der Gablentz, ein Politologe, religiöser Sozialist und Manager in der chemischen Industrie; Hans Lukaschek, Rechtsanwalt in Breslau; Arnold von Borsig, Agronom; Theodor Haubach, Journalist, Sozialdemokrat und führendes Mitglied des Reichsbanners Schwarz-Rot-Gold, einer Vereinigung, die sich für die Weimarer Demokratie einsetzte und aktiv gegen den Nationalsozialismus kämpfte.

Keiner dieser Männer saß an irgendwelchen Schalthebeln der Macht. Alle verband sie das Gefühl, zu den Verlierern einer Zeit zu gehören, die nicht die

ihre war. Da half es schon zu wissen, dass man nicht alleine war. Weil das gut-
tat, traf man sich öfter, schöpfte neuen Mut, bekämpfte Gefühle der Resigna-
tion und beriet, was man tun könne. So fing es an. Jeder dieser Gesprächspartner kannte andere, denen man vertrauen konnte, und Moltke lernte auch
immer mal wieder jemanden kennen, von dem er dachte: Der passt zu uns. So
begann ein Gespräch in einem Kreis, der mit den Jahren wuchs, sich in unre-
gelmäßigen Abständen traf und irgendwann verbindlich und organisiert
über die Zeit nach Hitler und eine Nachkriegsordnung beriet.

Aber man hatte auch zu sehen, dass man wirtschaftlich irgendwie überlebte. Für Moltke stellte sich abermals die Frage: Wie kann ich meinen eigenen Lebensunterhalt verdienen, wie kann ich für meine Familie sorgen, und
wie verwalte ich mein Gut, dass es zumindest so viel Ertrag abwirft, wie seine
Bewirtschaftung kostet?

Nun half ihm, dass er schon immer gut mit Menschen konnte, vernetzt war,
viele Kontakte hatte und über gute Beziehungen verfügte. Zwei dieser Kontakte erwiesen sich als Glückstreffer: Viktor Bruns und Ernst-Martin Schmitz.
Bruns leitete das Kaiser-Wilhelm-Institut für ausländisches öffentliches
Recht und Völkerrecht, Schmitz war dessen stellvertretender Direktor. Beide
waren regimekritisch, beide kannten Moltke schon länger und schätzten dessen internationale Verbindungen und Kenntnisse der englischen Rechtspre-
chung. Sie verschafften ihm eine Stelle als Kriegsverwaltungsrat im Amt Aus-
land/Abwehr des Oberkommandos der Wehrmacht (OKW) in Berlin.

So begann er also im Oktober 1939, kurz nach Ausbruch des Zweiten Weltkriegs, nun doch als Jurist im Staatsdienst, und noch nicht einmal im zivilen,
sondern sogar im militärischen Bereich. Hatte er damit am Ende seine eigenen Ideale verraten? War er nun auch einer von vielen Juristen im Dienste
Adolf Hitlers und dessen Kriegs- und Vernichtungsmaschine? Formal ja, tatsächlich aber ermöglichte ihm dieses Amt, gegen Hitler zu arbeiten, und vor
allem: Das Amt Ausland/Abwehr, der wichtigste militärische Nachrichten-
dienst, in dem er arbeitete, war eine ganz besondere Behörde: das Nest des
militärischen Widerstands, in dem Attentatspläne gegen Hitler und Umsturz-
versuche geplant wurden. An der Spitze dieses Amts stand Admiral Wilhelm
Canaris, einer der ranghöchsten militärischen Verschwörer gegen Hitler.
Auch der Oberst Hans Oster, der schon während der Sudetenkrise an Putschplänen beteiligt war, arbeitete dort, und Moltke saß nun mittendrin.

Offiziell hatte er dort völkerrechtliche Expertisen auszuarbeiten, denn die Nazis waren bei allem, was sie taten, darauf bedacht, den Schein der Legalität zu wahren, auch im Ausland, auch im Krieg. Bei dieser Arbeit bekam Moltke gründliche Einblicke in die Arbeitsweise des politischen und militärischen Apparats und erfuhr viel über die militärische Lage. Vor allem lernte er in diesem Amt die Verschwörer kennen, den General Canaris, Oberst Hans Oster, Hans von Dohnanyi und Berthold von Stauffenberg, den Bruder des Attentäters Claus von Stauffenberg.

Und: Moltke nutzte seine Stellung, wo immer er konnte, um dem Regime zu schaden und Opfern des Regimes zu helfen. Er hatte nicht wirklich Macht, aber das bisschen, das ihm das Amt verschaffte, nutzte er nach Kräften. Meistens instrumentalisierte er das internationale Kriegs- und Völkerrecht und ersann komplizierte juristische Konstruktionen, um Verfolgten zu helfen, bessere Haftbedingungen für Kriegsgefangene zu erreichen oder einfach nur der Hitler'schen Vernichtungsmaschine die Arbeit zu erschweren. Sein persönliches Netzwerk nutzte er, um Flüchtlinge über die Grenze zu bringen und sie zu versorgen. Auch einige Erschießungen von Geiseln und die Misshandlung von Kriegsgefangenen konnte er verhindern. Wann immer er eine Dienstreise ins Ausland unternahm, pflegte er seine alten Verbindungen, knüpfte neue und erhielt mitten im Krieg das Gespräch aufrecht zwischen Deutschen und Ausländern.

Zufrieden war er damit nicht. Dass Hitler zu Beginn des Krieges schnelle Anfangserfolge erzielte, hatte Moltke schier verzweifeln lassen, denn gegen einen erfolgreichen Kriegsherren konnte das Militär nicht putschen. Moltke hatte auch rasch eingesehen, dass er zwar Sand im Getriebe sein, aber den Lauf des Getriebes nicht stoppen konnte. Irgendwann kam er zu der Erkenntnis, dass das Schicksal nicht mehr aufzuhalten war. Hitlers Herrschaft würde nur noch durch eine Niederlage im Krieg zu beenden sein. Dass diese Niederlage kommen würde, dessen war sich Moltke spätestens nach der verlorenen Schlacht von Stalingrad sicher, und dass diese Niederlage katastrophal sein würde, ahnte Moltke auch.

Deshalb fing er an, sich über die Zeit danach Gedanken zu machen. Wie sollte es weitergehen nach der Niederlage? Über diese Frage dachte Moltke schon nach, als andere noch an einen deutschen »Endsieg« glaubten. Und weil einer solch schwergewichtige Fragen nicht allein lösen konnte, hielt er nach Gesprächspartnern Ausschau, mit denen zusammen er ein Konzept für das Nachkriegsdeutschland entwickeln wollte.

Einen seiner wichtigsten Partner fand Moltke in Peter Yorck von Wartenburg. Beide kannten sich schon von früher. Auch gab es verwandtschaftliche Beziehungen, Yorcks Schwester Davida Yorck von Wartenburg war mit Moltkes Vetter Hans-Adolf von Moltke, dem deutschen Botschafter in Polen, verheiratet. Es bestand aber kein enger Kontakt. Erst im Januar 1940 nach einem Besuch Moltkes in Yorcks Haus in der Hortensienstraße 50 in Berlin-Lichterfelde begann eine Freundschaft, die sich im Laufe der Jahre immer stärker intensivierte.

Auch Yorck hatte, unabhängig von Moltke, aber ebenfalls schon seit längerer Zeit, nach Gleichgesinnten gesucht, um sich mit diesen zu beraten. Als Yorck und Moltke sich erstmals in Yorcks Haus näher kennenlernten, war dieses Haus schon ein Treffpunkt zahlreicher Regimegegner, wie Albrecht von Kessel (Legationsrat im Außenministerium), Fritz-Dietlof von der Schulenburg (Verwaltungsjurist), Nikolaus von Üxküll (Volkswirt), Caesar von Hofacker (Industrieller), Otto Ehrensperger (Innenministerium) und Berthold von Stauffenberg (Völkerrechtler). In diesen »Grafenkreis« brachte Moltke seine bereits genannten Freunde ein, zu denen sich Carl Dietrich von Trotha, Theodor Haubach und Adam von Trott zu Solz und Martin Gauger gesellten.

Von jetzt an arbeiteten Moltke und Yorck eng zusammen und versuchten, systematisch vertrauenswürdige Personen aus unterschiedlichsten gesellschaftlichen Schichten hinzuzuziehen. So entstand nun ein Gesprächskreis, der sich später auch auf Moltkes Schloss in Kreisau traf, und sich neben dem militärischen Widerstand, der *Weißen Rose* und der *Roten Kapelle* zu einer der bekanntesten oppositionellen Gruppen in Hitlers Terrorstaat entwickelte. Die Gestapo hat dann später für diese Gruppe den Begriff *Kreisauer Kreis* geprägt.

Das Ziel war die Entwicklung eines Konzepts für eine grundlegende staatliche, wirtschaftliche und soziale Neugestaltung Deutschlands nach dem Sturz der NS-Diktatur. Dass diese spätestens nach dem verlorenen Krieg beendet sein würde, dessen waren sich alle sicher – und eben das galt damals schon als »Hochverrat«, auf den die Todesstrafe stand. Die Mitglieder des *Kreisauer Kreises* schwebten also beständig in Lebensgefahr und sie wussten es.

Zu den *Kreisauern* gehörte ein »innerer Kreis« von etwa 20 Personen und ungefähr genauso vielen Mitwissern und Sympathisanten aus dem Bürgertum, dem Adel, der Arbeiterbewegung, dem Katholizismus und dem Protestantismus. Die Frage, wer dazugehörte und wer nicht, ist allerdings schwer zu beantworten, daher sprechen andere Quellen von über einhundert Personen. Es gab keine formelle Mitgliedschaft und keine feste Organisationsform, weder ein Gründungsdatum, noch eine Anwesenheitspflicht bei den gemeinsamen Zusammenkünften. Manche waren nur am Anfang dabei, andere erst gegen Ende, aber Tatsache ist: Es war ein Kreis hochqualifizierter Menschen aus unterschiedlichen Berufsgruppen, unterschiedlichen Milieus und mit unterschiedlichen Weltanschauungen. Die Gruppe vereinte höchst unterschiedliche Charaktere wie die Sozialdemokraten Carlo Mierendorff, Julius Leber und Adolf Reichwein, den Jesuitenpater Alfred Delp und Angehörige beider großer Konfessionen wie Theodor Steltzer, Eugen Gerstenmaier und Karl Ludwig Freiherr von und zu Guttenberg, Letzterer ein überzeugter Monarchist, der in Kreisau seine Berührungsängste gegenüber »linkem Gesindel« und »Vaterlandsverrätern«, wie Sozialdemokraten in Guttenbergs Kreisen bezeichnet wurden, überwand. Sie hätten die Keimzelle eines neuen Deutschland werden können.

Die Mitglieder standen untereinander in Briefkontakt, bildeten Gesprächs- und Arbeitsgruppen, entwarfen Konzepte und trafen sich im Haus von Yorck und auf Moltkes Gut Kreisau. Dort wurden auf drei großen Tagungen die Konzepte diskutiert, zusammengefasst und als Grundsatzerklärungen, die die Pläne des Kreises widerspiegelten, schriftlich festgehalten.

Die *Kreisauer* waren sich einig: Ein radikaler Neubeginn wird nötig sein, wenn die Hitlerei zu Ende ist. Man wird fragen müssen, was in die Hitlerei geführt hat, und davon wird man sich dann zu verabschieden haben. Sechs wesentliche Kräfte, die in den NS-Staat führten, hatten sie schon identifiziert: den Bismarck'schen Machtstaat, den Wilhelminischen Nationalismus, die bürgerliche Deutschtümelei, den Antisemitismus, den Obrigkeitsstaat und die Erziehung zum gehorsamen Untertanen. Daher forderte Moltke »das Ende der Machtpolitik, das Ende des Nationalismus, das Ende des Rassegedankens und das Ende der Gewalt des Staates über den Einzelnen«.

Stattdessen: Freiheit. Die zu allererst. Aber eine Freiheit in Verantwortung. Daher bestimmte Moltke als Kern eines Neuanfangs »das Gefühl einer inneren Gebundenheit an Werte, die nicht von dieser Welt sind«. Obwohl sich Moltke für eine Trennung von Kirche und Staat aussprach und die Ansicht verwarf, der Staat bedürfe eines religiösen Über- oder Unterbaus, betonte er zugleich immer wieder vehement, wie wichtig der Glaube des Einzelnen für ein gutes Zusammenleben sei. Aber dieser Glaube dürfe eben nicht staatlich verordnet werden, und die Staatsordnung dürfe nicht theologisch, sondern müsse philosophisch, religiös-neutral begründet werden. Dennoch waren Moltkes Sprache und Denken stark christlich geprägt, so etwa, wenn er hoffte, dass die Deutschen am Kriegsende eine »Bereitschaft zu Einkehr und Buße« erkennen ließen.

Der neue Staat sollte dezentral aufgebaut sein und sich weitgehend aus selbstverwalteten »kleinen Gemeinschaften« wie Familien, Betriebsgemeinschaften oder Kirchengemeinden aufbauen. Davon versprachen sie sich eine Sicherung gegen die manipulierbare Massengesellschaft und vor allem eine echte Demokratie, denn nur in überschaubaren Gemeinschaften kann jeder Einzelne verantwortlich und kompetent an der Gestaltung des Zusammenlebens mitwirken. Allgemein und direkt gewählte Gemeinde- und Kreistage mit weitreichenden Kompetenzen und ein an Persönlichkeiten statt an zentral geleiteten Parteien orientiertes Wahlsystem sollten für eine neue Qualität der Demokratie sorgen.

Eine wichtige Rolle in den Überlegungen der *Kreisauer* spielte die Frage, wie die Wirtschaft funktionieren sollte. Hier ließen sie sich weitgehend von der katholischen Soziallehre, aber auch sozialdemokratischen und gewerkschaftlichen Vorstellungen leiten. Daher schreibt Moltke sehr apodiktisch und sehr antikapitalistisch, der Staat als »unbeschränkter Herr der Wirtschaft« sei für die gerechte »Verteilung des wirtschaftlichen Ertrags« zuständig. Die Wirtschaft sollte hauptsächlich von kleinen und mittleren Betrieben getragen werden, habe eine »dienende Funktion«, und brauche einen Ordnungsrahmen, innerhalb dessen sich Wirtschaften vollzieht, und diesen Rahmen habe der Staat zu setzen. Dieses Konzept deckte sich schon ziemlich gut mit jenem Konzept, das dann nach dem Krieg in der Bundesrepublik realisiert wurde, »soziale Marktwirtschaft« hieß und ein Erfolgsmodell wurde. Selbst »grüne« Gedanken hatten die *Kreisauer* schon gedacht. So liest man bei ihnen, dass es noch nicht gelungen sei, das Problem der »Misshandlung der Natur durch wirtschaftlichen Raubbau« zu lösen.

Auch an so etwas wie die Europäische Union hatten die *Kreisauer* gedacht. Zur Sicherung des Friedens schlugen sie vor, eine gesamteuropäische Ordnung und eine europäische Föderation zu gründen.

Für die damalige Zeit war dieses Programm ungeheuer modern, ja fast revolutionär, denn es war die Abkehr von den alten Modellen, dem Führerstaat, dem Kaiserstaat, dem Militärstaat, der Ordnung des Kasernenhofs. Die Pläne der *Kreisauer* ließen die Vorstellungen anderer Widerstandsgruppen, besonders die der Militärs, weit zurück. Wollten andere bestenfalls die Wiederherstellung der Weimarer Demokratie oder sogar die Rückkehr zur Monarchie, so planten die *Kreisauer* eine ganz neue Art von Demokratie und auch eine neue Wirtschafts- und Sozialordnung. Der Historiker Hans Mommsen sprach deshalb von einem »umfassenden Zukunftsentwurf (...), dessen Kühnheit und innere Stringenz von anderen politischen Reformkonzepten des deutschen Widerstandes gegen Hitler nicht übertroffen worden ist«. Manches von dem, was in Kreisau entwickelt wurde, ist dann später in das Grundgesetz der Bundesrepublik eingeflossen, zum Beispiel der föderale Aufbau des Staates, seine Gliederung in Bundesländer, Bezirke, Kreise und Gemeinden oder die Rechts- und Sozialstaatlichkeit.

Parallel zu den Gesprächen und Tagungen suchten die *Kreisauer* auch Kontakt zu anderen Widerstandsgruppen, so zum militärischen Widerstand um Ludwig Beck und zu Carl Friedrich Goerdeler, Ulrich von Hassell und Wilhelm Leuschner. Vor allem Moltke und Trott knüpften darüber hinaus auch Kontakte zum Widerstand in den besetzten Ländern Norwegen, Dänemark und in den Niederlanden sowie zu den Alliierten. Sogar zur *Roten Kapelle* über Arvid Harnack gab es kurzzeitig Kontakte und ebenso zur *Weißen Rose* in München.

So einig sich die Mitglieder im Grundsätzlichen waren, so uneinig waren sie oft in den Details. Und manchmal zerstritten sie sich auch in wichtigen Grundsatzfragen, sodass einige den Kreis wieder verließen und sich anderen Zirkeln anschlossen. Eine dieser Grundsatzfragen, bei denen sie sich nicht einigen konnten, war: Wie halten wir es mit einem Attentat auf Hitler und einem Staatsstreich?

Bei vielen Mitgliedern wuchs die Bereitschaft zur aktiven Teilnahme an einem Staatsstreich. Andere, allen voran, Moltke, lehnten ein Attentat ab. Man könne einen neuen, besseren Staat nicht mit einem Mord beginnen, lautete eines seiner Argumente. Vor allem aber, und das zeigt wieder Moltkes politischen Realitätssinn, befürchtete er für den Fall, dass ein Attentat gelinge, eine neue Dolchstoßlegende. Auch nach der verlorenen Stalingrad-Schlacht besaß Hitler noch viel Rückhalt im Volk. Hätten Wehrmachtsoffiziere Hitler getötet, wären diese von Hitlers Anhängern sofort als Verräter gebrandmarkt worden, und diese Interpretation hätte bei Teilen des Volkes garantiert ihren Widerhall gefunden. Nicht Hitler und die Nazis, sondern sie, die Offiziere, würden dann für die Niederlage verantwortlich gemacht. Sofort hätte es dann geheißen, Hitler würde den Krieg noch gewonnen haben, wenn die Verschwörer ihn nicht umgebracht hätten. Innere Unruhen, Zustände wie in der Weimarer Demokratie, vielleicht sogar Bürgerkrieg könnten die möglichen Folgen eines Attentats sein, meinte Moltke.

Sein Freund Yorck machte sich ebenfalls diese Position zu eigen. Beide fanden aber dafür keine Mehrheit, blieben in dieser Frage isoliert. Letztlich blieb die Kontroverse ungelöst, aber sie spielte ab dem Jahr 1943 keine große Rolle mehr, nachdem zwei Attentatsversuche auf Hitler gescheitert waren. Hätten Yorck und Moltke 1942 gewusst, wie lange der Krieg noch dauern und wie viele Opfer dieser Krieg noch bis zu seinem Ende kosten würde, hätten sie vielleicht eine andere Haltung eingenommen. Yorck hat später dann doch widerwillig seine Zustimmung gegeben. Moltke verhielt sich zumindest nicht mehr ablehnend. Das hatte vielleicht auch damit zu tun, dass er im Dezember 1943 Claus von Stauffenberg kennenlernte, der großen Eindruck auf ihn machte. »Gestern Abend war der (...) Bruder Stauffenberg da. Ein guter Mann, besser als mein Stauffi, männlicher und mit mehr Charakter.« Mit »mein Stauffi« war Berthold von Stauffenberg gemeint, mit dem Moltke schon lange im Ministerium und auch bei den *Kreisauern* zusammenarbeitete. Bei Claus Stauffenberg fand Moltke, was er bei den meisten anderen Militärs immer vermisst hatte: Klarheit in der politischen Position und den Willen zur mutigen Tat.

Als Stauffenberg dann seine mutige Tat beging, saß Moltke schon seit einem halben Jahr im Gefängnis, und die bittere Pointe dieser Geschichte ist, dass Moltke eben wegen jener Tat, die er lange abgelehnt hatte, hingerichtet wurde. Ohne das Attentat wäre er sehr wahrscheinlich wieder aus dem Gefängnis freigekommen, denn die Gestapo hatte nichts gegen ihn in der Hand.

Verhaftet wurde er am 19. Januar 1944 – nicht wegen der *Kreisauer* Aktivitäten, schon gar nicht wegen der Stauffenberg-Verschwörung, davon ahnte die Gestapo zum damaligen Zeitpunkt gar nichts. Wohl aber gab es Gerüchte, Hinweise auf Verschwörer, konspirative Treffs, oppositionelle Gruppen. Solche Zirkel sind die größte Gefahr für diktatorische Systeme. Freie Gespräche hinter verschlossenen Türen, geheime Treffs, Aktionen, Verschwörungen sind das, wovor sich Diktatoren am meisten fürchten, was sie am meisten hassen, weil es sich ihrer Kontrolle entzieht, weil es ihre Macht gefährdet, und weil es ihren Sturz bedeuten kann. Daher sind sie krankhaft misstrauisch, daher bauen sie gigantische Spitzelsysteme auf, und daher ging Hitlers Gestapo akribisch und zugleich nervös jedem einzelnen Hinweis nach, den sie erhielt. Und entdeckte einen Gesprächskreis um Otto Kiep, Hanna Solf und Elisabeth von Thadden. Man traf sich zu »Teestunden«, bei denen offen systemkritisch geredet wurde. Moltke selbst hatte nie an diesen Gesprächen teilgenommen, aber er kannte ihn natürlich, und als er erfuhr, dass der Kreis bereits von der Gestapo oberserviert wurde, ließ er Kiep eine Warnung zukommen. Von dieser Warnung wusste die Gestapo, deshalb hat sie Moltke verhaftet. Eine Anklage im Sinne von Landes- oder Hochverrat ließ sich daraus nicht konstruieren, aber nun saß er in Haft, war ausgeschaltet und wurde immer wieder verhört.

Diese Verhöre erbrachten nichts. Moltke hatte mit den »Teestunden« nichts zu tun, und von den *Kreisauern* wusste die Gestapo nichts, auch nichts von den Verschwörern um Stauffenberg, und so konnte Moltke in den Monaten Mai bis Juli 1944 hoffen, schon bald entlassen zu werden. Einige Anzeichen deuteten darauf hin, und am 5. Juli hat ihm ein Kriminalrat namens Lange gesagt, dass er schon bald freikommen werde, allerdings unter der Bedingung, dass er aus der Wehrmacht entlassen werde und als Industriearbeiter sein Brot verdiene.

Fünfzehn Tage später scheiterte Stauffenberg mit seinem Attentat auf Hitler und nun flogen die Verschwörer auf, alle, sowohl die militärischen wie die zivilen, auch die *Kreisauer*, auch Moltke. Einer nach dem anderen wurde nun hingerichtet, Peter Yorck am 8. August, Berthold von Stauffenberg und Fritz-Dietlof von der Schulenburg am 10. August, Hans Bernd von Haeften am 15. August, Adam von Trott und Otto Kiep am 26. August, Wilhelm Leuschner am 29. September, Adolf Reichwein am 14. November, Julius Leber am 5. Januar 1945.

Moltke wusste, dass seine Chance, lebend aus dem Gefängnis herauszukommen, von Tag zu Tag kleiner wurde. Und so bereitete er sich und die Seinen auf seinen Tod vor. Seit er im Gefängnis war, las er viel, besonders die Bibel, Luther, einige Philosophen. Christliche Werte waren letztlich schon immer das Fundament, auf dem er stand. Er hatte darüber in seinem Leben nicht besonders oft und nicht besonders tief reflektiert. Für ihn waren diese Werte immer etwas Selbstverständliches gewesen. Jetzt, im Gefängnis, hatte er Zeit, tiefer darüber nachzudenken.

Er schöpfte daraus Trost und Hoffnung für sich und seine Familie, kam zu dem Schluss, dass er nichts bereuen musste, und sah dem, was da kommen sollte, gelassen entgegen. So konnte er in seinen letzten Tagen noch voller Humor und sogar Spott beschreiben, dass Herr Freisler, der über ihn zu Gericht saß, eigentlich nichts wirklich Wesentliches gegen ihn in der Hand hatte und darum in seiner Not ein Verbrechen aus der Tatsache konstruieren musste, dass er mit dem Jesuitenpater Delp Fragen des zivilen Widerstands besprochen hatte, ausgerechnet mit einem Jesuiten. Freisler hasste Jesuiten, betrachtete sie als »gefährlichste Feinde Deutschlands«, und so schrieb der Protestant Moltke an seine Frau: »Aber dass ich als Märtyrer für den heiligen Ignatius von Loyola sterbe« - den Gründer des Jesuitenordens - »und darauf kommt es letztendlich hinaus, denn alles andere war daneben nebensächlich - ist wahrlich ein Witz (...).« - So schreibt ein freier Geist.

Am 23. Januar 1945, dem Tag seiner Hinrichtung, schrieb Moltke den letzten Brief an seine geliebte Freya, den letzten von rund sechzehnhundert. In diesem Brief denkt er über seine Liebe nach und schreibt: »Ich habe ein wenig geweint, eben, nicht traurig, nicht wehmütig, nicht weil ich zurück möchte, nein, sondern vor Dankbarkeit und Erschütterung über diese Dokumentation Gottes.« Gemeint hat Moltke damit die zuvor beschriebene Erkenntnis der Art seiner tiefen Liebe zu seiner Frau. »Ich sage gar nicht, dass ich Dich liebe, das ist gar nicht richtig. Du bist vielmehr jener Teil von mir, der mir alleine eben fehlen würde. Es ist gut, das mir das fehlt; denn hätte ich das, so wie Du es hast, diese größte aller Gaben, mein liebes Herz, so hätte ich vieles nicht tun können, so wäre mir so manche Konsequenz unmöglich gewesen, so hätte ich dem Leiden, das ich ja sehen musste, nicht so zuschauen können und vieles andere. Nur wir zusammen sind ein Mensch. (...) Das ist wahr, buchstäblich wahr. Darum, mein Herz, bin ich auch gewiss, dass Du mich auf dieser Erde nicht verlieren wirst, keinen Augenblick. (...) Nun kann nichts mehr geschehen.«

Am Nachmittag des 23. Januar, um 14 Uhr, wurde Helmuth James Graf von Moltke in Plötzensee ermordet. Mit ihm wurde auch sein Freund Theodor Haubach erhängt. Ebenfalls in Plötzensee. Rund eine Woche später, am 2. Februar, wurde Alfred Delp ermordet. Sie waren gegen Hitler, sie wussten von Verschwörungs- und Attentatsplänen, aber hielten dicht, verrieten niemanden, sie hatten sich Gedanken gemacht über eine neue Ordnung nach Hitler – mehr haben sie nicht getan. Aber im Reich des Herrn Hitler war das ein Schwerverbrechen. Verrat. Hochverrat. Ihr größtes Verbrechen aber war, dass sie sich ihre Freiheit und Würde nicht haben nehmen lassen. Es gab nichts Hassenswerteres im NS-System als freie Geister. Deshalb haben sie sterben müssen.

Georg Elser
Ich habe den Krieg verhindern wollen

* 1903 in Hermaringen/Württemberg ✤ 1904 Heirat der Eltern und Umzug nach Königsbronn ✤ 1910-1917 Besuch der Volksschule in Königsbronn ✤ 1917 Beginn einer Eisen-
dreherlehre, abgebrochen ✤ 1919 Schreinerlehre ✤ 1922 Gesellenprüfung als Prüfungs-
bester ✤ 1925 Beginn der Wanderzeit, bis 1932 Schreinergeselle in verschiedenen
Betrieben und Firmen in Bernried, Manzell, Konstanz, Meersburg und Bottighofen/
Schweiz ✤ 1928/1929 Eintritt in den *Roten Frontkämpferbund* in Konstanz ✤ 1930 Geburt des einzigen Sohnes Manfred ✤ 1936-1939 Anstellung bei der Armaturenfirma Waldenmaier in Heidenheim, seit 1938 Kenntnis von der Sonderabteilung für Rüstungsauf-
träge ✤ 8. November 1939 Attentat im Bürgerbräukeller in München, Festnahme Elsers
in Konstanz ✤ 1940-1945 Einzelhaft in den Konzentrationslagern Sachsenhausen und
Dachau ✤ 9. April 1945 Ermordung im Konzentrationslager Dachau

Viele Widerstandskämpfer, wie etwa Dietrich Bonhoeffer, die Geschwister
Scholl, Graf Stauffenberg oder Martin Niemöller haben sich in ihrem Kampf
gegen Hitler und den Nationalsozialismus auf ihr Christentum berufen. Andere, wie etwa Robert Havemann oder Willy Brandt fühlten sich den Werten
der Aufklärung und des Humanismus verpflichtet. Helmuth James Graf
Moltke hatte sich als christlicher Humanist verstanden.

Deshalb fühlen sich heute all diejenigen bestätigt, die schon lange fordern: mehr Religionsunterricht an den Schulen, mehr Ethik, mehr Wertever-

mittlung, eine bessere Bildung. Besonders laut werden solche Forderungen immer dann erhoben, wenn mal wieder ein Schüler Amok gelaufen ist. Aber auch, wenn nur ganz allgemein über Jugendgewalt, Komasaufen oder Kriminalität diskutiert wird, kann man sich darauf verlassen, dass irgendjemand ruft: Wir brauchen wieder Vorbilder, mehr Religion in der Schule, eine christlich-humanistische Werte-Erziehung, mehr Disziplin, mehr Respekt vor Autoritäten und generell eine bessere Bildung.

Die das fordern, glauben, Religion helfe gegen Gewalt, Humanismus gegen Amokläufe, Bildung gegen Rechtsradikalismus, Respekt und Disziplin gegen Verwahrlosung, und überhaupt wäre die Welt eine bessere, wenn sie sich auf ihre religiösen Wurzeln besinnen würde. Es wäre schön, wenn es so einfach wäre, aber an Disziplin und Respekt vor Autoritäten hat es nicht gemangelt in der Weimarer Republik und im Hitler-Reich.

Auch Religionsunterricht wurde erteilt, der Kirchenbesuch war wesentlich besser als er heute ist, beide christlichen Kirchen erfreuten sich höherer Mitgliederzahlen als heute, und dennoch hatte das alles im Fall des NS-Propagandaministers Joseph Goebbels nichts genützt. Der wurde auf einem »Gymnasium des Internates der Armen Brüder vom Heiligen Franziskus« christlich erzogen, hat später Literatur und Philosophie studiert und galt als der Schöngeist des Hitler-Regimes. Der SS-Führer und Reichsinnenminister Heinrich Himmler war Absolvent des humanistischen Wilhelmsgymnasiums in München und hatte einen Vater, der als Rektor das humanistische Wittelsbacher-Gymnasium in München leitete. Hitlers Stellvertreter Rudolf Hess verbrachte seine Schulzeit in einem evangelischen Internat, der SA-Chef Ernst Röhm im humanistischen Maximiliansgymnasium in München.

So könnte man noch viele aufzählen, die christlich-humanistisch erzogen wurden, sich einer erstklassigen Bildung erfreuten und sich trotzdem zu barbarischen Menschen-Schlächtern und Massenmördern entwickelten. Die Bischöfe und Pfarrer der Deutschen Christen redeten den Gläubigen sogar ein, Hitler zu gehorchen, sei die erste Christenpflicht, und das wurde wohl in den unteren Rängen weitgehend geglaubt oder hingenommen. Viele derer, die Hitler zujubelten, hatten während ihrer Schulzeit evangelischen oder katholischen Religionsunterricht gehabt und sind gefirmt oder konfirmiert worden. Es waren weit überwiegend Getaufte, die sechs Millionen Juden ermordet und Kriegsverbrechen begangen haben. An Religion und Schulbildung hat es den vielen Tätern also nicht gemangelt, und trotzdem hatte die deutsche Kulturnation, die sich stolz auf Bach, Beethoven, Goethe, Luther berief, zwölf Jahre lang das Gegenteil dessen getan, was christlich-humanistische Werte geboten hätten.

Als gesichert darf daher seitdem gelten: Bildung schützt vor Dummheit nicht und nicht einmal vor der Barbarei. Warum das so ist, wäre wert, wissenschaftlich untersucht zu werden. Dabei könnte dann auch gleich die Frage mitgeklärt werden: Warum sind Ungebildete manchmal klüger als Gebildete?

Diese Frage stellt sich, wenn bei der Beschäftigung mit dem Widerstand plötzlich ein einfacher Schreinergeselle namens Georg Elser ins Blickfeld rückt. Lange vor der Anti-Hitler-Verschwörung der Wehrmachtsoffiziere um Stauffenberg, und lange vor der Organisation des zivilen Widerstands durch Helmuth James Graf Moltke und dessen *Kreisauer Kreises* hatte dieser Georg Elser gewusst, was von Hitler zu halten und gegen ihn zu tun sei.

Elser war gegen Hitler, von Anfang an. Er verweigerte den Hitlergruß, ging nationalsozialistischen Aufzügen aus dem Weg, und wenn irgendwo eine Hitlerrede aus dem Radio dröhnte, verließ er den Raum. Irgendwann zwischen 1933 und 1938 sagte er, vielleicht zuerst im Stillen vor sich selber, später zu Freunden und öffentlich: »Hitler, das bedeutet Krieg.«

Den jahrelangen Anschauungsunterricht, den andere nötig gehabt hatten, um, wie etwa Stauffenberg, sich angesichts der Verbrechen der deutschen Wehrmacht in Russland allmählich von Hitler abzuwenden und sich in letzter Minute dazu durchzuringen, das NS-Regime zu bekämpfen, hatte Georg Elser nicht gebraucht. Mitverschwörer, komplizierte Pläne, philosophische Erwägungen und langwierige Diskussionen über viele Jahre, das alles war für diesen Schreiner nicht nötig. Er hatte Hitler gesehen und gehört, und damit hatte er genug gewusst, genug auch, um zu wissen, was zu tun sei.

Darum baute er eine Bombe, deponierte sie im Münchner Bürgerbräukeller und am 8. November 1939 explodierte sie – ohne Hitler zu töten. Der hatte wegen eines dummen Zufalls den Saal schon vorher verlassen. Ohne diesen Zufall wären Hitler, Göring und Himmler sehr wahrscheinlich tot gewesen, zum Zweiten Weltkrieg wäre es möglicherweise nie gekommen, sechs Millionen Juden hätten überlebt, die Weltgeschichte hätte einen völlig anderen Verlauf genommen. Die Ursache dafür wäre ein einfacher Mann aus dem Volk gewesen, der Schreiner Georg Elser, ein Mann, der es nicht leicht hatte im Leben.

Geboren 1903 im württembergischen Hermaringen, wuchs Georg Elser in Königsbronn unter schwierigen Verhältnissen auf. Der Vater trank, die Familie verarmte. In Königsbronn absolvierte er sieben Volksschuljahre.

»Ich war ein mittelmäßiger Schüler«, hat er später über sich selbst gesagt. Gute Noten hatte er im Zeichnen, Schönschreiben und Rechnen, schlechtere im Diktat, Aufsatz und anderen Fächern, in Religion befriedigend. »Schläge bekam ich nicht mehr als die anderen und immer nur dann, wenn ich meine Hausaufgaben nicht richtig gelernt hatte. (...) Soviel ich mich erinnern kann, haben sich meine Eltern um die Zeugnisse, die ich aus der Schule heimbrachte, wenig gekümmert. (...) Dadurch, daß ich bei den landwirtschaftlichen Arbeiten zu Hause mithelfen mußte, wurde mir das Lernen ziemlich erschwert.«

Nach siebenjähriger Schulzeit wird er Schreiner, ein sehr tüchtiger Schreiner, und überhaupt ein Mann von praktischer Intelligenz, der sein großes handwerkliches Geschick auch in berufsfremden Sparten mit hoher Präzision und Tüftlergeist verbindet. Der Beruf macht ihm Spaß, er empfindet Stolz auf seine Tätigkeit, verlangt aber auch angemessenen Lohn. Sein Sinn für Gerechtigkeit ist wach und empfindlich.

Schweigsam, aber dennoch nicht ungesellig, musiziert er, spielt Zither, im Gesangsverein von Königsbronn auch den Kontrabass und spielt auf bei Tanzabenden. Die Frauen mögen ihn und er mag die Frauen. Seine Freundin Mathilde Niedermann bringt 1930 einen Sohn, Manfred, zur Welt. Elser heiratet die Mutter seines Kindes nicht, zahlt Alimente, aber widerwillig. Hier versagen sein Gerechtigkeitsempfinden und sein Verantwortungsgefühl.

Ein politischer oder gar ideologischer Kopf ist Elser nicht. Zwar wird er Mitglied im Holzarbeiterverband und tritt 1928/29 dem kommunistischen Roten Frontkämpferbund bei, aber das geschieht eher aus pragmatischen Gründen. Die KPD hält er nach eigener Aussage für die beste Vertretung der Arbeiterinteressen. Von einem besonderen Engagement Elsers für diese Partei ist nichts bekannt, aber es könnte sein, dass darin die Ursache für seine kompromisslose Opposition gegen Hitler liegt.

Viele seiner Parteigenossen, auch Sozialdemokraten, laufen später zu Hitler über. Elser nicht. Elser bleibt ein konsequenter Gegner des NS-Regimes. Von dem Moment an, von dem er erkannte, wohin Hitlers Herrschaft führen würde, reifte in ihm der Plan, Hitler zu töten.

Ganz allein plant er dieses Vorhaben, in aller Ruhe und Verschwiegenheit bastelt er die Bombe, die Hitler, Göring und Goebbels töten soll. Kein Wörtchen kommt über seine Lippen, sorgfältig achtet er darauf, dass niemand etwas bemerkt oder Verdacht schöpft. Diese Angelegenheit ist die seinige, keiner seiner Verwandten, Bekannten oder Freunde soll da mit hineingezogen und in Gefahr gebracht werden. Nur sein eigenes Leben setzt er aufs Spiel, denn es war ihm klar: Wenn er entdeckt oder nach dem Attentat erwischt werden würde, hätte seine letzte Stunde geschlagen. Zwar plante er, nach seiner Tat in die Schweiz zu flüchten, aber er wusste auch: So etwas kann schiefgehen. Damit sah er seinem Tod mutig ins Auge.

Später, nach dem gescheiterten Attentat, wollten die Ermittler lange nicht glauben, dass dies die Tat eines Einzelnen gewesen sein soll. Heutigen und künftigen Generationen hat Elser bewiesen, was Einzelnen möglich gewesen wäre, um eine der größten Katastrophen der Weltgeschichte zu verhindern.

Und für jene, die nicht über den Mut und das technische Können eines Georg Elser verfügen, liefert Elser immerhin noch den Beweis, dass es keiner besonderen Bildung bedurft hatte, um Hitler zu durchschauen. Mit seiner einfachen Volksschulbildung war der Schreinergeselle Elser klüger als viele akademisch Gebildete und christlich-humanistisch Erzogene, klüger als etwa der weltberühmte Martin Heidegger, einer der größten und einflussreichsten Philosophen des 20. Jahrhunderts. Heidegger, und mit ihm viele andere Gebildete der damaligen Zeit, waren Hitler – zumindest eine Zeit lang – auf den Leim gegangen, der Schreiner Georg Elser nicht.

Konsequenter und mutiger als die Herren in den Führungspositionen der Politik, Kultur, Wirtschaft und des Militärs, diese sogenannten Eliten, war Elser auch. Dass Hitler ein »Prolet« sei, dass er als Politiker nichts tauge und als Mensch von zweifelhaftem Charakter nicht für ein hohes Staatsamt geeignet sei, das hat man kurz vor und nach 1933 auch in den sogenannten besseren Kreisen immer wieder gehört, später jedoch seltener, zuletzt fast gar nicht mehr. Plötzlich schwieg man in den besseren Kreisen, oder man lobte Hitler sogar, teils aus Angst vor Repression, teils aus Überzeugung, weil einem Hitlers Herrschaft geschäftliche Vorteile brachte, oder aus Bewunderung für Hitlers überraschende Anfangserfolge im Krieg. Die Truppen der Wehrmacht hatten im berühmten »Blitzkrieg« Polen und die Tschechoslowakei in kurzer Zeit überrannt, und auch die Franzosen kapitulierten schneller als gedacht. Plötzlich galt Hitler vielen als Genie. Auch viele Generale der Wehrmacht gaben jetzt ihre Vorbehalte gegen Hitler auf.

Von all dem hatte sich Georg Elser nicht beeindrucken lassen. Auch von der Reichspropaganda ließ er sich nicht einlullen. Nüchtern hat er bei seiner Vernehmung durch die Gestapo zu Protokoll gegeben, dass sich die Lage der Arbeiter unter dem Hitler-Regime verschlechtert habe. Die Löhne seien niedriger, die Abgaben höher, und mit der Freiheit sei es auch vorbei. »Der Arbeiter kann z. B. seinen Arbeitsplatz nicht mehr wechseln, wie er will, er ist heute durch die HJ (Hitlerjugend) nicht mehr Herr seiner Kinder und auch in religiöser Hinsicht kann er sich nicht mehr so frei betätigen.«

Genauso nüchtern, ganz ohne Pathos, ohne große Worte, begründete er seinen Entschluss zum Attentat. Nur »durch eine Beseitigung der augenblicklichen Führung« könnten die »Verhältnisse in Deutschland geändert werden«, hat Elser laut Gestapo-Protokoll gesagt, und unter »Führung« verstand er die drei Obersten: Hitler, Goebbels, Göring. »Durch meine Überlegungen kam ich zu der Überzeugung, dass durch die Beseitigung dieser drei Männer andere Männer an die Regierung kommen, die an das Ausland keine untragbaren Forderungen stellen (…) und für eine Verbesserung der sozialen Verhältnisse der Arbeiterschaft Sorge tragen werden.«

Elser war auch realistisch genug, um zu wissen, dass er mit seinem Attentat die NS-Herrschaft insgesamt nicht brechen konnte. Er »war lediglich der Meinung, dass durch die Beseitigung der genannten drei Männer eine Mäßigung in der politischen Zielsetzung eintreten wird«. Vielleicht kein Krieg, vielleicht ein bisschen mehr Freiheit im Innern – dafür nahm er das Wagnis eines Attentats in Kauf, und auch seinen Tod.

Wie aber sollte ein Schreinergeselle den bestens bewachten Hitler beseitigen? Und Göring und Goebbels gleich noch dazu? Allein, ohne Hilfe eines anderen?

Im Herbst 1938 wusste er, wo er es tun müsste und wann: am 8. November 1939 im Münchner Bürgerbräukeller. An jenem Tag würde Hitler dort, wie schon in den Jahren zuvor, im großen Saal eine Rede halten, und Goebbels, Göring und weitere Nazigrößen würden dabei sein, denn am 8. und 9. November wurde von Hitler seit dessen Machtübernahme 1933 mit großem propagandistischen Aufwand jener »alten Kämpfer« gedacht, die 1923 bei Hitlers misslungenem Putsch gegen die Regierung ums Leben gekommen waren.

Zehn Jahre danach, als Hitler dann doch noch an sein Ziel gekommen war und Reichskanzler wurde, sorgte er sogleich dafür, dass sein in München kläglich gescheiterter Umsturzversuch in eine heroische Niederlage umgedeutet und jeder der dabei Getöteten zum Helden, »Gefallenen« und »Opfer« Deutschlands emporstilisiert wurde. Hitler bezeichnete die sechzehn Umgekommenen fortan als »Blutzeugen« und ließ diese nun in aufwendig inszenierten jährlichen Gedenkveranstaltungen feiern. Die Feierlichkeiten begannen immer am 8. November mit einer Rede Hitlers im Bürgerbräukeller und wurden tags darauf fortgesetzt mit Umzügen der SA. Am 1. März 1939 erklärte Hitler den 9. November zum staatlichen Feiertag. Ein gutes halbes Jahr später sollte er erstmals als solcher zelebriert werden.

Diesen 9. November 1939 sollte Hitler nach dem Willen Georg Elsers nicht mehr erleben. Ab Herbst 1938, ein ganzes Jahr lang, plante Elser für diesen Tag. Als Erstes besichtigte er den Ort des Geschehens. Am 8. November 1938 fuhr er nach München in den Bürgerbräukeller. Nach Hitlers Rede und der Auflösung der Versammlung inspizierte Elser in aller Ruhe den Saal und bemerkte zu seinem Erstaunen, »daß der Saal in keiner Weise bewacht wurde, daß keine Kontrolle vorhanden war und jedermann ohne weiteres zu diesem Saal Zutritt erlangen konnte«.

So stand sein Entschluss fest: Am 8. November 1939, genau ein Jahr später, sollte Hitler seine letzte Gedenkrede und seine letzte Rede überhaupt halten. Eine Bombe sollte ihn, Göring und Goebbels töten. Einige andere in seiner Nähe würden ebenfalls sterben, das wusste Elser. Darüber hatte er auch nachgedacht und er war zu der Ansicht gekommen: Lieber eine kleine überschaubare Zahl von Opfern in Kauf nehmen als jene unübersehbar große Zahl, die ein Krieg unweigerlich fordern würde.

Leicht hatte er es sich mit diesem Entschluss nicht gemacht. Dass er vor seiner Tat so etwas wie Gewissenserforschung betrieb, geht aus der Tatsache hervor, dass er während dieser Zeit wieder öfter in die Kirche ging. »Ich bin in letzter Zeit auch öfter werktags in eine katholische Kirche gegangen, wenn gerade keine evangelische da war, um dort mein Vaterunser zu beten. Es spielt meines Erachtens keine Rolle, ob man dies in einer evangelischen oder katholischen Kirche tut. Ich gebe zu, daß diese häufigen Kirchenbesuche und dieses häufige Beten insofern mit meiner Tat, die mich innerlich beschäftigte, in Zusammenhang stand, als ich bestimmt nicht so viel gebetet hätte, wenn ich die Tat nicht vorbereitet bzw. geplant hätte. Es ist schon so, daß ich nach einem Gebet immer wieder etwas beruhigter war.« Er hatte also über Schuld und Verantwortung nachgedacht und war zu dem Schluss gekommen, dass er die Schuld, den Tod Unschuldiger auf sich nehmen musste, um den Tod von noch viel mehr Unschuldigen zu verhindern.

Neben solch moralischen hatte Elser aber auch ganz praktische Fragen zu klären, zum Beispiel die, wie er es anstellen wollte, die oberste Führung zu töten. Woher sollte ein Schreiner eine Bombe nehmen? Wie kam er überhaupt auf die Idee, es mit einer Bombe zu versuchen? Warum nicht mit einer Pistole oder einem Gewehr?

Die Antwort ist so, wie ein nüchtern und effektiv denkender Handwerker eben denkt. Ein Gewehr wäre aufgefallen, also lieber eine Pistole. Aber abgesehen von der Tatsache, dass Elser keine Pistole hatte und auch kein Geld für den Kauf einer Pistole gehabt hätte, wird er sich gedacht haben: Spätestens nach dem ersten Schuss auf Hitler wird dessen Leibwache auf mich feuern. Zu je einem weiteren Schuss auf Göring, Goebbels und vielleicht Himmler würde ich nicht mehr kommen, also scheidet die Pistole ebenfalls aus. Die drei oder vier Köpfe müssen auf einen Schlag getötet werden und das geht nur mit einer Bombe.

Das Problem war nur: Eine Bombe hatte Elser erst recht nicht, und selbst wenn er Geld gehabt hätte, hätte er nicht gewusst, wo man Bomben kaufen kann. Dieses Problem aber war für ihn lösbar und die Lösung bestand aus zwei Teilen: Der erste Teil lag in seiner Person. Elser war einer jener ehrgeizigen schwäbischen Tüftler, die in ein paar herumliegenden Alteisen-Trümmern die Herausforderung sehen, daraus eine Dampflok zu bauen, und sie dann auch tatsächlich bauen.

Der zweite Teil der Lösung hatte mit dem Umstand zu tun, dass Elser seit 1936 als Hilfsarbeiter in der Armaturenfabrik Waldenmaier in Heidenheim arbeitete, zunächst als Gussputzer, später als Prüfer in der Versandabteilung und im Materialeingang. Die Heidenheimer Armaturenfabrik stellte nicht nur Armaturen her, sondern auch Rüstungsgüter. Dadurch hatte Elser Zugang zu Sprengstoff. Davon klaute er einfach regelmäßig so kleine Mengen, dass der Diebstahl nicht auffiel. Auch einige Zünder konnte er beschaffen.

Im Laufe der Zeit hortete er rund 250 Presspulverstücke und versteckte sie zu Hause im Kleiderschrank. Im April 1939 verließ er die Armaturenfabrik und arbeitete in Königsbronn in einem Steinbruch. Auch das war effektiv, denn dort holte man das Gestein mit Sprengstoff aus der Erde. Elser konnte mehr als 100 Sprengpatronen und über 125 Sprengkapseln entwenden. Damit hatte er genug beisammen, um die Decke eines großen Wirtshaussaals zum Einsturz zu bringen, und auch für einige Zündversuche im Obstgarten seiner Eltern reichte der Stoff. Mit zwei Uhrwerken baute er einen Zeitzünder. Elser hatte nun alles, was er für seine Bombe brauchte.

Was er noch nicht hatte, war ein Plan für die Ausführung des Attentats. Wie und wo sollte er die Bombe im Bürgerbräukeller unbemerkt anbringen und wohin sollte er gehen nach getaner Arbeit? Die nahe Schweiz kam ihm in den Sinn, deshalb erkundete er seine Fluchtmöglichkeiten, sah sich die Grenze an, und überlegte, wie er zu Fuß aus Deutschland in die Schweiz fliehen könnte. Das dürfte kein Problem sein, dachte er.

Viel schwieriger würde es sein, die Bombe in den Bürgerbräukeller zu kriegen. Im April 1939 fuhr Elser daher wieder nach München, prüfte den Wirtshaussaal, überlegte, wo Hitler reden würde, und wo seine Getreuen säßen, guckte sich eine Säule aus, in die er den Sprengsatz einbauen wollte, und dachte über die Frage nach, wie er diese Säule unbemerkt präparieren könnte. Er versuchte, eine Anstellung als Kellner im Wirtshaus zu erhalten, bekam sie aber nicht. Er fuhr wieder nach Hause, machte seine Sprengversuche, bis er sich im Sommer 1939 entschloss, ganz nach München zu gehen.

Ende August zieht er um, am 1. September findet er eine Wohnung in der Schwabinger Türkenstraße, bei Karl und Rosa Lehmann. Tagsüber arbeitet er nun gelegentlich für einige Handwerker, abends wird er ein ganz besonderer Stammgast des Bürgerbräukellers: Er trinkt dort in Ruhe sein Bier, wartet den Lokalschluss ab, und versteckt sich kurz davor auf der Galerie des Saales, um sich unbemerkt dort einschließen zu lassen und zu warten, bis alles ruhig und das letzte Licht gelöscht ist. Dann macht er sich an seine Arbeit. Mit einfachen Werkzeugen meißelt er in mehr als 30 Nächten zwischen September und November einen Hohlraum in die Säule, vor der das Rednerpult stehen wird.

Er fängt den Schutt in einem selbst gefertigten Sack auf, sammelt das Ganze in einem Karton und beseitigt es tagsüber unter den Augen der Kellnerinnen. Wenn der Karton »voll war, bin ich um die Mittagszeit mit einem Handkoffer von der Kellerstraße aus durch den rückwärtigen Eingang in den Saal gegangen, begab mich in mein Versteck und schüttete den Inhalt des Kartons in den Koffer. Dann verließ ich mit dem Koffer den Saal auf dem gleichen Weg und begab mich damit zu Fuß in die Anlagen hinter dem Volksbad, wo ich im Hochwasserbett der Isar bei dem dort befindlichen Schutthaufen den Koffer entleerte. (…) Auf diese Weise habe ich ungefähr zwei- bis dreimal den durch meine Arbeit anfallenden Schutt aus dem Bürgerbräu gebracht«, erzählte Elser später den Gestapo-Beamten, die ihn vernahmen.

Ende Oktober ist er fertig. In der Nacht vom 2. auf den 3. November baut er die Bombe in die Säule ein und füllt den restlichen Hohlraum mit Sprengstoff und Pulver. Den Zünder bringt er in der Nacht vom 5. auf den 6. November an. Am Morgen des 6. November stellt er beide Uhrwerke auf den Abend des 8. November ein. Nach einer letzten Überprüfung des Uhrwerks verlässt Georg Elser München am 8. November in Richtung Schweiz.

Alles läuft planmäßig. Ab 19 Uhr füllt sich im Bürgerbräukeller der Saal, Hitler und seine Getreuen marschieren ein, Hitler geht ans Rednerpult und beginnt seine Rede. Während er spricht, ist Elser schon nicht mehr in München. In einer Säule in unmittelbarer Nähe Hitlers steckt die Bombe, tickt die Uhr. Planmäßig explodiert die Bombe.

Hitlers Rednerpult lag danach unter einem meterhohen Schutthaufen begraben. Die Explosion zerstörte die Säule hinter dem Podium, verwüstete den ganzen Saal, und die gesamte Saaldecke stürzte ein. Sieben »alte Kämpfer« und eine Kellnerin starben, es gab viele Verletzte, die genaue Zahl ist unbekannt, man spricht von sechzig. Nur Hitler ist nicht unter den Toten und Verletzten. Auch Goebbels, Göring, Himmler nicht. Alle überlebten den Anschlag, und das verdankten sie einem dummen Zufall, den einzuplanen Elser vergessen hatte: schlechtem Wetter.

Hitler und seine Getreuen konnten deshalb nicht mit dem Flugzeug nach Berlin zurück, wie es geplant war, sondern mussten den Zug nehmen. Daher beendete Hitler seine Rede früher als sonst und verließ den Saal 13 Minuten vor der Explosion, in Begleitung der Herren Goebbels, Göring, Himmler. Alle waren sie da, alle hätten sie tot sein können, aber nun saßen sie mit Hitler im Zug und waren unterwegs nach Berlin. Wegen dreizehn Minuten. Dreizehn lange, schicksalsschwangere Minuten.

Hat es je vorher und nachher in der Weltgeschichte an so wenigen Minuten gefehlt, um alles zu wenden, 55 bis 60 Millionen Menschenleben zu retten, Hunderte von Städten vor dem Versinken in Schutt und Asche zu bewahren? Man fragt sich unwillkürlich: Warum? Warum hatte Elser den Zünder nicht auf 21 Uhr gestellt? Warum ließ er die Bombe so spät explodieren? Hatte der Teufel die Hand im Spiel? Geschah es etwa gar im Einverständnis mit dem Willen Gottes? Oder beweist das alles nur, dass Geschichte zufällig, sinnlos, ziellos ist und von keiner waltenden Hand Gottes, keiner geheimen List der Vernunft gesteuert wird? Wir wissen es nicht.

Wir wissen nur: Was Dutzenden von Generalstabsoffizieren und einem Netzwerk ziviler Verschwörer in den Folgejahren nie gelingen wollte, gelang diesem Schreinergesellen ganz allein und innerhalb eines Jahres. Alles lief nach Plan. Wenn an jenem Tag schönes Wetter gewesen wäre, hätte die Weltgeschichte einen völlig anderen Verlauf genommen.

Stattdessen schlug die Geschichte die katastrophale Richtung ein, die wir kennen. Sofort nach dem Anschlag begann die Fahndung. Die Polizei löste Großalarm aus, setzte eine hohe Belohnung für die Ergreifung der Täter aus. »Der Täter« – dass es sich dabei um die Tat eines Einzelnen, noch dazu um die eines einfachen Handwerkers handeln könnte, auf diese Idee kam niemand, das wollte auch lange danach noch kaum einer glauben.

Der einsame Täter war am 8. November nach Konstanz gefahren, um dort illegal die Grenze zur Schweiz zu passieren. Das misslang. Noch bevor seine Bombe in München explodiert, wird Georg Elser um etwa 20.45 Uhr von einer deutschen Zollstreife festgenommen und der Grenzpolizei übergeben. Er trägt eine Ansichtskarte des Bürgerbräukellers, ein Abzeichen des *Roten Frontkämpferbundes*, Aufzeichnungen über Rüstungsfertigungen sowie einige Teile des Zeitzünders bei sich: Dokumente, die ihm in der Schweiz helfen sollten, seine Opposition gegen den Nationalsozialismus und seine Urheberschaft des Attentats zu beweisen. Davon versprach er sich das Wohlwollen der Schweizer Behörden und einen Schutz vor Auslieferung nach Deutschland. Doch jetzt, bei seiner Festnahme von deutschen Grenzern, werden ihm diese Dokumente zum Verhängnis. Die Behörden brauchen nicht lange, um einen Zusammenhang zwischen ihm und dem Attentat herzustellen.

Bald darauf wird Elser nach München gebracht und dort von der Gestapo verhört und gefoltert. In der Nacht vom 13. auf den 14. November 1939 gesteht er seine Alleintäterschaft. Obwohl er jede Frage beantworten und zu jedem Detail etwas sagen kann, glaubt man ihm nicht, dass er alles allein gemacht hat, will aus ihm die Namen von Hintermännern herauspressen. Hitler selbst vermutet hinter dem Anschlag den britischen Geheimdienst.

Auch viele der Regimegegner glauben nicht an den schwäbischen Handwerkergesellen, wollen in ihm allenfalls ein Werkzeug des englischen Geheimdienstes sehen oder, noch schlimmer, einen Gehilfen Hitlers, der in dessen Auftrag das Attentat nur inszeniert hat, um auf diese Weise den Mythos von Hitlers Unverletzbarkeit und seiner angeblichen Begünstigung durch die »Vorsehung« zu stärken.

Andere Angehörige der deutschen Opposition und auch die meisten englischen und amerikanischen Zeitungen halten den Anschlag für eine Provokation der Gestapo und fühlen sich an den Brandanschlag auf das Reichstagsgebäude vom 27. Februar 1933 erinnert, von dem ebenfalls viele dachten, die Nationalsozialisten selbst seien die Brandstifter gewesen. Der Brand damals hatte ihnen als Anlass und Rechtfertigung gedient, um rücksichtslos gegen innenpolitische Gegner vorzugehen. Mit dem Münchner Anschlag hätten die Nazis einen weiteren solchen Anlass schaffen wollen, spekulierten die deutschen Oppositionellen, wie auch ausländische Zeitungen.

Für Georg Elser jedoch begann das Martyrium, Verhöre, Folter, ein jahrelanger Weg durch die Gefängnisse, in das Konzentrationslager Sachsenhausen und schließlich in das Konzentrationslager Dachau, wo er am 9. April 1945 erschossen wurde. Es ist derselbe Tag, an dem Dietrich Bonhoeffer und eine Reihe weiterer Verschwörer in anderen Konzentrationslagern ermordet wurden. Vier Wochen später war der Krieg zu Ende, den Elser verhindert hätte, wenn seine Bombe eine Viertelstunde früher explodiert wäre.

Die Familie Georg Elsers erfuhr lange nichts über sein weiteres Schicksal, auch nach Kriegsende nicht. Erst 1950 wurde er für tot erklärt.

Das Gerücht, Elser sei ein »Werkzeug« der NS-Führung gewesen, überdauerte den Krieg. Seine Mutter Maria Elser musste sich bis zu ihrem Tod 1960 immer wieder gegen dieses Gerücht zur Wehr setzen. Sie erhielt keinerlei Entschädigung für die Ermordung ihres Sohnes, während die Witwen der Nazi-Schergen unbehelligt alt werden durften und mit üppigen Pensionen vom Staat versorgt wurden. Die späte Ehrung Elsers als Widerstandskämpfer hat seine Mutter nicht mehr erlebt.

Überhaupt erinnerten sich die Deutschen erst spät ihrer wirklichen Patrioten, anfänglich ohne Dankbarkeit, ohne von dem Gefühl getragen zu sein, sie wenigstens nachträglich zu Ehren kommen zu lassen. Später wuchs dann so etwas wie eine etwas widerwillige Bereitschaft, sich mit den Männern und Frauen des Widerstands auseinanderzusetzen, und allmählich setzte sich die Erkenntnis durch, dass die gesamte deutsche Nation für Menschen wie Dietrich Bonhoeffer, Graf Stauffenberg oder den Geschwistern Scholl doch dankbar und froh sein müsste.

Georg Elser hat lange im Schatten dieser Ikonen des Widerstands gestanden. Dabei war er einer der Ersten und Entschlossensten. Aber das entdeckt die Forschung erst seit den Achtziger- und Neunzigerjahren, und vieles, was im Zusammenhang mit seiner Tat steht, ist noch gar nicht erforscht.

Im November 1939, kurz nach seiner Festnahme, hatte Georg Elser im Rahmen einer polizeilichen Gegenüberstellung seine Mutter und seine Schwester Marie ein letztes Mal gesehen. Unter Schluchzen fragte die Mutter: »Georg, warum hast du das getan?« Und er antwortete: »Mutter, ich habe den Krieg verhindern wollen.«

Sophie Scholl
Wir schweigen nicht

* 1921 in Forchtenberg ✿ Aufgewachsen in Ludwigsburg und Ulm ✿ Beitritt zum *Bund deutscher Mädel* (BDM) ✿ 1940 beginnt sie eine Lehre zur Kindergärtnerin ✿ 1940 und 1941 Reichsarbeitsdienst in Krauchenwies und Kriegshilfedienst ✿ 1942 Beginn des Studiums der Biologie und Philosophie in München ✿ Kontakt mit der Widerstandsgruppe *Die Weiße Rose* ✿ 18. Februar 1943 Hans und Sophie Scholl verteilen das sechste Flugblatt an der Universität München ✿ Die Gestapo verhaftet daraufhin die Geschwister Scholl und Christoph Probst ✿ 22. Februar 1943 Prozess vor dem Volksgerichtshof unter dem Vorsitz von Roland Freisler ✿ Verurteilung zum Tod, am selben Tag Hinrichtung im Gefängnis München-Stadelheim

Es war am 8. Mai 1942 in Ulm. Sophie Scholl, eine junge, intelligente und lebenslustige Frau war im Aufbruch und im Reisefieber, packte voller Vorfreude ihre Koffer und konnte den nächsten Tag kaum erwarten. Der bedeutete für sie den Schritt hinaus in die Welt. Mit dem Zug würde sie von Ulm nach München reisen und dort mit ihrem Bruder Hans und dessen Freunden ihren 21. Geburtstag feiern. Und bleiben, um in München Philosophie und Biologie zu studieren.

Ein neuer, aufregender Lebensabschnitt sollte beginnen: Verlassen des Elternhauses, Erwachsenwerden, auf eigenen Füßen stehen, reisen, vielleicht heiraten, eine Familie gründen – aber vorher war die große Freiheit angesagt,

Studentenleben in München, neue Freunde, neue Eindrücke, neue Herausforderungen.

Was wird die Zukunft für mich bringen? Mit dieser Frage und der ganzen in dieser Frage enthaltenen Neugier einer 21-Jährigen auf ihr kommendes Leben verabschiedete sie sich an ihrem Geburtstag von ihrer Familie, einerseits wehmütig, andererseits euphorisch, und in dem Wissen, dass zwischen München und Ulm ja nur zwei Stunden Bahnfahrt liegen.

»Ich sehe sie noch vor mir, meine Schwester, wie sie am nächsten Morgen dastand, reisefertig und voll Erwartung«, beschrieb Jahre später Inge Aicher-Scholl diesen Abschied. »Eine gelbe Margerite vom Geburtstagstisch steckte an ihrer Schläfe, und es sah schön aus, wie ihr so die dunkelbraunen Haare glatt und glänzend auf die Schulter fielen. Aus ihren großen dunklen Augen sah sie sich die Welt an, prüfend und doch mit einer lebhaften Teilnahme. Ihr Gesicht war noch sehr kindlich und zart.«

Wie wird sich die Person zu diesem kindlich-zarten Gesicht im Laufe der Jahre entwickeln und es verändern? Wo und wie wird sie ihren 25., 30., 40. Geburtstag feiern? Das haben sich vielleicht die Eltern gefragt, weil sich das alle Eltern fragen, deren Kinder ihr Haus verlassen.

Es gab keinen 25. Geburtstag. Es gab nicht einmal mehr einen 22. Geburtstag für Sophie Scholl.

Ungefähr ein dreiviertel Jahr nach ihrer Ankunft in München, am 22. Februar 1943, stand sie dort als Angeklagte vor Gericht. Ihr Verbrechen: Verteilung von Flugblättern. Ihr Urteil: Tod durch das Beil. Ihr Richter: Roland Freisler, Präsident des Volksgerichtshofes, der Blutrichter, der im Namen Hitlers in seiner zweieinhalbjährigen Amtszeit 2500 Menschen hinrichten ließ. Das ist fast die Hälfte der insgesamt 5243 vom Volksgerichtshof gefällten Todesurteile. Eines dieser Urteile erging nun gegen Sophie Scholl. Noch am selben Tag sauste das Fallbeil auf ihren Hals.

Auch ihr Bruder Hans und ihr Freund Christoph Probst wurden wegen desselben »Verbrechens« mit dem Fallbeil enthauptet. Etwas später widerfuhr dieses Schicksal drei weiteren Verfassern und Verteilern von Flugblättern: Kurt Huber, Willi Graf und Alexander Schmorell.

Die Welt war aus den Fugen geraten in jener Zeit. Derjenige, der Recht sprechen sollte, saß oben in der Robe des Richters, sprach brüllend und tobend Unrecht und war ein Verbrecher. Diejenigen, die niemals hätten angeklagt werden dürfen, weil sie für das Recht kämpften, standen unten, wurden des Verbrechens bezichtigt, schuldig gesprochen und ermordet.

Unschuldige im Namen des Volkes zu ermorden, war legal, weil gesetzlich geregelt, also juristisch einwandfrei. Auf diese Legalität des staatlichen Mordens haben sich noch Jahrzehnte nach dem Ende der Hitlerherrschaft jene Juristen berufen, die damals, wie Freisler, solche Urteile verkündet hatten. Die meisten von ihnen kamen damit durch, wurden in der Regel noch nicht einmal zur Rechenschaft gezogen, denn dazu hätte man Staatsanwälte gebraucht, die anklagen, und Richter, die verurteilen. Das heißt aber, man hätte Staatsanwälte und Richter gebraucht, die sich selber anklagen und verurteilen, denn die Juristen, die nach dem Krieg der demokratischen Bundesrepublik dienen sollten, waren zum größten Teil dieselben, die vor dem Krieg Hitler gedient hatten. Das war einer der schweren Konstruktionsfehler des neuen demokratischen Staates namens Bundesrepublik Deutschland.

Gegen die Pervertierung des Rechts durch Hitler und seine Juristen, gegen den staatlich legitimierten Massenmord hatten Sophie Scholl und ihre Freunde von der *Weißen Rose* während eines Aktionszeitraums von knapp zehn Monaten in München aufbegehrt. Mit Flugblättern gegen den Unrechtsstaat wollten sie andere zum Widerstand animieren. Sagt was, tut was, wehrt euch, steht auf, widersteht – das war die Botschaft der Flugblätter, die in München, aber auch in anderen Großstädten, zwischen Juni 1942 und Februar 1943 verteilt wurden und bis nach England gelangten. Die Blätter waren schmucklos, ohne Bild, mit der Maschine getippt und vervielfältigt und trugen die Überschrift *Flugblätter der Weißen Rose*.

Noch war kein Flugblatt geschrieben, als Sophie aus Ulm im Münchener Hauptbahnhof von ihrem Bruder Hans herzlich umarmt wurde. Noch am selben Abend sollte sie dessen Freunde kennenlernen. Schnell wurde ihr klar, dass diese sich mitten in einem aufregenden Diskussionsprozess befanden, an dem sie von der ersten Minute an lebhaft Anteil nahm. Sie diskutierte engagiert mit und wurde von den jungen Männern als ebenbürtige Gesprächspartnerin ernst genommen und integriert, obwohl sie die einzige Frau des Kreises war, noch dazu die Jüngste. Das war für die damalige Zeit keineswegs selbstverständlich, zeigt aber, wie liberal, offen, fortschrittlich in diesem Kreis ungewöhnlicher junger Deutscher gedacht und gehandelt wurde.

Das Zentrum des Freundeskreises bildeten Hans Scholl und Alexander Schmorell, zwei Medizinstudenten, 24 und 25 Jahre alt. In enger Verbindung zu den beiden standen neben Sophie zwei weitere Medizinstudenten: Christoph Probst und Willi Graf. Um diesen Kern gruppierten sich rund ein Dutzend weiterer Studenten, Studentinnen, Gelehrte, Journalisten, Architekten, Maler, Schriftsteller – eine bunt gemischte Gesellschaft, die sich zwanglos in mehr oder weniger regelmäßigen Abständen im Atelier des Architekten Manfred Eickemeyer in einem Garten in der Franz-Joseph-Straße traf, um sich zu unterhalten, aus verbotenen Büchern zu lesen, über die aktuelle politische Lage zu diskutieren.

Es waren freiheitsliebende, kritische, wache Menschen, von denen viele schon die eine oder andere Kollision mit dem Regime hinter sich hatten, ehe sie in München zusammenfanden und entdeckten, dass sie nicht allein sind, dass es andere gibt, Gleichgesinnte, die ähnlich denken und empfinden wie man selbst. Aus dem Glück, nicht mehr allein zu sein, wuchs gemeinsame Stärke, aus der Stärke wurde Mut.

So ist es eigentlich immer. Man wird selten als mutiger Mensch geboren. Eher ist es so, dass man durch Herkunft und Erziehung sensibel für Unrecht wird – und in der Regel zunächst schweigt, wenn man Unrecht sieht. Man registriert es, macht sich im Stillen seine Gedanken und irgendwann spricht man mit einigen wenigen, denen man vertraut, darüber, mit den Eltern, Geschwistern, den engsten Freunden. Dann traut man sich, im weiteren Umfeld darüber zu sprechen, und entdeckt, dass andere ähnlich empfinden, gewinnt diese als Verbündete, spricht erstmals öffentlich das Unrecht an. Man gewinnt weitere Verbündete und so bauen sich allmählich Mut und der Wille zum Widerstand auf.

So wuchs auch in Sophie Scholls Münchener Freundeskreis der Wille zum Widerstand. Irgendwann, nach vielen Gesprächen und langen Diskussionen, sprach einer aus, dass es nicht hilft, immer nur zu reden und sich untereinander einig zu sein, dass Hitler ein Verbrecher und der Nationalsozialismus eine Katastrophe ist. Das reicht nicht. Man muss etwas tun.

Aber was?

Die junge Kleinstgruppe entwickelte eine, aus der Rückschau betrachtet, typisch jugendlich-optimistische, idealistisch-naive Idee: Durch Aufrufe und Flugblätter wollten sie den Deutschen ins Gewissen reden und sie zum Widerstand gegen Hitler anstacheln. Eine Handvoll Münchener Studenten wollte ein Millionen-Volk wachrütteln, umdrehen, zum Aufstand überreden. Eine kleine machtlose Truppe wollte eine Macht brechen, deren Truppen von Frankreich bis Russland und von Skandinavien bis Afrika die halbe Welt erobert hatte – wie sollte das gehen? Mit Papier gegen Panzer kämpfen, mit Kampfschriften gegen Kampfflieger, mit bloßen Worten Hitler und seinen Armeen Einhalt gebieten?

Sie glaubten ans Schneeballprinzip, an eine Kettenreaktion. Ein paar Hundert Briefe und Flugblätter unter Studenten und Münchener Bürger verteilt, verbunden mit der Bitte, die Briefe abzutippen und weiterzuverbreiten, so könnte es gehen, dachten sie. So muss es gehen – es war von Anfang an eine verrückte, zum Scheitern verurteilte Idee.

Und doch war es gut, dass sie es probiert haben, war es für uns alle ein Glück, dass sie sich von solch »erwachsenen« Bedenken nicht daran hindern ließen, ihr Experiment zu wagen. Noch heute müssen wir ihnen dafür dankbar sein. Sie und all die anderen, die es auch versucht hatten und auch gescheitert sind, waren der Beweis, dass es neben dem übergroßen, furchterregenden, verabscheuungswürdigen Nazi-Deutschland auch noch ein anderes, wenn auch viel kleineres, liebenswertes, bewunderungswürdiges Deutschland gegeben hat. Dafür sind sie gestorben.

Alles, was die Münchener Studenten für ihr Vorhaben brauchten, waren Kuverts, Papier, eine Schreibmaschine, einen Vervielfältigungsapparat und natürlich ein bisschen Geld für Briefmarken und Matrizen – es gab noch keine Kopierer. Alexander Schmorell war der mit dem meisten Taschengeld. Er besorgte alles. Im Atelier des Architekten Eickemeyer begannen Hans Scholl, Alexander Schmorell und Christoph Probst am 27. Juni, ihr erstes Flugblatt zu schreiben und zu vervielfältigen.

Ob Sophie Scholl zu diesem Zeitpunkt schon mit dabei war, wissen wir nicht. Alexander, Christoph und Hans waren darauf bedacht, möglichst wenige Mitwisser zu haben. Jeder, der etwas erfahren und nicht sofort zur Polizei gegangen wäre, hätte sich strafbar gemacht. So standen die drei nun vor der Frage: Was tun mit Sophie? Aus der ganzen Sache heraushalten? Sie einbeziehen? Will sie das überhaupt? Wo steht sie geistig und politisch?

Sie war einmal aus echter Begeisterung und Überzeugung in der *Hitlerjugend* und im *Bund Deutscher Mädel*, aber das war ihr Bruder Hans auch. Beide

Geschwister wurden rasch ernüchtert, als sie merkten, wie rigide ihre Freiheiten beschnitten wurden: dass sie nicht einmal mehr Lieder anderer Völker in fremden Sprachen singen oder eigenmächtig Fahrten organisieren durften, dafür aber militärisch gedrillt wurden. Die Phase der Begeisterung für die Nazis dauerte daher bei beiden Geschwistern nur kurz und bei Hans war nun Widerstand daraus geworden, gefährlicher Widerstand. Durfte er da seine Schwester mit hineinziehen, selbst wenn sie gewollt hätte?

Die Frage erübrigte sich. Sophie bekam schnell mit, was da lief, und wollte mitmachen. Sie ließ sich nicht heraushalten und Hans, der seine Schwester kannte, wusste, dass es auf Dauer zwecklos sein würde, sie daran zu hindern. Auch sie lehnte das Regime ab, auch sie war gegen den Krieg, auch sie war leidenschaftlich dafür, etwas gegen die Nazi-Herrschaft zu unternehmen. Daher gilt es als wahrscheinlich, dass Sophie bei der zweiten, spätestens bei der dritten Flugblattaktion dabei war.

Flugblätter der Weißen Rose – so waren die Aufrufe überschrieben, die nun tatsächlich durch ganz Deutschland die Runde machten und ihren Weg bis nach England fanden. Warum *Weiße Rose*? Wir wissen es nicht, wie manches andere auch nicht. Alle Unternehmungen der Widerstandsgruppe mussten unter strenger Geheimhaltung und Verschwiegenheit gemacht werden und dieser Zwang könnte ein Grund für die Wahl des Namens gewesen sein, denn die Rose gilt seit den Römern als Sinnbild der Verschwiegenheit. Hing bei einem römischen Gastmahl eine Rose von der Decke, so verpflichtete das die Gäste zu Stillschweigen. Sie durften hinterher niemandem erzählen, was besprochen wurde.

Hans Scholl soll nach seiner Verhaftung zu Protokoll gegeben haben, der Name sei willkürlich gewählt. Er sei ihm wahrscheinlich eingefallen, nachdem er von Clemens Brentano dessen »Romanzen vom Rosenkranz« gelesen habe. Darin gibt es die Figur der Rosablanka. Ob das so stimmt, ist unklar, denn es kann sein, dass Hans Scholl diese Version nur erfunden hat, um seine Motive zu verschleiern und die anderen Mitglieder zu schützen.

Eine andere Vermutung bezieht sich auf ein Buch mit dem Titel *Die weiße Rose* von einem Autor mit dem Pseudonym B. Traven, den Hans Scholl vermutlich kannte und schätzte. In dem Roman geht es um mexikanische Farmer, die sich gegen räuberische Praktiken von Managern eines Ölkonzerns wehren.

Inge Aicher-Scholl selbst steuert die Vermutung bei, dass sich die Mitglieder der *Weißen Rose* als »unbeschriebene und anonyme Blätter«, vielleicht auch als unschuldig und jungfräulich beschreiben wollten, um den Empfängern ihrer Flugblätter die Furcht zu nehmen, in eine gefährliche Organisation verstrickt zu sein. Wenn das wirklich die Absicht gewesen sein sollte, so hat sie nicht in jedem Fall funktioniert.

Rund hundert Stück ihres ersten Flugblatts schickten sie mit der Post an sorgfältig ausgewählte Schriftsteller, Professoren, Buchhändler aus München und Umgebung, aber auch an Freunde, Studienkolleginnen und Studienkollegen, von denen sie sich den größten Verbreitungseffekt erhofften. Dieser erste Versuch, etwas zu ändern, beginnt mit dem Satz: »Nichts ist eines Kulturvolkes unwürdiger, als sich ohne Widerstand von einer verantwortungslosen und dunklen Trieben ergebenen Herrscherclique regieren zu lassen.«

Dann appellieren sie mit großem Pathos an das Verantwortungsgefühl jedes Einzelnen, erinnern an die vom Nazi-Regime in den Staub getretene Würde, Freiheit und Individualität jedes Einzelnen, zitieren Goethe, Schiller und lassen diese Berufung auf den ganzen christlich-abendländischen Bildungskanon in die Aufforderung münden, sich zu wehren: »Leistet passiven Widerstand – Widerstand –, wo immer Ihr auch seid, verhindert das Weiterlaufen dieser atheistischen Kriegsmaschine, ehe es zu spät ist, ehe die letzten Städte ein Trümmerhaufen sind, gleich Köln, und ehe die letzte Jugend des Volkes irgendwo für die Hybris eines Untermenschen verblutet ist.«

Am Ende bitten sie, »dieses Blatt mit möglichst vielen Durchschlägen abzuschreiben und weiterzuverteilen!«.

Das war für die Empfänger in München und Umgebung eine Sensation, denn im ganzen Land hatte schon lange niemand mehr gewagt, solch verbotene Gedanken öffentlich auszusprechen. Jetzt hätte breiter Widerstand entstehen können. Wenn jetzt jeder der hundert Angeschriebenen zwei Kopien davon weitergeschickt hätte, wären weitere zweihundert Adressaten erreicht worden. Wenn diese ebenfalls mitgemacht hätten, wären es in der nächsten Runde weitere vierhundert, in der dritten weitere achthundert gewesen. Theoretisch hätten 19 Durchläufe genügt, um praktisch jeden Deutschen mit einem Flugblatt zu erreichen. Schon nach 15 Durchläufen wäre eine genügend hohe Zahl erwachsener Deutscher erreicht worden, die als kritische Masse genügt hätten, um ein Regime zu stürzen, das bereits an allen Fronten kämpfte. Fünf Prozent der Deutschen, das wären damals ungefähr drei Millionen gewesen. Um drei Millionen zu erreichen, hätten fünfzehn Durchläufe genügt. Und zehn hätten genügt, wenn jeder statt zwei Durchschlägen drei gemacht und verschickt hätte.

Hätte, wäre ... – die Realität war eine andere. Schon von den ersten hundert Angeschriebenen erfüllte ein nicht geringer Teil seine »gesetzliche Pflicht« und rannte mit dem Flugblatt zur Polizei. Andere ließen es schnell irgendwo verschwinden und redeten nicht mehr darüber. Nur wenige sagten: Endlich regt sich was, endlich haben ein paar Leute den Anfang gemacht, da mache ich mit.

Die Mitglieder der *Weißen Rose* ließen sich von der geringen Resonanz nicht entmutigen. Sie schrieben das zweite, dritte und vierte Flugblatt. Jedes dieser Blätter war, gemessen an dem großen Ziel, wirkungslos. Aber auch für diese Flugblätter müssen wir dankbar sein, räumen sie doch mit der Legende auf, die noch Jahrzehnte nach dem Krieg als Entschuldigung fürs Nichtstun und Mitläufertum herhalten musste: »Wir haben ja nichts gewusst.«

Schon im zweiten Flugblatt, das im Sommer 1942 erschien, benennt die *Weiße Rose* die »Tatsache, daß seit der Eroberung Polens dreihunderttausend Juden in diesem Land auf bestialischste Art ermordet worden sind. (...) Alle männlichen Sprößlinge aus adeligen Geschlechtern zwischen 15 und 20 Jahren wurden in Konzentrationslager nach Deutschland zur Zwangsarbeit, alle Mädchen gleichen Alters nach Norwegen in die Bordelle der SS verschleppt!«

Warum haben diese Münchener Studenten gewusst, was zu jenem Zeitpunkt angeblich noch niemand wissen konnte? Weil sie es wissen wollten. Weil sie sich aktiv um Information bemühten. Sie befragten Soldaten, die aus Polen zurückkamen, Bekannte, Verwandte und Freunde, die etwas wussten oder gehört hatten. Sie sammelten Informationen und machten sich daraus ein Bild von der Wirklichkeit, von der die meisten ihrer Mitbürger nichts wissen wollten.

Man musste nicht in Polen gewesen sein, um zu sehen, wie mit Juden verfahren wurde. Seit der Reichspogromnacht, also seit 1938, konnte man wissen, dass Juden zu Freiwild geworden waren in diesem Land. Ab September 1939 wurden die Juden im besetzten Polen zum Tragen des Judensterns verpflichtet. Ab dem 19. September 1941 war auch Fragen nicht mehr nötig, denn nun mussten die Juden im ganzen Deutschen Reich öffentlich jenes Zeichen tragen, das sie als Angehörige einer »minderwertigen Rasse« kennzeichnete. Die soziale Ausgrenzung, Diskriminierung und Demütigung einer ganzen Bevölkerungsgruppe war nun für jedermann sichtbar.

Und sichtbar war auch, dass diese Gruppe plötzlich unsichtbar wurde. Von einem Tag auf den anderen verschwanden ganze Familien aus Häusern und Wohnungen, in denen sie jahrelang gewohnt hatten. Drängt sich da nicht automatisch die Frage auf: Wo sind sie? Was ist mit ihnen geschehen?

Die wenigen, die sich zu fragen trauten, begnügten sich mit der Antwort »Arbeitslager«. Arbeitslager, nun ja, das wird dann so schlimm schon nicht sein. Die Mehrheit jedoch, die gar nicht erst fragte, hatte ausdrücklich kein Interesse an der Antwort und konnte deshalb nach dem Krieg sagen, leider überhaupt nichts gewusst zu haben und darum auch nicht schuld am Judenmord zu sein. Manche derer, die nichts wussten und sich später an nichts mehr erinnern konnten, sind in die leer stehenden Judenwohnungen eingedrungen und haben sich dort bedient. Andere, Parteigenossen und Nazigrößen, eigneten sich jüdischen Besitz ganz legal in großem Stil an und nannten den Diebstahl vornehm »Arisierung«. Daran konnten sie sich nach dem Krieg auch nicht mehr so richtig erinnern, man wusste ja nichts, man war ja von Hitler verführt und ausgenutzt worden, war Opfer.

Die *Flugblätter der Weißen Rose* erzählen etwas anderes. Und deshalb, um der Wahrheit willen, war es gut, dass die kleine idealistische Studentengruppe ihr Vorhaben in die Tat umgesetzt hat. »Wir schweigen nicht, wir sind Euer böses Gewissen, die *Weiße Rose* lässt Euch keine Ruhe«, hieß es im vierten Flugblatt. Die Mitschuld jener Deutschen, die still Unrecht ertrugen, anstatt es zu bekämpfen, wurde klar angesprochen.

»Was hätten wir denn tun sollen, man konnte doch nichts machen« war ein nach dem Krieg oft gehörter Satz derer, die nichts getan hatten. Die Antwort auf diesen gern genommenen Satz steht schon im dritten Flugblatt: »Sabotage in Rüstungs- und kriegswichtigen Betrieben, Sabotage in allen Versammlungen, Kundgebungen, Festlichkeiten, Organisationen, die durch die nationalsozialistische Partei ins Leben gerufen werden. Verhinderung des reibungslosen Ablaufs der Kriegsmaschine (...). Sabotage auf allen wissenschaftlichen und geistigen Gebieten, die für eine Fortführung des gegenwärtigen Krieges tätig sind – sei es in Universitäten, Hochschulen, Laboratorien, Forschungsanstalten, technischen Büros. Sabotage in allen Veranstaltungen kultureller Art, die das ›Ansehen‹ der Faschisten im Volke heben könnten. Sabotage in allen Zweigen der bildenden Künste, die nur im geringsten im Zusammenhang mit dem Nationalsozialismus stehen und ihm dienen. Sabotage in allem Schrifttum, allen Zeitungen, die im Solde der ›Regierung‹ stehen, für ihre Ideen, für die Verbreitung der braunen Lüge kämpfen. Opfert nicht einen Pfennig bei Straßensammlungen (...) Gebt nichts für die Metall-, Spinnstoff- und andere Sammlungen. Sucht alle Bekannten auch aus den unteren Volksschichten von der Sinnlosigkeit einer Fortführung, von der Aussichtslosigkeit dieses Krieges, von der geistigen und wirtschaftlichen Versklavung durch den Nationalsozialismus, von der Zerstörung aller sittlichen und religiösen Werte zu überzeugen und zum passiven Widerstand zu veranlassen!«

Ja, es ist eine ganze Menge, was man hätte tun können, wenn man nur halb so viel Mut gehabt hätte wie eine 21-jährige Studentin aus Ulm. Die meisten der später ermordeten Juden waren noch am Leben, als Sophie Scholl ihre Flugblätter verteilte. Die meisten Juden hätten gerettet werden können, wenn das Volk damals den Mumm gehabt hätte, Hitler zu stürzen. Auch sehr viele Soldaten, Zivilisten, Frauen, Kinder hätten den Krieg überlebt, denn sie sind erst während der letzten zehn Kriegsmonate ums Leben gekommen. In diesen letzten Monaten wurden 4,8 Millionen Menschen dahingerafft, mehr als in den fünf Kriegsjahren davor. Die meisten Städte mit ihren Kirchen, Kunstschätzen, Kulturdenkmälern und Prachtbauten wären vor ihrer Zerstörung bewahrt worden, wenn die Deutschen im Jahr 1942 auf diese junge Frau und ihre kleine Münchener Studentengruppe gehört hätten.

Es ist, als ob Sophie und ihre Freunde schon damals geahnt hatten, wie es nach dem verlorenen Krieg weitergehen würde, denn ins vierte Flugblatt schrieben sie vorsorglich hinein, dass all jene, die für die übergroße Schuld und die Verbrechen der Deutschen verantwortlich gewesen sind, nach dem Krieg bestraft werden müssen, auch »die kleinen Schurken dieses Systems, merkt Euch die Namen, auf daß keiner entkomme! Es soll ihnen nicht gelingen, in letzter Minute noch nach diesen Scheußlichkeiten die Fahne zu wechseln und so zu tun, als ob nichts gewesen wäre!«.

Nicht aus Rache verlangten sie die schonungslose Offenlegung von Verantwortlichkeiten und die Bestrafung der Verantwortlichen nach dem Krieg, sondern aus Sorge um die Zukunft, um zu verhindern, dass sich so etwas ein weiteres Mal wiederhole. Aus »Liebe zu kommenden Generationen muß nach Beendigung des Krieges ein Exempel statuiert werden, daß niemand auch nur die geringste Lust je verspüren sollte, Ähnliches aufs neue zu versuchen.«

Nach diesen vier zwischen dem 27. Juni und dem 12. Juli 1942 erschienenen Flugblättern gab es zunächst keine weiteren mehr, was einen einfachen Grund hatte: Hans Scholl und Alexander Schmorell hatten ihre »Front-Famulatur« in Russland zu absolvieren. Sie waren ja Medizinstudenten und noch heute muss jeder Medizinstudent zwischen dem ersten und zweiten Abschnitt der ärztlichen Prüfung ein viermonatiges Praktikum, die sogenannte Famulatur, in einem Krankenhaus oder einer Arztpraxis machen.

Damals, im Krieg, musste dieses Praktikum natürlich in den Lazaretten der Armee geleistet werden. So wurden Hans und Alexander nach Russland abkommandiert. Von Ende Juli bis Anfang November sahen sie nun mit eigenen Augen, wovon sie bisher nur gehört hatten: das Grauen des Krieges, die Toten und Verstümmelten, die allgegenwärtige Brutalität auf beiden Seiten, Vergewaltigungen, Plünderungen, die Bestialität des Krieges. Und sie sperrten Augen und Ohren auf, um noch mehr zu erfahren, von den Verbrechen der Wehrmacht, den willkürlichen Erschießungen von Zivilisten, Frauen, Kindern, von der Behandlung der Russen als »Untermenschen«, und immer wieder von Juden, die zusammengetrieben wurden, um ihr Massengrab auszuheben und anschließend als Erschossene darin verscharrt zu werden.

Als Hans und Alexander im November aus Russland zurückkehrten, wussten sie endgültig, dass Deutschland seinen wahnsinnigen Krieg gegen fast die ganze Welt nicht mehr gewinnen würde. Geahnt hatten sie es schon im März, als die deutsche Armee die Zerstörung Lübecks durch britische Bomber – das erste Flächenbombardement auf eine deutsche Großstadt – nicht mehr verhindern konnte. Bestärkt in dieser Ahnung wurden sie und auch viele andere, als im April aus den USA die Nachricht kam, Präsident Roosevelt wolle Truppen in den Krieg nach Europa senden. Damit war das Schicksal Deutschlands im Grunde besiegelt.

Aber die große Mehrheit der Deutschen wollte das damals noch nicht wahrhaben. Ein zerstörtes Lübeck war für sie noch lange kein Grund, den Krieg verloren zu geben. Dass wenige Monate später Köln zerstört wurde, Briten und Russen sich gegen Deutschland verbündeten, die USA und die Sowjetunion einen Vertrag zur gegenseitigen Waffenhilfe und Zusammenarbeit schlossen, die Bevölkerung bereits unter Lebensmittelknappheit litt, das alles, und vieles, was noch kommen sollte, hat den Wunsch nach einem »Endsieg« nicht zerstören können.

Waren viele auch nicht mehr so begeistert von Hitler wie noch in den Jahren zuvor, hatten auch etliche im weiteren Verlauf immer schärfer erkannt, dass sie einem verbrecherischen Scharlatan gefolgt waren. Von einer Niederlage wollte dennoch die Mehrheit des Volkes nichts wissen, weil es deren Folgen fürchtete. Man wollte nicht schon wieder bestraft werden wegen eines verlorenen Krieges, obwohl ab ungefähr 1943 immer mehr ahnten, dass es sich bei den Parolen vom Endsieg nur noch um bloßes Wunschdenken handelte.

Dieses Wunschdenken eines ganzen Volkes ermöglichte Hitler und dessen Schergen, den Krieg fortzusetzen und, schlimmer noch, mit der im Januar 1942 auf der Wannsee-Konferenz in Berlin beschlossenen systematischen Vernichtung der Juden zu beginnen: Schon im März wird die Mordmaschine in Auschwitz angeworfen. Im Juli beginnt die Deportation der jüdischen Bevölkerung aus Amsterdam ins Vernichtungslager Auschwitz-Birkenau, einen Monat später die Deportation der Juden aus dem Warschauer Getto in das Vernichtungslager Treblinka.

Im Oktober stoppen die Alliierten den Vormarsch des Generals Rommel in Nordafrika. Im November kesseln die Russen Hitlers sechste Armee bei Stalingrad ein. Die Armee ist verloren, müsste eigentlich kapitulieren, aber Hitler befiehlt den Kampf bis zum letzten Mann, verheizt seine Soldaten in einem Krieg, der nicht mehr gewonnen, sondern nur noch unter großen Opfern verlängert werden kann. Berlin wird bereits von britischen Bombern angegriffen und im Februar 1943 ist Hitlers Armee im Kessel von Stalingrad vernichtet.

Von den anfänglich rund 220 000 Soldaten kehrten nur 6000 wieder in ihre Heimat zurück. Die anderen kamen bei den Kampfhandlungen um, erfroren, verhungerten, erlagen ihren Krankheiten oder starben in sowjetischer Kriegsgefangenschaft. Am Ende der Schlacht lagen in den Trümmern von Stalingrad rund 169 000 gefallene deutsche Soldaten und die Kadaver von ca. 52 000 Wehrmachtspferden. Auf russischer Seite war die Zahl der Opfer noch um ein Vielfaches höher. Man schätzt, dass ungefähr eine Million russischer Zivilisten und Soldaten ihr Leben verloren haben.

Stalingrad, dieser Wendepunkt in der deutschen Kriegführung, war auch für die Mitglieder der *Weißen Rose* der Anlass für ein weiteres Flugblatt, das sechste, das am 15. Februar 1943 erschien. Es ähnelte in der Tonlage dem fünften, das am 13. Januar erschienen war. Beide unterschieden sich von den ersten vier dadurch, dass sie politischer wurden, konkreter, selbstbewusster und fordernder.

Das war vermutlich eine Folge der Erlebnisse der beiden Russland-Heimkehrer Hans und Alexander. Diese hatten sich verändert. Und in Russland einen weiteren Verbündeten gewonnen: den 24-jährigen Willi Graf, zu dem sie an der Ostfront einen engen Kontakt entwickelt hatten und der sich nach ihrer Rückkehr in München an ihren Aktionen beteiligte. Außerdem wurde der 49-jährige Musikwissenschaftler und Münchener Professor Kurt Huber für die *Weiße Rose* gewonnen.

Die in München gebliebenen Mitglieder der *Weißen Rose* waren während der Abwesenheit von Hans und Alexander nicht untätig geblieben. Im Gegenteil. Vor allem Sophie sorgte jetzt mit großem Engagement für die weitere Verbreitung der vier Flugblätter, was aber immer mühevoller und immer gefährlicher wurde. Bei jedem der sich häufenden Luftangriffe auf München mussten die Studenten ihre Arbeit unterbrechen und das Vervielfältigungsgerät samt Papier und Matrizen im Keller des Ateliers oder der Buchhandlung Soehngen verstecken und danach alles wieder hochschaffen und funktionsbereit machen.

Sophie besorgte unermüdlich Briefmarken, Kuverts, Matrizen und Papier, und weil die Münchener Gestapo (Geheime Staatspolizei) schon längst aufs Höchste alarmiert war und fieberhaft nach den Urhebern suchte, mussten Sophie und ihre Freunde äußerst vorsichtig und verschwiegen ihr Werk verrichten. Zugleich wuchs aber die Zahl der Mitwisser, weil sich immer mehr Sympathisanten anschlossen und halfen. Das war einerseits erfreulich, andererseits erhöhte es die Gefahr der Entdeckung stark. Sophie musste nun darauf achten, ihr Material in wechselnden Läden zu kaufen, die Briefe nicht immer in denselben Briefkasten zu werfen und nicht immer in München. Kuriere brachten die Flugblätter in andere Städte. Sophie packte sie in ihren Rucksack und pendelte damit zwischen Augsburg, Ulm und Stuttgart.

Die Flugblattaktionen der *Weißen Rose* hatten also Kreise gezogen, als Hans und Alexander wieder in München auftauchten. Während sie in Russland famulierten, hatte sich daheim die Geschichte der *Weißen Rose* in ganz Deutschland verbreitet. Es gab die Blätter jetzt in Berlin, Frankfurt, Freiburg, Hamburg, Saarbrücken, auch in Salzburg und Wien und sogar nach England, Norwegen und Schweden hatten sie ihren Weg gefunden. Und die Münchener Gestapo bildete eine Sonderkommission, aber fand nichts, denn die Studenten waren in den Weihnachtsferien nach Hause gefahren, um dort im Freundes- und Bekanntenkreis weitere Helfer und Mitstreiter zu gewinnen.

Im Januar 1943 nahmen sie ihre Arbeit wieder auf. Willi Graf beschaffte Geld und zog mit Hans und Alexander nachts los, um in München Parolen wie »Nieder mit Hitler!« an Häuserwände zu schreiben. Graf war es auch, der Kontakte zu anderen Widerstandsgruppen knüpfte und für deren Vernetzung warb. So war er im Februar 1943 bei einem Treffen mit Falk Harnack, dessen Bruder Arvid als Kopf der Berliner Widerstandsgruppe *Rote Kapelle* im Dezember 1942 hingerichtet wurde. Wegen der weiten Verbreitung der Flugblätter und der großen Bekanntheit des Namens *Weiße Rose* dachte die Gestapo, es mit einer großen, reichsweit organisierten Untergrund-Organisation zu tun zu haben. Nicht im Traum hatte sie daran gedacht, dass dies das Werk einiger Münchener Studenten gewesen sein könnte.

Am 13. Januar 1943 entsteht das fünfte Flugblatt, an dem auch Kurt Huber mitarbeitet. Die *Weiße Rose* wendet sich nun gegen die Illusion, dass der Krieg noch gewonnen werden könne. Sie wünscht sich sogar die Niederlage herbei und nimmt damit den Gedanken vorweg, dass eine militärische Niederlage als Befreiung verstanden werden muss, als Befreiung von Hitler und dessen nationalsozialistischer Diktatur. Je früher sie komme, desto besser. Daher werden die Deutschen aufgefordert, dieser Verbrechensherrschaft bis zum bitteren Ende den Gehorsam aufzukündigen, der Parole vom »Kampf bis zum letzten Mann« nicht mehr zu folgen.

Und dann denken die Verfasser bereits an eine Nachkriegsordnung, machen sich Gedanken über eine »Zusammenarbeit der europäischen Völker«, wenden sich gegen den »imperialistischen Machtgedanken«, »preußischen Militarismus« und Zentralismus, fordern »eine gesunde föderalistische Staatenordnung«, die »Freiheit der Rede, Freiheit des Bekenntnisses, Schutz des einzelnen Bürgers vor der Willkür verbrecherischer Gewaltstaaten«, und erstmals fällt auch das Wörtchen »Sozialismus«: »Die Arbeiterschaft muss durch einen vernünftigen Sozialismus aus ihrem Zustand niedrigster Sklaverei befreit werden.« Gemeint war aber eher Sozialdemokratie als ein Kommunismus sowjetischer Prägung.

Selbstbewusst bezeichnen sie sich am Ende des Textes jetzt als »Widerstandsbewegung« und bitten um Verbreitung ihrer Flugblätter, und Willi Graf schreibt in sein Tagebuch: »Der Stein kommt ins Rollen.«

Der Stein kam tatsächlich ins Rollen. Das neue Flugblatt wurde von Alexander, Hans, Sophie und Willi in einer Auflage von mehreren tausend Exemplaren hergestellt. Sie mussten dafür sorgen, dass München nicht als Herstellungsort erkennbar wurde. Die Gestapo sollte überall nach den Urhebern suchen, nur nicht in München. Alexander schaffte daher einen Teil der Flugblätter nach Salzburg, andere verteilten sie in Berlin, Sophie fuhr nach Augsburg und Ulm, und in Stuttgart übergab sie einen Stapel an Hans Hirzel, den Bruder ihrer Freundin Susanne Hirzel.

Ein Hauch von Widerstandsgeist lag nun in der Luft. Man konnte ihn spüren, und am 13. Januar, dem Tag, an dem die Verteilung des fünften Flugblatts begonnen hatte, entlud sich dieser Geist. Auf einer Festveranstaltung aus Anlass der 470-Jahr-Feier der Münchener Universität hatte der Gauleiter der Stadt, Paul Giesler, den Studentinnen nahegelegt, lieber dem Führer ein Kind zu schenken, statt zu studieren. Weniger hübschen Mädchen versprach Giesler, ihnen einer seiner Adjutanten zuzuweisen.

Einige Studentinnen sprangen aus Zorn über diese Beleidigung auf und stürmten protestierend zum Ausgang, wo sie von SS-Männern festgenommen und abgeführt wurden. Daraufhin protestierten die im Saal anwesenden Studenten massenhaft und forderten in Sprechchören die Freilassung der Studentinnen. Einige holten den NS-Studentenführer vom Podium, verprügelten ihn und erklärten ihn zur Geisel, so lange, bis die Studentinnen wieder freigelassen würden.

Den versammelten Nazigrößen blieb nichts anderes mehr übrig, als aus dem Saal heraus polizeiliche Hilfe herbeizutelefonieren. Das Überfallkommando war schnell da und beendete den Tumult, was nach einem Sieg der Nazis und Wiederherstellung der alten Ordnung aussah. Aber nicht hundertprozentig. Die protestierenden Studentinnen wurden wieder freigelassen und wenige Tage später entschuldigte sich der Gauleiter für seine Rede. Das hätte er nicht getan, wenn er und seine Oberen sich noch so sicher im Sattel gefühlt hätten wie in den Jahren zuvor.

Den Mitgliedern der Weißen Rose verschaffte dieser Vorfall erstmals das Gefühl, nicht mehr machtlos zu sein. Euphorisch aber war Sophie nicht. Sie überkam nach einer erfolgreichen Flugblattaktion immer so etwas wie eine innere Leere, die viel schwerer zu ertragen war, als der vorausgegangene Spannungszustand während der Planung und Durchführung der Widerstandsaktionen. An jenem 13. Januar, an dem so viel passiert war, schrieb sie nachts in ihr Tagebuch: »So bald ich allein bin, verdrängt eine Traurigkeit jede Lust zu einer Tätigkeit in mir.«

Warum war sie traurig? Über den Grund erfahren wir nichts, vielleicht wusste sie ihn selber nicht. Wir wissen: Sophie war verliebt. In Fritz Hartnagel. Aber diese Liebe konnte nicht gelebt werden, denn Fritz war in Russland an der Front. Sophie konnte sich daher nicht einmal sicher sein, ob sie ihn überhaupt liebt und er sie. Sie waren befreundet, als er in den Krieg zog. Konnte man überhaupt von Liebe sprechen?

Sie schrieben einander Briefe, die lange unterwegs waren, umso länger, je länger der Krieg dauerte, und nicht jeder Brief kam an. Fritz, der Berufssoldat und Offizier, musste in Russland tun, was sie, die Widerstandskämpferin verabscheute. Er wusste, was sie von seinem Beruf hielt. Sie hatte es ihm oft gesagt und später geschrieben. Und ihm wurde während des Krieges immer deutlicher bewusst, was ihm anfangs nicht so klar war: dass er einem Verbrecher-Regime diente.

In Sophies Briefen an ihn war viel vom Krieg und wenig von Liebe die Rede. Bitter schrieb sie ihm nach Hitlers Überfall auf Polen: »Nun werdet ihr ja genug zu tun haben. Ich kann es nicht begreifen, dass nun dauernd Menschen in Lebensgefahr gebracht werden von anderen Menschen. Ich kann es nie begreifen und finde es entsetzlich. Sag nicht, es ist fürs Vaterland.«

Am 22. Juni 1940 schrieb sie ganz offen und ehrlich an Fritz, dass sie sich bei völlig gegensätzlichen Auffassungen über den Krieg ein Zusammenleben mit ihm nicht vorstellen könne. Und später: »Soviel ich Dich kenne, bist Du ja auch nicht für einen Krieg, und doch tust Du die ganze Zeit nichts anderes, als Menschen für den Krieg ausbilden.«

Trotzdem blieb ihr Herz an ihm hängen, denn sie schrieb ihm immer weiter Briefe. Bis nach Stalingrad, wo Fritz Hartnagel an vorderster Front kämpfte. Von ihrer Untergrundtätigkeit konnte sie ihm natürlich nichts erzählen.

Am 3. Februar 1943 kam im Radio die Nachricht, die vieles änderte: Die Schlacht um Stalingrad war verloren. Für die Deutschen ein Schock, für die *Weiße Rose* ein Zeichen der Hoffnung, für Sophie Scholl beides. »Man konnte nur entweder für Hitler oder gegen ihn sein. War man gegen Hitler, dann durfte er diesen Krieg nicht gewinnen«, beschrieb Hartnagel später, lange nach dem Krieg, Sophies Standpunkt. Ein Standpunkt, der in sich logisch, stimmig, konsequent war, wie Hartnagel gegenüber Sophie damals selbst hatte zugeben müssen, aber für einen Soldaten ein schwer zu akzeptierender Standpunkt. »Alles, was dem sogenannten Feind nützte und uns Deutschen schadete, das allein konnte uns die Freiheit wiederbringen«, sagte Hartnagel. Deutlicher und kürzer war die deutsche Tragödie nicht mehr zu formulieren. Niemand konnte damit glücklich sein, der Offizier nicht, die Widerstandskämpferin nicht.

Aber diese und ihre Freunde hatten nun, nach Stalingrad, das Gefühl, dass die Zeit für sie arbeite. Ein Sturz Hitlers erschien ihnen als realistische Möglichkeit, und in diesem Optimismus schrieben sie am 12. Februar ihr sechstes Flugblatt, das ihnen zur Abrechnung mit zehn Jahren Hitler-Herrschaft geriet: »Dreihundertdreißigtausend deutsche Männer hat die geniale Strategie des Weltkriegsgefreiten sinn- und verantwortungslos in Tod und Verderben gehetzt. Führer, wir danken dir! (...) Der Tag der Abrechnung ist gekommen, der Abrechnung der deutschen Jugend mit der verabscheuungswürdigsten Tyrannis, die unser Volk je erduldet hat. Im Namen des ganzen deutschen Volkes fordern wir vom Staat Adolf Hitlers die persönliche Freiheit, das kostbarste Gut der Deutschen zurück, um das er uns in der erbärmlichsten Weise betrogen hat. (...) Freiheit und Ehre! Zehn lange Jahre haben Hitler und seine Genossen die beiden herrlichen deutschen Worte bis zum Ekel ausgequetscht, abgedroschen, verdreht, wie es nur Dilettanten vermögen, die die höchsten Werte einer Nation vor die Säue werfen. Was ihnen Freiheit und Ehre gilt, das haben sie in zehn Jahren der Zerstörung aller materiellen und geistigen Freiheit, aller sittlichen Substanz im deutschen Volk genugsam gezeigt.«

Vier Tage lang vervielfältigten und verteilten sie das Flugblatt. Am 18. Februar vormittags wollten Hans und Sophie möglichst viele Flugblätter in der

Universität verteilen, denn seit dem Aufbegehren der Studenten gegen den Gauleiter Giesler gab es an der Münchener Universität so etwas wie ein Pflänzchen des Widerstands. Dieses Pflänzchen wollten sie nähren und am Leben erhalten, damit es wachsen konnte.

Es war Donnerstag und es war einer dieser typisch münchnerischen Vorfrühlingstage, an denen die Sonne scheint und eine laue Luft die Leute erstmals nach der Winterpause wieder in die Biergärten strömen lässt. Vielleicht, so dachten die Geschwister Scholl, machen wir uns heute einen schönen Tag. Zuvor aber musste die Arbeit erledigt werden. Es galt, zwei Aktenkoffer voller Flugblätter in der Universität zu verteilen, und zwar so, dass man nicht gesehen wurde. Sie liefen durch die Gänge, während ihre Kommilitonen in den Hörsälen ihren Professoren lauschten, und verteilten auf den menschenleeren Treppen, Fensterbänken und Mauervorsprüngen die mitgebrachten Flugblätter bis auf einen kleinen Rest. Niemand hatte sie gesehen, sie hasteten zum Ausgang, die Arbeit war erledigt.

Nun hätten sie es sich gemütlich machen und sich fragen können, was sie mit diesem sonnigen Tag anfangen sollen. Aber sie hatten noch einen kleinen Rest von Flugblättern bei sich, dachten wohl an die Mühe und Arbeit, die es gekostet hatte, sie zu fabrizieren, rannten daher noch einmal zurück, um auch den Rest zu verteilen. Sie stürmten die Treppen hinauf, warfen ihre Blätter von oben in den Lichthof der Universität – und das war das Verhängnis.

Schon öffneten sich die Türen der Hörsäle. Sophie und Hans Scholl rasten die Treppen hinunter. Ihnen entgegen kam in großer Erregung der Pedell der Universität, der Hausmeister Jakob Schmid. Er hatte sie gesehen. »Sie sind verhaftet«, schrie er, packte beide an den Armen und führte sie zum Hausverwalter, der sie zum Rektor brachte, dem hohen SS-Führer Professor Walter Wüst. Die Gestapo saß schon in ihren Autos und fuhr Richtung Universität.

Es war vorbei.

Zunächst hatten sie noch ein bisschen Glück mit ihrem Vernehmungsbeamten, Robert Mohr, der das Verhör in einer halbwegs sachlichen Atmosphäre leitete und nicht glauben konnte, dass diese zwei harmlosen jungen Menschen tatsächlich hinter jener groß angelegten Aktion steckten, welche die Gestapo so in Atem gehalten hatte. In getrennten Verhören versuchten die beiden überzeugend darzulegen, dass sie unpolitisch wären und mit diesen Flugblättern nichts zu tun hätten. Mohr war schon fast geneigt, ihnen zu glauben, aber während er die Verhöre führte, wurden die Zimmer der beiden in der Franz-Joseph-Straße 13 durchsucht. Dort fand die Gestapo mehrere Hundert neue Achtpfennig-Briefmarken – ein gefährliches Indiz, welches die beiden Verhafteten stark belastete.

Vier Tage lang wurden sie nun verhört. Mit immer mehr Beweisen und Fundstücken aus ihren Zimmern und ihrer Umgebung wurden sie konfrontiert, bis sie merkten, dass weiteres Leugnen zwecklos sei und es jetzt nur noch darum gehen könne, die anderen zu schützen und zu entlasten. Inzwischen hatte die Gestapo auch Christoph Probst verhaftet, einen Vater von drei Kindern. Daher übernahmen Hans und Sophie nun die volle Verantwortung für alles.

Dem Vernehmungsbeamten Mohr hatte diese Haltung imponiert. Nach dem Krieg berichtete er: »Sophie und Hans Scholl bewahrten beide bis zum bitteren Ende eine Haltung, die als einmalig bezeichnet werden muss. Übereinstimmend erklärten sie dem Sinne nach, sie hätten durch ihr Vorgehen nur das eine Ziel im Auge gehabt, ein noch größeres Unglück für Deutschland zu verhindern und in ihrem Teil vielleicht dazu beizutragen, hunderttausenden von deutschen Soldaten und Menschen das Leben zu retten, denn wenn das Glück oder Unglück eines großen Volkes auf dem Spiel stehe, sei kein Mittel oder Opfer zu groß, um es nicht freudig darzubringen. Sophie und Hans Scholl waren bis zuletzt davon überzeugt, dass ihr Opfer nicht umsonst sei.«

In dieser Haltung gingen Hans und Sophie, aber auch Christoph, in den Prozess mit Freisler, dessen Urteil bereits feststand. Und in dieser Haltung, mit erhobenem Haupt überstanden sie ihre letzten Stunden, denn das Urteil sollte sofort vollstreckt werden.

Auch das Gefängnispersonal war von der Stärke und dem Mut dieser drei jungen Menschen beeindruckt und berichtete später: »Sie haben sich so fabelhaft tapfer benommen. Das ganze Gefängnis war davon beeindruckt. Deshalb haben wir das Risiko auf uns genommen – wäre es rausgekommen, hätte es schwere Folgen für uns gehabt –, die drei noch einmal zusammenzuführen, einen Augenblick vor der Hinrichtung. Wir wollten, dass sie noch eine Zigarette miteinander rauchen konnten. Es waren nur ein paar Minuten, aber ich glaube, es hat viel für sie bedeutet. ›Ich wusste nicht, dass Sterben so leicht sein kann‹, sagte Christoph Probst. Und dann: ›In wenigen Minuten sehen wir uns in der Ewigkeit wieder.‹ Dann wurden sie abgeführt, zuerst das Mädchen.

Sie ging, ohne mit der Wimper zu zucken. Wir konnten alle nicht begreifen, dass so etwas möglich ist. Der Scharfrichter sagte, so habe er noch niemanden sterben sehen. Und Hans, ehe er sein Haupt auf den Block legte, rief laut, dass es durch das große Gefängnis hallte: ›Es lebe die Freiheit.‹«

Mildred Harnack
Ich hatte Deutschland doch so geliebt

* 1902 in den USA ✸ 1919 Abschluss an der Western High School in Georgetown (Virginia) ✸ 1926 Dozentin für Deutsche Literatur an der University Wisconsin-Madison ✸ Erstes Zusammentreffen mit Arvid Harnack, Heirat ✸ 1929 Umzug nach Berlin ✸ 1931 Anstellung als Lektorin für amerikanische Literaturgeschichte an der Universität Berlin 1932 Lehrerin für englische Literatur und Literaturgeschichte am Berliner Abendgymnasium ✸ ab 1933 Aufbau eines Diskussionszirkels mit ihrem Mann und dem Ehepaar Kuckhoff ✸ 1941 Promotion an der Universität Gießen, Lehrbeauftragte an der Universität Berlin ✸ 7. September 1942 Verhaftung von Mildred und Arvid Harnack ✸ 19. Dezember 1942 Verurteilung zu sechs Jahren Zuchthaus ✸ 21. Dezember 1942 Aufhebung des Urteils durch Hitler ✸ 16. Januar 1943 Zweite Hauptverhandlung, Urteil Todesstrafe ✸ 16. Februar 1943 Ermordung in Berlin-Plötzensee

»Sie war die Schönheit des Campus« – so erinnerte sich der deutsch-amerikanische Soziologe Rudolf Heberle noch zwei Jahrzehnte später an eine Frau, die er während der Zwanzigerjahre des letzten Jahrhunderts an der Universität von Wisconsin in Madison kennengelernt hatte. »Groß, schlank, von stolzer Haltung und federnden Ganges – sie schritt, während die meisten Mädchen trippelten – ihr Profil kühl und edel – blaue Augen, strahlend und festen Blickes, und eine wundervolle melodische Stimme«, schwärmte Heberle 1946 in einem Brief an die Dichterin Ricarda Huch.

Auch auf Frauen hatte sie Eindruck gemacht. Noch 65 Jahre später sagte eine ehemalige Mitschülerin über sie: »Mildred Fish war das schönste Mädchen, das ich je gesehen habe.« Mit »einem Hals wie ein Schwan«, ergänzte eine andere Klassenkameradin. Aber nicht nur schön war sie, sondern auch »brillant«, »selbstsicher«, »klug« und »gebildet«, eine »Persönlichkeit« mit »Charakterstärke, Standhaftigkeit und Unerschütterlichkeit« – auf solche Beschreibungen traf die US-Journalistin Shareen Blair Brysac, die sechs Jahre lang das Leben dieser ungewöhnlichen Frau recherchiert hat.

Wäre sie in ihrer Heimat geblieben, wäre die 1902 geborene Mildred sehr wahrscheinlich so alt geworden wie ihre Klassenkameradinnen von damals. Aber die Liebe zu einem Mann führte sie aus Amerika nach Deutschland – ins Nazi-Deutschland. Durch ihren Mann geriet sie in den deutschen Widerstand und spielte darin eine aktive Rolle. Die meisten Ehefrauen der deutschen Widerständler hatten eher eine passive Rolle inne. Sie wussten vom Treiben ihrer Männer, duldeten es, nahmen hin, dass sie damit das Leben ihrer Frauen und Kinder aufs Spiel setzten, aber wollten oder konnten eben wegen ihrer Kinder sich nicht aktiv an den Widerstandshandlungen beteiligen. Mildred dagegen machte von Anbeginn aktiv mit, knüpfte Kontakte, gab Informationen weiter, verteilte Flugblätter wie Sophie Scholl. Nicht nur aus Liebe zu ihrem Mann kämpfte sie gegen Hitler, sondern aus eigener Leidenschaft für Freiheit und Demokratie. Dafür ging sie aufs Schafott. 41-jährig wurde sie, die Amerikanerin, von Hitlers Henkern in Berlin-Plötzensee ermordet.

Wie so oft, war es auch bei Mildred ein lächerlicher Zufall, der sich im Nachhinein als die entscheidende Weichenstellung für das spätere Schicksal darstellte. Ein Stipendiat aus Deutschland kam 1926 nach Madison, kannte sich noch nicht so richtig aus auf dem Campus und geriet in die falsche Vorlesung. Er wollte zu einem alten Professor, stattdessen stand vorne am Katheder eine junge Dozentin, gerade mal ein Jahr jünger als er, und sofort war er gebannt von deren Schönheit, ihrer tiefen, angenehmen Stimme, ihrem strahlenden Blick – was natürlich nicht ungewöhnlich war. All diese Vorzüge der jungen Dozentin waren anderen Studenten und Professoren auch schon aufgefallen und entsprechend hoch war die Zahl ihrer Verehrer. Aber er, der Deutsche, kriegte sie. Arvid Harnack hieß er.

Am Ende der Vorlesung entschuldigte er sich für die Störung und vor allem für sein schlechtes Englisch. Mildred lachte und antwortete, dass ihr

Deutsch nicht besser sei. Geistesgegenwärtig schlug er vor, sich gegenseitig ihre Sprachen beizubringen. Sie willigte ein, und schon wenige Tage später begannen jene zwei Jahre, die Mildred später als »die glücklichsten ihres Lebens« bezeichnen sollte. Sie heirateten im August 1926.

Es war natürlich nicht nur das Äußere - die Stimme, das Lachen, das Strahlen - von dem sich Arvid angezogen fühlte. Schnell merkte er - und merkte auch sie - dass sie auf einem gemeinsamen Wertefundament standen, und dieses Fundament war links und liberal. Sie war eine frühe Anhängerin der Frauenbewegung, er sympathisierte mit der Arbeiterbewegung, auch mit den Ideen von Karl Marx und Friedrich Engels. Beide waren sie politisch leidenschaftlich interessiert und verfolgten mit wachem Bewusstsein das politische Geschehen um sie herum und die Entwicklungen in der Welt.

Und beide ergänzten einander. Sie war der Schöngeist, die Literaturwissenschaftlerin und die Frau, die keine Mühe hatte, Kontakte zu knüpfen, Freundschaften zu schließen und zu pflegen, Menschen um sich zu versammeln. Er war der zwar gebildete, aber doch eher spröde, zurückhaltende, etwas steife und mitunter etwas humorlose Deutsche, Preuße, Jurist und Nationalökonom. Arvid hatte bereits in Jura promoviert, studierte nun in Wisconsin zwei Jahre Nationalökonomie. Danach, im September 1929, kehrte er nach Deutschland zurück und nahm Mildred mit. Sie verließ ein Land, in dem gerade die Weltwirtschaftskrise begonnen hatte.

Und sie kam in ein Land, das so ganz anders war, als sie es sich vorgestellt hatte. Ihre Vorstellung war von Burgen, Schlössern, Märchen und den Dichtern der Romantik geprägt. Das Deutschland, in das sie einwanderte, war von Inflation, inneren Unruhen und sozialen Gegensätzen geschüttelt, und durch immer mehr Straßen dieses Landes marschierten Männer in braunen Uniformen hinter einer Hakenkreuzfahne her.

Weder Mildred noch Arvid haben damals geahnt, welche Rolle diese braunen Horden nur wenige Jahre später in ihrem Leben einnehmen sollten, aber in einem erwies sich Arvid unbewusst als geradezu seherisch. Über den ersten Eindruck, den er damals in Wisconsin im falschen Hörsaal von der jungen Dozentin hatte, sagte er später: »Mir war, als ob Mildred zur Familie gehörte.«

Das hat sich später in einem sehr tiefen Sinn als sehr wahrhaftig erwiesen, denn diese Mildred wurde Mitglied einer Familie, über die Falk Harnack, ein Bruder Arvids der Journalistin Brysac erzählt hatte: »Es gab diese weit verzweigten Gelehrtenfamilien. Unsere Verwandtschaft bestand aus vier Familienstämmen, den Bonhoeffers, den Dohnanyis, den Delbrücks und den Harnacks – sie waren alle miteinander verschwägert. Wir waren Cousins und Cousinen«, und sie haben fast alle gegen Hitler gekämpft und sind dafür ermordet worden: Arvid und Mildred, Hans von Dohnanyi, Justus Delbrück, Ernst von Harnack, Klaus Bonhoeffer, Dietrich Bonhoeffer.

Auch Falk Harnack stand auf der Todesliste. Er hatte Kontakt zur Widerstandsgruppe *Die Weiße Rose* um Hans und Sophie Scholl und wurde mit diesen vor dem Volksgerichtshof angeklagt, aber überraschenderweise freigesprochen und zum Fronteinsatz nach Griechenland geschickt. Dort erhielt er einen Hinweis, dass der Reichsführer der SS, Heinrich Himmler, ihn erneut verhaften wolle, woraufhin Falk Harnack desertierte, auf der Seite griechischer Partisanen gegen die Nazis kämpfte und so den Krieg überlebte.

Die vier Großfamilien, von denen Falk Harnack erzählte, waren politisch kein einheitlicher Block. Jedes Mitglied leistete sich seine eigene Meinung, und so gab es in dieser weitläufigen Verwandtschaften fast alles, Liberal-Konservative, Sozialdemokraten, Christlich-Konservative und sogar Kommunisten, – nur eines nicht: Nazis. Naturgemäß prallten in so einer Familie die unterschiedlichsten Meinungen hart aufeinander und wurden mit mehr oder weniger Temperament angegriffen oder verteidigt. In einem aber waren sich dann doch alle immer einig: dass die Nazis ein Übel sind, eine Katastrophe, das Gegenteil alles dessen, was eine freie, humane und auch christliche Wertegemeinschaft auszeichnet.

In diesem Punkt bildete die Familie fast so etwas wie ein Korsett, das den Einzelnen in seiner festen Haltung nicht schwankend werden, keinen Zweifel an richtig und falsch, gut und böse aufkommen ließ. Karin Bethge, die Enkelin von Karl Bonhoeffer, brachte diesen Sachverhalt auf den Satz: »Die Familie hatte so viel Gewicht, dass es für den Einzelnen ungleich schwieriger gewesen wäre, ein Nazi oder auch nur ein Mitläufer zu werden, als in den Widerstand zu gehen.«

In so einer Familie war nun Mildred Harnack angekommen. Aus dem Rückblick erscheint es daher fast zwangsläufig, dass sie sich auch zur Widerstandskämpferin entwickeln sollte. Aber damals, als ihr Leben in Deutschland begann, war das noch nicht einmal zu ahnen, denn zunächst lernte sie das liebenswerte und alte Deutschland kennen, jenes Deutschland, das sich ziemlich gut mit dem Bild deckte, das sie sich in Amerika aufgrund ihrer Lektüre gemacht hatte.

Geriet sie durch ihre Heirat in eine dieser weit verzweigten, typisch deutschen Gelehrtenfamilien, die es schon bald nicht mehr geben sollte, so geriet sie durch die Wahl ihres ersten Studienortes in Verhältnisse, die es auch bald nicht mehr geben sollte. Jena war dieser Ort, eine geschichtsträchtige, traditionsbeladene, schicksalsgeschwängerte Stadt, die über Jahrhunderte eine wichtige Rolle im deutschen und internationalen Geistesleben, aber auch in der Wirtschaft gespielt hatte.

Die Stadt entwickelte sich zu einem Zentrum der deutschen Romantik, aber auch der Wissenschaft und Technik. Für die 1558 gegründete Universität war im 18. Jahrhundert der Geheimrat Johann Wolfgang von Goethe zuständig, als dort drei Geistesgrößen mit dem typisch deutschen Namen Fritz die Stadt weltberühmt machten: Friedrich Schiller, Friedrich Wilhelm von Schelling, Friedrich von Schlegel. Auch Georg Wilhelm Friedrich Hegel und Johann Gottlieb Fichte hatten dort gelehrt, und später promovierte dort ein Mann, der von sich behauptet hatte, Hegel vom Kopf auf die Füße gestellt zu haben: Karl Marx. Mildreds Ehemann Arvid studierte ihn eifrig.

Dieses Deutschland hatte Mildred Harnack also gerade noch kennenlernen dürfen, kurz bevor es von den Deutschen selbst für immer zerstört wurde. Dieses Deutschland hatte die Amerikanerin gemeint, als sie kurz vor ihrer Ermordung gesagt hatte: »Und ich hatte Deutschland doch so geliebt.«

Das andere Deutschland, jenes wahnsinnige Deutschland, das wenig später innerhalb von nur zwölf Jahren sich und die Welt zugrunde richtete und alles kaputt machte und mit Füßen trat, was dieses Land während eines Jahrtausends an Gutem und Wertvollem hervorgebracht hatte, sollte Mildred schon kurze Zeit später kennenlernen, als sie ihr Studium in Gießen fortsetzte. Dort bekam sie es mit vielen Studenten zu tun, die lautstark gegen jene Hochschullehrer opponierten, denen sie unterstellten, Sozialisten oder Pazifisten zu sein.

Zu jener Zeit, so um das Jahr 1931 herum, sympathisierte bereits mehr als die Hälfte der Gießener Studentenorganisationen mit den Nationalsozialisten. Über diese Generation der Sympathisanten des Unheils schrieb der britische Schriftsteller Stephen Spender: »Sie war in den Krieg hineingeboren, durch die Hungerblockade beinahe zu Grunde gegangen, durch die Inflation verarmt – und jetzt, 1929, war sie ohne Geld und ohne Überzeugungen. (...) Sie wartete wie eine Drachenbrut auf einen Führer, der sie ins Zentrum Europas führen würde.« Es gab natürlich Professoren mit Sympathien für den Sozialismus und Pazifismus, nicht nur in Gießen, sondern so gut wie überall. Aber dass es sie gab, war ein Beleg für die Geistesfreiheit an den deutschen Universitäten – eine Freiheit, die dem kleinen deutschen Spießer schon immer ein Dorn im Auge war. Und nun schickte sich der deutsche Kleingeist an, die Macht im Lande zu übernehmen. Zwei Jahre später war es so weit. Adolf Hitler wurde am 30. Januar 1933 zum Reichskanzler ernannt und viele im Land unterschätzten die Bedeutung dieses Datums, weil sie Hitler überschätzten. Auch die Harnacks gehörten anfangs zu den Unterschätzern, allerdings nicht lange. Noch einen Tag vor Hitlers Machtergreifung hatte Mildred auf einer Postkarte voller Optimismus geschrieben: »In der Welt von heute gibt es so viel zu tun. Nie waren die Perspektiven besser. (...) Ich bin 30 Jahre alt und eine freie Frau – ich habe die Arbeit, die ich haben möchte, es gibt keine unüberwindlichen Hindernisse, um weiter zu kommen. (...) Es ist ein gutes Leben.« Da hatte sie noch elf Jahre zu leben und die meisten dieser Jahre waren schwierig, gefährlich, lebensgefährlich und ihre letzten Monate waren die Hölle. Ihr Mann Arvid war rund ein halbes Jahr vor Hitlers Ernennung zum Reichskanzler noch überzeugt, dass die Deutschen Hitler nie als Führer akzeptieren würden. Aber dann sah er am 30. Januar 1933 in Berlin das endlose Meer von braunen und schwarzen Uniformen, deren Träger mit 20 000 brennenden Fackeln durch die Wilhelmstraße zogen, und »Heil« riefen und »Deutschland erwache« und »Deutschland, Deutschland über alles« sangen. Damals sagte Arvid zu seinem Stiefneffen Wolfgang Havemann, der dabeistand: »Sieh sie dir nur genau an. Das sind Schlächtertypen. Mit den heruntergezogenen Sturmriemen und den Dolchen sind sie zu allem fähig. Du wirst es noch erleben, wie sie mit ihren Fackeln erst Deutschland und Europa in Brand stecken.« Und schon bald kritisierte Arvid Harnack jene, die Hitler als einen harmlosen Hanswurst betrachteten. »Meine Herren, es ist keine Komödie, die sich vorbereitet, sondern eine Riesentragödie, und nicht nur eine deutsche, sondern eine Menschheitstragödie.« Nun stellte sich Mildred und Arvid Harnack die Frage, die sich allen Deutschen stellte, die sich jedem Menschen immer stellt, aber zu jener Zeit mit besonderer Schärfe. Wie bilde ich mir ein Urteil über gut und böse, richtig und falsch? Woran halte ich mich, wie orientiere ich mich, welchem Kompass vertraue ich? Und: Wie verhalten wir uns der neuen Macht gegenüber? Mit dem Wissen von heute stellt sich die Antwort einfacher dar, als sie tatsächlich war. Hitler hatte anfangs zwar keine parlamentarische Mehrheit, aber die Massen jubelten ihm zu, und es war vermutlich nur eine Frage der Zeit, bis er auch durch Wahlen zu einer Mehrheit kommen würde, mussten die Harnacks denken. In der Demokratie entscheidet die Mehrheit. Mildred und Arvid waren Demokraten. Mussten sie nicht die Mehrheitsentscheidung billigen? Nein, mussten sie nicht, dessen waren sie sich gewiss. Aber mit welchem Recht? Woher nimmt die Minderheit die Gewissheit, es besser zu wissen als die Mehrheit? Sind nicht oft genug jene, die sich querstellen, einfach nur besserwisserische Querulanten als echte Querdenker? Ja doch, das ist oft der Fall. Aber manchmal, eher selten, erkennen die wenigen Widerborstigen, die gegen den Strom schwimmen, den Mainstream als das, was er eben auch sein kann: als Weg der Lemminge in den Abgrund. Wie aber kann man das eine vom anderen unterscheiden? Woher nimmt man als Minderheit die Sicherheit, gegen alle anderen im Recht zu sein? Betrachtet man unter dieser Frage die Reihe der Menschen, die aktiv gegen Hitler kämpften, so fällt eine große Gemeinsamkeit auf, in der die Antwort steckt: Sie ruhten in sich und waren sich ihres Rechts auf Widerstand bis hin zum Tyrannenmord so sicher, weil sie auf einem festen Untergrund standen, einem Wertefundament, das sie alle einte in der Überzeugung, dass es bestimmte Werte gibt, die unbedingt gelten müssen, die den Wert des eigenen Lebens übersteigen und deshalb unbedingt verteidigt werden müssen – und koste es das eigene Leben. Trotz unterschiedlichster geistiger Herkunft, unterschiedlichster sozialer Herkunft und unterschiedlichsten Gründen kamen sie zu demselben Ergebnis: Die Nazis sind Verbrecher. Hitler muss weg.

Daher finden wir unter den Widerständlern viele, die sich auf ihr christliches Gewissen beriefen. Wir finden aber auch Menschen, die sich eher auf den Humanismus und die Aufklärung beriefen. Von diesen wiederum fanden viele zur Arbeiterbewegung. Aus ihr gingen Gewerkschafter, Sozialdemokraten, Sozialisten, Marxisten und Kommunisten hervor, sodass man sagen kann: Der Widerstand gegen Hitler war entweder christlich oder sozialistisch oder beides, denn es gab auch religiöse Sozialisten und christliche Sozialdemokraten. Die Harnacks und die meisten Mitglieder der *Roten Kapelle* gehörten eher zum sozialistisch-kommunistischen Umfeld. Nebengruppen bildeten die Frauenbewegung, die Pazifisten und die Anarchisten.

Eine weitere Gemeinsamkeit, die nicht auf alle, aber auf den größten Teil der Widerständler zutrifft: Der Einzelne erlebte sich als Außenseiter, litt darunter, fühlte sich einsam, zweifelte wohl auch gelegentlich an seinen Urteilen, und um sich der Richtigkeit seines Standpunkts zu versichern und der Einsamkeit zu entfliehen, hielt er nach Gleichgesinnten Ausschau. Die Vereinzelten suchten einander, fanden sich und bestärkten einander. Dieses Suchen und Finden, das gemeinsame Nachdenken und Miteinanderreden ging den eigentlichen Widerstandsaktionen immer voraus. Zuerst musste man sich gegenseitig versichern und bestärken, dass man gegen die Mehrheit recht hat.

So war es auch bei Arvid und Mildred Harnack. Arvid war Sozialist und verkehrte daher schon immer mit anderen Sozialisten und Kommunisten und fühlte sich fasziniert und angezogen von jenem Land, in dem die Kommunisten regierten: von der Sowjetunion. Mildred war Amerikanerin in Berlin und suchte Kontakt zu anderen Amerikanern in Berlin. Über diese Verbindungen kam es dann später zur Zusammenarbeit der Harnacks mit jenen Mächten, die Hitler stürzen und das Land von der NS-Herrschaft befreien sollten.

Dass die Harnacks mit den Kommunisten sympathisierten, war damals nichts Ungewöhnliches. Wer nicht mehr an Gott glauben konnte und deshalb mit Kirche und Christentum nichts mehr anzufangen wusste, aber trotzdem wollte, dass urchristliche Ideen wie Gleichheit, Brüderlichkeit, Gemeineigentum und soziale Gerechtigkeit das Zusammenleben der Menschen bestimmen sollten, landete in der ersten Hälfte des 20. Jahrhunderts fast zwangsläufig bei den Ideen des Kommunismus. Gerade den jungen Intellektuellen erschien er als fortschrittlicher, besser, moderner und wirksamer als die verstaubte, reaktionäre, aufklärungsfeindliche Kirche der Inquisition, Hexenverbrennungen, Bücherverbote und Verbündete der Ausbeuter.

Im Kapitalismus sahen die Harnacks und viele andere die letzte Herrschaftsform der Ausbeuterklasse, die schon bald durch revolutionäre Arbeitermassen hinweggefegt werden sollte, um eine bessere, gerechtere Gesellschaft aufzubauen. Die Weltwirtschaftskrise und der Aufstieg Hitlers wurden als Vorboten des Untergangs des Kapitalismus gedeutet. Die Hoffnungen vieler junger Intellektueller in Europa richteten sich daher ostwärts, in die Sowjetunion. Auch Mildred und ihr Mann blickten gläubig nach Osten. Russland sei das einzige Land, das sich bemüht, all seinen Bürgern Arbeit und Brot zu geben und sie alle gleich zu behandeln, schrieb Mildred Harnack in einem Brief. Daher versuchten sie und Arvid, möglichst viel über die Sowjetunion zu erfahren, den Schauplatz eines außerordentlich wichtigen Experiments, bei dem es um Nächstenliebe geht, zu beobachten.

Aber dort ging ein Mensch, kaum besser als Hitler und gewissenlos wie dieser, mit rücksichtsloser Brutalität gegen seine Feinde und jeden harmlosen Verdächtigen vor: Josef Stalin. Man wusste damals in Deutschland noch nicht so viel über ihn. Und die deutschen Kommunisten und deren Sympathisanten wollten es auch nicht so genau wissen. Die wenigen beunruhigenden Gerüchte, die in der westlichen Presse auftauchten – Hunger in der Ukraine, Verrat an den chinesischen Kommunisten, Unterdrückung Andersdenkender –, wurden von den Kommunisten und auch vielen Intellektuellen als kapitalistische Propaganda abgetan oder mit dem Argument gerechtfertigt, dass der Aufbau einer neuen Gesellschaftsordnung eben auch seinen Preis habe und gewisse Opfer erfordere.

Viele Anhänger des Kommunismus in West- und Mitteleuropa sind damals nach Russland gepilgert, um sich selbst ein Bild von den »Errungenschaften des Sozialismus« zu machen. Viel war davon nicht zu sehen. Und vor dem, was zu sehen gewesen wäre, verschlossen jene, die oft über eine hohe Intelligenz verfügten, die Augen – eben wegen ihrer Intelligenz.

Wie das zuging, was sich in den Köpfen dieser idealistischen Kommunisten abspielte, hatte später der Schriftsteller Arthur Koestler beschrieben: »Meine Reaktion auf den brutalen Zusammenprall von Realität und Illusion war typisch für einen wahren Gläubigen. Ich war überrascht und verwirrt – aber der elastische Stoßdämpfer meiner Parteiausbildung funktionierte sofort. Ich hatte Augen, die sehen konnten, aber einen Verstand, der darauf trainiert war, das, was die Augen sahen, auf vorgeschriebene Weise auszulegen. Dieser innere Zensor ist zuverlässiger und tüchtiger als die offizielle Zensur.« Er habe gelernt, alles, was ihn erschreckte, automatisch als Erbschaft der Vergangenheit, und was ihm gefiel, als Saat der Zukunft zu klassifizieren. Mit dieser automatischen Sortiermaschine im Kopf war es 1932 einem Europäer noch möglich, in Russland zu leben und dabei Kommunist zu bleiben.

Aus den richtigen Gründen das Richtige zu tun, das war damals schwer, viel schwerer als heute. Sich zu irren, sich zu täuschen, zumindest eine Zeit lang, war fast zwangsläufig, nicht immer ehrenhaft, manchmal aber doch, und dann war es wiederum schwer, den ehrenhaften Irrtum vom unehrenhaften zu unterscheiden. In diesem Nebel, in dieser Unübersichtlichkeit, im Zwielicht, agierten die Harnacks. Sie waren gegen Hitler, teils aus richtigen Gründen, teils aus Gründen, die sich im Lauf der Geschichte als falsch herausstellen sollten, die zu korrigieren die Harnacks aber keine Chance mehr hatten, weil ihrem Leben vorzeitig ein Ende bereitet wurde.

Zunächst machten sie es so, wie die meisten Widerstandskämpfer auch. Sie suchten Gleichgesinnte, sie suchten das Gespräch mit Menschen, die auch dagegen waren.

Ab 1933 baute Mildred zusammen mit ihrem Mann sowie dem Schriftsteller Adam Kuckhoff und dessen Frau Greta einen Diskussionszirkel auf, der sich regelmäßig traf.

Man beriet, wie man sich verhalten sollte, was man tun könne, wie es nach dem erwarteten Sturz des Naziregimes weitergehen solle. Dieser erhoffte Sturz blieb aus. Also dachte man über Widerstandshandlungen nach, knüpfte Kontakte zu anderen Regimegegnern, und so wuchs allmählich ein Widerstandsnetz, das später einmal vom gegnerischen Regime den Namen *Rote Kapelle* bekommen sollte.

Dieses Netz, dem zuletzt rund 150 Personen angehört hatten, wuchs aus verschiedenen, ursprünglich getrennten Gesprächskreisen zusammen. Bei den Harnacks trafen sich Intellektuelle, Wissenschaftler, Marxisten, Russen und Amerikaner, die zunächst vorwiegend über Politik und Wirtschaft diskutierten. Zu diesem Kreis gehörten der frühere preußische Kultusminister Adolf Grimme, der aus Aachen stammende Schriftsteller Adam Kuckhoff und seine Frau Greta, der Schlosser Karl Behrens und der Berliner Fabrikant Leo Skrzypczynski. Mildred Harnack lernte Martha Dodd kennen, die Tochter des Berliner US-Botschafters Wilma Dodd. Über Mildred und Martha ergab sich eine Zusammenarbeit mit der US-Botschaft, später waren die Harnacks eng mit Botschaftsrat Donald Heath und dessen Frau Louise befreundet.

Zuvor aber hofften die Harnacks eine Zeit lang auf einen baldigen Sturz Hitlers. Als dieser ausblieb, reifte in Arvid Harnack der Plan, das NS-System von innen zu bekämpfen. Daher trat er 1937 der NSDAP bei. Seit 1935 arbeitete er im Reichswirtschaftsministerium, zuletzt als Oberregierungsrat.

Schon damit rückte er bei Regimegegnern, die ihn nicht so gut kannten, ins Zwielicht. Erst recht machte er sich verdächtig und unbeliebt, als er auch noch der NSDAP beitrat. Aber er und Mildred hatten sich das genau überlegt, und letztlich war es dann eine Entscheidung, die von Mildred aus Überzeugung mitgetragen wurde.

Es gehörte zum Alltag im Dritten Reich, dass man nicht immer genau wusste, mit wem man es wirklich zu tun hatte. Der Mann in Uniform, der da vor einem stand, konnte ein wirklicher Nazi sein, vor dem man sich hüten musste. Es konnte aber auch ein getarnter Nazi sein, ein Regimegegner, der das Parteimitgliedsbuch nur erworben hatte, um Hitler zu schaden oder um Schlimmeres zu verhüten. Es konnte drittens einer sein, der einmal ein überzeugter Nazi gewesen und inzwischen ein Gegner geworden ist. Aber das musste er geheim halten, das konnte er nur seinen besten Freunden anvertrauen, und dafür musste er in Kauf nehmen, dass fernerstehende Bekannte, die er durchaus schätzte, von einem abrückten und einem das Vertrauen entzogen. Zum vierten konnte es aber auch sein, dass der Mann in Zivil, der regelmäßig zu den Treffen der Widerstandsgruppe kam, um sich an Aktionen gegen Hitler zu beteiligen, ein Spitzel der Gestapo war, der irgendwann die ganze Gruppe hochgehen ließ.

Unter solchen Bedingungen, in solch zwielichtigen Verhältnissen mussten die Widerstandskreise arbeiten. Es ist klar, dass dies die Zusammenarbeit der vielen verschiedenen Gruppen außerordentlich erschwerte. Viele wussten gar nichts voneinander. Informationen aus dem einen in den anderen Kreis gelangten nur über einzelne Personen, die das Vertrauen beider Kreise genossen, zu den Mitgliedern der verschiedenen Gruppen.

Das, was dann später von der Gestapo als *Rote Kapelle* enttarnt wurde, war daher lange Zeit gar nicht die einheitliche, straff geführte Organisation, als der sie der Polizei erschien, sondern ein lockeres Netzwerk, das aus mehreren kleinen Netzen bestand, die jahrelang selbstständig und ohne voneinander zu wissen, agierten, bevor sie begannen, ihre Aktionen aufeinander abzustimmen. Die *Rote Kapelle* war auch nicht die kommunistische Keimzelle, als die sie nach dem Krieg in der Bundesrepublik gering geschätzt und in der DDR glorifiziert wurde. Arvid und Mildred Harnack waren zwar von kommunistischen Ideen fasziniert, aber deshalb noch lange keine Kommunisten. Dazu waren sie viel zu liberal, zu freiheitsliebend, zu westlich orientiert, und Mildred liebte ihr Amerika. Den Volkswirt Arvid Harnack interessierte nicht so sehr die kommunistische Ideologie als vielmehr der damals neue Gedanke einer wissenschaftlich gesteuerten Planwirtschaft. Dass sie nicht funktionieren würde, war damals nicht so klar zu sehen wie heute.

In den Dreißigerjahren des letzten Jahrhunderts war die Idee der Planwirtschaft eine Mode in der ganzen Welt, auch in den USA. Und sogar Hjalmar Schacht, Wirtschaftsminister unter Hitler und oberster Chef Harnacks hatte Elemente einer zentral gelenkten Wirtschaft eingesetzt, erfolgreich.

Arvid Harnack hatte sich nach Aussagen Egmont Zechlins, das war einer seiner Mitstreiter, ein künftiges Bündnis aus Deutschland, Russland und China vorgestellt. Das wäre ein Block gewesen, der »wirtschaftlich und militärisch uneinnehmbar« gewesen wäre, soll Harnack einmal geäußert haben.

Man kann daher allenfalls sagen, dass die Harnacks eine enge Zusammenarbeit eines unabhängigen demokratisch-sozialistischen Deutschland mit der Sowjetunion anstrebten und planwirtschaftliche Elemente einführen wollten, ohne die engen Verbindungen zu Westeuropa und Amerika abzubrechen. Ein politisches Konzept für eine Nachkriegsordnung, wie es etwa im *Kreisauer Kreis* erarbeitet wurde, hatte die *Rote Kapelle* jedoch nicht. Das konnte sie gar nicht haben, weil sie nie so eine klar definierte Gruppierung war wie der *Kreisauer Kreis*, sondern ein lockerer Verbund verschiedener Gruppen, zu der nicht nur Sozialisten und Kommunisten gehörten, sondern eben auch Katholiken, Protestanten und Liberale.

Wie diese unterschiedlichen Gruppen zu einem größeren Ganzen zusammenwuchsen, zeigt folgende Kette: Über Kuckhoff bekam Arvid Harnack Kontakt zu dem Journalisten John Sieg, der seit 1937 bei der Reichsbahn beschäftigt war und in Berlin-Neukölln eine kommunistische Gruppe aufgebaut hatte. Sieg wiederum kannte Wilhelm Guddorf, einen Redakteur der KPD-Zeitschrift *Rote Fahne*. Guddorf arbeitete eng mit dem Journalisten Harro Schulze-Boysen zusammen, und so kam es über diese Kette Kuckhoff–Sieg–Guddorf zur Zusammenarbeit des Harnack-Kreises mit dem Schulze-Boysen-Kreis.

Schulze-Boysen war im April 1933 von der SA festgenommen und schwer misshandelt worden. Nach einer Pilotenausbildung gelang es ihm, 1934 im Reichsluftfahrtministerium eine Stelle zu erhalten. Mit seiner Frau Libertas scharte er einen Kreis junger Intellektueller und Künstler um sich, zu denen das Künstlerehepaar Kurt und Elisabeth Schumacher gehörten, die Schriftsteller Günther Weisenborn und Walter Küchenmeister, der Journalist John Graudenz, der Arzt John Rittmeister und dessen Kollegin Elfriede Paul.

Der Harnack- und der Schulze-Boysen-Kreis vernetzten sich mit weiteren, überwiegend KPD-nahen Berliner Widerstandsgruppen, die nach dem Einfall der Wehrmacht in Polen am 1. September 1939 immer enger zusammenrückten. Nun begann ein regelmäßiger Meinungsaustausch zwischen Arvid Harnack und Schulze-Boysen. Noch konnte man nicht von Widerstand reden bei dem, was sie taten. Ihre Aktivitäten beschränkten sich auf Informationsbeschaffung. Sie nutzten ihre Stellungen, um an geheime Informationen heranzukommen und diese in ihren Kreisen zu besprechen. So erfuhren sie früh von den Vorbereitungen für den deutschen Überfall auf die Sowjetunion, und das war die Initialzündung für aktive Widerstandshandlungen.

Diese bestanden zunächst, ähnlich wie bei der *Weißen Rose*, in der Verbreitung von Flugblättern, später in der Weitergabe geheimer Informationen an die Kriegsgegner Russland und USA. Im Februar 1942 verfasste Schulze-Boysen die *Agisflugschrift*, so genannt nach dem Pseudonym, mit dem er die Schrift signierte. »Agis« hieß ein spartanischer König. Die Schrift trug den Titel »Die Sorge um Deutschlands Zukunft geht durch das Volk (…)« und rief alle Deutschen zum Widerstand gegen den Krieg der Nationalsozialisten auf. Darin hieß es: »Das Gewissen aller wahren Patrioten aber bäumt sich auf gegen die ganze derzeitige Form deutscher Machtausübung in Europa. Alle, die sich den Sinn für echte Werte bewahrten, sehen schaudernd, wie der deutsche Name im Zeichen des Hakenkreuzes immer mehr in Verruf gerät. In allen Ländern werden heute täglich Hunderte, oft Tausende von Menschen standrechtlich und willkürlich erschossen oder gehenkt, Menschen, denen man nichts anderes vorzuwerfen hat, als daß sie ihrem Land die Treue halten (…) Im Namen des Reiches werden die scheußlichsten Quälereien und Grausamkeiten an Zivilpersonen und Gefangenen begangen. Noch nie in der Geschichte ist ein Mann so gehaßt worden wie Adolf Hitler. Der Haß der gequälten Menschheit belastet das ganze deutsche Volk.«

Arvid Harnacks Kalkül, durch seinen Posten im Ministerium und seine Parteimitgliedschaft an geheime Informationen heranzukommen, ging auf. Diese Informationen gab Mildred Harnack an den amerikanischen Botschafter in

Berlin weiter. Damit begaben Mildred und Arvid sich ab jetzt in Lebensgefahr. Das nahmen sie in Kauf. Sie wollten Hitler stürzen. Sollte dies nicht gelingen, wollten sie wenigstens, dass er den Krieg verlöre, möglichst bald. Hitlers mächtigste Gegner waren die USA und die Sowjetunion. Mit den Amerikanern standen die Harnacks bereits in Verbindung – warum eigentlich nicht auch mit den Sowjets, zumal die noch nichts ahnten von Kriegsvorbereitungen gegen Russland?

Es gab keinen vernünftigen Grund, die Russen nicht zu informieren. Und Arvid war es aufgrund seiner geistigen Nähe zum Kommunismus und seiner Mitarbeit in KPD-nahen Zirkeln möglich, Kontakte zur russischen Botschaft herzustellen. Im Jahr 1940 hatte Arvid Harnack Alexander Michailowitsch Korotkow kennengelernt, der unter dem Namen Alexander Erdberg als Botschaftssekretär in Berlin tätig war. Im September informierte Harnack ihn erstmals über deutsche Invasionsabsichten. Als Schulze-Boysen, der zu dieser Zeit in der Attachégruppe im Generalstab der Luftwaffe arbeitete, von Luftaufnahmen der deutschen Fernaufklärung über sowjetischem Gebiet erfuhr, gab er das sofort an Harnack weiter, und dieser informierte im März 1941 Korotkow. Von da an trafen sich Korotkow, Schulze-Boysen und Harnack öfter in dessen Wohnung und sie teilten dem Russen mit, was sie jeweils in Erfahrung bringen konnten. Sie verrieten Staatsgeheimnisse.

Harnack und Schulze-Boysen waren sich darüber im Klaren, dass ihr Handeln den Tatbestand des Landesverrats erfüllte und sie damit nicht nur sich belasteten, sondern auch ihre Mitwisser, auch Mildred Harnack. Diese lebte auch tatsächlich in beständiger Angst und Alarmbereitschaft. Die ihr eigene Fröhlichkeit ging verloren. Aber sie begehrte nicht auf gegen die Zusammenarbeit ihres Mannes mit den Sowjets und sie versorgte weiter ihre amerikanischen Freunde mit Informationen – was ebenfalls Landesverrat war. Sie war nicht nur Mitwisserin, wie so viele andere Frauen des Widerstands, sondern Mit-Täterin, wenn auch eine ängstliche, die lieber in Frieden ihren literaturwissenschaftlichen Studien nachgegangen wäre.

Ähnlich wie Mildred ging es Libertas Schulze-Boysen, auch sie sehnte sich angesichts der permanenten Belastungen durch Untergrundarbeit und Krieg nach einem friedlichen Leben, frei von Angst. Dem Mitstreiter Günther Weisenborn vertraute sie an, sie habe fünf Jahre lang loyal für ihren Ehemann Harro gearbeitet, und auf jede einzelne dieser Arbeiten stand der Tod. Nach fünf Jahren konnte sie diese Angst nicht mehr aushalten. Sie wollte leben, einfach leben, sie wollte Liebe und Frieden. Doch auch sie setzte ihre Arbeit fort, ungeachtet der Tatsache, dass dies von Monat zu Monat gefährlicher wurde. Mitte Juni warnte Schulze-Boysen Korotkow vor dem unmittelbar bevorstehenden deutschen Angriff. Korotkow leitete den Hinweis sofort nach Moskau weiter, aber Stalin und dessen Geheimdienstchef Lawrentij Berija glaubten der Warnung nicht, wollten ihr nicht glauben, und Berija, wissend, was Stalin hören wollte, beeilte sich geflissentlich, am 21. Juni 1941 die Warnungen aus Berlin abzutun und schrieb an Stalin: »Aber ich und meine Leute (...) erinnern uns gut an Ihre weise Voraussage: 1941 wird uns Hitler nicht angreifen!« Einen Tag später rollten die deutschen Panzer über die Grenze nach Osten.

Nun begriff man auch in Moskau, dass diese Berliner Gruppe ernst zu nehmen sei und man mit ihr zusammenarbeiten sollte. Und so stattete man sie mit Funkgeräten aus, damit sie neue Informationen sofort nach Moskau durchgeben konnten. Leider funktionierten die Geräte nicht. Lediglich ein einziger Probefunkspruch erreichte Moskau: »Tausend Grüße allen Freunden!«

Obwohl das so gut wie alles war, was aus Berlin nach Moskau gefunkt wurde, rankten sich später darum die meisten Legenden über die Zusammenarbeit der *Roten Kapelle* mit der Sowjetunion und die Vielzahl der angeblichen Funksprüche. Daraus entstand auch der Name der Gruppe, den die Gestapo ihr gegeben hatte: »Rot« stand für kommunistisch. Eine Gruppe von Funkern, im Geheimdienst-Deutsch »Pianisten« genannt, bildete eine »Kapelle«.

Doch diese Kapelle spielte nicht mehr. Warum? Ein Brüsseler Agent erhielt aus Moskau per Funkspruch den Auftrag, nach Berlin zu fahren, um zu erfahren, was da los sei. Ende Oktober 1941 traf er in Berlin ein, und Schulze-Boysen zeigte ihm die kaputten Funkgeräte. Auch mithilfe des russischen Agenten gelang es nicht, die Apparate wieder funktionstüchtig zu bekommen. Ein Ersatz war nicht zu beschaffen und es gelang auch nicht mehr, weitere Nachrichten über Kuriere oder andere Kanäle außer Landes zu schaffen. Stattdessen war etwas anderes »gelungen«: In jenem Funkspruch, der den russischen Agenten aus Brüssel nach Berlin in Marsch setzte, wurden, wenn auch teilweise in verstümmelter Form, Name und Anschrift von Schulze-Boysen, Harnack und Kuckhoff genannt. Das war der Anfang vom Ende.

Der Funkspruch wurde von der deutschen Abwehr abgefangen. Während diese begann, den gesamten Funkverkehr zwischen Brüssel und Moskau zu entschlüsseln und ersten Hinweisen auf die *Rote Kapelle* nachzugehen, verbreiteten deren Mitglieder wieder neue Flugblätter. »Ein Endsieg des nationalsozialistischen Deutschland ist nicht mehr möglich«, schrieben die Verfasser. Zugleich appellierten sie an jeden Einzelnen: »Jeder muss Sorge tragen, dass er – wo immer er es kann – das Gegenteil von dem tut, was der heutige Staat von ihm fordert. Wir müssen uns und andere herausreißen aus dem Sumpf der Lüge und des feigen Zweckoptimismus, in den uns die Herren des Dritten Reiches hineingezogen haben.«

Die Gestapo erfasste im Februar 1942 über 260 Exemplare dieser Flugschrift, stellte die Ermittlungen jedoch einen Monat später als »aussichtslos« ein, und die Gruppe machte weiter, schickte »Offene Briefe« an die Soldaten, die an der Ostfront kämpften. Sprachmächtig prangern diese von dem Dramatiker Kuckhoff verfassten Briefe die Kriegsverbrechen in der Sowjetunion an, berichten über die Massenmorde an der Zivilbevölkerung, Deportationen, Erschießungen und Vertreibungen.

»Das Furchtbarste ist nur dies: daß Hitler es fertiggebracht hat, eine unzählbare Menge an sich rechtschaffener Menschen zu besudelten Komplizen seiner Verbrechen zu machen«, heißt es in einem dieser Briefe. Weitere Briefe, Schriften, Plakate und Flugblätter wenden sich an ausländische Zwangsarbeiter und Kriegsgefangene, und auch in Berlin gehen die Aktionen weiter, mit viel Fantasie und zugleich mit größter Vorsicht. Die Gestapo war machtlos – bis es im August 1942 der Dechiffrierabteilung beim Oberkommando des Heeres gelang, jenen fast ein Jahr alten Funkspruch zu entschlüsseln, der die Adressen der Harnacks, Kuckhoffs und Schulze-Boysens enthielt.

Nun war es für die Gestapo nur noch eine reine Fleißarbeit, die *Rote Kapelle* zu enttarnen. Am 31. August schlug sie zu, verhaftete die erstbesten Mitglieder, derer sie habhaft werden konnte, darunter auch Harro Schulze-Boysen. Seine Frau Libertas, die in Panik geriet, als er am Abend nicht heimkehrte, lief zu verschiedenen Freunden und wurde einige Tage später selbst festgenommen. Am 7. September verhaftete die Gestapo Mildred und Arvid Harnack und bis März 1943 wurden noch mehr als 130 Männer und Frauen verhaftet. Es war vorbei.

Und gemessen an dem, was diese Menschen gewollt hatten – Hitler stürzen, den Krieg verkürzen, eine neue Ordnung in Deutschland errichten – war alles umsonst, hatten all die Gespräche, nächtelangen Diskussionen, die lebensgefährlichen Flugblattaktionen, konspirativen Treffen und der Geheimnisverrat zu nichts geführt. Nicht einmal den Russen hat es geholfen.

Zwar gab es die Legende, die *Rote Kapelle* habe einen wichtigen Beitrag zum sowjetischen Sieg von Stalingrad im Februar 1943 geleistet, und einer der Gefährten Schulze-Boysens hatte sogar behauptet, ohne die Aktionen der *Roten Kapelle* hätten die Deutschen ihren Krieg gegen Russland gewonnen, aber heute wissen wir: Die Russen haben aus den Informationen der *Roten Kapelle* keine Konsequenzen gezogen. Was die deutschen Widerständler ihm an Informationen lieferten, wollte Stalin nicht haben, es passte ihm nicht ins Konzept. Und was er von den Deutschen haben wollte, Dokumente, Angriffstermin, Aufmarschpläne, Protokolle von Sitzungen der Führungsspitze im Führerhauptquartier, konnten ihm die Deutschen nicht liefern. So trifft wahrscheinlich zu, was Oberst Joachim Rohleder von der deutschen Abwehr nach dem Krieg auf die Frage antwortete, ob die *Rote Kapelle* der Wehrmacht geschadet habe: »Erheblicher militärischer Schaden scheint nicht gelungen zu sein.«

Nun saßen die meisten Mitglieder der *Roten Kapelle* in Hitlers Gefängnissen und es begannen die Verhöre, »verschärften Vernehmungen«, Folterungen. Im Oktober führte man Arvid Harnack und Adam Kuckhoff das erste Mal in das »Stalin-Zimmer«. Dort wurden sie gefoltert wie im Mittelalter. Schraubstöcke, Daumenschrauben, Peitschen kamen zum Einsatz. Auch die anderen wurden schwer misshandelt, einige andere sogar ohne Urteil ermordet. John Sieg, Herbert Grasse und Hermann Schulz begingen Selbstmord, um nicht aussagen zu müssen.

Für das Gerücht, auch Mildred Harnack sei gefoltert worden, existieren keine Belege, und Falk Harnack sagte, er wisse nichts von Folter, obwohl bekannt war, dass die Gestapo Frauen ebenso misshandelte wie Männer. Vielleicht half Mildred, dass sie Amerikanerin war, vielleicht ließ Mildreds Gesundheitszustand eine Folter nicht zu, denn es ging ihr schlecht, sie scheint damals an Tuberkulose gelitten zu haben.

Maria Grimme, die am 12. Oktober verhaftet wurde und ins Frauengefängnis am Alexanderplatz kam, erinnert sich, Mildred Harnack in der Prinz-

Albrecht-Straße gesehen zu haben, während sie auf ihr Verhör wartete: »Als ich zu einer Vernehmung im Gestapogebäude war, wurde auf einer Bahre ein Mensch in das Wartezimmer getragen, der kaum noch atmete. Die Bahre stand so, dass der Kopf dieses Menschen dicht bei mir lag. Ich betrachtete den Menschen und erschrak über den wunderbaren Ausdruck der Augen, als er sie aufschlug. Kurz darauf kamen zwei Gestapo-Beamte, rissen diesen Menschen an den Armen empor und sagten: ›Na, Frau Harnack, jetzt geht es wohl schon wieder?‹ Die Frau wurde dann hinausgeführt, nach einiger Zeit aber wieder auf der Bahre hereingebracht. Trotzdem sie über Kälte klagte, wagte keiner von den Beschuldigten, ihr eine von den bereitliegenden Decken zu reichen. Nach einiger Zeit versuchte sie, sich eine der Decken zu holen, brach aber dabei zusammen.«

Hatte Mildred Harnack versucht, sich, wie einige andere Gefangene auch, umzubringen? Man weiß es nicht genau, aber im ehemaligen Archiv der SED befindet sich eine kurze Notiz, in der es heißt, dass die Gefangene aus Zelle 25 einige Nadeln verschluckt hätte. 1946 schrieb Greta Kuckhoff an Martha Dodd: »Mildred wusste, dass es keinen Ausweg mehr gab, daher versuchte sie, Selbstmord zu begehen, um nicht durch die Folter schwach gemacht zu werden. Sie scheiterte bei diesem Versuch, und das Ergebnis war, dass sie besonders grausam behandelt wurde: Niemand durfte mit ihr zusammentreffen, niemand ihr schreiben oder ihr ein Lebensmittelpaket schicken. Sie muss ganz schrecklich gelitten haben.«

Verwandte, Freunde und Bekannte bemühten sich um Hafterleichterungen der Gefangenen, um Freilassung, um Entlastungszeugen, aber die meisten der Gefangenen hatten mit ihrem Leben abgeschlossen, wussten, dass sie wahrscheinlich sterben mussten. Am 14. Dezember 1943, dem Vorabend des Prozessbeginns gegen die Widerstandsgruppe, schrieb Arvid Harnack seinen Abschiedsbrief an Mildred:

»Mein innig geliebtes Herz. Wenn ich in den vergangenen Monaten die Kraft hatte, innerlich ruhig und gefaßt zu sein, und wenn ich den kommenden Dingen ruhig und gefaßt entgegensehe, so verdanke ich dies vor allem dem, daß ich mich mit dem Guten und Schönen dieser Welt verbunden fühle. (...) Trotz allem schweren sehe ich auf mein bisheriges Leben gern zurück. Das Lichte überwog das Dunkle. Und dafür war großenteils unsere Ehe der Grund. Ich habe mir in der letzten Nacht viele der schönen Augenblicke unserer Ehe durch den Kopf gehen lassen, und je mehr ich darüber nachdachte, desto mehr wurden es. (…) Außerdem habe ich regelmäßig morgens um acht und abends um neun Uhr an dich und alle meine Lieben gedacht. Sie denken zur gleichen Zeit an uns beide. Tu das auch; dann weiß man, daß das Gefühl der Liebe in der Welt ineinander fließt. – Unsere angespannte Arbeit machte uns das Leben nicht leicht, und die Gefahr des Erdrücktwerdens war nicht klein, aber trotzdem blieben wir lebendige Menschen. (…) Du bist in meinem Herzen: ›Du sollst immer darinnen sein!‹ Mein größter Wunsch ist, daß Du, wenn Du an mich denkst, glücklich bist. Wenn ich an dich denke, bin ich es.«

Am 19. Dezember hörten die Angeklagten die Urteile. Das Gericht verurteilte Arvid Harnack, Harro und Libertas Schulze-Boysen und zahlreiche andere zum Tode. Überraschend milde fiel das Urteil gegen Mildred aus: sechs Jahre Zuchthaus und sechs Jahre Verlust der bürgerlichen Ehrenrechte.

Mildred hatte einen guten Anwalt. Seine Strategie war, Mildred als gute Ehefrau zu schildern, die wie jede anständige deutsche Frau den Anweisungen ihres Ehemannes gehorcht habe. Wie konnte sie es da als ihre Pflicht ansehen, den eigenen Mann zu verraten? Die Richter machten sich diese Interpretation zu eigen und gaben allein Arvid die Schuld. Dieser lächelte, als er hörte, dass Mildred gerettet war.

Um 19:05 Uhr begannen die Exekutionen, in Abständen von 5 Minuten endeten Harro Schulze-Boysen, Arvid Harnack, Kurt Schumacher und John Graudenz durch den Strang. Die anderen Häftlinge wurden mit dem Fallbeil hingerichtet. Um 20:00 Uhr fiel die Schneide ins Genick des 19-jährigen Horst Heilmann; dann folgten Hans Coppi, Kurt Schulze, Libertas Schulze-Boysen und Elisabeth Schumacher. Nur Libertas tat einen Schrei: »Lass mir doch mein junges Leben!«

Arvid Harnack erlebte nicht mehr, dass auch seine Frau sterben musste. Hitler persönlich hatte aus lauter Rachsucht gegen das Urteil interveniert und einen zweiten Prozess verlangt. Die willfährigen Richter wussten, was von ihnen erwartet wurde. Im Januar 1943 verkündeten sie das Todesurteil gegen Mildred Harnack. Am Abend des 16. Februar wurde sie hingerichtet.

Mildred war vierzig Jahre alt, als sie verhaftet wurde, »gesund und jünger aussehend«, wie Harald Poelchau berichtete, jener Gefängnispfarrer, der so vielen Widerstandskämpfern bis zu ihrem Tod beigestanden, zur *Bekennenden Kirche* und zum *Kreisauer Kreis* gehört und mit seiner Frau Dorothee bis

147

zuletzt vielen Menschen innerhalb und außerhalb der Gefängnismauern ge-
holfen hat. Diese gesunde, jünger aussehende Vierzigjährige sei nach fünf
Monaten Haft eine Greisin gewesen, »völlig verhungert, gebeugt, das blonde
Haar weiß geworden. Sie konnte sich nur schleppend vorwärts bewegen.«

Während ihrer letzten Stunde in Plötzensee schrieb sie Verse ihres amerikanischen Lieblingsdichters Walt Whitman in ihr Notizbuch und ein Gedicht
ihres deutschen Lieblingsdichters Goethe: »Über allen Gipfeln ist Ruh ...«

Fritz Kolbe

Wer sein Vaterland liebt, muss es verraten

* 1900 in Berlin ✹ Besuch der Realschule ✹ 1917 Arbeit in einem Berliner Telegrafen-
büro ✹ Nach kurzer Militärzeit ab 1919 bei der Deutschen Reichsbahn ✹ 1921 Abitur am
Abendgymnasium ✹ 1925 Beginn der mittleren Laufbahn des Auswärtigen Amts ✹
Konsular- und Verwaltungstätigkeiten in Madrid, Warschau, Berlin und Kapstadt, 1939
Rückkehr als Oberinspektor nach Berlin ✹ 1941 Kolbe bekommt Zugang zum Führer-
hauptquartier »Wolfsschanze« ✹ August 1942 Reise nach Bern/Schweiz, Kontakt mit
Allen Dulles, dem Leiter des »Office of Strategic Service« ✹ ab 1943 liefert er unter dem
Decknamen »George Wood« geheime Dokumente und Nachrichten an den amerikani-
schen Geheimdienst ✹ 1946 Auswanderung in die USA ✹ 1951 Kolbes Versuch, nach
Wiederbegründung des Auswärtigen Amtes in Deutschland in den diplomatischen
Dienst zurückzukehren, scheitert ✹ † 1971 in Bern ✹ 2004 Gedenkveranstaltung zu Eh-
ren Fritz Kolbes durch Außenminister Joschka Fischer

Was soll ich tun, wenn ich plötzlich oder auch nur allmählich merke, dass
meine Regierung aus Verbrechern besteht? Davon unterschieden ist eine
zweite Frage: Was kann ich tun? Denn ein hoher Offizier im Generalstab oder
ein hoher Beamter in der Regierung hat natürlich andere Möglichkeiten als
ein Bauer oder eine Hausfrau.

Jedem Deutschen haben sich zwischen 1933 und 1945 diese zwei Fragen gestellt. Welche Antworten gab es?

Die einfachste Lösung war: Kopf in den Sand stecken. Nichts hören, nichts sehen, nichts sagen – dann gibt es diese Fragen gar nicht und dann brauche ich sie auch nicht zu beantworten. Und dann trifft mich auch keine Schuld, denn wenn ich nichts höre und sehe, kann ich ja gar nicht wissen, dass die Regierung aus Verbrechern besteht. Also muss ich auch gar nichts tun und noch nicht einmal etwas sagen.

Das Problem dieser Haltung ist: Wer den Kopf in den Sand steckt, hat bereits etwas gesehen. Deshalb steckt er ja den Kopf in den Sand. Er will nicht länger sehen, was er gesehen hat. Es muss also schrecklich gewesen sein, was er sah, so schrecklich, dass er lieber wegsieht und so tut, als wäre da gar nichts.

Das Wegsehen ist also ein Weglügen. Viele Deutsche haben sich während der Hitlerzeit für diese Scheinlösung entschieden und sich danach als unschuldig erklärt, da sie ja angeblich nichts gewusst und nichts gesehen hatten.

Es gab aber auch viele, die nicht weggeguckt haben und darum einigermaßen gut wussten, was los ist. Was konnten sie tun?

Nichts, haben nach dem Krieg viele gesagt. Wir als kleine Arbeiter, Handwerker, Bauern, Hausfrauen, Beamte im einfachen und mittleren Dienst hatten doch keinerlei Einfluss, keine Macht, auch kein Know-how. Wir konnten doch gar nichts machen.

Trotzdem hatten sie etwas »gemacht«. Sie hatten mitgemacht. Die einen begeistert, die anderen widerwillig. Wenn sie wirklich nur widerwillig mitgemacht hatten, taten sie es nach dem Schema: nur im Familienkreis und unter engsten Vertrauten darüber reden. Nach außen hin innerlich ablehnend schweigen, nicht auffallen, sich so weit wie möglich aus der Öffentlichkeit zurückziehen, irgendwie überleben, überdauern, überwintern, »in die innere Emigration gehen«, wie es hinterher genannt wurde, das war ihre Lösung.

Die klappte aber nicht, denn mit Schweigen gab sich die Regierung nicht zufrieden. Zustimmung wollte sie. Öffentliche Zustimmung. Eine Form der Zustimmung war beispielsweise der Hitler-Gruß. Wer in der Öffentlichkeit nicht mit »Heil Hitler« grüßte, fiel auf, machte sich verdächtig, musste erwarten, dass er gefragt würde, warum er den Gruß verweigerte. Es hätte eines kleinen Mutes bedurft, aufzufallen, den Gruß zu verweigern, und eines etwas größeren Mutes, die Fragen über sich ergehen zu lassen und zu beantworten oder nicht zu beantworten. An diesem kleinen Mut hat es massenhaft gefehlt.

Der Gruß war nicht das einzige Mittel, mit dem die Regierung von jedem Einzelnen eine Stellungnahme erzwang. Ein anderes war die »Beflaggung«. An Festtagen, an Tagen, an denen die SA mit Gesang und klingendem Spiel durch die Straßen marschierte, waren die Leute angehalten, die Hakenkreuz-fahne aus dem Fenster zu hängen. Wer das nicht tat, fiel auf. Wer weiterhin bei Juden einkaufte, fiel auf. Wer sich nicht an Spendenaktionen beteiligte, wer nicht zur *HJ (Hitlerjugend)* oder zum *BDM (Bund Deutscher Mädel)* ging, fiel auf. Und wer ein paarmal zu oft auffiel, wurde von der Gestapo abgeholt und kam verletzt, misshandelt, verstört wieder zurück. Oder kam nicht mehr zurück.

Konnte man es sich unter solchen Verhältnissen leisten, den Hitlergruß zu verweigern, die Hakenkreuzfahne nicht rauszuhängen, weiter bei Juden zu kaufen? Viele meinten: nein. Also machten sie mit, auch wenn sie innerlich da-gegen waren. Es erschien ihnen einfach zu gefährlich, nicht mitzumachen.

Auch den Kaufleuten, Händlern, Gastwirten, Inhabern kleiner Läden und Geschäfte erschien eine Verweigerungshaltung als zu gefährlich. Wenn da ei-ner nicht mitmacht, bleiben vielleicht die SA-, SS- und NSDAP-Mitglieder un-ter der Kundschaft irgendwann weg. Man riskiert vielleicht nicht immer gleich sein Leben, wohl aber seine ökonomische Existenz.

Daher fragten sich viele kleine Leute ganz pragmatisch: Was bringt es denn, wenn ich den Hitlergruß verweigere, die Fahne nicht raushänge und in der Öffentlichkeit sage, dass ich dagegen bin? Ich gefährde mich, meinen Ehepartner, meine Kinder – und wofür? Für nichts. Ich ändere ja nichts durch meine Verweigerung des Hitlergrußes. Und eine Fahne, die bei mir nicht aus dem Fenster hängt, wird kaum die Hitler-Regierung zum Einsturz bringen. Das Verhältnis zwischen Risiko und möglicher Wirkung stimmt einfach nicht. Ich bin zu unbedeutend, zu klein und zu ohnmächtig, als dass ich durch unbotmäßige Handlungen oder Wortmeldungen etwas Wesentliches ändern könnte. Und darum mache ich mit. Ich fühle mich nicht gut dabei, aber in den Händen der Gestapo würde ich mich noch schlechter fühlen.

So funktionieren Diktaturen. Herrschaft durch Verbreitung von Angst und Schrecken. Die Gegner zum Schweigen bringen, zu öffentlicher Zustimmung zwingen. Kleine Denunzianten, Versager, Zukurzgekommene mit Macht aus-statten. Sie werden begeistert mitmachen und jeden ans Messer liefern, der ihnen nicht passt oder dem sie sich früher immer unterlegen fühlten.

Unter solchen Bedingungen trotzdem aufzubegehren, erfordert mehr Mut, als der einzelne Durchschnittsmensch hat. Man kann aus dem sicheren Abstand von 70 Jahren und mitten in einer Demokratie kaum jemandem vorwerfen, diesen Mut nicht aufgebracht zu haben. Vorwerfen kann man ihnen allenfalls, dass sie sich nicht mit anderen zusammengeschlossen und gemeinsam aufbegehrt haben, denn je mehr aufbegehrt hätten, desto weniger Mut hätte der Einzelne gebraucht. Jeder verweigerte Hitlergruß wäre ein Signal und eine Aufforderung an die anderen gewesen, sich ebenfalls zu verweigern.

Viele derer, die auf die erste Frage – was soll man tun – ganz richtig geantwortet haben, man muss widerstehen, hatten dann aber sehr oft auf die zweite Frage keine praktikable Antwort: Was kann ich tun? Welche Möglichkeiten stehen mir zur Verfügung? Und vor allem: Wie weit kann ich gehen, ohne mein Leben und das meiner Angehörigen aufs Spiel zu setzen? Verrate ich wirklich meine eigene Überzeugung, wenn ich den Hitlergruß entbiete und damit aber vielleicht meine eigene Familie schütze? Ist es klug, nicht in die Partei einzutreten und sich dadurch vielleicht seine beruflichen Chancen zu vermasseln?

Wie schwer es vor allem für Einzelne in eher untergeordneten beruflichen Positionen war, unter den Bedingungen des Nazi-Terrors ihrem Gewissen zu folgen, dafür bietet das Leben des Konsular-Beamten Fritz Kolbe das beste Anschauungsmaterial. Es zeigt auch, wie lange es dauern konnte, um für sich selbst eine Lösung zu finden, welche Zufälligkeiten dafür oft ausschlaggebend waren, und wie viel Ausdauer, Mut und Nervenstärke es erforderte, die sich bietende Gelegenheit dann auch rasch und entschlossen zu ergreifen.

Es fing ganz harmlos an bei ihm, fast genauso, wie bei allen anderen Deutschen. Er hatte nicht studiert, arbeitete im mittleren Dienst des Auswärtigen Amtes, als Adolf Hitler Kanzler wurde. Fritz Kolbe hatte Hitler nicht gewählt. Er war von Anfang gegen ihn, weil er von seinem Vater nach ein paar sehr einfachen Grundsätzen erzogen wurde, an die sich Kolbe hielt: Du darfst niemandem blind gehorchen. Du sollst die Freiheit lieben. Versuche stets, dir selbst treu zu bleiben. Folge deinem Gewissen. Und auch ein paar einfache Sprüche dienten ihm als so etwas wie eine eiserne Ration fürs Leben: »Üb immer Treu und Redlichkeit, bis an dein frühes Grab.« Oder: »Was hülfe es dem Menschen, wenn er die ganze Welt gewönne und nähme doch Schaden an seiner Seele?«

Diese Grundsätze und Sprüche nahm Fritz Kolbe ernst. Damit kam er gut durchs Leben. Bis Hitler Kanzler wurde. Nun sah er, wie plötzlich viele seiner Kollegen, die sich vor 1933 noch abfällig über Hitler und die Nazis geäußert hatten, quasi über Nacht in die NSDAP eingetreten waren. Er trat nicht ein. Er sah, dass diese Kollegen ihre dienstlichen Schreiben jetzt mit »Heil Hitler« unterschrieben. Er tat das nicht. Er sah, dass immer mehr seiner Kollegen mit der Hakenkreuzbinde um den Arm herumliefen. Er nicht.

Er hielt sich weiter an seine Grundsätze, aber erlebte nun, dass er damit aneckte. Schnell wurde ihm klar: Es ist nur eine Frage der Zeit, bis ich auffallen werde und man mir unangenehme Fragen stellen wird.

Darauf bereitete Kolbe sich innerlich vor. Und um Druckmitteln vorzubeugen, baute er verstärkt auf seine anerkannt berufliche Leistung. Immer schon hat er seine Arbeit gewissenhaft und zur vollen Zufriedenheit seiner Vorgesetzten erledigt. Diese schätzten ihn, seinen Fleiß, seine Zuverlässigkeit, seine Präzision, seine Bereitschaft, Überstunden zu machen und auch mal eine Nacht durchzuarbeiten, seine geräuschlose, effiziente Art, wie er die täglichen Aufgaben erledigte. Nun gab er sich noch mehr Mühe bei seiner Arbeit als vorher, ging keiner Schwierigkeit aus dem Weg, dachte mit, dachte voraus, entwickelte konstruktive Lösungsvorschläge, entlastete seine Vorgesetzten nach Kräften. Seine Strategie lautete also: Mach den Nazi-Kram nicht mit, aber mach dich unentbehrlich bei der Arbeit.

Das funktionierte. Natürlich war er längst unangenehm aufgefallen, aber man ließ ihn in Ruhe, rund zwei Jahre lang, bis zum Herbst 1935. Er arbeitete zu diesem Zeitpunkt in der Botschaft in Madrid und schon lange war alles in Deutschland gleichgeschaltet und durchseucht von Spitzeln, SA-, SS- und NSDAP-Parteimitgliedern, auch die Dienststellen des Auswärtigen Amtes, auch die im Ausland. In Madrid und in zahlreichen anderen Hauptstädten gab es sogar Ortsgruppen der Auslandsorganisation (AO) der NSDAP.

Zu dieser Ortsgruppe wurde Kolbe eines Tages einbestellt. Irgendeine Sekretärin hatte irgendwann irgendein Gespräch mitgehört, bei dem Kolbe den italienischen Faschistenführer Mussolini als »Schwein« bezeichnet hatte, und das wurde dem Madrider Ortsgruppenleiter der NSDAP zugetragen. Jetzt hatten sie etwas gegen Kolbe in der Hand. Er war ihnen schon lange ein Dorn im Auge. Jetzt konnten sie ihm drohen.

Und sie drohten. Zunächst, indem der Ortsgruppenleiter ihn fragte, warum er sich weigere, »Teil der Bewegung« zu werden und aktiv die nationalsozialistische »Revolution« zu unterstützen. Dann konfrontierte er Kolbe mit dessen Äußerung über Mussolini. Weiter kam der Vorwurf, er pflege Umgang mit »jüdischen Kreisen« und sogar »Marxisten«. Und schließlich wurde er gefragt, warum er nicht an der kleinen Geburtstagsfeier für den Führer am 20. April teilgenommen habe. Er, der Ortsgruppenleiter, frage sich, ob es nicht angebracht wäre, mit Kolbes Vorgesetztem, dem Konsul, mal ein Gespräch über ihn zu führen.

Kolbe war also auch in Madrid nicht mehr frei. Die Partei drohte ihm mit Hinauswurf aus dem Amt. Er wurde beobachtet, sogar außerhalb des Dienstes, in seiner Freizeit. Er hatte sich mit dem jüdischen Geschäftsmann Ernst Kocherthaler angefreundet und ihn öfter getroffen. Ihn meinten sie mit »jüdischen Kreisen« und »Marxisten«.

Mit wem er privat Umgang habe, gehe niemanden etwas an, antwortete Kolbe. Dass er nicht in der Partei sei, hänge mit der Krankheit seiner Frau zusammen. Er habe einfach keine Zeit, sich außer um seinen Beruf und seine Frau noch um etwas anderes zu kümmern. Und listig fügte er hinzu, er möchte nicht als Opportunist gelten, der jetzt, da eine Parteimitgliedschaft nur Vorteile bringt, in die Partei eintritt, während er vor 1933 nicht drin war.

Am Ende wollten sie von ihm wissen, was er eigentlich für eine Weltanschauung vertrete. Da griff Kolbe zu einer neuen Strategie: sich dumm stellen, als Einfaltspinsel erscheinen, den die Partei sowieso nicht brauchen kann. Und so sagte er, er wisse nicht, was eine Weltanschauung sei, er habe wohl keine, redete ein wenig herum, gab dummes Zeug von sich, und so ließen sie ihn schließlich gehen.

Wenn der Ortsgruppenleiter versucht haben sollte, im Madrider Konsulat Stimmung gegen Kolbe zu machen, so war er damit nicht erfolgreich. Kolbe blieb unbehelligt, lavierte sich weiter so durch die Jahre, wurde nach Kapstadt versetzt. Dort hatte er erstmals bewusst gegen Gesetze und seine Pflichten als Beamter verstoßen, um einige Naziflüchtlinge zu retten. Er fälschte ihre Pässe.

Im Herbst 1939 wurde er nach Berlin zurückbeordert. Auf der langen Dampferfahrt von Südafrika nach Europa hatte er Zeit zum Nachdenken. Wie sollte es weitergehen? Sein eigenes Land war ihm im Ausland immer fremder geworden. Nun musste er in dieses ungeliebte Land zurück, einer verbrecherischen Regierung dienen. Konnte er das weiter tun, ohne sich der Beihilfe zu den Verbrechen der Regierung schuldig zu machen? Nein, eigentlich nicht. Aber was war die Alternative?

Er sah keine. Zwar erwog er die Möglichkeit, gegen die Nazis Widerstand zu leisten, aber verwarf sie sogleich wieder. Zu viele derer, die es versucht hatten, hatte er in Lager verschwinden sehen. Einer seiner Freunde, der Flugblätter verteilt hatte, wurde bei einem Verhör so gequält, dass er sich in seiner Zelle erhängte.

War dieser Tod die Sache wert? Hat das irgendjemandem geholfen, einem Juden das Leben gerettet, einen Häftling aus dem KZ befreit? Hatte es wenigstens eine negative Auswirkung auf Hitlers Herrschaft? Kolbe sah keine. Als Einzelner öffentlich gegen Hitler zu kämpfen, erschien ihm töricht.

Einfach nicht nach Deutschland zurückkehren, sich absetzen, in Südafrika bleiben oder sonst wo im Ausland untertauchen, wäre eine andere Möglichkeit gewesen. Aber wovon hätte er dann leben sollen? Und wem wäre damit gedient gewesen? In Südafrika hatte er viele Emigranten kennengelernt. Nützten sie irgendjemandem? Schadeten sie Hitler?

In seiner Stellung als Konsularbeamter hatte Kolbe in Südafrika immerhin einigen Flüchtlingen durch falsche Pässe das Leben retten können. Als Emigrant oder im Gefängnis einsitzender Widerstandskämpfer könnte er niemandem mehr helfen. Also kommt er zu dem Schluss, dass es doch besser sei, in aller Stille und anonym »ein bisschen was zu tun«, so viel, wie nun mal in seinen Möglichkeiten steht. In Berlin würde er einen gewissen Zugang zum Inneren des Systems haben. Vielleicht lässt sich ja daraus etwas machen. Mit diesem Beschluss reist er, nun innerlich ruhiger, nach Berlin.

Dort aber kommt gleich eine große Versuchung auf ihn zu. Man möchte ihn als Konsul ins norwegische Stavanger schicken. Ein ruhiges Land. Keine Versorgungsmängel. Ein normales Leben. Mehr Freiheit als in Berlin. Ein höheres Gehalt. Ein Schritt nach oben auf der Karriereleiter. Es könnte noch weiter nach oben gehen. Könnte er alles haben, unter einer Bedingung: Er muss in die Partei eintreten.

Er bittet sich Bedenkzeit aus. Warum sagt er nicht gleich Nein? Weil er einige Leute kennt, von denen er weiß, dass sie zwar auch Parteimitglied, aber dennoch keine Nazis sind. Sie sagen: Das Parteibuch ändert doch nicht meine

Überzeugung. Es erleichtert einem nur vieles. Man hat seine Ruhe. Wird nicht mehr so streng überwacht. Und wer heimlich gegen das Regime arbeiten will, kann dies leichter mit Parteibuch als ohne, kommt auch leichter an wichtige Informationen ran und bekommt interessantere, einflussreichere Posten mit mehr Handlungsspielraum, der auch gegen das Regime genutzt werden kann. Warum also nicht?

Heute wissen wir, dass das nicht in jedem Fall eine bequeme Ausrede war. Es hat Menschen gegeben, die in der Partei und zugleich Widerstandskämpfer waren. Arvid Harnack zum Beispiel war bewusst in die NSDAP eingetreten, um über das Parteiticket in eine einflussreiche Position zu kommen und von dieser Position aus gegen das Regime zu arbeiten.

Fritz Kolbe entschied sich anders. Nach zwei Tagen sagte er: Nein. Einfach aus dem Grund, dass er das Gefühl hätte, seine eigene Überzeugung zu verraten, wenn er Ja sagte. Er könnte sich morgens nicht mehr ohne Unbehagen im Spiegel betrachten.

Der Entschluss fiel ihm doppelt schwer, nicht nur wegen des Verzichts auf den interessanten Posten in Stavanger und der Gewissheit, nun nur noch mit uninteressanten, unwichtigen Aufgaben betraut zu werden, sondern auch wegen Rudolf Leitner. Seit vielen Jahren sein Chef. Natürlich Parteimitglied. Ob aus Überzeugung oder aus Opportunismus, vermag Kolbe nicht zu sagen, dafür kennt er ihn nicht gut genug. Aber dieser Leitner hält seit vielen Jahren seine schützende Hand über Kolbe.

Kolbe vermutet, Leitner stecke hinter der Stavanger-Idee, ihm habe er dieses Angebot zu verdanken. Und nun, da er es abgelehnt hat, fürchtet er, Leitners Sympathien zu verlieren, als undankbar und störrisch vor ihm dazustehen. Mit klopfendem Herzen liest er wenige Tage später, dass Leitner ihn sprechen wolle. Nichts Gutes ahnend betritt er dessen Büro.

Aber Leitner ist freundlich, versucht, ihm das Angebot noch einmal schmackhaft zu machen, macht aber auch klar: Das Parteibuch ist Bedingung. Kolbe fasst sich ein Herz und trägt mutig vor: Es geht nicht. Er kann nicht. Und während er vorsichtig über seine Gründe spricht, denkt er: Nun ist es aus. Vorbei. Aber gut, dass es heraus ist, und nun soll geschehen, was will. Er jedenfalls ist jetzt mit sich im Reinen.

Die klassische Situation jeder Diktatur. Plötzlich steht sie im Raum und erzwingt eine Entscheidung. Ja oder nein. Mit allen Konsequenzen.

Ich muss dabei immer an einen Verwandten von mir denken, Andreas Schadeberg, der etwas Ähnliches in der DDR erlebte. Eines Tages bekam er einen Anruf von der Staatssicherheit (Stasi), dem Geheimdienst der DDR, und wurde aufgefordert, sich zu einem bestimmten Termin an einem bestimmten Ort einzufinden. Der bestimmte Ort war eine konspirative Wohnung. Darin saßen zwei Herren, die nach kurzem, höflichen Geplauder zur Sache kamen: Ob er nicht für sie arbeiten wolle? Als IM (inoffizieller Mitarbeiter)? Er hätte einfach nur regelmäßige Berichte über Menschen aus seinem privaten und beruflichen Umfeld abliefern müssen. Sie wollten ihn also als Spitzel verpflichten, wie sie es mit so vielen Menschen in der DDR gemacht hatten.

Schadeberg erzählt: »Mir brach der Schweiß aus. Ich zitterte am ganzen Leib. Ich brachte zunächst kein Wort heraus. Dann nahm ich all meinen Mut zusammen und sagte: Nein.«

Als die beiden sich höflich verabschiedet hatten, zitterte er noch immer, fühlte sich aber gut, frei, erleichtert, mit sich im Reinen, und doch zugleich tief verunsichert, denn nun dachte er: Das wird gewiss Folgen haben. Bestimmt kommen sie wieder. Oder schicken mir eine Vorladung. Oder schikanieren mich an meinem Arbeitsplatz.

Aber dann geschah: nichts. Schadeberg sah die beiden Männer von der Stasi nie wieder. Er erhielt auch keine Vorladung. Er konnte seine Arbeit als Arzt an seinem Krankenhaus einfach weiter verrichten bis zum Fall der Mauer.

So glimpflich kam Fritz Kolbe nicht davon. Leitner hatte ihm zwar aufmerksam zugehört, Verständnis bekundet und fast so etwas wie Respekt gezeigt, denn er begleitete seinen Untergebenen zur Tür des Büros, aber verabschiedete ihn mit den Worten: »Das Problem ist, dass man Ihnen in Zukunft weit weniger interessante Aufgaben zuteilen wird und dass ich im Augenblick nicht viel für Sie tun kann.«

Kolbe ging durch die Tür auf den Flur und atmete tief durch. Es hätte schlimmer kommen können. Dann eben überwintern, überdauern mit uninteressanten Aufgaben. Lieber das, als durch Parteieintritt nach außen hin zu signalisieren: Ich gehöre auch dazu, also stimme ich zu. Er stürzte sich mit Eifer auf seine neuen Aufgaben, die tatsächlich unwichtiger waren als alles, was er jemals zu tun gehabt hatte, aber tröstete sich mit dem Gedanken: Je unwichtiger die Aufgaben, desto geringer ist mein Nutzen fürs Regime, desto weniger werde ich zum Komplizen des Systems.

Aber natürlich fiel er wieder auf, auch in der untergeordneten Funktion, die er nun innehatte. Und nicht mehr Leitner war sein Vorgesetzter, sondern ein Mensch, der tatsächlich Martin Luther hieß, aber mit dem »richtigen« Martin Luther nicht das Geringste zu tun hatte. Dieser Luther war ein primitiver Emporkömmling, der es unter den weltläufigen, gebildeten, elegant-elitären Diplomaten des Außenministeriums in früheren Zeiten vermutlich nicht mal bis zum Pförtner gebracht hätte.

Aber nun herrschten andere Zeiten. Zeiten, die einen wie Luther begünstigten. Früher, in den Zwanzigerjahren, war er Spediteur, Möbelpacker – und schon früh dabei in der »Bewegung«: Mitglied der SA und der NSDAP. Das, und der Zufall, dass er die Möbel eines Mannes nach England transportierte, der dort Botschafter wurde, Joachim von Ribbentrop, hat ihn in das Auswärtige Amt gespült, dessen Chef Ribbentrop mittlerweile war. Ihm hatte Luther sich angedient, sein Vertrauen hatte er sich erworben, mit ihm ist er aufgestiegen, Ribbentrop zum Außenminister, Luther zum Unterstaatssekretär. In dieser Funktion war ihm keine Aufgabe zu schmutzig, als dass er sie nicht erledigt hätte. Als Teilnehmer jener Wannseekonferenz, bei der die Verfolgung und Ermordung der europäischen Juden organisiert wurde, war er einer der Haupt-Mitverantwortlichen.

Bei diesem Martin Luther im Büro wurden immer wieder einige Wichtigtuer vorstellig, die fragten: »Wer ist eigentlich dieser kleine Beamte, der einem nicht einmal den Hitlergruß entbietet, wenn man in sein Zimmer tritt?«

Kolbe hatte es also noch immer geschafft, sich ohne Hitlergruß durchs Dritte Reich zu mogeln, und das inmitten einer der größten und mächtigsten Behörden der Regierung. Sieben Jahre ohne Hitlergruß, und noch immer konnte ihm niemand etwas anhaben. Aber nun bekam er es mit Luther zu tun. Der wurde zunehmend wütender über die kleine Widerborstigkeit des »kleinen Beamten«, und so stand Luther plötzlich eines Tages in Kolbes Büro und brüllte: »Kolbe, ich werde künftig nicht mehr den kleinsten Verstoß von Ihrer Seite mehr dulden. Sie wären nicht der Erste, der einfach verschwinden würde ...«

Da fuhr Kolbe der Schreck in die Glieder. Wir wissen nicht, ob er jetzt den Hitlergruß entbot, wir wissen nur: Er zog sich noch mehr in sich selbst zurück, machte sich ganz klein, legte sich Schrulligkeiten zu, damit man ihn nicht für voll nähme, gründete einen Schachklub, streifte scheinbar geistes-abwesend durch die Gänge seiner Behörde und brabbelte halblaut die Schachzüge großer Weltmeisterschaften vor sich hin: »1. d4 d5 2. c4 e6 3. sc3 sf6 (...).« So überstand Kolbe auch das achte Jahr der Herrschaft Hitlers.

Und seine Zuverlässigkeit wurde weiterhin gebraucht, seine Erfahrung, seine Präzision, seine Hingabe an die Arbeit. Dank dieser Eigenschaften übertrug man ihm irgendwann auch wieder interessantere, wichtigere, ver-traulichere Aufgaben. Und im September wurde er in die Wolfsschanze ge-schickt, das Führerhauptquartier Adolf Hitlers in Ostpreußen. Leitner hatte wieder einmal seine Hand im Spiel, sorgte für eine Versetzung Kolbes in eine andere Abteilung. Nicht mehr Martin Luther war jetzt sein Vorgesetzter, son-dern Karl Ritter, natürlich Parteimitglied, aber nicht aus Überzeugung, nur ein Opportunist, eher Zyniker als Hitlergläubiger. Kolbe ist nun dessen Assis-tent.

Bei Ritter treffen täglich Hunderte von Telegrammen aus allen deutschen Botschaften der ganzen Welt ein. Kolbe darf sie nicht nur lesen, sondern muss sie lesen, denn er muss sie nach Wichtigkeit sortieren, die wichtigsten seinem Chef zuleiten, die anderen an andere Dienststellen verteilen. So er-fährt Kolbe, was läuft in der Welt. So wurde er im Laufe der Zeit zu einem der am besten informierten Beamten des Ministeriums und des ganzen Landes. Und nun fuhr er also auch noch ins Führerhauptquartier.

Nur wenige Menschen in Deutschland wussten, wo es lag. Noch weniger ka-men hinein und Kolbe war einer dieser Auserwählten.

Wichtige Akten, »geheime Reichssachen«, waren aus Berlin in die Wolfs-schanze zu bringen, zu Botschafter Karl Ritter, dem Verbindungsmann des Ministeriums zum Oberkommando der Wehrmacht. Keine besonders bedeu-tende Aufgabe, aber eine, die höchste Zuverlässigkeit erforderte. Kolbe war der richtige Mann dafür. Im September 1941 fuhr er erstmals mit dem Zug von Berlin in diese sagenhafte Wolfsschanze bei Rastenburg in Ostpreußen, ne-ben sich die Aktentasche, die er zu hüten hatte wie seinen Augapfel. So lernte er den Ort kennen, an dem Hitler mit seinen Generalen den Weltkrieg steu-erte, sah das Gebäude, in dem der Führer mit seinen Generalen die Lage be-sprach, erfuhr, wo Hitler wohnte, wo er schlief, wie er bewacht wurde, wer sonst noch da war. Und was dort so gesprochen wurde.

Als er von der Wolfsschanze nach Berlin zurückkehrte, diesmal per Flugzeug, wusste er wieder ein bisschen mehr. Er hatte im Nebenraum eines Konferenzzimmers gesessen und war dadurch zum Ohrenzeugen eines Gesprächs hochrangiger Beamter und Militärs geworden. Sie wussten nicht, dass jemand mithörte, und sprachen deshalb freimütig miteinander über Einzelheiten des Russlandfeldzugs. So erfuhr er von den Gräueln des Krieges, Erschießungen von Frauen und Kindern, Massengräbern für erschossene Juden.

Zu Hause angekommen las er sehr präzise Berichte über das Treiben eines Reinhard Heydrich und dessen Einsatzgruppen in Osteuropa. Männer, Frauen, Kinder mit Maschinengewehren niedergemäht, lebendig verbrannt, erwürgt und manchmal mit Hacken und Hämmern erschlagen. Das Wissen konfrontierte ihn wieder mit einer lange verdrängten Frage: Kann ich noch einfach so weitermachen, den braven Soldaten Schwejk mimen, mich verstellen, so tun, als sei ich ein kleiner, dummer, beschränkter Beamter? Diese Strategie hat mir geholfen, die letzten Jahre zu überstehen, sie schützte mich, aber niemanden außer mir.

Aus seinem ursprünglichen Plan, anderen zu helfen, gegen das Regime zu arbeiten, kleine subversive Aktionen des Widerstands zu betreiben, war nichts geworden. Zwischen Ende 1941 und Anfang 1942 quälte ihn die Frage: Was soll ich tun? Was kann ich denn tun, ich, der kleine Beamte, der verschlossene Umschläge von A nach B bringt?

Dann aber reifte in ihm ein kühner Gedanke. Deutschland muss den Krieg verlieren, je schneller, desto besser. Und ich, der kleine Beamte, kann dazu etliches beitragen, denn ich weiß doch ungeheuer viel. Ich weiß, was Deutschlands Kriegsgegner gerne wüssten. Ich weiß, was sie wissen müssten, um den Krieg schneller zu gewinnen. Warum also verrate ich es ihnen nicht einfach?

Die Frage war nur: wie? Sollte er in die englische, russische, französische oder amerikanische Botschaft gehen und dort sagen, er komme vom deutschen Auswärtigen Amt und habe den Feinden Deutschlands ein paar kriegsentscheidende Informationen zu liefern? Er käme nicht einmal am Pförtner vorbei. Und wenn er die Botschaft wieder verließe, würde er draußen von zwei Männern in schwarzen Mänteln in Empfang genommen, in die Behörde Heinrich Himmlers gebracht und dort gefragt, was er denn bei den Kriegsfeinden gewollt habe.

Kolbe ist von seinem Entschluss fasziniert und denkt nun wie besessen darüber nach, wie er es anstellen soll, sein Wissen an Engländer oder Franzosen weiterzugeben. Während er nachdenkt, legt er in seinem Panzerschrank ein geheimes Depot an. Er sammelt alle Unterlagen, die er eigentlich vernichten soll, nachdem sein Chef sie gelesen hat. Er schreibt auf, was er hört und sieht, was für den »Feind« wichtig sein könnte. Er hört sich um in seiner Behörde, um noch mehr zu erfahren, sammelt Fakten, türmt Wissen auf, füllt seinen Tresor. Aber noch immer weiß Kolbe nicht, wem er seinen Schatz anvertrauen soll, wie er das einfädeln soll, wie er überhaupt beginnen soll, seinen Plan zu realisieren.

In die Schweiz müsste man gehen, fährt es ihm durch den Kopf. Oder nach Schweden, in irgendein neutrales Land, das nicht in den Krieg verstrickt ist. Als alter Hase in auswärtigen Diensten weiß er: Die Hauptstädte der neutralen Länder sind die Hauptumschlagsplätze geheimer Nachrichten, dort tummeln sich die Spione aus allen Ländern, denn dort können sie in relativer Sicherheit ihre Auspähaktionen planen, ihre Geheimdienst-Aktivitäten koordinieren und ihre Nachrichten weiterleiten. Dort müsste es doch mindestens ein Dutzend verschiedener Geheimdienstleute geben, die seine Informationen mit Handkuss nähmen. Und die Übergabe ließe sich relativ gefahrlos gestalten.

Ja, die Schweiz wäre das Richtige, denkt Kolbe, der am besten geeignete Ort, denn dort wohnt sein Freund Kocherthaler, der bestimmt über Kontakte verfügt, die ihm weiterhelfen. Unklar ist nur, wie er es anstellen soll, mit einem Packen geheimer Dokumente über die Grenze zu kommen. Als Privatmann in die Schweiz zu reisen, scheidet aus. Wenn sie ihn bei der Ausreise filzten und fänden die Dokumente, wäre seine Reise zu Ende. Und sein Leben auch.

Also eine Dienstreise. Eine Dienstreise müsste es sein. Als Reisender im diplomatischen Dienst käme er problemlos über die Grenze. Das Problem war nur: Für eine Dienstreise des Beamten Fritz Kolbe in die Schweiz müsste es einen dienstlichen Grund geben. Diesen Grund gab es nicht. Würde es wohl auch nicht geben. Kolbe war ratlos.

In dieser Lage tut er, was die meisten Widerstandskämpfer getan haben. Er vernetzt sich. Streckt seine Fühler aus, schaltet alle Antennen auf Empfang, um mit Menschen in Kontakt zu kommen, die ähnlich denken und fühlen wie er. Kein leichtes Unterfangen. Jeder misstraut jedem. Jeder oppositionelle Gedanke, jede widerständige Handlung kann nur im Untergrund, in geheimen Zirkeln gedacht und geplant werden. Aber von diesen geheimen Zirkeln gibt es etliche in Berlin, die *Bekennende Kirche* um Dietrich Bonhoeffer und Martin Niemöller, die *Kreisauer* um Helmuth James von Moltke und Yorck von Wartenburg, die *Rote Kapelle* um Arvid Harnack und Harro Schulze-Boysen, die militärischen Widerständler um Claus von Stauffenberg und Ludwig Beck, die gewerkschaftlichen Widerständler um Wilhelm Leuschner und Jakob Kaiser und noch zahlreiche Gesprächskreise.

Über seine neue Liebe Maria Fritsch, die später seine dritte Frau werden sollte, lernt er den weltberühmten Chirurgen Ferdinand Sauerbruch kennen. In dessen Haus traf sich regelmäßig die »Mittwochsgesellschaft«, eine bunt gemischte Gruppe aus Wissenschaftlern verschiedener Fachrichtungen, Verwaltungsbeamten, Militärs, Unternehmern, Kulturschaffenden und Regierungsmitgliedern. Auch einige Verschwörer gegen Hitler, wie etwa der Botschafter Ulrich von Hassell und Generaloberst Ludwig Beck gehörten dazu. Sauerbruch fand Gefallen an Kolbe und lud ihn daher öfter zu seinen Mittwochsgesellschaften ein. Auf diese Weise bekam Kolbe Kontakt zu verschiedenen Mitgliedern der Berliner Untergrundszene.

Er gehört jetzt auch irgendwie dazu, wenn auch nur als Randfigur, von deren Existenz die führenden Köpfe dieser Kreise oft gar nichts wussten. Aber im Frühjahr 1943 lernt Kolbe durch seine neuen Verbindungen Gertrud von Heimerdinger kennen, auch sie eher eine Randfigur im deutschen Widerstand, aber eine wichtige, für Kolbe die wichtigste. Sie wird für ihn zur entscheidenden Instanz für alles Weitere, denn sie bahnt ihm den Weg in die Schweiz.

Gertrud von Heimerdinger arbeitete im Kurier-Referat des Auswärtigen Amtes und hatte schon seit Längerem Verschwörern wie etwa dem Diplomaten Adam von Trott zu Solz vom *Kreisauer Kreis* zu Auslandsreisen verholfen, damit sie mit den westlichen Alliierten Kontakt aufnehmen konnten. Nun zeigte sie sich bereit, ihre berufliche Stellung zu nutzen, um auch Fritz Kolbe zu einer Dienstreise in die Schweiz zu verhelfen. Im August 1943 war es so weit. Kolbe hatte einen dienstlichen Auftrag in der Tasche, der eine Reise nach Bern erforderlich machte.

Ruhig und sorgfältig bereitete er sich darauf vor. Dann, kurz vor der Abreise, schloss Kolbe seine Bürotür von innen ab, ließ die Hose herunter und befestigte an seinen Schenkeln mit einem dicken Bindfaden zwei Umschläge mit geheimen Dokumenten. Er zog die Hose wieder hoch, sperrte sein Büro auf, verließ es, ging zum Bahnhof und fuhr nach Bern.

Dort gestaltete sich dann alles noch viel schwieriger, als er sowieso befürchtet hatte. Zwar kam er mit klopfendem Herzen über die Grenze, zwar hatte er seinen Freund Kocherthaler informiert, zwar hatte er sich mit ihm getroffen, und dieser hatte sofort seine Bereitschaft bekundet, all seine Beziehungen spielen zu lassen, um ihm einen Kontakt zu den Engländern zu verschaffen, und er bekommt ihn auch. Aber mehr nicht. Ein untergeordneter Beamter hört sich von Kocherthaler an, dass er Verbindungsmann zu einem geheimnisvollen deutschen Diplomaten sei, der bereit sei, wertvolle geheime Informationen zu liefern, ohne Geld, ohne irgendeine Gegenleistung, allein aus dem Wunsch heraus, den Krieg zu verkürzen, weiteres Blutvergießen zu vermeiden, Hitler zu stürzen.

Das glaubt der Engländer nicht. Dass ein Spion kein Geld will, das hatten sie in seinem Geheimdienst noch nie gehabt. Entweder ist das ein Trick der Deutschen, die da einen Geheimdienstler vorschieben, der sie nur mit lauter falschen Informationen versorgen soll, oder dieser angebliche Diplomat ist ein Spinner, ein Hochstapler, ein Betrüger, auf jeden Fall aber jemand, dessen Informationen sehr wahrscheinlich wertlos sind. Hätte man genügend Zeit und Personal, könnte man sie ja einer Prüfung unterziehen, aber man hat keine Zeit, und das bisschen Personal ist vollauf damit beschäftigt, seriöser erscheinende Angebote zu prüfen und die Spreu vom Weizen zu trennen.

Da sitzt Fritz Kolbe also nun in seinem Berner Hotel mit einem Stapel voller Geheimdokumente aus dem inneren Kreis der Macht im Deutschen Reich, aber die Engländer wollen sie nicht haben. Dann musst du's eben bei den Amerikanern probieren, sagt Kocherthaler, und wieder blättert er in seinem Adressbuch, telefoniert, und kriegt einen Termin. Der US-Geheimdienstler hört sich die Geschichte sehr distanziert an, blättert scheinbar gelangweilt in einigen Dokumenten, welche an den Außenminister Ribbentrop adressiert sind oder dessen Unterschrift tragen, dann steht der Amerikaner auf, bittet Kocherthaler, in einem Vorraum zu warten, er werde gleich wieder zurück sein.

Der Beamte geht mit den Papieren ein Stockwerk höher, legt sie Allen

Welsh Dulles vor, dem Gesandten des US-Geheimdienstes Office of Strategic Services (OSS). Schon nach einem kurzen Blick auf die Papiere war Dulles klar: Wenn die echt sind und wenn die Geschichte dieses Schweizers und dessen deutschem Freund stimmt, dann ist das ein ganz aufregender Moment in seinem Leben, denn dann hat er einen Spion gewonnen, der im Herzen der gegnerischen Macht sitzt, dann hat er eine sprudelnde Quelle, die kriegsentscheidend werden könnte.

Aber sind die Dokumente echt? Stimmt die Geschichte der beiden Männer?

Wenn die Geschichte nicht stimmt, wer könnte dann dahinterstecken? Mit welcher Absicht? Die Schweizer vielleicht. Offiziell sind Spionagetätigkeiten in der Schweiz verboten wie in jedem anderen Land. Natürlich weiß die Schweizer Regierung, dass die vielen Botschaften in Bern nicht nur der Pflege internationaler Politik und der Diplomatie dienen, sondern der diplomatische Status von Engländern, Franzosen, Amerikanern und Russen immer auch für Spionage und geheimdienstliche Aktionen missbraucht wird. Der deutsche Nachbar weiß es auch und beschwert sich regelmäßig, massiv und mit drohendem Unterton darüber, dass die Schweizer Regierung zu wenig tue, das Treiben der Spione einzudämmen.

Es könnte also sein, denkt Dulles, dass die Schweizer dahinterstecken. Sie stellen ihm eine Falle, und wenn er hineintappt, ist er der Spionage überführt und wird des Landes verwiesen. Dann könnten die Schweizer den Deutschen sagen: Seht ihr, wir tun was. Also beruhigt euch.

Es könnte aber auch eine Falle der Deutschen sein, überlegt Dulles weiter. Vielleicht handelt es sich um gefälschte Dokumente, die uns in die Irre führen sollen. Vielleicht handelt es um echte, aber unwichtige oder gänzlich wertlose Informationen, die wir nur deshalb nach Washington schicken sollen, damit die Deutschen sie abfangen und unseren Verschlüsselungs-Code knacken können – der klassische Trick.

Dulles wusste, dass die zwei Deutschen es zuvor schon bei den Engländern versucht hatten. Und abgeblitzt waren. Warum sollte er die beiden ernster nehmen, als es die Engländer getan haben? Es war doch sehr unwahrscheinlich, dass ein deutscher Konsularbeamter unter Lebensgefahr von Berlin in die Schweiz reiste, um den Amerikanern – aus purem Idealismus, ohne jede Gegenleistung – Geheimdokumente anzudienen. Wer soll das glauben?

Dulles glaubt es nicht. Aber dann erinnert er sich einer peinlichen Geschichte in seiner Berufslaufbahn. Am Beginn seiner Karriere, 1917, war er schon einmal in der Schweiz stationiert. Irgendein obskurer Berufsrevolutionär hatte ihn um ein Treffen gebeten. Dulles hatte keine Lust. Er war mit einer jungen Dame zum Tennis verabredet. Das erschien ihm wichtiger und das Treffen mit dem Revolutionär kam nicht zustande. Wenige Wochen später erfuhr er: Dieser obskure Revolutionär war Lenin. Er hatte ein Gespräch mit dem Mann verpasst, der danach den russischen Zaren stürzen sollte. Damals beschloss Dulles, niemals mehr das kleinste Treffen mit einem Unbekannten abzulehnen, jeden Hinweis, und erscheine er noch so unglaubwürdig und absurd, zumindest kurz zu prüfen. Daher entscheidet Dulles, sich die zwei Kerle mal anzusehen.

Am 19. August 1943 saßen Kolbe und Kocherthaler um Mitternacht in der Wohnung von Dulles' Assistenten, um dort einen gewissen Mr Douglas zu treffen. Das war Allen Dulles. Der Auftritt unter falschem Namen ist geheimdienstliche Gewohnheit. Tarnen und Täuschen ist Spionen zur zweiten Natur geworden, daher spielen sie ihre Rolle so konsequent, dass ihr Spiel manchmal kindisch und lächerlich erscheint. Kolbe war daher natürlich klar, dass dieser Mr Douglas heißen will, wie er mag, aber bestimmt nicht Douglas heißt. Er kam auch bald nach dem Treffen dahinter, wen er wirklich vor sich hatte.

Aber nun spielt er das Spiel erst einmal mit und tut so, als ob er wirklich einem Mr Douglas gegenübersäße. Er überreicht dem Mister ein dickes Bündel geheimer Dokumente, Depeschen von der Ostfront, Berichte über deutsche Sabotageakte gegen Widerstandskämpfer in Frankreich, Protokolle geheimer Unterredungen Ribbentrops mit ausländischen Diplomaten, wie etwa dem japanischen Botschafter. Und sieht, dass der Mister seine Erregung zwar gut verbirgt, aber eben nicht gut genug. Kolbe spürt, dass dieser Mr Douglas beeindruckt ist, auch wenn er noch so cool tut.

Dann beginnt Dulles, Kolbe auszufragen. Über die Stimmung in Berlin, seine Arbeit, die Kollegen, die SS, sein Privatleben, seine Herkunft, seine Ausbildung. Als Kolbe erzählt, dass er auch in der Wolfsschanze war, muss er deren Lage auf einer Karte einzeichnen. Präzise beschreibt er den Aufbau des Führerhauptquartiers. Dann liefert er noch zahlreiche mündliche Informationen. Wo welche Kriegs- und Industriegüter hergestellt werden, wie die Spanier den Deutschen Wolfram liefern, dass sich deutsche und japanische

U-Boote am Kap der Guten Hoffnung treffen, dass die Deutschen einen Spion in London haben, und dass sie sehr wahrscheinlich den Verschlüsselungscode des US-Geheimdienstes geknackt haben. Und schließlich erklärt er Dulles noch, wie die deutsche Verschlüsselungstechnik funktioniert.

Kurz nach drei Uhr in der Früh gehen die Männer erschöpft auseinander. Es wurde vereinbart, sich in der nächsten Nacht wieder zu treffen. Kolbe solle bis dahin in der deutschen Botschaft so viel wie möglich über das deutsche Spionagenetz in der Schweiz herausfinden. Er findet viel heraus. Dulles ist sehr beeindruckt. Und ist geneigt, diesem Deutschen zu glauben.

Natürlich lässt er, als Kolbe schon wieder nach Berlin unterwegs ist, alles prüfen, was er erzählt hat. Kolbes Privatleben wird erforscht, Kontaktpersonen werden befragt, Schriftstücke auf Echtheit geprüft, Daten miteinander verglichen, Kolbes Spuren in Madrid und Kapstadt verfolgt, der Apparat läuft auf Hochtouren und findet heraus: Alles stimmt. Es gibt nicht einen einzigen Anhaltspunkt dafür, dass an Kolbes Geschichte etwas falsch oder auch nur unstimmig sein könnte. Dulles ist jetzt sicher: Er hat eine Goldquelle aufgetan. Dulles gibt ihr den Namen »George Wood«. Unter diesem Decknamen wird Kolbe nun künftig für den »Feind« arbeiten, der ihm kein Feind ist, sondern der ersehnte Befreier von Hitler.

Wieder in Berlin, fängt Kolbe an, wichtige Dokumente nicht mehr handschriftlich abzuschreiben oder sie aus dem Büro zu schmuggeln, sondern sie zu fotografieren. Dulles hat ihm dafür eine Kamera geschenkt.

Tagsüber sitzt Kolbe nun, wie immer, in Ritters Vorzimmer und liest Telegramme und Akten, nachts fotografiert er sie und schreibt bis zum frühen Morgen Zusammenfassungen dessen, was er gehört, aufgeschnappt, gesehen hat, während über Berlin die alliierten Bomber dröhnen. Aber die Bomber machen ihm keine Angst. Sie sind ihm die Vorboten der Befreiung, an der mitzuwirken jetzt zu seiner größten Leidenschaft wird.

Aber er musste aufpassen. Er konnte nicht jede Nacht in seinem Büro durcharbeiten. Das fiele auf. Daher nahm er Dokumente auch mal mit nach Hause oder schaffte sie in die Berliner Charité in das Untersuchungszimmer seines Freundes Adolphe Jung, eines zwangsverpflichteten elsässischen Arztes und NS-Gegners, der ihm beim Fotografieren half. Um möglichst viel auf ein Foto zu bekommen, klemmten sie mehrere Blätter mit Büroklammern auf eine Pappe, immer in allergrößter Hast. »Armer Kerl, der all das lesen muss«, kommentierte Kolbe in Berlin sein Material. »Schlimmer als ein Kreuzwort-rätsel«, stöhnte der Empfänger Dulles in Bern, und war doch sehr glücklich über seinen »George Wood«.

Einmal wäre das Spiel beinah aus und vorbei gewesen. Kolbe hatte eine Akte mit nach Hause genommen und ausgerechnet nach dieser hatte plötz-lich Ribbentrop verlangt, er brauchte sie während einer Konferenz mit SS-Chef Heinrich Himmler. Kolbe musste im wahrsten Sinne des Wortes um sein Leben rennen, um die Akte gerade noch rechtzeitig wieder an ihren Platz zu stellen.

Von solchen Zwischenfällen ließ er sich jedoch nicht beeindrucken, machte unverdrossen weiter. Er berichtete vom Erfolg der Bombardierungen bei den kriegswichtigen Schweinfurter Kugellagerfabriken und schlug weitere in-dustrielle Ziele vor, warnte vor einem deutschen U-Boot-Angriff auf einen al-liierten Konvoi in der Nähe der Azoren, berichtete von der Produktion eines neuen, sehr schnellen Messerschmitt-Kampfflugzeugs mit Düsenantrieb, machte auf einen illegalen Sender in der deutschen Gesandtschaft in Dublin aufmerksam und auf amerikanische Spione, die für Deutschland arbeiteten. Oder auf den Meisterspion »Cicero«. Unter diesem Decknamen lieferte der al-banische Kammerdiener des britischen Botschafters in der Türkei den Nazis für Geld sämtliche Geheimnisse aus dessen Dokumentenschrank. Kolbes In-formation brachte »Cicero« zum Schweigen. Insgesamt hatte Kolbe bis Kriegsende mehr als 1600 Dokumente von teilweise höchstem Informations-wert zu Dulles nach Bern geliefert.

Dieser ist begeistert, aber er hat ein Problem. Nun ist er es, dem man nicht glaubt. Er muss jetzt andere von der Güte und Zuverlässigkeit seiner Quelle »George Wood« überzeugen. Den ganzen großen, schwerfälligen Spionage-apparat zwischen der Schweiz und den USA bis hinauf zu den ranghöchsten Geheimdienstlern in der Regierung muss er bearbeiten. Die Einwände seiner beruflichen Konkurrenten, die ihm den Erfolg neiden, muss er entkräften. Der Desinformationen der englischen Geheimdienstler muss er sich erwehren – kurz: Es dauert, bis Präsident Roosevelt erstmals Dokumente auf dem Tisch liegen, die aus dem Tresor des Berliner Beamten Fritz Kolbe stammen.

Dulles' Vorgesetzte in Washington und die anderen Beamten dort sind vor allem deshalb so skeptisch, weil die Informationen dieses Berliner Maulwurfs einfach zu gut sind. Sie trauen ihren Augen nicht und fragen: Kann das denn sein, dass ein einzelner kleiner Beamter so unbehelligt und so unbekümmert die geheimsten Informationen aus dem deutschen Außenministerium in die Schweiz schafft?

Wegen dieser all zu großen und all zu lange währenden Skepsis wurden Kolbes Berichte nur unzulänglich genutzt, zu selten bis nach ganz oben durchgelassen. Immer wieder hat Kolbe daher erlebt, dass seine lebensgefährlichen Manöver umsonst waren. Seine Warnung vor der geplanten Liquidierung der Juden Roms vom Oktober 1943 hatte keine Folgen, auf seinen Hinweis, ein »SS-Obersturmbannführer Eichmann« betreibe die Deportation der ungarischen Juden, erfolgte keine Reaktion, und Kolbe fragte sich an manchen Tagen: Wozu mache ich das eigentlich?

Auch Dulles fragte sich das. Immer wieder schrieb er harsche Briefe nach oben und erbat sich mehr Respekt für seinen Agenten, und vor allem verlangte er, dessen Berichte endlich zur Kenntnis und ernst zu nehmen. Oft vergeblich. »Alle Indizien wurden geliefert, doch unter unserer Nase führten die Deutschen genau die im Kappa-Telegramm beschriebene Aktion durch«, schimpfte Dulles Anfang Februar 1945 nach Washington.

Bis Anfang 1945 erhielten bei den Amerikanern gerade elf Personen in Armee, Marine und State Department sowie Präsident Franklin D. Roosevelt persönlich einige Informationen. Sie machten kaum Gebrauch davon.

Als der Krieg dann vorbei war, war Kolbe glücklich. Aber nur kurz. Ein Autounfall kurz nach seiner Rückkehr in die zerstörte Reichshauptstadt im Juli 1945 zwang ihn wochenlang ins Bett. Schlimmer war, dass Bekannte aus dem Widerstand zwischen sich, den guten Widerständlern, und ihm, dem Spion und Verräter, unterschieden.

Enttäuscht beschloss Kolbe 1946, in die USA auszuwandern. Nicht einmal das ging ohne Probleme. Die Behörden fragen: Hat er nicht als Beamter dem Nazi-Außenminister Ribbentrop gedient? Nur mithilfe von Dulles erhält Kolbe im Herbst 1948 ein Visum und 10 000 Dollar Starthilfe.

Nun hätte in den USA ein neues Leben beginnen können. Die Amerikaner hätten ihn als Helden feiern und sich dankbar erweisen können. Sie taten es nicht. Der Mann, der seinen Kopf riskiert hatte für einen alliierten Sieg über Hitler, interessierte die Amerikaner nicht mehr.

Hinzu kam: Der »american way of life« gefiel Kolbe nicht. Sein Englisch war schlecht. Mit der amerikanischen Dollar- und Business-Mentalität kam er nicht zurecht. Und dann verlor er auch noch seine 10 000-Dollar-Starthilfe an einen Betrüger. Kolbe sah in Amerika für sich keine Zukunft mehr und kehrte zurück nach Deutschland, wo er sich darum bemühte, wieder in seinen Beruf zurückzukehren. Vergeblich.

In den Augen derer, die ihn hätten einstellen können, galt er nicht als tapferer Widerständler und aufrechter Demokrat, sondern als Verräter. Wieder eingestellt wurden jene, die schon unter Hitler brav gedient hatten. Im Jahr 1951 waren sämtliche leitende Beamte der politischen Abteilung des Auswärtigen Amtes alte Diplomaten und ehemalige Parteigenossen.

Immer wieder wurde Kolbes Verrat des Hitler-Regimes ihm nicht als Beweis von Mut und Anstand angerechnet, sondern als Vaterlandsverrat – eine Erfahrung, die auch viele andere Widerständler nach dem Krieg gemacht hatten. Die kleine Minderheit der überlebenden Widerständler waren lebende Beweise für das Versagen der Mehrheit. Ihren Fragen, ihren Geschichten, ihren Erinnerungen wollte sich die Mehrheit nicht aussetzen. Sie wollte vergessen, »nach vorne schauen«, wie sie gern sagte, die alten Geschichten ruhen lassen, »endlich einen Schlussstrich ziehen«.

Das ging nicht, ohne die Opfer der Vergangenheit zu vergessen und ohne diejenigen ins Abseits zu stellen, die sich Hitler widersetzt hatten. Statt diese Menschen nach dem Krieg auszuzeichnen, zu verehren und sie für den Aufbau des neuen Staates in verantwortliche Positionen zu schicken, hat der neue Staat seine besten Männer und Frauen ignoriert, kleingeredet, oft sogar ins Zwielicht gerückt. Fritz Kolbe war einer dieser ins Zwielicht Gerückten. Seine mutigen Taten im Dritten Reich waren nun, in der neuen Republik, eine stumme Anklage der Mitläufer und Täter. Diese, fast alle schon wieder in Amt und Würden, wollten unter sich bleiben, wollten nicht täglich mit denen konfrontiert werden, die mutiger waren als sie, ehrlicher, anständiger, immer schon demokratischer.

Kolbe gelang es nicht mehr, in der Bundesrepublik wieder in seinem alten Beruf zu arbeiten. Er schlug sich schließlich als Vertreter für Baumsägemaschinen und Konfektionskleidung durch.

Allen Dulles, der auch dank seines Coups mit Kolbe Karriere bis an die Spitze der CIA machte, setzte ihm ein verdientes Denkmal: »Ich zögere nicht zu sagen«, schrieb er 1948 in einer eidesstattlichen Versicherung, »dass Fritz

Kolbe ein tapferer Mann ist, mit festen Prinzipien und einem ehrlichen Glauben an das, wofür dieses Land steht. Wir sind ihm zu Dank verpflichtet.«

Der Dank blieb aus. Weder von amerikanischer noch von deutscher Seite ist etwas gekommen.

Fritz Kolbe starb 1971 in Bern. Nur etwa zehn Menschen standen an seinem Grab, darunter zwei Abgesandte der CIA, die einen Kranz niederlegten.

War also alles umsonst? Er hatte seinen Kopf riskiert, als er die Amerikaner mit geheimen, hochinteressanten Informationen belieferte. Aber die Amerikaner haben kaum etwas daraus gemacht. Nach dem Krieg wurde es ihm von den Amerikanern kaum gedankt und in Deutschland wurde Fritz Kolbe wegen seiner Taten sogar verachtet, am meisten von denen, die sich wegen ihrer Untaten eigentlich hätten schämen müssen. Kolbe wollte durch seine Spionage für die Amerikaner den Krieg verkürzen und dem Leid ein Ende machen. Das ist nicht gelungen. Hier scheiterte er wie so viele andere Widerstandskämpfer auch.

Muss man Fritz Kolbe also als Gescheiterten betrachten? Nein. Denn das, was ihm am allerwichtigsten war, hat er erreicht. Er wollte anständig bleiben während der zwölf Jahre unter der Naziherrschaft. Diese Herrschaft hatte alles getan, um das ganze Volk zu Mitwissern, Mittätern und Mitverbrechern zu machen. Kolbe hat sich diesem Bestreben zwölf Jahre lang erfolgreich entzogen, widersetzt und verweigert. In einer Zeit, in der es schwierig, ja fast unmöglich war, sauber zu bleiben, sah er, wenn er morgens in den Spiegel blickte, einen anständigen Menschen. Dies geschafft zu haben, war sein Erfolg.

Als er starb, war er mit sich im Reinen, auch wenn er den Satz, den Dulles ausgesprochen hatte, vom deutschen Staat nie gehört hat. Der Satz kam dann aber doch noch, lange nach Kolbes Tod, dennoch nicht zu spät, denn wichtig daran ist nur, dass er überhaupt noch kam. Es war der grüne Außenminister Joschka Fischer, der die erlösenden Worte sprach.

Bei einer Gedenkfeier für Fritz Kolbe im Auswärtigen Amt im Jahr 2004 sagte Fischer: »Wir wollen Fritz Kolbes Mut, seine Unerschrockenheit, seine Integrität und seine Weitsicht nicht vergessen. Konsulatssekretär Fritz Kolbe war 1925 bis 1945 Angehöriger des deutschen Auswärtigen Dienstes. Er war also unser Kollege gewesen. Ich bin sicher, dass wir uns heute alle einig sind: Fritz Kolbe hat Deutschland und seinem Auswärtigen Amt zur Ehre gereicht.«

Janusz Korczak
Der Mann, der die Kinder liebte

* 1878 in Warschau als Henryk Goldszmit ✱ 1899 unter dem Pseudonym Janusz Korczak gewinnt er einen literarischen Wettbewerb ✱ 1901 Roman *Kinder der Straße*, Reise nach Zürich auf den Spuren Pestalozzis ✱ 1898-1904 Medizinstudium in Warschau, Betreuung von Kindern im Warschauer Armenviertel, erste Betätigung im erzieherischen Bereich ✱ 1906-1911 Tätigkeit in einem Kinderkrankenhaus im Warschauer Armenviertel und frei praktizierender Arzt, medizinische Studien in Berlin, Paris und London ✱ 1912-1914 Leitung des jüdischen Waisenhauses »Dom Sierot« in der Warschauer Krochmalnastraße 92 ✱ 1914-1918 Militärarzt, Entstehung seines pädagogischen Hauptwerks *Wie man ein Kind lieben soll* ✱ ab 1919 wieder Leiter von »Dom Sierot«, Vorlesungstätigkeit für Sonderpädagogik, u. a. Kinderroman *König Hänschen I*, Roman *Wenn ich wieder klein bin* ✱ 1926 Gründung der ersten Zeitung von und für Kinder *Maly Przeglad* als wöchentliche Beilage der polnisch-jüdischen Zeitung *Nasz Przeglad* ✱ 1928/1931 Zweites pädagogisches Hauptwerk *Das Recht des Kindes auf Achtung*, u. a. Kinderbuch *Der Bankrott des kleinen Jack*, Rundfunkbeiträge ✱ 1940 Zwangsverlegung des »Dom Sierot« in das Warschauer Getto ✱ August 1942 Abtransport des »Dom Sierot« mit Korczak ins Vernichtungslager Treblinka

Sie sind einander nie begegnet und doch waren ihre beiden Schicksale auf grauenvolle Weise miteinander verwoben. Und wenn man auf das Leben beider zurückblickt und sich fragt, ob es wirklich so hat kommen müssen, wie es kam, und warum es so kam, weiß man trotz aller Fakten keine Antwort.

Der eine hieß Hans Frank, war der Sohn eines Anwalts in Karlsruhe und sprach 1941 bei einer Konferenz in Krakau den Satz: »Mit den Juden – das will ich Ihnen auch ganz offen sagen – muß so oder so Schluß gemacht werden. (…) Meine Herren, ich muß Sie bitten, sich gegen alle Mitleidserwägungen zu wappnen. Wir müßen die Juden vernichten.«

Der andere gehörte zu den zu Vernichtenden, hieß Henryk Goldszmit und war auch der Sohn eines Anwalts, jedoch in Warschau, und schon 22 Jahre alt, als Hans Frank geboren wurde. Goldszmit studierte Medizin, betreute Kinder im Warschauer Armenviertel und erhielt eine Anstellung in einem Kinderkrankenhaus. Es ging dem jungen Mann gut in Warschau, denn er war auch bei den Wohlhabenden ein geschätzter Arzt. Außerdem schrieb er nebenher Romane und Kindergeschichten, die sich gar nicht schlecht verkauften, und später wurde er landesweit bekannter Radiostar.

Schon 1899 hatte er sich an einem literarischen Wettbewerb beteiligt und gewonnen, jedoch nicht unter seinem richtigen Namen, sondern als Janasz Korczak – benannt nach dem Titelhelden eines beliebten polnischen Romans aus dem 19. Jahrhundert. Der Drucker machte jedoch versehentlich Janasz zu Janusz, und seitdem nannte sich Goldszmit Janusz Korczak.

Um sich als Arzt weiterzubilden, unternahm er Studienreisen nach Berlin, Paris und London. Eigentlich wäre dem jüdischen Großbürgerssohn eine internationale akademische Karriere sicher gewesen, wenn er sie nur gewollt hätte. Stattdessen entschied er sich, den Armen und Waisen in den Elendsvierteln Warschaus zu helfen, mit dem Geld, das er bei den Wohlhabenden verdiente. Und warum? Weil ihn letztlich die Pädagogik und Psychologie mehr interessierten als die Medizin – nein, das ist falsch, nicht die Fächer Pädagogik und Psychologie interessierten ihn mehr als alles andere, sondern Kinder. Über Kinder dachte er Tag und Nacht nach, und weil er mehr von ihnen erfahren wollte und durch sie etwas über die Menschen lernen wollte, nahm er sich ihrer an, lebte mit ihnen zusammen, teilte mit ihnen seinen Alltag, sorgte für sie, wurde zum Vater seiner Waisen.

So fern von Warschau aus gesehen Karlsruhe war, so fern waren sich dieser Karlsruher Anwaltssohn und der Warschauer Kinderarzt. Keiner wusste etwas vom anderen und es wäre für beide besser gewesen, wenn sie nie etwas miteinander zu tun bekommen hätten. Aber die Weltgeschichte lief ab wie ein Uhrwerk und schob den Karlsruher unmerklich, unsichtbar, von Jahrzehnt zu Jahrzehnt näher nach Warschau, näher zu Janusz Korczak, der dort ahnungslos das jüdische Waisenhaus »Dom Sierot« (Haus der Waisen) leitete, während Hans Frank in Karlsruhe noch ebenso ahnungslos in die Schule ging.

Getragen von der jüdischen Gesellschaft »Hilfe für die Waisen« nahm Korczaks »Dom Sierot« Kinder bis zum Alter von 14 Jahren auf. Einige seiner wichtigsten pädagogischen Grundsätze lauteten: Die Respektierung des Kindes durch die Erwachsenen lehrt das Kind, andere Menschen zu achten. Jedes Kind hat das Recht, so zu sein, wie es ist. Und jedes Kind hat das Recht auf Freiheit, Autonomie, Selbstentdeckung, Privateigentum, öffentliche Meinungsäußerung, Willensbildung und sogar auf »Mittelmäßigkeit«. Vielleicht wäre die Geschichte anders verlaufen, wenn Hitler, Frank, Himmler, Goebbels, Göring, Heydrich von Korczak oder wenigstens nach dessen Grundsätzen erzogen worden wären.

In seinem Waisenhaus errichtete Korczak eine kleine Kinderrepublik. Dort bestimmten nicht die Erwachsenen die Regeln des Zusammenlebens, sondern die Kinder. Fehler, Regelverstöße, kleinere oder größere Vergehen kamen vor ein Kindergericht. Auch die Erwachsenen konnten vor Gericht gestellt werden und mussten sich den Urteilen unterwerfen.

Natürlich hat die Sache nicht auf Anhieb funktioniert, aber Korczak vertraute darauf, dass die Kinder aus ihren Erfahrungen lernen und sich selbst korrigieren würden. So kam es auch. Das Gericht fällte weise Urteile, was allerdings auch damit zusammenhing, dass Korczak den tausend Gesetzen, nach denen Recht gesprochen wurde, eine weise Präambel vorangestellt hatte. Diese lautete:

»Wenn jemand etwas Schlimmes getan hat, vergibt man ihm am besten.

Wenn er es aus Unwissen tat, dann weiß er es jetzt besser.

Wenn er es absichtlich tat, wird er in Zukunft vorsichtiger sein. (…)

Aber das Gericht muss die Schüchternen vor den Aggressiven schützen und die Gewissenhaften vor den Gleichgültigen und Faulen.

Das Gericht ist nicht die Gerechtigkeit, aber es hat sie zu suchen.

Das Gericht ist nicht die Wahrheit, aber die Wahrheit ist sein Ziel. Richter machen Fehler. Vielleicht bestrafen sie eine Tat, deren sie selbst schuldig sind.

Schändlich ist es jedoch, wenn ein Richter bewusst ein ungerechtes Urteil ausspricht.«

Die fünf Richter, jede Woche neu aus den Kindern ausgewählt, bei denen kein Verfahren anstand, kannten jeden der tausend Artikel des Gesetzeswerks auswendig. Nach den Artikeln 1 bis 99, die kleinere Vergehen behandelten, wurde dem Beklagten sofort vergeben: »Du hast falsch gehandelt, aber es war dir nicht bewusst« oder: »Es war das erste Mal, und du hast versprochen, es nicht wieder zu tun.« Artikel 100 war die Grenze zwischen Vergebung und Verweis. Er lautete: »Ohne zu vergeben, stellt das Gericht fest, dass du die Tat, der du beschuldigt wirst, begangen hast.«

Von 100 bis 1000 ging die Nummerierung im Hunderterblock, wobei die moralische Verurteilung von Artikel zu Artikel strenger wurde. Unter den Artikeln 200 bis 800 wurde der Name des Kindes in der Waisenhauszeitung veröffentlicht oder am Schwarzen Brett bekannt gegeben oder ihm wurden für eine Woche sämtliche Privilegien entzogen und seine Familie wurde herbeigerufen. Artikel 900 enthielt die strenge Warnung, das Gericht habe »die Hoffnung verloren«: Der Angeklagte musste ein anderes Kind finden, das bereit war, sich für ihn zu verbürgen. Der gefürchtete Artikel 1000 bedeutete Ausweisung aus dem Heim. Die schuldige Partei hatte die Möglichkeit, nach drei Monaten die Wiederaufnahme zu beantragen.

Die 1000 Artikel haben die Kinder selbst erarbeitet. Sie entsprangen ihren eigenen Erfahrungen als Bewohner ihres Waisenhauses. Sie steckten damit die Grenzen ab, deren Respektierung sie für nötig erachteten, damit das tägliche Zusammenleben von 120 bis 200 Kindern im Waisenhaus gelingen konnte.

Innerhalb dieses Rahmens durften sich die Kinder frei entwickeln. Der Rahmen war überhaupt die Voraussetzung dafür, dass sich jedes Kind entwickeln konnte. Deshalb spielte das Kindergericht für Korczak eine zentrale Rolle in seinem Haus, nicht nur für die Kinder, sondern auch für ihn. Er lernte daraus, weil er erkannt hatte: »Eine Gerichtsverhandlung sagt mir mehr über ein Kind als ein Monat der Beobachtung.« Und: Die Verhandlung ist der regelmäßige Beweis dafür, dass wirklich alle gleiche Rechte haben.

Korczak hatte keinen pädagogischen Ehrgeiz in dem Sinn, dass er sagte: Ein Kind muss so und so sein, muss dies und das wissen und können, muss dies und das leisten, muss gehorchen, muss pünktlich sein, muss leise sein, muss muss muss – nein, ein Kind soll leben dürfen, sich entwickeln dürfen, selbst herausfinden dürfen, was es wissen, können, leisten will. Es wird darum ganz von selbst herausfinden, dass man in einer Gesellschaft von zweihundert Menschen pünktlich zum Frühstück erscheinen sollte. Und wenn es zu lang braucht, um das herauszufinden, wird eben das Gericht den Lernprozess beschleunigen.

Vor allem hat Korczak es abgelehnt, ehrgeizige Programme im Namen des Fortschritts, der Nation, des christlichen Glaubens oder der internationalen Wettbewerbsfähigkeit auf dem Rücken der Kinder auszutragen. Der »sozialistische« Mensch war so wenig sein Ziel wie der »christliche« oder gar der »nationalsozialistische Volksgenosse«. Er hatte kein Menschenbild, kein Ideal, dem zu entsprechen er von seinen Kindern verlangte. Zwar hatte er eine Vorstellung von einem guten und richtigen Leben, und diese Vorstellung war humanistisch, demokratisch, christlich, jüdisch, allgemein menschlich, aber wenn man diese Vorstellung an seine Kinder weitergeben will, dann müssen die Methoden dieser Weitergabe den Zielen entsprechen.

Daher hatte Korczak längst erkannt, dass überall dort, wo versucht wurde, die Kinder auf ein bestimmtes Ideal hin zu trimmen, diese sich mit gesundem Instinkt dagegen wehrten – mit der Folge, dass die Kinder in dieses Ideal geprügelt wurden. Heute wird nicht mehr geprügelt, aber der Druck, ein erfolgreiches Glied der globalen Wettbewerbsgesellschaft zu werden, ist enorm und beginnt schon im Kindergarten.

Ein Kind muss sich frei entwickeln dürfen, bei dieser Entwicklung haben die Erwachsenen dem Kind zu helfen, und wenn dabei etwas schiefgeht, liegt es an den Fehlern der Erwachsenen, nicht am Kind. Und dann müssen diese Fehler korrigiert werden.

Der Erwachsene hat die Kinder in ihrer Verschiedenheit zu sehen, die Verschiedenheit anzuerkennen und bei jedem Kind dessen Besonderheit zu suchen und herauszukitzeln. So ungefähr könnte man Korczaks Pädagogik umschreiben. Er selbst hat nie Definitionen, Ziele, Handlungsanleitungen, allgemeingültige Lehrsätze geliefert, sondern Geschichten erzählt, Geschichten aus der Fülle seines Lebens mit Kindern, und mit jeder einzelnen dieser Geschichten hatte er versucht, einen Aspekt der vielen, oft widersprüchlichen Facetten in der Entwicklung von Kindern einzufangen.

Der Erste Weltkrieg unterbrach Korczaks Arbeit im Waisenhaus. Er wurde als Militärarzt eingezogen und musste die Leitung im Waisenhaus seiner Mitarbeiterin Stefania Wilczyfska (genannt Stefa) übertragen. Korczak hörte aber nicht auf, über Kinder nachzudenken, auch im Krieg nicht. Zwi-

175

schen Lazarett und Schützengräben schrieb er das später veröffentlichte Buch *Wie man ein Kind lieben soll*. Außerdem betreute er während seiner Stationierung bei Kiew mehrere Waisenhäuser. Dabei lernte er Maryna Falska kennen, die dort ein Internat für polnische Kinder leitete, später in Warschau ebenfalls ein Kinderheim gründete und eng mit Korczak zusammenarbeitete. Nach dem Krieg kehrte auch Korczak nach Warschau in sein Waisenhaus zurück.

Unterdessen war in Karlsruhe Hans Frank zu einem jungen Mann herangewachsen. Für den Krieg wurde er nicht mehr gebraucht, dazu war er noch zu jung. Aber nach dem Krieg fühlte er sich schon alt genug, um sich dem Freikorps des Franz Ritter von Epp anzuschließen, und von da an erscheint Franks Entwicklung aus dem Rückblick wie ein Weg, der fast zwangsläufig zu all den Stationen führen musste, deren letzte in Warschau liegt, wo sich Frank den Namen »Schlächter von Polen« erwarb.

In Epps Freikorps versammelten sich die jungen Männer, die Gefallen am Krieg gefunden hatten, für die Krieg das eigentliche Leben war, das Abenteuer, die Lust an der Gefahr, an Kampf, Lagerfeuerromantik, Kameradschaft und an der Macht und Intimität von Männergemeinschaften. Sie wollten sich bewähren, aber nicht im Frieden, nicht in langweiligen bürgerlichen Berufen, sondern im Krieg. Sie hassten die Demokratie und glaubten an die Dolchstoßlegende.

Das Freikorps war eine der Keimzellen des späteren Nazi-Staats. Etliche Mitglieder dieses Korps gehörten zu den Mitbegründern der NSDAP, darunter der spätere SA-Chef Ernst Röhm, Hitlers späterer Stellvertreter Rudolf Heß und eben auch Hans Frank. 23-jährig wurde er Mitglied der noch jungen, unbekannten NSDAP. Von da an machte er Karriere an der Seite Hitlers und mit dessen Truppen marschierte er 1939 in Polen ein.

Der Krieg gegen Polen begann am 1. September und schon am 9. September stand die deutsche Wehrmacht vor Warschau. Kaum drei Wochen später hatten sie Warschau und ganz Polen besetzt und das Land zum Generalgouvernement des Deutschen Reiches erklärt. Generalgouverneur wurde Hans Frank. Er war nun der unumschränkte Herrscher Polens und so benahm er sich auch.

Er zog in die Krakauer Burg Wawel, dem Stammsitz der polnischen Könige, beschäftigte eine Heerschar von Bediensteten, die er »Gefolgschaft« nannte, plünderte Kunstschätze aus dem Besitz der katholischen Kirche und des polnischen Adels und bestückte mit dem Raubgut seine Privatresidenz Schloss Kressendorf (Krzeszowice). Seine Ehefrau Brigitte verschob Lebensmittel in die Heimat und trat, wie ihr Sohn Niklas später schrieb, als »Frau Generalgouverneur« auf, die »durch die Ghettos fuhr und Pelze auflud aus den jüdischen Geschäften, deren Inhaber fälschlicherweise glaubten«, durch sie ihr Leben retten zu können.

Vom ersten Tag seiner Herrschaft an betrieb der Generalgouverneur Frank die planmäßige Zerstörung des polnischen Kultur- und Geisteslebens, schloss die Universität Warschau und die höheren Schulen. Die Professoren der Universität Krakau wurden ins Konzentrationslager Oranienburg verschleppt, polnische Juristen, Ärzte, Priester, Lehrer, Künstler und Wissenschaftler erschossen, jüdische Schauspieler, Schriftsteller, Journalisten und Maler in Gettos gesperrt. Im Sommer 1940 ließ Frank über 7000 mögliche politische Gegner, Widerstandskämpfer und inhaftierte Polen ermorden und bezeichnet das als »Außerordentliche Befriedungsaktion«.

Der »Schlächter von Polen« war kunstsinnig, musisch, spielte Klavier, ging in die Oper und pflegte Umgang mit Künstlern wie Richard Strauss, Gerhart Hauptmann, Elisabeth Schwarzkopf, Winifred Wagner, während er wie nebenher die Befehle für die Ermordung Hunderttausender Polen unterschrieb, ihr Eigentum beschlagnahmen ließ und für die Deportation etwa einer Million polnischer Zwangsarbeiter in deutsche Fabriken sorgte. Sein Programm, über das er offen sprach, zog er durch wie eine Management-Aufgabe, deren einzelne Schritte er der Reihe nach abhakte: »Ausnutzung des Landes durch rücksichtslose Ausschlachtung, Abtransport aller für die deutsche Kriegswirtschaft wichtigen Vorräte, Rohstoffe, Maschinen, Fabrikationseinrichtungen usw., Heranziehung der Arbeitskräfte zum Einsatz im Reich, Drosselung der gesamten Wirtschaft Polens auf das für die notdürftigste Lebenshaltung der Bevölkerung unbedingt notwendige Minimum, Schließung aller Bildungsanstalten, insbesondere der technischen Schulen und Hochschulen, zur Verhütung des Nachwuchses einer polnischen Intelligenzschicht.«

Die jüdische Gemeinde in Warschau bestand aus rund 350 000 Mitgliedern und war eine der größten in Europa. Insgesamt lebten vor dem Einmarsch der Deutschen ungefähr 1,3 Millionen Menschen in Warschau. Danach änderte sich alles und für die Juden begann die Zeit der Schikanen, Entwürdigungen, Demütigungen und ihre Auslieferung an die Willkür der Deutschen Herrscher. Am 26. Oktober 1939 führte Frank den Arbeitszwang für alle polnischen Juden ein und nur vier Wochen später wurde allen Juden befohlen, sich den Davidstern auf die Kleider zu nähen. Dieser Maßnahme folgte das Verbot, die öffentlichen Verkehrsmittel zu benutzen. Über Nacht waren die Juden rechtlos geworden, aber das Schlimmste, Unvorstellbare stand ihnen noch bevor.

Es begann am 2. Oktober 1940. Alle Juden der Stadt wurden gezwungen, ihre Wohnungen zu verlassen und innerhalb von sechs Wochen in ein Gebiet westlich vom Zentrum zu ziehen. Dort mussten die nichtjüdischen Bewohner ihre Wohnungen verlassen. Das Warschauer Getto entstand. In der Nacht vom 15. auf den 16. November 1940 wurde es mit einer 18 Kilometer langen und 3 Meter hohen Umfassungsmauer hermetisch abgeriegelt.

Auch Janusz Korczaks Waisenhaus in der Krochmalnastraße war betroffen. Es lag außerhalb des Gettobezirks und so musste auch Korczak mit seinen Kindern das Waisenhaus räumen, ein Haus, in das er dreißig Jahre seines Lebens gesteckt und das er zu einem wirklichen Heim, einer Heimat, einer Familie für seine Kinder gemacht hatte.

Kurz vor ihrem Auszug hatte Korczak Besuch bekommen. Igor Newerly, einer seiner nichtjüdischen Freunde, war gekommen und wollte ihn bewegen, sich zu retten. »Jeder macht sich Sorgen darüber, dass Sie mit den Kindern ins Getto gehen«, sagte Newerly. »Ein Wort, und wir besorgen Ihnen falsche Papiere, dann können Sie auf unserer Seite wohnen.«

»Und die Kinder?«

»Wir werden versuchen, so viele wie möglich in Klöstern und Privatwohnungen zu verstecken.«

Korczak nahm seine Brille ab, putzte die Gläser und fragte schließlich: »Wissen Sie, wie schwer es ist, einhundertsiebzig jüdische Kinder zu verstecken - denn so viele haben wir jetzt.«

»Wir werden es versuchen«, sagte Newerly.

»Aber können Sie mir für die Sicherheit eines jeden Kindes garantieren?«

»Das wird unmöglich sein. Wir können nichts garantieren - noch nicht einmal für uns selbst«, sagte Newerly.

Worauf Korczak sagte: »Mein Freund, es wird das Beste sein, die Kinder bei mir zu behalten.«

Korczak hatte immer leidenschaftlich gegen die damals übliche Bestrafung, Kinder in dunkle Räume oder Keller zu sperren, gekämpft. Nun war ihm die Vorstellung unerträglich, seine Kinder an dunklen Plätzen vor den Nazis zu verstecken. Ihre Herzen würden wild schlagen vor Angst, entdeckt zu werden. Er sei ein Vater, der seine Kinder nicht verlässt, beschied er dem Freund, und dieser verstand, sah ein, dass da wohl nichts zu machen sei und verabschiedete sich.

Korczak dachte lange darüber nach, wie er mit den Kindern in das Waisenhaus übersiedeln würde. Er wollte nicht, dass sie sich vor dem neuen Leben im Getto fürchteten, sondern dass sie es als eine Art neuer Herausforderung für alle betrachten sollten. Er stellte sich den Umzug als Demonstration vor, zugleich als Prozession und als die Parade einer großen Theatertruppe, die für eine Aufführung wirbt. Die Kinder sollten mit Lampen, Bildern, Bettzeug, Käfigen, Vögeln und kleinen Tieren durch die Stadt ziehen. Christenfreunde, die etwas beitragen wollten, wurden gebeten, bunte Bilder oder Teppiche für die Räume der Kinder beizusteuern oder rote Geranien für die Blumenkästen vor den Fenstern.

Am Tag, als das Ganze stattfinden sollte, am 29. November, stellten sich die Kinder im Hof auf, während Korczak noch einmal die Wagen voll Kohlen und Kartoffeln inspizierte, die er mühselig beschafft hatte. Dann marschierten sie aus dem Hof auf die Straße. Sie gingen zu zweit, durften nur mitnehmen, was sie tragen konnten, an der Spitze des Zuges die weiß-rote polnische Flagge auf Transparent und am Schluss der Judenstern. Als sie durch das Tor der Gettomauer zogen, konfiszierte ein deutscher Polizist ihren letzten Wagen, der mit Kartoffeln beladen war. Korczak schrie ihn an, die Kartoffeln freizugeben, oder er würde sich bei seinen Vorgesetzten beschweren. Der Wachtposten ließ sich nicht einschüchtern und es blieb Korczak nichts anderes übrig, als mit Stefa und den Kindern zu ihrem neuen Haus weiterzumarschieren.

Es war ein völlig ungeeignetes Haus, aber das Leben ging – irgendwie – weiter. Korczak versuchte, die alten Gewohnheiten von früher fortzusetzen, zum Beispiel mit den Kindern Theaterstücke aufzuführen und Konzerte zu veranstalten. Im März 1941 lud er zu einem Konzert ein. Dreihundert Gäste kamen, und am Ende des Konzerts trug Korczak vier satirische Gedichte vor: *Kleiner schwarzer Schnurrbart, Großer fetter Bauch, Klumpfuß* und *Der elegante*

Dandy. Jeder im Saal wusste, wer gemeint war: Hitler, Göring, Goebbels und der Generalgouverneur Hans Frank.

Michael Zylberberg, ein alter Freund Korczaks, erinnert sich an den Abend: »Die Leute lauschten. War Korczak verrückt geworden?« Als er diese Nazis dann offen Mörder und Abschaum der Menschheit nannte, kam es zur fluchtartigen Leerung des Saales.

Die Leute hatten Angst. Angst, die Korczak offenbar nicht kannte. Oder nicht zeigen wollte. Während des ganzen Krieges hatte sich Korczak geweigert, den Judenstern zu tragen. Er ist dafür auch einmal für ein paar Wochen ins Gefängnis geworfen und gefoltert worden. Danach trug er den Stern weiterhin nicht. Und kam damit durch.

Zylberberg war noch da, als nach dem Konzert und Korczaks Ausfällen gegen die Nazis schon alle gegangen waren. Er fragte Korczak, warum er ein solches Risiko eingegangen sei. Ob ihm die Gefahr nicht bewusst sei, in die er alle gebracht habe, wenn die Nazis von seinen Gedichten erführen?

Dieser grinste und meinte: »Die Leute, die weggerannt sind, sind Narren. Wovor fürchten sie sich? Juden unter sich werden wohl noch ihre Meinung sagen dürfen. Hier waren keine Spione oder irgendjemand, der mich verraten würde, wir sind alle in einem Boot.«

Aber es war kein Boot. Es war eine Todesinsel. Die tägliche Lebensmittelration betrug 184 Kalorien pro Person. Im ersten Jahr starben fast 50 000 Menschen, in den ersten Monaten des Jahres 1942 über 37 000, die meisten an Unterernährung und Flecktyphus: Tote auf der Straße, ausgehungerte Menschen, bettelnde und stehlende Kinder, Kinder mit erfrorenen Gliedmaßen, mit blassgelber Haut überzogene Skelette und mit Gesichtern, die eher an Greise erinnern.

Immer mehr Menschen wurden in das Getto gepresst, aus der Provinz, aus anderen unterworfenen Ländern Europas und aus Deutschland. Zeitweise hatten die Nazis rund eine halbe Million Menschen in die viel zu kleinen Behausungen gepfercht. 400 Menschen in einem einzigen Haus, dreizehn in jedem Raum, ohne Brot, ohne Kraft, ohne Hoffnung. Korczak war jetzt rund um die Uhr damit beschäftigt, Nahrung für seine inzwischen zweihundert Kinder zusammenzubetteln. Er konnte das gut. Keines seiner Kinder starb.

Ganz anders sah es in einem Waisenhaus der jüdischen Gemeinde in der Dzielnastraße aus. Dort herrschten katastrophale Verhältnisse: Not, Hunger,

Krankheit und dazu offensichtlich noch ein korruptes Personal. In den für einige hundert Kinder gedachten Räumen waren mehrere tausend Kinder untergebracht. Geruch von Kot und Urin. Keine Windeln für die Säuglinge. Kälte. Im Winter gefror der Urin. Erfrorene Babys. Korczak sah keine andere Möglichkeit, als sich um dieses zweite Haus auch noch zu kümmern. Innerhalb weniger Wochen brachte er das Heim in Ordnung und nahm sich dennoch weiterhin Zeit für pädagogische Konferenzen mit den Mitarbeitern und seinen Studenten. Selbst in dieser Notlage war er noch erfinderisch, erfand zum Beispiel einen Toiletten-Tarif:

Für ein kleines Geschäft muss man fünf Fliegen fangen.

Für ein großes – zweiter Klasse – zehn Fliegen.

Erster Klasse – mit Sitz – fünfzehn Fliegen.

Einer fragt: »Kann ich nicht später bezahlen, ich muss so dringend?«

Ein anderer: »Mach nur, mach … ich fange sie für dich.«

»Zählt es auch, wenn eine schon getroffene Fliege wieder fortfliegt?«

»Wie das halt so geht«, sagte Korczak, »aber die Fliegen sind weniger geworden. (…) Die Gutwilligkeit einer solchen Schar – das ist eine Macht.«

Am 17. Juli führten die Kinder ein kleines Theaterstück auf, das Esther Winogron, eine junge Erzieherin in Korczaks Mitarbeiterstab, mit ihnen einstudiert hatte, *Das Postamt* von Rabindranath Tagore.

Es handelt von Amal, dem Adoptivkind eines Mannes namens Madhav. Amal ist schwer krank und darf das Haus nicht verlassen. Obwohl wenig Hoffnung auf Genesung besteht, tut Madhav alles für den kranken Jungen. Vom Fenster aus beobachtet er das Leben um sich herum und kommt mit den Menschen ins Gespräch: mit dem Milchmann, dem Wächter, dem Blumenmädchen und den Kindern auf dem Hof. Sehnsüchtig wartet Amal auf jemanden, der ihn aus seiner Enklave befreien kommt: »Wann wird denn dieser große Doktor zu mir kommen? Ich kann es hier drinnen gar nicht mehr aushalten.«

Die Kinder im Waisenhaus erkannten sich in Amal wieder. Es wird berichtet, wie sie sich von dem Stück haben mitreißen lassen und wie bedrückend realistisch sie das Stück empfunden haben. Der Tod erscheint dem kleinen Amal am Ende des Stückes als Erlösung. Das verstanden die Zuschauer genau. Dass sie ihr eigenes Schicksal aufführten, ahnten sie wohl nicht.

Sie konnten nicht wissen, dass es längst beschlossen war. Sie konnten auch nicht wissen, dass an vielen ihrer Alters- und Zeitgenossen schon erprobt wurde, was ihnen noch bevorstand. Ein paar Monate vor Aufführung dieses Theaterstücks hatte Joseph Goebbels in sein Tagebuch geschrieben: »Aus dem Generalgouvernement werden jetzt, bei Lublin beginnend, die Juden nach dem Osten abgeschoben. Es wird hier ein ziemlich barbarisches und nicht näher zu beschreibendes Verfahren angewandt, und von den Juden selbst bleibt nicht mehr viel übrig. Im großen kann man wohl feststellen, daß 60 Prozent davon liquidiert werden müssen, während nur noch 40 Prozent in die Arbeit eingesetzt werden können. Der ehemalige Gauleiter von Wien, der diese Aktion durchführt, tut das mit ziemlicher Umsicht und auch mit einem Verfahren, das nicht allzu auffällig wirkt. (…) Man darf in diesen Dingen keine Sentimentalität obwalten lassen. (…) Auch hier ist der Führer der unentwegte Vorkämpfer und Wortführer einer radikalen Lösung.« Gemeint war: die Juden durch Giftgas zu töten und sie anschließend zu verbrennen.

Die »Lösung«, die »Endlösung der Judenfrage«, wie sie nun hieß, war längst beschlossene Sache, wurde bereits praktiziert. Aber dabei stellte sich heraus, dass sie anders und besser organisiert werden musste. Schon im Juni 1940 hatte SS-Obergruppenführer Reinhard Heydrich an Außenminister Joachim von Ribbentrop geschrieben: »Das Gesamtproblem – es handelt sich bereits um rund 3 1/4 Millionen Juden in den heute deutscher Hoheitsgewalt unterstehenden Gebieten – kann durch Auswanderung nicht mehr gelöst werden; eine territoriale Endlösung wird daher notwendig.«

»Auswanderung« war das Wort für Vertreibung und Deportation. Ursprünglich war geplant, sämtliche Juden Europas nach Madagaskar zu deportieren, dann wollte man sie immer weiter nach Osten treiben, hinter den Ural, nach Sibirien. Dazu war es nötig, sie aus ihren Häusern und Wohnungen zu holen, sie vorübergehend in Gettos zu sperren und sie von dort aus zu deportieren. Aber bereits in den Gettos starben Zehntausende an Hunger und Seuchen, weitere auf den Transporten, und die Beseitigung der Leichen band Kräfte, die Hitler lieber für den Krieg genutzt hätte. Damit wuchs die Bereitschaft, die »Endlösung« früher, schneller und mörderischer durchzuführen. So schrieb der für Posen verantwortliche SS-Sturmbannführer Rolf Heinz Höppner am 16. Juli 1941 an Eichmann: »Es besteht in diesem Winter die Gefahr, dass die Juden nicht mehr sämtlich ernährt werden können. (…) Es ist ernsthaft zu erwägen, ob es nicht die humanste Lösung ist, die Juden, soweit sie nicht arbeitsfähig sind, durch irgendein schnell wirkendes Mittel zu erledigen.«

Daraufhin verdoppelte der Reichsführer-SS Heinrich Himmler seine »Einsatzgruppen«, die nichts anderes waren als Mordkommandos und die »historische Mission« hatten, alle Juden zu erschießen. Ab dem 15. August 1941 wurden auch jüdische Frauen und Kinder wahllos ermordet.

Schon bald aber machte sich unter den Schergen dann die Einschätzung breit: So schaffen wir das nicht. Das »angewandte Verfahren«, Massen-Erschießungen, sei »technisch unzureichend«, bekam Himmler zu hören, es stelle eine »zu große psychische Belastung« für die Exekutionskommandos dar und habe vor allem den Nachteil, dass es sich vor der einheimischen Bevölkerung nicht geheim halten lässt. Es spricht sich herum.

Auch der Generalgouverneur Hans Frank sah das »Problem« und sagte am 16. Dezember 1941: »Diese 3,5 Millionen Juden können wir nicht erschießen, wir können sie nicht vergiften, werden aber doch Eingriffe vornehmen müssen, die irgendwie zu einem Vernichtungserfolg führen, und zwar im Zusammenhang mit den vom Reich her zu besprechenden großen Maßnahmen.«

Ab 1941 wurde also in Hitlers Umgebung intensiv darüber nachgedacht, wie man zu einem schnelleren »Vernichtungserfolg« kommen könnte. Die Sache musste besser organisiert und effizienter durchgeführt werden. Deshalb rollten am 20. Januar 1942 fünfzehn schwere Karossen über den Kies einer prächtigen Berliner Villa am Wannsee. Ihnen entstiegen Vertreter der zentralen Reichs- und Parteibehörden, die von Reinhard Heydrich zu einer Besprechung »mit anschließendem Frühstück« geladen worden waren.

In ruhiger und entspannter Atmosphäre und edlem Ambiente sollten die fünfzehn Herren unter Heydrichs Vorsitz eine Lösung zum einzigen Tagesordnungspunkt erarbeiten: die Organisation und Umsetzung der »Endlösung der Judenfrage«. Das, wofür es bis heute kein angemessenes Wort gibt, und was durch Begriffe wie Massenmord, Völkermord, Genozid, Holocaust oder Shoah nur annähernd bezeichnet wird, dieser Zivilisationsbruch, dieser Tiefstpunkt in der Geschichte des Menschen, wurde dort von acht Staatssekretären verschiedener Ministerien, sechs leitenden Beamten der Polizei, der Gestapo und SS sowie einem Ministerialdirektor innerhalb von 90 Minuten als Verwaltungsakt organisiert. Er ist unter dem Namen »Wannseekonferenz« in die Geschichte eingegangen.

Das Unvorstellbare, das noch nie Dagewesene steckt in einem einzigen Satz, der von SS-Obersturmbannführer Adolf Eichmann routiniert so protokolliert wurde: »Im Zuge dieser Endlösung der europäischen Judenfrage kommen rund 11 Millionen Juden in Betracht.«

Das war die Aufgabe. Elf Millionen Männer, Frauen, Kinder umbringen, möglichst schnell, möglichst billig, möglichst ohne größeres Aufsehen, nebenbei auch noch Sinti und Roma und Behinderte, sogenanntes »lebensunwertes Leben«.

Wie das gehen sollte, wurde ebenfalls von Eichmann protokolliert: »In großen Arbeitskolonnen, unter Trennung der Geschlechter, werden die arbeitsfähigen Juden straßenbauend in diese Gebiete geführt, wobei zweifellos ein Großteil durch natürliche Verminderung ausfallen wird. Der allfällig endlich verbleibende Restbestand wird, da es sich bei diesem zweifellos um den widerstandsfähigsten Teil handelt, entsprechend behandelt werden müssen, da dieser, eine natürliche Auslese darstellend, bei Freilassung als Keimzelle eines neuen jüdischen Aufbaues anzusprechen ist.«

Bei der Durchführung würde »Europa vom Westen nach Osten« durchkämmt werden; dabei sollte wegen »sozial-politischer Notwendigkeiten« und zum »Freisetzen von Wohnraum« im Reichsgebiet begonnen werden. Sozialpolitische Notwendigkeiten, Freisetzung von Wohnraum – das war auch einer der Gründe, warum so viele Deutsche Hitler unterstützten, Parteimitglieder wurden, zur SA und SS gingen: Man konnte an der Verteilung des Eigentums von elf Millionen Juden partizipieren. Man konnte aus einer beengten Wohnung in schlechter Lage in eine größere, schönere in guter Lage ziehen. Und vor allem: in den Häusern wohlhabender Juden gab es Möbel, Geschirr, Wäsche, Antiquitäten, Kunst, mit der sich ein kleiner deutscher Spießer über Nacht und ohne eigene Leistung einen großbürgerlichen Lebensstil zulegen konnte.

Josef Bühler, Hans Franks Staatssekretär im Amt des Generalgouverneurs, drängte Heydrich auf der Konferenz, die Maßnahmen auf polnischem Gebiet im sogenannten »Generalgouvernement« zu beginnen, weil er hier keine Transportprobleme sähe und »die Judenfrage in diesem Gebiete so schnell wie möglich zu lösen« wünschte. Ohnehin sei die Mehrzahl dieser Juden nicht arbeitsfähig und »als Seuchenträger eine eminente Gefahr«.

Dann sollten noch die Details geklärt werden, zum Beispiel, wie mit den

»Halb- und Vierteljuden«, mit »Mischehen« und »jüdisch versippten« Ariern zu verfahren sei. Die Bürokraten unter ihnen favorisierten fein abgestufte Lösungen von Verschonung über Partnertrennung bis Zwangssterilisation. Die »Praktiker« und »Pragmatiker« hielten das Modell für nicht realisierbar, die Konferenzteilnehmer konnten sich auf keinen der zur Diskussion gestellten Vorschläge einigen und die Angelegenheit wurde vertagt. Später lief es darauf hinaus, dass man im Reich aus Rücksicht auf die Stimmung der Bevölkerung die »Mischlinge« verschonte, in den besetzten Ostgebieten dagegen wurden sie als »Volljuden behandelt«, also ermordet.

900 000 Juden waren schon tot, als die Konferenz am Wannsee tagte. Aber nun brauchte man zur Beschleunigung eine bessere Zusammenarbeit der Behörden, der SS, der Wehrmacht und den Aufbau einer Mordindustrie samt zugehöriger Infrastruktur. Mordverfahren mussten entwickelt, Mordfabriken gebaut, »Zwischenlager« und »Umschlagsplätze« - die Gettos - errichtet, Gleise in die Mordfabriken gelegt, Dampfloks und Eisenbahnwaggons in Bewegung gesetzt werden.

In Hans Franks Machtbereich hatten die Mörder im Oktober oder November 1941 schon damit begonnen und »Erfahrungen« durch den Bau stationärer Tötungseinrichtungen und den Einsatz von Gas gesammelt. Die beiden ersten Einrichtungen dieser Art wurden in Chelmno im Warthegau und in Belzec im Distrikt Lublin erbaut.

Seit September 1941 wurde in Auschwitz die Tötung von russischen Kriegsgefangenen mit dem Blausäure-Präparat Zyklon B erprobt. Im Februar 1942 wurden damit auch die ersten Juden umgebracht, später dann auch in Birkenau.

Am 17. Juli 1942 traf Himmler zu einer Inspektion in Birkenau ein und ließ sich den gesamten Tötungsvorgang vorführen. Er sah, wie Männer, Frauen, Kinder sich nackt ausziehen mussten. Er hörte, wie diesen befohlen wurde, zur »Entlausung« in bestimmte »Duschkammern« zu gehen. Er sah, wie die gasdicht gemachten Türen zugeschraubt und der Inhalt der Gasbüchsen durch besondere Luken in die Räume geschüttet wurde. Nach Ablauf einer halben Stunde wurden die Türen wieder geöffnet, die Toten herausgezogen und auf kleinen Feldbahnwagen auf einem Feldbahngleis nach den Gruben gefahren.

Himmler war zufrieden, lobte seine Mordgesellen, und befahl den weiteren

Ausbau der Mordfabriken. Daraufhin wurden große Gaskammern mit Krematorien errichtet. In Auschwitz konnten nun pro Tag mehr als 10 000 Menschen ermordet werden. Aber auch die Vernichtung durch Erschießen und Erschlagen, tödliche Spritzen, medizinische Versuche an lebenden Menschen, auszehrende Arbeit, Hungerrationen, Krankheiten und Seuchen ging weiter.

Bald schon war es dann in Warschau so weit. Am 20. Juli 1942 traf eine von Himmlers Todesschwadronen dort ein, im Schlepptau ukrainische SS-Männer. Auch das gehörte zur Perfidie des Systems, dass die SS in den eroberten Ländern Helfer aus der einheimischen Bevölkerung anwarb, so auch in der Ukraine. Wer sich anwerben ließ, war entweder Antisemit und konnte sich mit dem Vernichtungsprogramm identifizieren, oder machte aus Angst mit oder weil er materiell versorgt wurde oder weil er als Ukrainer die polnischen Nachbarn hasste, und die polnischen Juden erst recht. Meist setzte sich das Motiv aus mehreren Teilmotiven zusammen.

Zwei Tage später, am 22. Juli, umstellten die bewaffneten Ukrainer die Mauern des Gettos. Eine Bekanntmachung wurde plakatiert: »Alle Juden, Männer, Frauen und Kinder, sofern sie nicht in deutschen Betrieben, Rüstungswerken oder in der Ghetto-Verwaltung beschäftigt sind, müssen das Ghetto verlassen.«

Und dann wurden Lügen verbreitet: Sie sollten nach Osteuropa gebracht werden, um im Aufbau der dort zerstörten Gebiete Verwendung zu finden. Plakate forderten die Juden auf, sich freiwillig zum Abtransport nach dem Osten zu melden, das Leben sei dort viel leichter als in der Enge des Gettos. Der Zweck der Deportation sei ein großes Bauvorhaben in der Nähe von Minsk und die Aussiedler würden dort als Arbeitskräfte eingesetzt. Manche glaubten es, viele wollten es glauben, die meisten glaubten es nicht.

Die Versorgung mit Lebensmitteln im Getto wurde noch weiter gedrosselt, das Wasser abgestellt, den »Reisewilligen« wurde die Zuteilung von drei Kilogramm Brot und einem halben Kilogramm Marmelade pro Person versprochen. Das wirkte. Viele meldeten sich freiwillig.

So begann die Räumung des Warschauer Gettos. Täglich wurden Häuserblocks umstellt. Wer gerade anwesend war, ob in Wohnungen oder auf der Straße, musste mit, hatte keine Zeit mehr, sich von seinem Ehepartner, seinen Kindern, Verwandten, Freunden zu verabschieden. Wie Vieh wurden sie zusammengetrieben, unter Geschrei, Drohungen, Prügeln und dem Gebell von

Schäferhunden zum »Umschlagsplatz« gehetzt, in Viehwaggons gepfercht und ihrer Bestimmung zugeführt.

Die Intelligenteren ahnten oder hatten gerüchteweise gehört, was sie erwartete, und versuchten sich zu verstecken. Meistens vergeblich. Es gab kaum ein Entrinnen. Nur wenige entkamen und von denen schafften es wiederum nur wenige, sich bis Kriegsende vor den Nazis versteckt zu halten.

Und Janusz Korczak?

Er glaubte den Lügen der Deutschen nicht. »Die sind zu allem fähig«, hatte er gesagt, nachdem er, gedemütigt und misshandelt, aus zeitweiliger deutscher Haft zurückgekehrt war. Zu was die Deutschen wirklich fähig waren, überstieg jedoch auch die Vorstellungskraft eines Janusz Korczak. Bis zuletzt wiegte er sich in der Illusion, sie würden wenigstens die Kinder verschonen, zumindest seine Kinder.

Aber dann, an einem freundlich-warmen Sommertag in der Früh, wurde auch diese Illusion zerschlagen. Plötzlich hörte er Lärm, Pfiffe, gellende Schreie. Sie waren da. Himmlers Mordgesellen waren tatsächlich da, schwer bewaffnet, Furcht einflößend, um die Wehrlosesten unter den Wehrlosen zu holen. Hatten sie kein Mitleid, kein Schamgefühl, keine Restbestände von Menschlichkeit?

Einige vielleicht schon, einige hatten ihrem Unbehagen vielleicht sogar schon mal Ausdruck verliehen, und irgendwann muss es auch Himmler zu Ohren gekommen sein, denn später, rund ein Jahr nach Räumung des Warschauer Gettos, sagte er im Oktober in einer seiner beiden berühmt gewordenen Posener Reden vor ausgewähltem Publikum: »Es trat an uns die Frage heran: Wie ist es mit den Frauen und Kindern? – Ich habe mich entschlossen, auch hier eine klare Lösung zu finden. Ich hielt mich nämlich nicht für berechtigt, die Männer auszurotten, sprich also umzubringen oder umbringen zu lassen – und die Rächer in Gestalt der Kinder für unsere Söhne und Enkel groß werden zu lassen. Es musste der schwere Entschluss gefasst werden, dieses Volk von der Erde verschwinden zu lassen. Für die Organisation, die den Auftrag durchführen musste, war es der schwerste, den wir bisher hatten. (…) Ich habe mich für verpflichtet gehalten, (…) zu Ihnen als den obersten Würdenträgern der Partei, dieses politischen Ordens, dieses politischen Instruments des Führers, auch über diese Frage einmal ganz offen zu sprechen und zu sagen, wie es gewesen ist. Die Judenfrage in den von uns besetzten

Ländern wird bis Ende dieses Jahres erledigt sein. Es werden nur Restbestände von einzelnen Juden übrig bleiben, die untergeschlüpft sind.«

Mord an Wehrlosen - der »schwerste Auftrag«, den sie bisher hatten und noch haben, er muss nun mal ausgeführt werden, mannhaft, ehrenhaft, pflichtbewusst, so dachten und redeten sie, so schalteten sie die menschlichen Regungen in sich und den anderen aus. Jüdische Kinder als künftige Rächer der Nazis - etwas anderes konnten Himmler und Konsorten sich nicht vorstellen. Und so kannten sie keine Grenze, machten vor nichts halt, auch nicht vor dem Waisenhaus in der Sliskastraße.

An welchem Tag dies geschah, wissen wir bis heute nicht genau. Janusz Korczak schrieb sein ganzes Leben lang in sein Tagebuch, was ihm in den Sinn kam, was er erlebte, was ihn beschäftigte. Bis zuletzt, auch im Getto und unter den widrigsten Umständen, fand er noch die Zeit und die Kraft zum Schreiben. Der Schatz seiner Aufzeichnungen hat ihn überlebt, konnte gerettet werden, daher wissen wir relativ gut über ihn Bescheid. Sein letzter Eintrag stammt vom 4. August 1942. Daher nimmt man an, dass er und die Kinder am 5. August abgeholt wurden.

Der letzte Eintrag lautete:

»Ich begieße die Blumen. Meine Glatze am Fenster - ein gutes Ziel.

Er trägt einen Karabiner. Warum steht er da und betrachtet mich so friedlich? Er hat keinen Befehl.

Vielleicht war er im bürgerlichen Leben Dorfschullehrer, Notar, Straßenfeger in Leipzig oder Kellner in Köln?

Was würde er tun, wenn ich ihm freundliche zunickte? Freundlich winken?

Vielleicht ist er erst gestern von weit her gekommen?

Ich wünsche niemandem etwas Böses. Ich kann das nicht. Ich

weiss nicht, wie man das macht. Vater unser, der du bist im

Himmel. Hunger und Unglück haben dieses Gebet gemacht. Unser

tägliches Brot. Brot. Aber das, was ich ertrage, ist doch

wirklich gewesen. Es ist gewesen.«

Mit diesen letzten Zeilen verlieren sich die Spuren seines Lebens. Über seine letzten Stunden wissen wir nichts Sicheres, sind auf Zeugen angewiesen, aber die machen unterschiedliche Angaben. In einer Broschüre der Widerstandsbewegung *Wolnosc* (Freiheit) heißt es in einer Tagebuchnotiz vom

3. August: »Gestern wurde das Internat, dessen Leiter der bekannte Erzieher und Schriftsteller Janusz Korczak war, geschlossen und deportiert. Die Deutschen erlaubten dem Pädagogen zu bleiben, doch er lehnte das Angebot ab. Aber schon auf dem Umschlagsplatz wurde Korczak von den Zöglingen getrennt und in einem anderen Waggon verstaut. Zeugen dieser Szene behaupten, noch nie etwas Ergreifenderes gesehen zu haben. (...)«

Betty Lifton nennt in ihrer Korczak-Biografie *Der König der Kinder* den 6. August als Tag des Abtransports. Korczaks Freund Igor Newerly spricht vom 8. August. Wann immer es nun gewesen ist, man kann sich einigermaßen vorstellen, wie es dabei zugegangen ist. Die SS-Männer werden es gemacht haben, wie sie es immer machten. Sie werden das Haus umstellt, die Tür eingetreten, einen unbeschreiblichen Lärm verursacht und immerzu geschrien haben: »Los, los, raus, alle Juden raus!«

Korczak, Stefa und die übrigen Erwachsenen werden daraufhin versucht haben, die Kinder zu beruhigen und ihnen dabei zu helfen, ihre Sachen zu packen. Kurze Zeit später, so berichten Zeugen, standen die Kinder in Viererreihen im Hof.

Und Korczak? Was hatte er ihnen gesagt? Was konnte er sagen, ohne ihnen und sich selbst die Hoffnung zu nehmen? Einige vermuten, er habe ihnen gesagt, es ginge jetzt in die Sommerkolonie Rozyczka, »aber es ist kaum anzunehmen, daß Korczak seine Kinder belogen hat«, schreibt Betty Lifton. »Vielleicht hat er ihnen erzählt, daß es dort, wo sie hinfahren, möglicherweise Kiefern und Birken gibt, genau wie in der Sommerkolonie, und wo es Bäume gibt, waren natürlich auch Kaninchen und Eichkätzchen.«

Vielleicht hat er aber auch nur gesagt, dass er nicht weiß, wohin es geht, und vielleicht hat er in diesem Moment nur gedacht: Wie schrecklich die Situation auch ist, ich muss jetzt für meine Kinder da sein, ihnen irgendwie Mut machen und sie durch all das führen, was vor ihnen liegt.

Die Deutschen hatten durchgezählt: einhundertzweiundneunzig Kinder und zehn Erwachsene. Jetzt setzte sich der Zug in Bewegung. Korczak, mit einem Kind auf dem Arm, eines an der Hand, führte den ersten Zug an, schreibt ein Zeuge, an der Spitze des zweiten marschierte Stefa. Anders als die ansonsten chaotischen und hysterisch kreischenden Menschenmassen, die mit Peitschen vorangestoßen wurden, gingen die Kinder in Viererreihen mit ruhiger Würde.

Igor Newerly beschrieb diesen letzten Zug aus dem Waisenhaus durchs Getto hinaus in die Straßen Warschaus so: »Korczak und seine Mitarbeiterin Frau Stefania Wilczynska (...) liefen voran. Ich weiß nicht genau, wie lange der gespenstige Zug gedauert hat und wie lange sie warten mussten, bis die Waggons gekommen waren. (...) Als die Kinder schon einwaggoniert waren, erfuhr der deutsche Platzkommandant, daß der hagere, alte Mann mit dem kurzen Bart, der die Kinder begleitete, Janusz Korczak hieß. Es fand dann folgendes Gespräch statt:

›Sie haben den *Bankrott des kleinen Jack* geschrieben?‹

›Ja.‹

›Ein gutes Buch. Ich habe es gelesen, als ich noch klein war. Steigen Sie aus.‹

›Und die Kinder ...‹

›Die Kinder fahren. Aber Sie können hierbleiben.‹

›Sie irren sich‹, erwiderte Korczak, ›nicht jeder ist ein Schuft‹, und er schlug die Waggontür hinter sich zu.«

Eine andere, wahrscheinlichere, weil besser bezeugte Version erzählt, dass Korczaks jüdische und christliche Freunde im Hintergrund erfolgreich alle Hebel in Bewegung gesetzt hatten, um sein Leben zu retten. Kurz vor der Verladung sei daher jemand mit einem Dokument zu Korczak und dem verantwortlichen Offizier geeilt, um mitzuteilen, dass Korczak nicht deportiert werde. Er könne hierbleiben.

Dieser hätte sich jetzt überlegen können: Soll ich? Ich kann die Kinder nicht retten. Kann nichts mehr für sie tun. Es nützt ihnen gar nichts, wenn ich mitkomme.

Aber so hat Korczak mit Sicherheit nicht gedacht, nicht einmal eine Sekunde wird er überlegt haben, sondern Haltung wird er gezeigt haben, und seine Haltung war: Sie haben ihr Leben mit mir geteilt, jetzt werde ich ihr Sterben mit ihnen teilen. Ihr Sterben wird leichter sein, wenn ich bei ihnen bin. Mein Sterben wird leichter sein, wenn sie bei mir sind.

»Ich werde diese Szene in meinem ganzen Leben nicht vergessen«, schrieb Nahum Remba, ein Mitglied des Judenrates. Remba hatte am Umschlagsplatz eine Erste-Hilfe-Station eingerichtet, durch die es ihm gelang, einige aus den Schleppnetzen zu retten. Er hatte gerade erfahren, dass Korczak und die Kinder auf dem Weg waren, als sie eintrafen. Er brachte sie zum anderen

Ende des Feldes zu einer kleinen Mauer. Dahinter war der Hof des geräumten Spitals, in dem jetzt noch weitere Juden auf ihren Abtransport warteten.

Remba hoffte irgendwie, den Abtransport der Kinder aufschieben, Zeit gewinnen und alles noch verhindern zu können. Er nahm Korczak auf die Seite und flehte ihn an, mit ihm zum Judenrat zu gehen, damit der sich einschalte. Korczak blickte um sich, sah die Deutschen und Ukrainer in ihren Ledermänteln mit ihren Gewehren und Schäferhunden, hörte den Lärm und das Geschrei und dachte nur: Ich kann meine Kinder jetzt nicht eine Sekunde allein lassen. Der Gedanke, dass seine Abwesenheit genutzt wurde, um sie zu verladen, erschien ihm unerträglich. Remba verstand.

»Die Verladung begann«, schreibt Remba. »Ich stand hinter der Postenkette des Ordnungsdienstes und verfolgte bangen Herzens, ob mein Plan gelingen würde. Ich fragte ständig nach der Anzahl der Waggons (ob sie schon voll seien). Es wurde weiter verladen und die Waggons wollten und wollten nicht voll werden. Die dicht gedrängte Menge schritt unter Peitschenhieben an mir vorbei. Plötzlich befahl Herr Szmerling, der jüdische Kommandant des Umschlagsplatzes, die Kinder des Internats hinauszuführen. An der Spitze schritt Korczak. Nein, dieses Bild werde ich nie vergessen. Das war kein Marsch in die Waggons, sondern ein organisierter stummer Protest gegen den Banditismus. Im Gegensatz zu der dicht gedrängten Masse, die wie das Vieh in den Schlachthof marschierte, begann hier ein Marsch, wie es ihn hier bisher noch nicht gegeben hatte. Alle Kinder gingen in Viererreihen. An der Spitze ging Korczak. Er hatte den Blick zum Himmel gewandt und hatte zwei Kinder an der Hand. So führte er den Zug. Die zweite Abteilung führte Stefanie Wilczynska, die dritte Bronitowska, die vierte Abteilung Sczernfeld vom Internat in der Twarda-Straße (…).«

Als Korczak seine Kinder ruhig zu den Viehwaggons führte, machte die jüdische Polizei einen Weg für sie frei und salutierte instinktiv. Remba brach in Tränen aus, als die Deutschen fragten, wer dieser Mann sei. Ein einziger Klageschrei löste sich von denen, die noch auf dem Platz warteten. Korczak ging mit hoch erhobenem Kopf, an jeder Hand ein Kind haltend, und seine Augen hatten diesen ihm eigenen Ausdruck, als ob sie auf ein Ziel in weiter Ferne gerichtet wären.

Dann fuhr der Zug ab. Sein Ziel: Treblinka. 120 Kilometer nordöstlich von Warschau müssen sich wahrscheinlich noch am selben Tag alle auskleiden und »duschen«. Vielleicht wurde Korczak bald nach der Ankunft in Treblinka von den Kindern gewaltsam getrennt, vielleicht auch schon vorher. Wir wissen nicht, wie es endete. Die nationalsozialistische Todesmaschine wollte, dass von ihren Opfern keine Spur übrig blieb. Sie hat die Leichen verbrannt, jedes Einzelschicksal in Rauch aufgelöst. Im Vernichtungslager Treblinka widerfuhr Korczak, Stefania Wilczynska und den Kindern des Waisenhauses das anonyme Schicksal von Millionen Ermordeter.

Die Mörder überlebten nicht. Reinhard Heydrich wurde 1942 bei einem Attentat verletzt und starb am 4. Juni 1942.

Adolf Hitler beging am 30. April 1945 Selbstmord im Berliner Führerbunker. Dort töten sich am darauffolgenden Tag auch Joseph Goebbels und dessen Frau Magda mit Gift, wahrscheinlich Blausäure. Zuvor ermordeten sie ihre sechs Kinder.

Heinrich Himmler geriet in britische Gefangenschaft und tötete sich am 23. Mai 1945 in einem Verhörzimmer in der Uelzener Straße 31 in Lüneburg durch Schlucken einer Zyankalikapsel.

Hermann Göring wurde beim Nürnberger Hauptkriegsverbrecherprozess zum Tod durch Erhängen verurteilt. Der Vollstreckung des Urteils entzog sich Göring am 15. Oktober 1946 durch Selbsttötung mit einer Zyankali-Giftkapsel.

Hans Frank wurde am 1. Oktober 1946 zum Tod durch den Strang verurteilt und am 16. Oktober in Nürnberg hingerichtet.

Janusz Korczak, seine Kinder und die mehr als fünf Millionen anderen Opfer zu vergessen, hieße, die Mörder wieder aufleben zu lassen und ihnen den letzten Triumph zu gönnen. Deshalb dürfen wir sie nie vergessen. Den Holocaust zu leugnen, hieße, die Opfer nachträglich zu verhöhnen. Deshalb werden Holocaust-Leugner zu Recht bestraft in unserem Land. Zu sagen, verschont mich mit diesen alten Geschichten, ich habe damals nicht gelebt, ich trage keine Schuld, ich möchte deshalb endlich aus der Büßerrolle entlassen werden und ein normales Leben führen wie die anderen auch, würde ins Vergessen münden. Es geht nicht mehr um Schuld. Es geht ums Erinnern. Es geht um unsere Solidarität mit den Toten.

Irena Sendler

Die todesmutige Samariterin

* 1910 in Otwock/Polen ✿ 1927–1929 Studium der Jura in Warschau, in den 1930er Jahren dann Polonistik und Pädagogik, Suspendierung von der Universität ✿ 1938 Wiederzulassung an der Universität ✿ 1939 Abschlussprüfung ✿ ab 1939 Arbeit als Sozialarbeiterin ✿ 1940 Errichtung des Warschauer Gettos durch die Nationalsozialisten ✿ ab 1942 Beginn der Untergrundtätigkeit von Irena Sendler ✿ 20. Oktober 1943 Verhaftung durch die Gestapo, dreimonatige Haft, Verurteilung zum Tod ✿ 20. Januar 1944 Irena Sendler wird aufgrund einer Bestechung von der Gestapo freigelassen, sie taucht unter ✿ 19. Oktober 1965 Irena Sendler bekommt die Medaille »Gerechte unter den Völkern« und einen Eintrag ihres Namens in der Holocaust-Gedenkstätte Yad Vashem ✿ 2003 erhält sie den »Weißen Adler« für Tapferkeit und großen Mut, die höchste Auszeichnung in Polen ✿ 2007 Nominierung für den Friedensnobelpreis ✿ † 12. Mai 2008 in Warschau

Als Hitlers Truppen fast die halbe Welt erobert hatten, waren die Juden von Gott und der Welt verlassen. Nirgends waren sie mehr sicher und kaum jemand hat ihnen geholfen, denn Antisemitismus war kein deutsches Phänomen, sondern ein europäisches, ja ein weltweites. Darauf konnten die Nazis in den eroberten Ländern bauen. Daher fanden sie so gut wie überall Kollaborateure, Denunzianten, Helfer, wenn es gegen die Juden ging. Auch für die Vernichtungslager fanden sie in den besetzten Ländern Menschen, die bereit waren, sich am Massenmord an den Juden zu beteiligen. Nicht selten war in den verschiedensten Ländern dieser Welt der Satz zu hören: »Gut, dass Hitler diese Arbeit für uns erledigt.«

Ukrainische Gendarmen und lettische Hilfspolizisten, rumänische Soldaten oder ungarische Eisenbahner, polnische Bauern, niederländische Katasterbeamte, französische Bürgermeister, norwegische Minister, italienische Soldaten haben Hitler geholfen, seine Verbrechen an den Juden zu begehen. Auf über 200 000 schätzen Experten wie Dieter Pohl vom Institut für Zeitgeschichte die Zahl der Nichtdeutschen, die an der Vorbereitung, Unterstützung und Durchführung der Verbrechen beteiligt waren – ungefähr genauso viele wie Deutsche und Österreicher. Und oft standen sie Hitlers Schergen an Grausamkeit in nichts nach.

Von den Regierungen in England, USA und Russland kam ebenfalls keine Hilfe. Sie wurden von verschiedenen Seiten über die Existenz von Konzentrationslagern informiert und hätten beispielsweise die Gleise bombardieren können, die in die Vernichtungslager führten. Das unterblieb, teils, weil man den Berichten keinen Glauben oder keine Beachtung schenkte, teils, weil auch die Mitglieder dieser Regierungen von antisemitischen Vorurteilen nicht frei waren, und teils, weil man nur das Ziel der totalen Kapitulation der Deutschen im Auge hatte, und sonst keines. Churchill war das Kriegführen gewohnt, das massenhafte Sterben erschien ihm als normale Begleiterscheinung jedes Krieges. Dass auch Juden starben, spielte daher für seine täglichen Befehle an die kämpfende Truppe keine Rolle. Stalin war sowieso ein Mörder, Roosevelt weit weg und vermutlich ebenfalls wenig am Schicksal der Juden interessiert.

Der Schriftsteller Nicholson Baker zitiert in seinem Buch *Menschenrauch – Wie der Zweite Weltkrieg begann und die Zivilisation endete* die Präsidentengattin Eleanor Roosevelt mit dem Satz: »Ich muss auf diese Party bei den Harris' gehen, obwohl ich lieber am Galgen baumeln würde, als mich dort blicken zu lassen. Fast alles Juden.«

Zahlreiche Regierungen arbeiteten den Nazis allein dadurch in die Hände, dass sie flüchtigen Juden die Einreise verweigerten. Andere halfen aktiv mit beim Aufspüren der Juden und bei ihrer Deportation. In den Niederlanden beispielsweise erstellten die Einwohnermeldeämter für die Nazis ein exaktes »Judenregister«. Diese zahlten für jeden verratenen Juden ein Kopfgeld von 7,50 Gulden (heute rund 40 Euro). Etliche Niederländer machten daraufhin die Jagd auf versteckte Juden zu ihrem Beruf. Allein in den Monaten März bis Juni des Jahres 1943 wurden über 6800 Juden auf diese Weise aufgespürt.

Italiens Faschistenführer Benito Mussolini ließ über 9000 italienische Juden in den Tod deportieren. Die kroatischen Ustascha-Faschisten errichteten eigene Konzentrationslager, in denen Juden durch Typhus, Hunger, Erschießen, Folterung, Ertränken, Erstechen und Hammerschläge auf den Kopf ums Leben kamen. Der Großteil der Juden in Kroatien starb durch Kroaten.

Wo das jüdische Volk nicht auf Antisemitismus traf, traf es auf Gleichgültigkeit, Angst vor den Nazis oder ganz normale menschliche Niedertracht. Daher gab es die Mitmacher, Wegseher, Gleichgültigen und Verängstigten nicht nur in Deutschland, sondern überall. Dazu kamen noch die Geschäftemacher, die sich an der Not der Juden bereicherten, indem sie ihnen wertvolle Gegenstände zu Spottpreisen abkauften oder sich kleine Dienstleistungen zu Höchstpreisen bezahlen ließen. Auch die profitträchtige »Arisierung« jüdischen Besitzes förderte die Bereitwilligkeit, mit den Nazis zusammenzuarbeiten.

So kann man heute im Rückblick auf die Kriegsjahre unter Hitler mit erschreckender Deutlichkeit erkennen: Zweitausend Jahre christliche Erziehung in Europa und zweihundert Jahre Erziehung im Geist der Aufklärung und des Humanismus haben nur ganz wenige Christen und ganz wenige Humanisten hervorgebracht, so wenige, dass man sich fragt, ob es diese Ausnahmen nicht sowieso, auch ohne Christentum und Humanismus, gegeben hätte. Auf diese Ausnahmen, die sich ihr Gefühl für Menschlichkeit bewahrt und entsprechend gehandelt hatten, waren die vielen Millionen Juden in Deutschland und den von Deutschen besetzten Gebieten angewiesen.

Eine dieser wenigen war die Polin Irena Sendler. Schon vor dem Krieg protestierte sie im Hörsaal ihrer Universität gegen den Antisemitismus des Staates und ihrer Landsleute. Dort mussten Juden und Nichtjuden in den Vorlesungen getrennt voneinander sitzen. Irena Sendler setzte sich demonstrativ immer auf die jüdische Seite und wurde dafür oft nach den Vorlesungen von rechtsradikalen Schlägertrupps verprügelt. Auch Ausschreitungen, Drohungen und Gewalt gegen Juden und Jüdinnen gehörten zum polnischen Alltag. Und Sendler wurde wegen ihrer Judenfreundlichkeit von der Universität geworfen. Erst nach drei Jahren wurde sie wieder zugelassen und durfte ihr

Studium mit einer Magisterarbeit an der humanistischen Fakultät beenden.

Das Schicksal ihrer Verweisung von der Hochschule teilte sie mit ihrem Vater. Der war ebenfalls schon von der zaristischen Warschauer Universität ge-
flogen, weil er für die Unabhängigkeit des damals von den Russen besetzten
Polen eintrat, sich an Streiks und an Demonstrationen für die Rechte polnischer Studenten beteiligt hatte und Mitglied der Polnischen Sozialistischen
Partei (PPS) war, deren Mitglied später auch seine Tochter Irena wurde. Ihr Vater beendete sein Medizinstudium 1908 in der ukrainischen Stadt Charkow.

Er muss eine gütige und zugleich starke Persönlichkeit gewesen sein, denn
er hatte ganz offensichtlich einen prägenden Einfluss auf seine Tochter.
Dass sie sich immer für Arme und besonders auch für Juden einsetzte, hatte
sie von ihrem Vater gelernt. Der hat als Arzt Arme – und darunter waren viele
Juden – kostenlos behandelt. Sogar Arzneimittel, die er aus eigener Tasche
bezahlen musste, gab er kostenlos an seine Patienten weiter, und zwar auch
schon, als es der Familie wirtschaftlich noch so schlecht ging, dass Irenas
Mutter ihren einzigen Wintermantel verkaufen musste, um Essen für die Kinder kaufen zu können.

Später, als der Vater ein Sanatorium für Lungenkranke leitete, ging es der
Familie dann besser. Jedoch nicht lange, denn der Vater starb früh, mit knapp
vierzig Jahren, und er starb an seiner eigenen Hilfsbereitschaft. In ihrem
Wohnort in Otwock war eine Typhus-Epidemie ausgebrochen. Von den vier
dort ansässigen Ärzten behandelte nur Irenas Vater die Kranken. Die anderen weigerten sich wegen der Ansteckungsgefahr. Er steckte sich an und
starb, die Familie verarmte wieder.

Nun kamen zwei Vertreter der jüdischen Gemeinde zu Irenas Mutter und
wollten sich dankbar erweisen. Sie boten an, Irenas Ausbildung finanziell zu
unterstützen. Die Mutter war sehr gerührt, aber lehnte höflich ab. Sie sei jung
– sie war damals 32 – könne arbeiten und werde ihre Lage selbst meistern. Das
tat sie auch, mit guter Laune. Während der Jahre, in denen sich Irenas Vater
in Otwock politisch und sozial engagierte engagierte sich die Mutter kulturell, spielte Theater und gehörte der lokalen Kulturvereinigung an. Diese bestand aus Bildungsbürgern, die das kulturelle Leben der Stadt prägten.

Beide Eltern führten ein offenes Haus, hatten oft Gäste, machten keinen
Unterschied zwischen Polen und Juden, und so kam es, dass die kleine Irena

auch viele jüdische Spielgefährten hatte. Dadurch lernten diese Polnisch und Irena Jiddisch.

Sie müsse wohl ein »ziemlich verzogenes Kind« gewesen sein, erzählte die alte Irena Sendler später, denn ihre beiden Tanten, die beide Lehrerinnen waren, beschwerten sich während jedes Besuches bei ihrem Vater: »Was machst du denn, was soll nur aus deinem Kind werden?«

Der Vater habe darauf gelassen geantwortet: »Man weiß nicht, wie das Leben meines Töchterchens verlaufen wird. Womöglich so, daß unsere Fürsorge zu ihren besten Erinnerungen gehören wird« – was die alte Irena mit den Worten kommentierte: »Wenn ich zurückdenke, wie schwer mein Leben war, dann waren das wirklich prophetische Worte.«

Die Schwere ihres Lebens begann schon, als sie gerade ihr Studium beendet und eine Anstellung als Sozialarbeiterin bei der Mütter- und Kinderhilfesektion des Bürgerkomitees für Sozialhilfe bekommen hatte. Kurz danach kamen die Deutschen. Der Zweite Weltkrieg hatte begonnen und ihr Mann Mieczyslaw musste an die Front. Schnell kamen die Deutschen nach Warschau und gingen rücksichtslos, »bestialisch«, wie Sendler sagte, gegen die Zivilbevölkerung vor, und von Anfang an am grausamsten gegen die Juden.

Irena Sendler war damals 29 Jahre alt, arbeitete beim Warschauer Sozialamt und versorgte Arme und Notleidende. Als die Nazis die Macht im Land übernommen hatten, befahlen sie der Stadtverwaltung, alle jüdischen Mitarbeiter zu entlassen und die jüdischen Empfänger von Sozialleistungen von der Liste zu streichen. Sendler unterlief diese Maßnahme, indem sie gemeinsam mit Kolleginnen, denen sie vertraute, Namenslisten fälschte, sodass die Juden weiterhin unterstützt werden konnten.

Deren Lage wurde trotzdem von Tag zu Tag schlechter und lebensbedrohlich, als die Nazis im November 1940 das Getto errichteten. Eine von Generalgouverneur Hans Frank erlassene Verordnung verbot den Polen unter Androhung der Todesstrafe, den Juden im Getto zu helfen. Sendler und ihre Kolleginnen ließen sich trotzdem nicht entmutigen, besorgten sich Passierscheine und versorgten als Sanitäterinnen Tag für Tag die Menschen hinter den Mauern. Das ließen die Nazis zu, weil sie Angst vor Seuchen hatten.

So schafften es die Helferinnen, mehrmals am Tag ins Getto zu gelangen und die Menschen dort nicht nur mit Medikamenten zu versorgen, sondern auch mit Lebensmitteln und Kleidern. Mindestens ebenso wichtig fürs Überleben war, dass Sendler Kinder- und Jugendgruppen gründete und durch Diskussionsveranstaltungen, Musik, Theater und Gesang dafür sorgte, dass die Kinder und Jugendlichen wenigstens zeitweise ihr Elend vergaßen und inmitten der größten Not auch noch lachen konnten.

Als 1942 die Deportationen der Juden aus dem Getto begannen, beschloss Sendler, die Kinder zu retten, so viele wie möglich. Sie wusste noch nicht genau, wie, aber Ende 1942 bildete sich eine neue Untergrundorganisation, und mit deren Hilfe könnte sie es schaffen, dachte sie. *Żegota* hieß diese Organisation. In ihr arbeiteten sozialistische und katholische polnische Untergrundparteien mit zionistischen und sozialistischen jüdischen Gruppen zusammen, um Unterstützung und Verstecke für Juden zu organisieren und die Alliierten über die Judenverfolgung zu informieren. Es gab auch eine Kinder-Sektion, die Lebensmittel und Medikamente in die Häuser schmuggelte. Hier arbeitete Irena nun mit und versuchte, Menschen aus dem Getto herauszuschmuggeln und ihnen mithilfe von *Żegota*-Mitgliedern falsche Papiere zu geben und sie zu verstecken.

Es stellte sich heraus, dass das ganz gut funktionierte. Von da an gingen Irena Sendler und ihre Helferinnen von Familie zu Familie und boten an, die Kinder in Sicherheit zu bringen. »Wir sagten, dass wir die Möglichkeit haben, Kinder zu retten und über die Mauern zu schmuggeln«, berichtete Sendler.

Aber um die Kinder vor den Nazis zu retten, musste *Żegota* die Eltern mit der Frage konfrontieren: Seid ihr bereit, eure Kinder in unsere Obhut zu geben? Damit standen die Eltern dieser Kinder vor der gleichen Frage, vor der schon Janusz Korczak gestanden hatte, als ihm sein nichtjüdischer Freund Igor Newerly angeboten hatte, die Kinder zu verstecken.

Wie Newerly gegenüber Korczak, so mussten die Helfer gegenüber den Eltern eingestehen: Wir können euch keine Erfolgsgarantie geben. Mal gelingt es, mal gelingt es nicht, und wenn es gelingt, ist nicht sicher, dass ein herausgeschmuggeltes Kind dauerhaft unentdeckt bleibt.

Wie soll man da entscheiden? Was sollen Eltern darauf antworten? War die Gefahr der Entdeckung nicht zu groß? Der Tod wäre die sichere Strafe gewesen. Und die Vorstellung, seine Kinder einem ungewissen Schicksal zu überlassen, sie fremden Menschen anzuvertrauen, peinigte die Eltern ebenso wie die Vorstellung der Angst, in der ihre Kinder allein und vielleicht jahrelang in dunklen Verliesen ausharren und sich immer wieder neue Verstecke suchen

müssten. Jedes Geräusch eines sich nahenden Nazistiefels würde sie in Todesangst versetzen. Dann lieber gemeinsam ausharren, gemeinsam durch-
stehen, was immer die Zukunft bringen mag, dachten viele Eltern, dachte
auch Korczak.

Irena Sendler berichtete später, dass sich in den Familien angesichts dieser Frage Szenen wie in Dantes Inferno abspielten. Da konnte es passieren,
dass der Vater bereit war, sein Kind fremden Leuten anzuvertrauen, die Mutter aber nicht. Und die Großmutter umarmte das Kind und schluchzte unter
Tränen: »Für nichts in der Welt trenne ich mich von meiner Enkelin.«

Dann musste Irena Sendler sagen: »Ich komme morgen wieder vorbei, vielleicht könnt ihr euch bis dahin einigen.«

Dann kam sie und die Familie war nicht mehr da. Befand sich bereits auf
dem »Umschlagplatz«. Oder war schon im Zug nach Treblinka unterwegs.
Wie Korczak und dessen Kinder.

Andere, die das Risiko eingingen, wurden tatsächlich gerettet, überlebten
den Krieg und den Nazi-Terror. Manche Familien konnten ihr Kind monatelang
auf das Leben »draußen« vorbereiten. Sie sagten: »Du heißt jetzt nicht mehr
Icek, sondern Jacek. Nicht Rachela, sondern Roma. Und ich bin nicht deine
Mutter, sondern war euer Dienstmädchen. Du gehst jetzt mit dieser Dame,
denn dort wartet vielleicht deine Mama auf dich.« Und irgendwann kam dann
der Tag, an dem der Mutter das Herz brach, weil sie ihr Kind weggab, damit es
unter Lebensgefahr nach draußen gebracht und – vielleicht – gerettet wurde.
Meistens gab es kein Wiedersehen mehr zwischen Eltern und Kind, aber: Das
Kind überlebte. Insgesamt konnten Irena Sendler und ihre Helfer rund 2500
Kinder retten.

Keines der fast zweihundert Kinder, mit denen Janusz Korczak nach Treblinka gebracht wurde, hat überlebt, auch er selbst nicht. Niemand kann sagen, wie viele überlebt hätten, wenn er auf Newerlys Angebote eingegangen
wäre und erlaubt hätte, die Kinder zu verstecken.

Vielleicht hätten die meisten gerettet werden können, vielleicht nur wenige, niemand weiß es. Aber hätte Korczak nicht diese einmalige Chance, so
gering sie ihm auch erschien, nutzen müssen?

Heute, mit dem Wissen darüber, wie es ausgegangen ist, lässt sich leicht
sagen, dass es besser gewesen wäre, die Kinder Irena Sendler und deren Untergrundorganisation anzuvertrauen, und dass Korczak besser daran getan

hätte, Newerlys Angebot anzunehmen. Aber damals konnten weder die Eltern noch Korczak wissen, dass die Zukunft den Tod für alle bringen würde. Viele ahnten es, wissen konnten sie es nicht, und so gaben sie sich einem Rest von Hoffnung hin, einer trügerischen Hoffnung, die darauf baute, dass die Nazis wenigstens die Kinder verschonen würden. Darum blieben sie zusammen bis zuletzt.

Die Sendler'schen Rettungsaktionen waren auch nur etwas für disziplinierte und nervenstarke Kinder, denn wer sich darauf einließ, begab sich nun mal in Lebensgefahr. Die Aktionen brauchten viele Helfer, also Mitwisser, daher konnte man nie hundertprozentig sicher sein, dass nicht irgendein Unzuverlässiger etwas ausplaudert, und sei es nur aus Mangel an Vorsicht.

»Wir mussten rechtzeitig in Erfahrung bringen, aus welchen Häusern die Bewohner als Nächste dazu bestimmt waren, sich zum Umschlagsplatz zu begeben«, erzählt Irena Sendler. Dann versuchten sie, die Kinder und Jugendlichen dieser Familien irgendwie rechtzeitig aus dem Getto herauszukriegen. Mit den Jugendlichen war es schwerer als mit den Kindern. Zwar durften die Jugendlichen das Getto täglich verlassen, weil sie tagsüber zur Zwangsarbeit in irgendwelche Betriebe gebracht wurden, aber dies geschah unter strengster Bewachung der jüdischen Polizei. Nur wenn einzelne Polizeibeamte mitmachten, konnte man die Jugendlichen bei besonders vertrauenswürdigen polnischen Familien unterbringen, um sie einige Tage später in Absprache mit der Führung der Untergrundorganisationen in den Wald zu den Partisanen zu bringen.

Mit Kleinkindern war es etwas einfacher. Sie wurden meistens durch das Gerichtsgebäude in der Lesnostraße hinausgeführt. Dieses Gebäude hatte zwei Eingänge: einen auf der Gettoseite und einen anderen auf der »arischen« Seite (in der Ogrodowastraße). Sie standen offen, und mithilfe der mutigen Hausmeister konnte man zusammen mit dem Kind auf die andere Seite der Mauer gelangen. Die Kinder wurden aber auch in Feuerwehrautos, Ambulanzen oder in der Straßenbahn aus dem Getto geschmuggelt. Wie immer Irena Sendler es machte, sie war darauf angewiesen, dass andere mit ihr zusammenarbeiteten, halfen, schwiegen und ihr Leben riskierten.

Und die Kinder mussten ihren Teil zum Erfolg beitragen. Kinder, wie zum Beispiel der kleine Stefanek, der Jahrzehnte später, als älterer Herr, erzählte, wie er unter den Mantel eines erwachsenen Mannes kroch und seine nackten

Füßchen in dessen Stiefel steckte. Sich am Hosengürtel dieses Mannes festhaltend, gelangte er aus dem Getto. Vor dem Gettotor wurde er von einer dorthin bestellten Vertrauensperson übernommen.

Einige Kinder wurden auch in Säcken, Kartons und Körben hinausgetragen, andere durch die Keller solcher Häuser, die an die »arische« Seite angrenzten. Als Fluchtweg dienten aber auch Abwasserkanäle. Irena Sendler musste die Methoden variieren, sich immer wieder etwas anderes einfallen lassen, damit niemandem etwas auffiel und niemand misstrauisch wurde.

Den Säuglingen verabreichten Sendler und ihre Helfer Schlafmittel, denn ein schreiendes Kind an der Grenze zwischen Getto und »arischer« Seite hätte alles verraten. Wenn die Kleinen dann schliefen, wurden sie in kleine Kisten gelegt, die mit Luftlöchern versehen waren. In Ambulanzwagen, die Desinfektionsmittel ins Getto brachten, gelangten sie auf die »arische« Seite. Auf diese Weise wurde etwa die sechs Monate alte Elzbieta Ficowska gerettet, die später erzählte, in ihrem Leben gebe es drei Mütter: eine jüdische, die sie nie kennengelernt hat, sie hat nicht einmal ein Foto von ihr, eine polnische, Stanislawa Bussoldowa, bei der sie groß geworden ist, und Irena Sendler, der sie ihr Leben verdankt.

In Wahrheit dürfte die Zahl der »Mütter« noch weit größer gewesen sein, denn »um einen Juden zu retten, brauchte man zehn Polen«, hat Irena Sendler einmal gesagt. Mit der Herausschleusung aus dem Getto war es ja nicht getan. Danach brauchte es die »Einschleusung« in ein Versteck und die Versorgung mit gefälschten Papieren. Es musste also Menschen geben, die Papiere fälschten, es musste Menschen geben, die jüdische Kinder und Jugendliche bei sich aufnahmen und weiterreichten, es musste Menschen geben, die diese Geretteten dauerhaft mit Lebensmitteln und Kleidung versorgten, es brauchte Menschen, die mit ihren Geldspenden halfen, das Ganze zu finanzieren. Und man brauchte Menschen, die den Geretteten beibrachten, wie sie sich zu verhalten hatten, um sich selbst und ihre Helfer nicht zu gefährden.

Letzteres war mit den Kindern und Jugendlichen meist einfacher als mit den Erwachsenen. Häufig hätten sie nicht begriffen, wie absolut notwendig es sei, sich extrem ruhig in den Wohnungen der Menschen zu verhalten, die sie unter Lebensgefahr bei sich versteckten, erzählt Sendler. Sie konnten und wollten nicht verstehen, dass schon das Hinauslehnen aus dem Fenster oder ihr Aufenthalt auf dem Balkon sowohl für sie als auch für ihre Betreuer eine Gefahr darstellte.

Eine der wichtigsten Regeln beim Verstecken lautete, möglichst häufig den Aufenthaltsort zu wechseln, denn es war natürlich schwierig, ja fast unmöglich, einen Menschen über längere Zeit so zu verbergen, dass kein Nachbar und kein zufällig vorbeikommender Passant oder Besatzungssoldat etwas merkte. Und selbst wenn nicht die Gefahr bestanden hatte, dass Mitwisser aus der Umgebung ihr Wissen weitergaben, war es allein schon auch deshalb gefährlich, weil es in ganz Polen an Lebensmitteln mangelte und alle darüber wachten, dass nicht eine bestimmte Familie mehr bekam als die andere. Da fiel es dann sofort auf, wenn jemand mehr Brot einkaufte als ihm zustand.

Der erste Aufenthaltsort war immer der wichtigste, vor allem für die kleineren Kinder, denn sie mussten nun lernen, unter den neuen Bedingungen und der stets drohenden Gefahr, entdeckt zu werden, zu leben. Dafür wurden besonders qualifizierte und vertrauenswürdige Personen ausgesucht, die fähig waren, den Kindern »polnisches Verhalten«, die Sprache, Gebete, Lieder und Gedichte beizubringen. Ein jüdisches Kind konnte nicht wissen, was eine katholische Messe ist, und dass sie sonntags in der Früh gefeiert wurde und nicht freitags am Abend. Und natürlich brauchten diese Kinder unbedingt Liebe und Zuwendung, denn sie mussten beruhigt werden und den Schmerz der Trennung von Vater und Mutter überwinden.

Selbstverständlich wäre es für die Kinder am besten gewesen, wenn sie ganz bei diesen Familien hätten bleiben können. Aber davon gab es nicht so viele. Die wenigen, die es gab, wurden für die nächsten Neuankömmlinge gebraucht, und daher kamen die Kinder irgendwann zu anderen Familien, oft auch zu Nonnen und Mönchen hinter Klostermauern oder in Pflegeheime, die als Verstecke relativ sicher waren.

Es war schwer für die Kinder, damit zurechtzukommen. Noch schwerer wurde es, wenn die Gefahr bestand, dass ein Versteck auffliegt durch einen Denunzianten in der Nachbarschaft, einen »Besuch« der Gestapo oder der sogenannten Szmalcowniks. Das waren gemeine Erpresser, die wie eine Mafia bei den betreffenden Familien aufkreuzten und sagten: »Wir wissen, dass ihr hier Juden versteckt, und darum müsst ihr jetzt zahlen. Wenn nicht, wird spätestens morgen die Gestapo hier aufkreuzen.« Auch wenn die Familie zahlte, war das Versteck nicht mehr sicher, also musste ein neues gesucht werden, das vielleicht ebenfalls nach kürzerer oder längerer Zeit wieder verlassen werden musste.

»Einmal fuhr ich mit einem weinenden, verzweifelten kleinen Jungen zu anderen Betreuern«, erinnert sich Irena Sendler. »Mit Tränen in den Augen und schluchzend fragte er mich: ›Sagen Sie mir bitte, wie viele Mamas kann man haben, denn das ist bereits die dritte.‹«

Ein Problem waren auch jene Heime, deren polnische Kinder – oft Halbwaisen – von ihren Angehörigen besucht wurden. Wenn diese mitbekamen, dass auch jüdische Kinder in dem betreffenden Heim leben, musste sich die Heimleitung schwerste Vorwürfe anhören bis hin zur Drohung, die Sache auffliegen zu lassen, denn die Angehörigen der polnischen Kinder hatten Angst, dass sich wegen der Juden das ganze Heim »in Rauch auflösen« würde. In solchen Fällen blieb den Heimleitungen oft keine andere Wahl, als wieder neue Verstecke zu suchen für ihre Schützlinge.

Irena Sendler erzählte auch von der panischen Angst der älteren Kinder, die alles bewusst miterlebt hatten, was im Getto geschah: das Sterben, die Krankheiten, die Brutalität der Nazis, das Erschießen von Juden auf offener Straße. Sie hatten am besten begriffen, dass man kein Jude sein durfte und deshalb vortäuschen musste, ein Pole zu sein. Aber gerade ihre panische Angst verhinderte dann oft, diese Rolle überzeugend zu spielen, wenn es darauf ankam. Häufige, durch Drohungen aus der Umgebung veranlasste Wechsel der Verstecke steigerten diese Angst zusätzlich.

Im Vergleich dazu war es für die kleineren Kinder leichter. Vom Leben im Getto hatten sie noch nicht so viel mitbekommen und das bisschen, das sie mitbekommen hatten, vergaßen sie schneller als die größeren Kinder. Die Kleinen waren daher auch leichter abzulenken, ließen sich bereitwilliger auf die Bemühung der Erwachsenen ein, ihnen mit Spielen, Geschichten und Schabernack eine möglichst normale Kindheit zu ermöglichen.

Schwer sei es auch für jene gewesen, »die ausgeprägte semitische Gesichtszüge hatten«, erzählte Irena Sendler, und daher allein schon durch ihr Aussehen gefährdet waren. Was tun mit solchen Kindern, wenn sie mal wieder von einem Versteck in ein anderes gebracht werden mussten? Die Sendlergruppe kam auf die Idee, diesen Kindern einfach einen Teil ihrer Gesichter zu verbinden, sodass sie Verletzten glichen.

Für viele Kinder wurden Schränke, Kohlekisten, Hängeböden, Vorratskammern, Keller oder Hohlräume unter dem Fußboden zu ihren eigentlichen Behausungen. Erst im Schutz der Dunkelheit konnten sie diese verlassen und nur in der Nacht konnte man sie an andere Orte, neue Verstecke bringen.

Die Folge war, dass solche Kinder Augenkrankheiten bekamen. Die ans Leben im Dunklen gewöhnten Augen reagierten empfindlich aufs Tageslicht. Dann musste ein Arzt oder gar ein Krankenhaus-Aufenthalt organisiert werden und wieder bestand die Gefahr des Entdecktwerdens.

Die Helfer bemühten sich, dem Leben ihrer Schützlinge unter solchen Extrembedingungen trotzdem irgendwie den Geschmack von Normalität zu geben. Sie sollten nicht 24 Stunden am Tag ausschließlich mit Überleben, Verbergen und Verstecken beschäftigt sein, sondern auch mit Dingen, mit denen man in diesem Alter unter normalen Umständen beschäftigt wäre, mit Schule zum Beispiel. Daher beschafften Irena Sendler und ihre Helfer Lehrer, Unterrichtsräume und Lehrmaterial.

Solche Kleinigkeiten beweisen: Die Gruppe derer, die sich ihre Menschlichkeit bewahrte und unter Einsatz ihres Lebens anderen half, mag klein gewesen sein. Sie war dennoch groß genug, um tatsächlich effektive Hilfe zu ermöglichen. Es gab genügend Menschen, die einfach halfen, ohne sich große Gedanken zu machen. Der Historiker Feliks Tych schätzt die Zahl der Polen, die – ohne Gegenleistung – Juden retteten, auf 125 000.

Dazu gehörten weit überwiegend ganz normale Menschen, die nicht wie die Mitglieder der Sendlergruppe im Untergrund arbeiteten, sondern einfach, wenn es darauf ankam, zeitweise oder auch nur einen Moment lang zu Verbündeten wurden, wie zum Beispiel jener Trambahnfahrer, der geistesgegenwärtig handelte, als ein weinender Junge in Begleitung einer Helferin auf Jiddisch nach seiner Mutter rief. Die Helferin erstarrte, schon wurden einige der Passagiere in der Straßenbahn auf das Kind aufmerksam, zum Glück auch der Trambahnfahrer. Er stoppte sein Fahrzeug, teilte mit, dieses habe eine Panne, er müsse leer ins Depot fahren und alle sollten aussteigen. Gleich danach wandte er sich an die Begleitperson des Kindes und fragte, wohin er sie fahren solle.

Wäre er dabei erwischt worden, hätte es ihn den Kopf kosten können. Juden zu helfen war unter Hitler ein Verbrechen, das mit dem Tod bestraft wurde. Am 26. April 1943 wurde diese entsetzliche Bestimmung noch einmal verschärft. Jetzt wurde all denen mit dem Straflager gedroht, die etwas über versteckte Juden wussten und dieses Wissen nicht meldeten. Es gab viele, die etwas wussten und nichts verrieten. Und Irena Sendler fand auch immer wieder Menschen, die bereit waren, ein Kind vorübergehend bei sich aufzunehmen und vor Verrätern und Deutschen zu verstecken. Ohne diese Hilfs- und Risikobereitschaft hätte sie ihre Arbeit gar nicht machen können.

Während sie und all ihre Helfer trotz immer schärfer werdender Bestimmungen und immer gefährlicher Zustände einfach weitermachten, unermüdlich und unerschrocken, dachten sie schon an die Zeit nach dem Krieg. Vor allem für das Problem einer späteren Familienzusammenführung musste eine Lösung gefunden werden. Die Familien waren zerrissen. Niemand wusste, wo der Sohn, die Tochter, der Vater, die Großmutter sich gegenwärtig aufhielten, wer noch lebte, wer schon tot war. Wie sollten die geretteten Kinder nach dem Krieg ihre Familien wiederfinden? Wie sollten sie etwas über das Schicksal ihrer Familienangehörigen erfahren?

Es musste irgendwie Buch geführt werden über die Geretteten. Man musste eine Kartei anlegen mit ihren richtigen Namen, ihrer Herkunft, ihren Verstecken. Andererseits war so eine Kartei natürlich eine Quelle höchster Gefahr. Wenn sie in die Hände der Nazis käme, wüssten diese auf Anhieb, wen sie wo zu suchen haben. Wie also kann man so eine Kartei laufend aktualisieren und gleichzeitig so gut verstecken, dass sie sicher war vor den Nazis?

Schränke, Hängeböden, Fußbodenbretter waren schon lange nicht mehr sicher. Irena Sendler hatte eine Idee: Sie schrieb die Tarn- und die richtigen Namen ihrer Schützlinge samt ihrer Verstecke verschlüsselt auf kleine Zettel aus Seidenpapier und band sie zu einer kleinen Rolle. »In der Mitte meines Zimmers, dessen Fenster teils zum Garten und teils zum Hof hinausgingen, stand ein Tisch. Ich dachte mir also, dass ich abends, bevor ich ins Bett ging, die kleine Rolle auf jenen Tisch lege. Falls es an meiner Tür klopfen sollte, wollte ich sie aus dem Fenster in den Garten werfen. Mehre Male übte ich die Durchführung meiner Idee, um gut vorbereitet zu sein, falls wirklich ungebetene ›Gäste‹ mich ›besuchen‹ kommen sollten. Und es kam so ein Tag.«

Ausgerechnet an Irena Sendlers Namenstag, am 20. Oktober 1943. Irena hatte ein paar Gäste eingeladen. Man unterhielt sich bis drei Uhr morgens, dann gingen einige nach Hause, andere übernachteten bei ihr. Nur wenige Stunden später, früh am Morgen, es war noch dunkel, wurden sie von schrecklichem Lärm geweckt, jemand hämmerte gegen die Haustür. Als Irena erwachte, war ihr erster Gedanke die Kartei, die sie aus dem Fenster werfen wollte, aber da unten stand die Gestapo. Das Haus war umzingelt. Sie warf die Kartei ihrer Freundin Janka Grabowska zu und öffnete die Tür. Elf Deutsche stürzten herein und stellten drei Stunden lang die Wohnung auf den Kopf. Der Fußboden wurde aufgerissen, die Kissen aufgeschlitzt. Während der ganzen Zeit verbarg Janka die Kartei unter ihrer Achselhöhle. Sie hatte einen weiten Morgenmantel an mit langen Ärmeln.

Als die Gestapo-Männer ihre Suche beendet hatten, befahlen sie Irena, sich anzuziehen. Sie wusste, was das bedeutete: Verhöre, wahrscheinlich Folter, ganz sicher Gefängnis, vielleicht Tod.

Die Todesangst schnürte ihr den Hals zu, und trotzdem war sie glücklich, denn es geschahen, wie sie sagte, an diesem Tag drei Wunder. Das erste war: Die Kartei hatten sie nicht gefunden. Alle geretteten Kinder waren also sicher! Das zweite: An diesem Tag hatte sie eine große Geldsumme für die Unterstützung ihrer Schützlinge mit nach Hause gebracht, außerdem deren Adressen, Kennkarten und Geburtsurkunden, echte und gefälschte. Das alles lag unter ihrem Bett, das während der Durchsuchung zusammengebrochen war. Die mit dem Aufschlitzen der Kissen und dem Durchwühlen der Schränke beschäftigten Deutschen hatten das kaputte Bett nicht beachtet und daher das Geld und die Papiere nicht gefunden. Auch diese Kinder waren gerettet.

Das dritte Wunder war die gelungene Vernichtung der Namensliste der Kinder, denen sie am nächsten Tag Geld bringen sollte. Die Liste steckte in der Tasche ihres Jacketts, das sie trug, als sie von der Gestapo abgeführt wurde. Sie wusste, dass sie durchsucht werden würde und sich sehr wahrscheinlich nackt ausziehen müsse. Noch auf der Fahrt zur Gestapobehörde zerriss sie unbemerkt das Blatt Papier in ihrer Jackentasche in winzige Stücke, die sie ebenso unbemerkt aus dem nicht ganz geschlossenen Fenster des fahrenden Wagens warf. Es war sechs Uhr morgens und dunkel und ihre deutschen Bewacher waren sehr müde.

Nach den Wundern kamen die Enttäuschungen. Im Warschauer Hauptquartier der Gestapo erblickte Irena in den Gefängniszellen mehrere ihrer Mitarbeiterinnen. Irgendjemand musste sie also verraten haben. Später erfuhr sie, dass es die Inhaberin einer Wäscherei war, die unter Folter Irenas Namen genannt hatte.

Auch Irena Sendler wurde gefoltert. Mehrere Nächte lang. Sie brachen ihr die Beine und die Füße. Aber sie verriet niemanden. Sie zeigten ihr eine Mappe mit den Namen derer, die sie denunziert hatten. Eine lange Liste. Sie war schockiert. Die Nazis hofften, nun würde sie sprechen. Aber sie schwieg. Kein Name kam über ihre Lippen. So etwas bestraften die Deutschen mit dem Tode. Und genau das war das Urteil, das über Irena Sendler verhängt wurde.

Drei Monate hatte sie schon im Gefängnis gesessen, als ihr das Urteil mitgeteilt wurde. Sie war natürlich erschüttert, entsetzt und doch zugleich auch ein bisschen erleichtert, denn schlimmer als die Folter war der Alltag während ihrer drei Monate in dem Gefängnis. Die Schreie. Die Misshandlungen von Gefangenen. Erschießungen. Ihr schlimmstes Erlebnis: Durch das Fenster der Wäscherei, in der sie arbeitete, konnte sie auf den Hof des Gefängnisses sehen. Dort spielte das Kind einer Gefangenen. Ein Gestapo-Mann sah dem Spiel eine Weile zu, dann winkte er es herbei, drückte ihm freundlich lächelnd ein Bonbon in die eine Hand, ein zweites in die andere. Der Junge dankte überrascht und ging wieder über den Hof. Wollte über den Hof gehen. In dem Moment, in dem er sich umdrehte, schoss der Gestapo-Mann dem Kleinen direkt in den Rücken.

Das war kein »besonderes Vorkommnis«. Es war Alltag. Überall in den von Deutschen besetzten Gebieten gab es solche aus Sadismus und Willkür vollbrachten Morde an Wehrlosen.

Täglich in der Früh um fünf erschienen im Gefängnis zwei Gestapo-Männer mit einem Schäferhund und befahlen den Gefangenen, sich in einer Reihe aufzustellen. Dann nannten sie einige Namen. Wer seinen Namen hörte, musste heraustreten, wurde abgeführt und anschließend erschossen.

Am 20. Januar 1944 hörte Irena Sendler ihren Namen. Zusammen mit dreißig, vielleicht vierzig anderen sollte sie ihre letzte Fahrt antreten. Nach der Ankunft in der Gestapozentrale wurden wieder die Namen verlesen und die Gefangenen mussten sich auf der linken Seite des Raumes aufstellen. Als der Name Irena Sendler aufgerufen wurde, war dieser Anruf mit der Anweisung verbunden, nach rechts herauszutreten.

Sie wusste nicht, was das zu bedeuten hatte. Nachdem sie eine kurze Zeit lang von den anderen getrennt an der rechten Wand stand, kam ein Gestapo-Mann und führte sie ab zu einem »zusätzlichen Verhör«, wie er sagte. Er führte sie aus dem Gestapo-Gebäude in die Wiejskastraße bis zu einem Platz, an dem sich mehrere Straßen kreuzten, und sagte plötzlich auf Polnisch: »Du bist frei! Hau ab!«

Sie war wie benommen, verstand die Situation nicht und bat daher den Mann, er möge ihr die Kennkarte zurückgeben. Die hatte er natürlich nicht und er hatte in diesem Moment auch keine Zeit, mit ihr zu diskutieren. Jede Sekunde, die er in der Nähe dieser Frau verbrachte, bedeutete für ihn höchste Gefahr. Darum wiederholte er: »Hau sofort ab!« Aber Irena, die immer noch nicht ganz begriffen hatte, was eigentlich vorging, und darum auch nicht wusste, dass ihr die Kennkarte gar nichts mehr genutzt hätte, bat ein weiteres Mal um das Dokument. Daraufhin schlug er ihr ins Gesicht, warf sie zu Boden und entfernte sich eilig.

Sie war blutüberströmt, schleppte sich in eine nahe gelegene Apotheke oder Drogerie, wo sich zum Glück gerade kein Kunde aufhielt. Nach einem kurzen Blick auf die Frau in Häftlingskleidung führte die Inhaberin sie ins Hinterzimmer. Sie stellte keine Fragen, brachte ihr ein Glas Wasser mit Beruhigungstropfen und bot ihre Hilfe an. Irena bat um einen Mantel und Geld für die Straßenbahn, erhielt beides und fuhr nach Hause.

Es lag nicht an der Menschlichkeit des Gestapomanns, dass er Irena in die Freiheit führte. Es lag an den Dollarbündeln, die Irenas Freunde für sie geschnürt und dem Mann gegeben hatten, wie sie gleich nach ihrer Rückkehr erfuhr. Irena stand also weiter auf der Todesliste der Nazis, es wurde bereits nach ihr gefahndet und ihre alte Kennkarte hätte ihr nun gar nichts mehr genützt.

Daher waren rasch die Freunde wieder zur Stelle und hatten eine neue Kennkarte dabei. Sie war auf den Namen Klara Dabrowska ausgestellt. Und mit diesem neuen Dokument musste Irena alias Klara nun möglichst schnell abtauchen und sich verstecken wie ihre Schützlinge.

Offiziell wurde die Nachricht verbreitet, sie sei erschossen worden. In den in den Warschauer Straßen ausgehängten Bekanntmachungen las sie sogar selbst von ihrer Erschießung.

Die Deutschen wussten natürlich, dass die Wahrheit eine andere war, und suchten nach Irena Sendler. Vergeblich. Es gelang, sie bis Kriegsende vor den Nazis zu verbergen. Sie war gerettet. Mehr als 2500 Kinder und Jugendliche waren gerettet. Auch zahlreiche Erwachsene. Und sogar »Sendlers Liste«, die Kartei mit den Namen, konnte größtenteils durch den Krieg gerettet werden.

Nach ihrer Flucht aus dem Gefängnis holte sie sich die Rolle wieder von ihrer Freundin, steckte sie in ein Glas, verschloss es und vergrub es unter einem Apfelbaum im Garten einer befreundeten Verbindungsfrau in der Lekarskastraße 9. Diese befreundete Mitkämpferin, Jadwiga Piotrowska, sollte für den Fall, dass Irena umkäme, das Glas mit den Zetteln wieder ausgraben und den richtigen Leuten übergeben.

Aber Irena kam nicht um. Noch während des Krieges grub sie das Glas wieder aus und übergab es einem Verbindungsmann der *Żegota*, damit die Kartei weitergeführt und aktualisiert werden konnte, denn sie selbst war ja nun heraus aus »dem Geschäft«, musste sich selber versteckt halten.

Leider wurde dieser Schatz dann nicht mehr so sorgsam gehütet wie er von Irena gehütet wurde. Rund ein Viertel der Namen ging Ende 1944, natürlich bedingt durch die Kriegswirren und die Verfolgungssituation verloren. Mithilfe zahlreicher Personen aus Irenas Umkreis konnten die fehlenden Namen aber wieder rekonstruiert werden.

Diese Kartei erwies sich später als Dokument von unschätzbarem Wert, denn sie half tatsächlich, dass zerrissene Familien wieder zusammenfanden oder die Überlebenden zumindest erfuhren, wann und wo ihre Angehörigen umgekommen waren, wer ihre Angehörigen überhaupt waren, ob es vielleicht noch irgendwo Verwandte gibt.

Irena Sendler glaubt, dass die tatsächliche Zahl der Geretteten noch viel höher sei, »denn es gab außer *Żegota* noch viele andere Organisationen, welche in erstaunlichem Ausmaß Hilfe leisteten«.

Und nach dem Krieg? Hat Polen Irena Sendler und die anderen todesmutigen Helden und Heldinnen des Widerstands gefeiert?

Nach dem Krieg herrschten die Kommunisten, mit denen Irena Sendler anfangs durchaus sympathisierte. Sie hatte sogar das Parteibuch der Kommunisten. Aber mit dem unbestechlich-menschlichen Blick, mit dem sie schon immer auf die Realität schaute, erkannte sie bald auch das Unmenschliche und Verlogene der neuen Herrschaft. Schon 1948 gab sie ihr Parteibuch zurück. Und danach hatte sie nur noch Scherereien mit dem Regime. Bald schon gehörte sie wieder zur Opposition. Sie sagte laut und deutlich ihre Meinung über die stalinistischen Praktiken der Kommunisten, legte sich mit staatlichen Stellen an, kritisierte die Unterdrückungsmechanismen der Regierung.

Dieser wurde es irgendwann zu bunt und sie wollte Irena verhaften lassen, aber nun war sie es, die davor bewahrt und gerettet wurde – von einer Geretteten, wie sie erst viel später erfuhr. Die Ehefrau des Leiters des Warschauer Amtes für Öffentliche Sicherheit wurde durch einen unglaublichen Zufall Ohrenzeugin einer Dienstbesprechung ihres Mannes. Diese fand bei ihnen zu Hause in der Wohnung statt, weil ihr Mann krank war. Ausgerechnet an diesem Tag ging es um Irena Sendler. Und ausgerechnet in dem Moment, in dem die Ehefrau den Kaffee ins Wohnzimmer brachte, hörte sie ihren Mann zu seinen Mitarbeitern sagen: »Angesichts dieser Beweise muss Irena Sendler verhaftet werden.«

Als die Besprechung vorbei war, erzählte sie ihrem Mann mit Tränen in den Augen von ihrer Rettung durch Irena Sendler und flehte ihn an, den Haftbefehl rückgängig zu machen. Er tat es.

Stolz auf ihre Retterin und dankbar zeigten sich dagegen die Geretteten, die nach dem Krieg in Israel, den USA und ganz Europa lebten. Sie sorgten dafür, dass sie nicht vergessen wurde. Aufgrund ihrer Erzählungen bekam Irena Sendler die höchste Auszeichnung, die Juden zu vergeben haben: die Medaille »Gerechte unter den Völkern« und den Eintrag ihres Namens in der Holocaust-Gedenkstätte Yad Vashem.

Ihr Bäumchen in der »Allee der Gerechten« durfte Irena Sendler erst 1983 pflanzen. In all den Jahren zuvor wurde ihr von den polnischen Behörden die Ausreise verweigert.

Erst nach dem Fall der Mauer und dem Zusammenbruch des Kommunismus begann Polen, sich seiner tapferen Frauen um Irena Sendler zu erinnern. Nun wurde sie mit Ehrungen und Besuchen hoher Politiker überhäuft. Ein Preis nach dem anderen wurde ihr verliehen. Immer ehrenwerter, immer internationaler wurden die Preise, und zuletzt hätte sie beinahe den höchsten aller Preise bekommen: den Friedensnobelpreis. Nominiert war sie schon dafür, im Jahr 2007.

Sie ließ es in gelassener Bescheidenheit über sich ergehen und wurde nicht müde, auf die Verdienste der anderen hinzuweisen, die an dem großen Rettungswerk beteiligt waren.

Eine Heldin wolle sie nicht sein, sagte sie, der Begriff irritiere sie. »Das Gegenteil ist wahr. Mein Gewissen schmerzt mich noch immer, dass ich nicht mehr tun konnte.«

Nach den vielen Ehrungen ihrer Person, ging es ihr vor allem darum, all die

Namen der anderen bekannt zu machen, die bei der Rettung der Juden geholfen hatten. Bis zuletzt bemühte sie sich, die Namen ihrer Helfer und Helferinnen der Vergessenheit zu entreißen.

Den Friedensnobelpreis 2007 hat dann nicht sie, sondern der Umweltakti-
vist und ehemalige US-Vizepräsident Al Gore bekommen – was schade ist,
denn wenig später, am 12. Mai 2008, ist sie im Alter von 98 Jahren in Warschau
gestorben.

Willy Brandt

Der Arbeiterjunge, der Deutschland veränderte

* 1913 unter dem Namen Herbert Frahm in Lübeck ❀ 1929 aktive Mitarbeit in der Sozialistischen Arbeiterjugend (SAJ) ❀ 1930 Aufnahme in die SPD ❀ Übertritt zur Sozialistischen Arbeiterpartei (SAP) ❀ 1932 nach dem Abitur Volontariat bei einer Lübecker Schiffsmaklerei ❀ 1933 Flucht vor nationalsozialistischer Verfolgung über Dänemark nach Norwegen, nennt sich fortan Willy Brandt, Geschichtsstudium in Oslo, journalistische Tätigkeit und Mitarbeit in der Exilarbeit der SAP ❀ 1936 Reorganisation der Untergrundgruppe der SAP in Berlin ❀ 1937 Reise nach Spanien als politischer Beobachter und Journalist ❀ 1938 Ausbürgerung durch die Nationalsozialisten, zunächst »staatenlos« ❀ 1940 Vorübergehende Kriegsgefangenschaft, Flucht nach Stockholm, Arbeit als Journalist, erhält von der norwegischen Exilregierung die norwegische Staatsbürgerschaft ❀ 1942-1945 Beitritt zur SPD ❀ 1945 Berichte als Korrespondent skandinavischer Zeitungen in Deutschland über die Nürnberger Kriegsverbrecherprozesse ❀ 1947 Presseattaché der norwegischen Militärmission in Berlin ❀ 1. Juli 1948 erhält die deutsche Staatsbürgerschaft zurück ❀ 1957-1966 Regierender Bürgermeister von Berlin ❀ 1966-1969 Bundesminister des Auswärtigen ❀ 1969-1974 Bundeskanzler der BRD ❀ † 8. Oktober 1992 in Unkel am Rhein

Eigentlich hatte Herbert Ernst Karl Frahm keine Chance. Im Jahr 1913 als uneheliches Kind einer berufstätigen, alleinerziehenden Mutter in ärmliche Verhältnisse hineingeboren, wuchs er in Lübeck in proletarischem Milieu heran. Seine Mutter hatte kaum Zeit für ihn. Sechs Tage in der Woche musste sie als Verkäuferin im »Konsum«, einer genossenschaftlich organisierten

Warenhauskette, von morgens bis abends den Lebensunterhalt für sich und ihren Sohn verdienen, dann noch kochen, waschen, putzen, Strümpfe stopfen, Hosen flicken, ohne Waschmaschine, Trockner, Schleuder, ohne Kühlschrank, ohne Gas- oder Elektroherd, ohne Kaffeemaschine. Den kleinen Herbert gibt die Mutter bei einer Nachbarin in Pflege, später kümmert sich der Großvater um ihn.

Die Liebe, Zuwendung und Geborgenheit, die jedes Kind braucht, hat Herbert vermutlich nie in dem Ausmaß bekommen, wie es nötig gewesen wäre und worauf er, wie jedes Kind, Anspruch gehabt hätte. An den Folgen dieses Mangels wird er – wohl mehr unbewusst als bewusst – ein Leben lang zu tragen haben. Irgendwie gedeiht er aber trotzdem. Er steht diese Kindheit durch, zieht sich in seine kleine Sechs-Quadratmeter-Dachkammer zurück, liest viel, denkt viel. Das Arbeiterkind macht sogar Abitur, hat aber längst gemerkt, dass es trotzdem ein Mensch dritter Klasse ist.

Die Menschen erster Klasse, das sind die reichen Kaufleute und Senatoren, die in großen Bürgerhäusern und Villen leben und in der Stadt das Sagen haben. Sie regieren. Ihnen gehören Grundstücke, Häuser, Fabriken, Maschinen, Kontore, Lagerhäuser, Schiffe. Sie leben in derselben Stadt wie die anderen, die Menschen zweiter Klasse, oft leben sie sogar mit den Zweitklassigen unter einem Dach, und sind dennoch Lichtjahre voneinander entfernt. Ehen zwischen Erst- und Zweitklassigen gibt es nicht, denn die Erstklassigen sind durchdrungen von dem Bewusstsein, eine Art höherer Mensch und zum Herrschen geboren zu sein.

Zu dienen haben ihnen die Zweitklassigen. Das sind die Leute, die in den Villen der Reichen putzen, waschen, kochen, den Garten pflegen oder in den Fabriken, Kontoren, Lagerhäusern und Schiffen die Arbeit machen und dafür gerade mal so viel Lohn erhalten, dass sie ihre Familien vor dem Verhungern bewahren können. Sie parieren. Ihnen gehört nichts. In der Politik haben sie nichts zu sagen, und dass das Hauspersonal in dunklen, engen Kammern der Villen ihrer Herrschaft wohnen darf, ist nicht etwa ein Vorzug, sondern dem Umstand geschuldet, dass die Herrschaft rund um die Uhr über ihr Personal verfügen können wollte.

Und dann gab es noch die Menschen dritter Klasse, wie der kleine Herbert Frahm am eigenen Leib erfuhr, denn dazu zählte er. Das sind Menschen zweiter Klasse, die mit einem Makel behaftet sind. Unehelich geboren zu werden, ist so ein Makel. Kein Kind kann etwas dafür, wenn sein Vater sich davon-stiehlt und Mutter und Kind sitzen lässt. Als Makel gilt es trotzdem. Die Mut-ter schämt sich oder beschweigt das Thema, das Kind spürt das. Die Umwelt reagiert darauf, als ob das Kind selber schuld sei an seinem Schicksal. Das Kind vermeint zu spüren, dass es weniger gilt, weniger Rechte hat, weniger wert sei als das eheliche, in »geordnete Verhältnisse« hineingeborene Kind.

Die versunkene Welt dieser Klassengesellschaft, in der Herbert Frahm he-ranwuchs, kann man sich heute nur schwer vorstellen. Aber einen guten Ein-blick zumindest in die Welt der Erstklassigen, zumindest in Lübeck, gewährt der Lübecker Thomas Mann in seinem Roman *Die Buddenbrooks*. Zweitklas-sige Menschen, wie Herbert Frahms Großvater oder Mutter, kommen in die-ser Geschichte einer Lübecker Kaufmannsfamilie zwar auch vor, aber nur in der ihrem untergeordneten Dasein angemessenen Form beiläufiger Erwäh-nungen, beschrieben aus der Perspektive der Herrschaft.

Die Fragwürdigkeit, ja Unhaltbarkeit dieser Ordnung wird von Thomas Mann mit keinem Wort thematisiert. Dennoch wird die Ordnung selbst von ihm so beschrieben, dass deren Unhaltbarkeit unsichtbar aus allen Ritzen dringt. Die Bewohner bewegen sich weiter so sicher in ihrer dem Untergang geweihten Welt, als ob es zu ihr auf alle Ewigkeit keine Alternative gebe. Die Herren dieser Welt können sich keine andere vorstellen.

Die Diener schon. Zwar reicht ihre Fantasie noch nicht, um sich etwas grundsätzlich anderes vorzustellen, aber zumindest die Umkehrung ihrer Ordnung können sie bereits denken. Das blitzt auf in jener Szene, in der Tho-mas Mann schildert, wie die gescheiterte Revolution von 1848 auch das Haus Buddenbrook ein bisschen streift. Trine, die Köchin der Buddenbrooks, unter-hält zum Verdruss ihrer Herrschaft »eine Art von geistigem Bündnis mit ei-nem Schlachtergesellen, und dieser ewig blutige Mensch musste die Entwick-lung ihrer politischen Ansichten in der nachhaltigsten Weise beeinflusst haben«. Nach einem kleinen Tadel durch die Hausherrin stemmte Trine plötz-lich die Arme in die Hüfte und schimpfte los: »Warten Sie mal bloß, Frau Kon-sulin, dat duert nu nich mehr lange, denn kommt ne annere Ordnung in de Saak; denn sitt ich doar up'm Sofa in' sieden Kleed, un Sei bedeinen mich denn.« (Warten Sie mal, Frau Konsulin, es dauert nicht mehr lange, dann kommt eine andere Ordnung in die Sache, dann sitze ich hier im seidenen Kleid auf dem Sofa, und Sie bedienen mich).

»Selbstverständlich«, schreibt Thomas Mann, »war ihr sofort gekündigt worden«.

Den Rest der Revolution erledigt der alte Konsul Buddenbrook, als Demonstranten vor dem Versammlungssaal der Bürgerschaft »ein ausgelassenes, unsinniges und betäubendes Hoh- und Höhgeheul« anstimmen. Der Konsul tritt ihnen entgegen und fragt einen 22-jährigen Lagerarbeiter seiner Firma, der in vorderster Reihe steht, was er denn eigentlich will.

»Je, Herr Kunsel, ick seg man bloß: wi wull nu 'ne Republike, seg ick man bloß ... « (Ja, Herr Konsul, ich sag' mal, ich will eine Republik, sag' ich mal).

»Öwer du Döskopp ... Ji heww ja schon een!« (Aber du Döskopp, wir haben doch schon eine.)

»Je, Herr Kunsel, denn wull wi noch een.« (Ja, Herr Konsul, dann wollen wir eben noch eine.)

Darauf brechen »Revolutionäre« und Vertreter der Bürgerschaft in Gelächter aus – das war die Revolution in Lübeck.

Der Konsul und der Lagerarbeiter meinten mit »Republik« etwas Verschiedenes. Der Lagerarbeiter meinte eine richtige Demokratie, mit allen Rechten und gerechten Löhnen auch für die Arbeiter. Der Konsul dagegen war mit der ständisch geprägten Demokratie des Freistaates Lübeck natürlich vollauf zufrieden. Das wohlhabende Großbürgertum hatte seine Demokratie. Für das besitzlose Dienstpersonal war sie nicht gedacht, schließlich brauchte man diese Zweitklassigen als billige und gehorsame Arbeitskräfte.

Die Leibeigenschaft war zwar schon lange abgeschafft in Deutschland, und in liberalen Hansestädten wie Lübeck herrschte bereits ein wesentlich freiheitlicherer Geist als in den Königreichen und Fürstentümern, aber die Überzeugung, dass ein Herr etwas prinzipiell anderes sei als sein Knecht, saß tief, auch beim Knecht, auch bei der Magd.

Es kam damals nicht selten vor, dass ein uneheliches Kind einfach dadurch entstand, dass einer der großen Herren Lust auf sein Dienstmädchen, eine Fabrikarbeiterin, eine Magd, eine Zofe oder das Mädchen im Blumenladen an der Ecke hatte. Und wenn sich so eine junge Frau freiwillig darauf einließ, aus Dummheit oder aus Angst, oder wenn sich der Herr einfach das Recht herausnahm, seine sexuelle Lust gewaltsam zu befriedigen, und daraus ein Kind entstand, dann war das allein das Problem der jungen Frau und ihres Kindes, nicht das des Herren. Die Frau und das Kind waren die Verworfenen, die Schuldigen, die Schändlichen, der Herr nicht. In kirchlichen Kreisen sprach man von »Sünde«, meinte aber nur Mutter und Kind, nicht den Herren. Auch wenn es sich nicht um einen Herren aus höherem Stand handelte, sondern um einen Kerl aus der gleichen Schicht, kam er meist ungeschoren davon, wenn er Mutter und Kind einfach sitzen ließ und dem Gespött und der Verachtung der Umwelt aussetzte.

Ein Kind kann an so etwas zerbrechen. Ein Kind kann aber auch, während es heranwächst und erwachsen wird, gegen solch eine verlogene Herrenmoral aufbegehren, es kann sich auflehnen gegen das ganze System, das hinter den Verlogenheiten steckt. Es kann rebellieren gegen die Herrschaft, die von solch vermeintlich gottgesetzten Ordnungen profitiert, und es kann kämpfen für den Sturz dieser Ordnung und die Etablierung einer neuen, besseren, gerechteren Ordnung.

Kämpfen, resignieren oder kaputtgehen – von diesen drei Möglichkeiten wählte Herbert Frahm die erste: kämpfen. Sein ganzes Leben stellte er in den Dienst des Kampfes gegen die Klassengesellschaft, die ihn zu demütigen versucht hatte.

In diesem Kampf geriet er dann aber überraschend an einen zweiten, ganz anders gearteten Gegner, an Adolf Hitler, sodass Frahm zeitweise nicht mehr genau wusste, für was und gegen wen er zuerst und zuvörderst kämpfen sollte: gegen das alte System und seine Kapitalisten oder gegen Hitler und Mussolini und deren Faschisten. Er war ja auch erst zwanzig Jahre alt, als Hitler Kanzler wurde.

Frahms Kampf dauerte viele Jahrzehnte, währte länger als der Kampf gegen Hitler und war ein ununterbrochener Lernprozess. Was immer er dabei erlebte, war ihm Anlass, darüber zu reflektieren. Seine Reflexionen wurden ihm zu Erfahrungen. Seine Erfahrungen zwangen ihn, oft unter Schmerzen, sich von Irrtümern zu verabschieden, sein Denken und Verhalten zu ändern, an neue Erkenntnisse anzupassen. Das Ergebnis dieses lebenslangen Lernprozesses war der Mann, der sich schon lange nicht mehr Herbert Frahm nannte, sondern eine neue Identität als Willy Brandt angenommen hatte, nach dem Krieg Regierender Bürgermeister von Berlin wurde und 1961 erstmals als Kanzlerkandidat der SPD gegen den damals 85 Jahre alten Konrad Adenauer von der CDU antrat.

Und noch zu dieser Zeit, Brandt ist jetzt 48 Jahre alt, konstruiert der Katholik Konrad Adenauer durch die Anspielung »Brandt alias Frahm« im Wahlkampf aus Brandts unehelicher Geburt einen Makel, der die Wähler davon abhalten soll, ihm ihre Stimme zu geben. Franz Josef Strauß von der CSU deutet Brandts Kampf im Exil gegen Hitler als Vaterlandsverrat. Adenauer und Strauß haben Erfolg damit, gewinnen die Wahl. 1965 tritt Brandt ein zweites Mal an, diesmal gegen Ludwig Erhard. Wieder wird er diffamiert wegen seiner Vergangenheit. Wieder verliert er. 1969, im dritten Anlauf, schafft er es und wird der erste sozialdemokratische Bundeskanzler der Bundesrepublik Deutschland. Bis heute gehört er neben Adenauer zu den bedeutendsten unter allen Kanzlern, die wir bisher hatten.

Der Weg aus dem Lübecker Arbeiterviertel in dieses Amt war abenteuerlich und man kann nacherzählen, wie das kam. Restlos erklären aber lässt es sich nicht. Wer trotzdem nach Erklärungen sucht dafür, wie es möglich war, dass ein unter Kaiser Wilhelm II. geborener Chancenloser dennoch ins wichtigste deutsche Staatsamt gelangte, wird von Norwegen und Schweden erzählen müssen, natürlich von Hitler, aber auch vom Spanischen Bürgerkrieg und von Stalin, selbstverständlich vom Mut des Willy Brandt, von glücklichen Fügungen. Beginnen aber muss er die Geschichte mit seinem Großvater, denn er war der erste Weichensteller in Willy Brandts Leben und seine erste glückliche Fügung. Er nannte ihn »Papa« und noch im Abiturzeugnis musste er als Vater herhalten, schreibt Brandt in seiner Autobiografie.

Dieser Ludwig Heinrich Carl Frahm, ursprünglich Landarbeiter in Mecklenburg auf Gut Klütz, zog Anfang des 20. Jahrhunderts nach Lübeck, um dort als Lastwagenfahrer sein Geld zu verdienen. Aber nicht der Beruf ist es, der den Großvater Frahm interessant macht, sondern sein Glaube. Er war gläubiger Sozialdemokrat. Man muss es so sagen, weil Willy Brandt später selber einmal über seinen Großvater gesagt hat, Sozialdemokratie und Sozialismus seien für diesen so etwas wie eine Religion gewesen. Die Anhänger dieser »Religion« schufen sich ihre eigene Gemeinde. In so eine Gemeinde wurde Willy Brandt hineingeboren. Das war sein Glück, denn die Gemeinde konnte ihm den Vater und die fehlende Geborgenheit zumindest teilweise ersetzen und seine soziale Benachteiligung in Teilen kompensieren.

Niemand legte ihm hier seine uneheliche Geburt zur Last. Stattdessen versorgte man ihn mit Lektüre. Bildung stand hoch im Kurs, denn man glaubte an sozialen Aufstieg durch Bildung, aber vor allem war Bildung unerlässlich

für Menschen, die sich eine neue Welt und eine neue, gerechtere Ordnung er-
kämpfen und gestalten wollten. Darum wurde viel gelesen und diskutiert in
den Arbeitersiedlungen, auch kritisiert, vor allem Kaiser und Papst wurden
kritisiert. Die Kirche brauchte man nicht, in die Kirche ging man nicht, und
der 15-jährige Herbert Frahm wurde nicht durch Konfirmation oder Firmung
in eine christliche Gemeinde aufgenommen, sondern durch eine Jugend-
weihe am 1. April 1928 in eine sozialistische Gemeinde, nur nannte man das
nicht so. Den Begriff Gemeinde gab es nicht, denn dieser war kirchlich besetzt, und wenn man ihnen gesagt hätte, dass sie selber eine neue Kirche mit
einer neuen Religion bilden, hätten sie das energisch bestritten und hätten
gesagt, Kirche und Religion beruhten auf Aberglauben, ihr Sozialismus dagegen auf Wissenschaft.

Trotzdem trifft der Begriff Gemeinde die Sache. Statt an ein christliches
Paradies im Himmel und im Jenseits glaubten Willy Brandts Großvater und
dessen Brüder an ein sozialistisches Paradies im Diesseits und in der Zukunft. Statt »Bruder« sagten sie »Genosse« zueinander. Statt der Bibel lasen
sie Bücher des zum Christentum konvertierten Juden Karl Marx. Statt in die
Gemeindeversammlung gingen sie in die Parteiversammlung. Statt der Bilder vom Kaiser und dem Papst hängten sie Bilder von August Bebel in ihre
Wohnstuben. Statt in den Kindergottesdienst, in einen christlichen Kindergarten oder zu den christlichen Pfadfindern schickten sie ihre Kinder zu den
Nestfalken, zur Kindergruppe des Arbeitersports und in den Arbeiter-Mando-
linenklub.

Die Mandoline konnte Willy Brandt noch spielen, als er schon Bundeskanz-
ler war. Ein Plakat Willy Brandts mit Mandoline zierte sogar das Büro eines
Mitarbeiters von Jimmy Carter im Nationalen Sicherheitsrat des Weißen
Hauses.

Es war eine sozialistische Parallelgesellschaft, in der Willy Brandt auf-
wuchs. Sie hatte eigene Institutionen und Vereine für alles und für jeden, die
Arbeiter-Wohlfahrt und den Arbeiter-Samariterbund, den Verein »Pflege des
Esperanto« und den Arbeiter-Turn- und Sportverein, in dem nicht nur Fußball
und Handball gespielt wurde, sondern auch Turnen und Gymnastik auf dem
Programm stand, dazu Radfahren, Angeln, Kegeln, Wassersport, Segeln,
Schach und Briefmarkensammeln. Mehr als zwanzig künstlerische Arbeiter-
vereine kümmerten sich um Musik, Gesang und Literatur. Genossenschaften

und Vereine bildeten eine Marktmacht, um Lebensmittel und Gegenstände des täglichen Gebrauchs billiger einkaufen und an ihre Mitglieder weitergeben zu können.

Seine Jugend verbrachte Willy Brandt bei den Falken und in der Sozialistischen Arbeiterjugend. Mit ihr ging er auf Wanderungen und Zeltfahrten. Es wurde »gespielt, gescherzt, geflirtet«, erinnert sich Brandt später, man saß am Lagerfeuer, sang Volkslieder, errichtete Sommerlager für Kinder und brachte ihnen Demokratie bei. Sie wählten ein Lagerparlament, das wiederum einen Bürgermeister wählte.

Natürlich war nicht alles reine Wissenschaft und Wahrheit, was Brandt in seinem Lübecker Arbeitermilieu gelernt hat. Sehr wahrscheinlich war die Auswahl des Lesestoffs in der Arbeiterbibliothek einseitig und natürlich glich das, was Kindern dort beigebracht wurde, einer religiösen Unterweisung wie sie im christlichen Milieu, nur mit anderen Inhalten, selbstverständlich auch üblich war. Jedes Milieu, ob nun katholisch, protestantisch, sozialistisch oder großbürgerlich-kapitalistisch, hat seine Grenzen, sonst wäre es ja keines.

Aber für chancenlose Kinder, wie Herbert Frahm es war, haben solche Milieus deutlich mehr Vorteile als Nachteile, denn so ein Milieu gibt einem Kind, was es am dringendsten braucht: Nestwärme. Aber auch eine Identität. Der kleine Herbert war den Leuten bekannt im Milieu. Sie wussten und er wusste, wo er hingehört. Außerdem gab das Milieu ihm so etwas wie Orientierung, einen Halt und eine Haltung. Was Kinder aus vereinzelten, isolierten Kleinstfamilien von heute nur noch mühsam und oft unzureichend beigebracht bekommen, nämlich, was sich gehört und was sich nicht gehört, lernt ein Kind in so einem intakten Milieu wie von selbst. Und im Lübecker Arbeiterviertel des Willy Brandt lernte man außerdem noch, was Solidarität ist. Man lernte, dass der Schwache mächtig und stark werden kann, wenn er sich mit seinesgleichen zusammenschließt und organisiert. Man lernte den Wert von Bildung gerade für die Unterprivilegierten schätzen und man bekam von seinem Milieu Klassenbewusstsein und damit Selbstbewusstsein eingeimpft.

Wie hart dieses Selbstbewusstsein erkämpft werden musste, hat Willy Brandt, wie er später erzählte, schon im Alter von acht Jahren erfahren. Sein Großvater bestreikte die Fabrik, in der er arbeitete. Ein Direktor dieser Fabrik sah den Achtjährigen auf der Straße und fragte ihn, ob er zu Hause genug zu essen habe. Während der Junge ein wenig herumdruckste, nahm ihn der Direktor einfach an der Hand, führte ihn in eine Bäckerei und kaufte ihm zwei große frisch gebackene Laibe Brot, die er stolz nach Hause trug. Aber welche Enttäuschung! Statt dass alle sich freuen, erhält er eine Standpauke von seinem Großvater und wird gezwungen, die Brote zurückzubringen, denn ein streikender Arbeiter nehme keine Geschenke vom Arbeitgeber an. »Wir lassen uns nicht vom Feind bestechen. Wir sind keine Bettler, die man mit Almosen abspeist. Wir wollen unser Recht, keine Geschenke.« Seitdem wusste Willy Brandt, was Arbeiterstolz ist. Vor allem wusste er, dass es erst-, zweit- und drittklassige Menschen gar nicht gibt, sondern nur erstklassige. Zweit- und drittklassig sind nur die Verhältnisse, in denen zu leben die Schwächeren von den Stärkeren gezwungen werden.

Das Milieu hatte ihm nicht nur Selbstbewusstsein, sondern auch einen Kompass fürs Leben mitgegeben. Der Kompass mochte durch manche ideologische Einseitigkeiten der sozialistischen Weltanschauung eine gewisse Missweisung eingebaut haben, aber die grobe Richtung stimmte, denn die grobe Richtung beruhte auf einer Wahrheit.

Diese Wahrheit lautete: Der Arbeiter ist von einer gerechten Teilhabe am öffentlichen Leben, politischen Entscheidungen und der Verteilung des Wohlstands ausgeschlossen. Die Parole der Französischen Revolution – Freiheit, Gleichheit, Brüderlichkeit – galt nicht für ihn. Der Arbeiter war nicht frei, sondern unterdrückt, nicht gleich, sondern ausgebeutet, und von Solidarität wollten die Machthaber und Ausbeuter nichts wissen.

Auch die Kirche wollte lange nichts davon wissen. Als Karl Marx in der Mitte des 19. Jahrhunderts das Elend des englischen Industrie-Proletariats beschrieb, als er von Kindern berichtete, die im Sommer bis zu 64 und im Winter bis zu 52 Stunden in der Woche unter Tage im Bergbau arbeiten mussten, weil sie kleiner waren und deswegen bei schmalen Flözen im engen Stollen besser an die Kohle und das Erz herankamen als die Erwachsenen, hat das die Päpste und Bischöfe nicht interessiert. Jeder hat an dem Platz seine Arbeit zu verrichten, an den ihn Gott gestellt hat, sagte die Kirche.

Aber es war nicht Gott, der den Arbeitern 18 Stunden Arbeit pro Tag, auch samstags, auch sonntags, aufzwang. Es war nicht Gott, der die Arbeiter ins Elend stürzte, wenn sie wegen Krankheit ihre Arbeit verloren. Es war nicht Gott, der die Löhne so niedrig ansetzte, dass davon eine Familie nur knapp überleben konnte. Nicht Gott zwang sie in Behausungen, die den Namen Wohnung nicht verdienten, sondern als Pferche bezeichnet werden mussten, in denen bis zu zehn Personen auf 14 Quadratmetern vegetieren mussten.

Es war nicht Gott, der diese Lebensbedingungen zu verantworten hatte, sondern es war der Fabrikbesitzer, der durch diese Ausbeutungsverhältnisse reich wurde. Und weil die Kirche diesen Verhältnissen ihren Segen gegeben und die Arbeiter geheißen hat, ihr Los gottergeben hinzunehmen, hat Marx zu Recht gesagt, Religion sei »Opium für das Volk«.

So gedieh auf dem Nährboden des kirchlichen Desinteresses am Los der Armen der Atheismus. Und der Kampf der Arbeiter für gerechtere Verhältnisse.

Mit der Bereitschaft, sein Elend im Diesseits zu ertragen in der Hoffnung auf ein paradiesisches Jenseits, war es nun vorbei. Ab sofort wurde an der Verbesserung des Diesseits gearbeitet, denn wie sagten Karl Marx und Friedrich Engels: Euch hilft kein Gott und euch hilft keine Kirche, ihr könnt euch nur selber helfen. Das taten sie dann auch, indem sie sich organisierten und allmählich, über Jahrzehnte, jene Parallelgesellschaft aufbauten, die dann tatsächlich aus eigener Kraft existieren konnte und keinen Pfarrer und keinen Priester mehr brauchte.

Als das die Kirche gemerkt hatte, als ein Papst plötzlich erkannte: Holla, da kommt mir ja ein ganz erklecklicher Teil meiner Schäflein abhanden, da reagierte er und schrieb eine Sozialenzyklika. In dieser Sozialenzyklika wurde der Arbeiter entdeckt, seine Not, seine Unterdrückung, sein Ausschluss von der Teilhabe an politischen Entscheidungen. Endlich wurde die Sache auch von einem Papst ausgesprochen, am 15. Mai 1891, 43 Jahre nach Erscheinen des Kommunistischen Manifests von Karl Marx und Friedrich Engels, also rund ein halbes Jahrhundert zu spät.

Das muss man wissen, wenn man den Antiklerikalismus der Marxisten und Sozialisten verstehen will. Das muss man auch wissen, wenn man verstehen will, warum die Kirchen, Sozialdemokraten, Kommunisten und Gewerkschaften in der Weimarer Republik und danach nicht zusammenfanden, um gemeinsam gegen Hitler vorzugehen. Sie waren einander fremd, obwohl manches, was Papst Leo XIII. in seine *Enzyklika Rerum Novarum* hineingeschrieben hatte, so klingt, als ob er es von Marx und Engels abgeschrieben hätte.

Aber er hatte es nicht von Marx und Engels, sondern aus der Bibel. Dort fordern schon die Propheten, was später Marx und die Arbeiter fordern werden: Gerechtigkeit. Gleichheit vor dem Gesetz. Es darf keinen Armen geben. Es muss für Witwen und Waisen gesorgt werden. Der Starke trägt den Schwachen.

Wäre diese Enzyklika ein halbes Jahrhundert früher gekommen und wäre sie in der gesamten katholischen Kirche auf fruchtbaren Boden gefallen, wäre die weitere Geschichte erheblich anders verlaufen. Vielleicht wäre Hitler nie an die Macht gekommen.

Es hat des gemeinsamen Todes vieler Widerstandskämpfer aus kirchlichem und sozialistischem Milieu bedurft, um zu entdecken, dass man über etliche Gemeinsamkeiten verfügt, die von sehr weither kommen. Das sozialistische Arbeitermilieu hat von diesen Gemeinsamkeiten so wenig gewusst wie das normale katholische Milieu. Die päpstliche Enzyklika kam in den normalen Kirchengemeinden nie richtig an. Sie war ein wichtiger Anstoß für die spannende Entwicklung der katholischen Soziallehre, die gerade heute, in Zeiten einer globalisierten Wirtschaft, sehr zeitgemäß, modern und wert wäre, beachtet zu werden. Aber damals, als Willy Brandt heranwuchs, führte diese Lehre ein Schattendasein in der Kirche. Deshalb hielt die Kirche die Sozialisten für ihre Gegner und umgekehrt. Man wollte nichts voneinander wissen, weil man glaubte, schon alles über die anderen zu wissen.

Dass dies ein Irrtum war, merkten zumindest die *Kreisauer*, als sie über die Zukunft des Landes nach dem Krieg berieten. Da saßen dann so unterschiedliche Charaktere wie der bescheidene Jesuitenpater Alfred Delp, der feine adlige Graf von Moltke, der Schreiner und Freimaurer Wilhelm Leuschner und der etwas derbe, kämpferische Sozialdemokrat Julius Leber, ein elsässischer Bauernsohn, Frontoffizier und Träger des Eisernen Kreuzes, zusammen. Sie hörten voneinander mit Erstaunen, dass die katholische Soziallehre, das Programm der SPD, die Vorstellungen der Gewerkschaften und die Ideen des Grafen Moltke über eine Schnittmenge verfügten, die sich als deutlich größer erwies, als alle dachten. Die Angehörigen dreier Parallelgesellschaften – christlich-sozial, sozialistisch-gewerkschaftlich und adlig-liberal –, die während der ganzen Zeit der Weimarer Republik aneinander vorbeigelebt, oft einander bekämpft hatten, entdeckten spät, letztlich zu spät, dass sie gemeinsam eine lebendige Demokratie hätten gestalten können und es nach dem Krieg endlich tun sollten. Dazu kam es nicht mehr, weil Hitler die Keimzelle dieser Demokratie, die *Kreisauer* und die übrigen Verschwörer umbringen ließ.

Im Jahr 1927 waren die meisten dieser Verschwörer noch weit entfernt von der Erkenntnis, dass man die Weimarer Demokratie vielleicht zum Erfolg hätte führen können mithilfe eines Bündnisses aus allen demokratisch-fortschrittlichen Kräften der Kirche, der Sozialisten und des Adels. In jenem Jahr waren sie noch keine Verschwörer, gingen noch getrennte Wege, und einer von ihnen, Julius Leber, lernte in diesem Jahr Herbert Frahm kennen. Leber war damals Chefredakteur des *Lübecker Volksboten* und gab dem 14-jährigen Herbert, der gut war in Deutsch und Geschichte, die Chance, sein Taschengeld aufzubessern durch das Schreiben von Artikeln. Am 22. Februar 1927 erschien sein erster Artikel im *Volksboten*.

Zwei Jahre später, als 16-Jähriger, trat er in die SPD ein, obwohl die Statuten das eigentlich nicht erlaubten. Erst mit 18 konnte man eintreten. Für den politisch frühreifen Brandt machte die Partei eine Ausnahme, wahrscheinlich auf Drängen Lebers.

Er mochte diesen Jungen, förderte ihn, kümmerte sich um ihn, und der vaterlose Herbert Frahm sah in dem kämpferischen Republikaner und kraftvollen Volkstribun vielleicht mehr als nur ein Vorbild. Sie hatten auch viel miteinander gemein: beide unehelich geboren, beide aus kleinen Verhältnissen stammend, beider Kindheiten vom Großvater geprägt, beide schrieben schon als Schüler ihre ersten Artikel für eine Zeitung und beide interessierten sich mehr für die sozialistische Praxis als für die Theorie. Sogar die Schwächen, schreibt sein Biograf Peter Merseburger, hatten sie gemein: Alkohol und Frauen.

Brandt zitiert in seiner Autobiografie Sätze, die Leber 1933 im Gefängnis geschrieben hatte: »Große Führer kommen fast immer aus dem Chaos, aus der richtigen Ordnung kommen sie selten, aus der Ochsentour nie.« Und dann fügt Brandt, über Leber sinnierend, hinzu: »Er selbst wäre, hätte er überlebt, ein großer Führer geworden, und aus dem Chaos kam er allemal: Ein Tagelöhner hatte ihn, der sich mühsam durchzubeißen hatte, an Kindes statt angenommen.«

Nach 18 Monaten Gefängnis hielten die Nazis Leber von 1935 bis 1937 im Konzentrationslager Esterwegen und im KZ Sachsenhausen fest. Nach seiner Entlassung arbeitete er getarnt als Kohlenhändler in Berlin-Schöneberg im

Widerstand und wurde hier unter anderem von Gustav Dahrendorf, dem Vater von Ralf Dahrendorf, von Ernst von Harnack und Ludwig Schwamb unterstützt. Er hat es nicht überlebt. Die Nazis fassten ihn und ermordeten ihn im
Januar 1945 zusammen mit anderen Verschwörern.

Man hört Wehmut und Trauer aus Brandts Erinnerungen über seinen ersten Förderer Julius Leber, denn 1931 war es zwischen den beiden zum Bruch
gekommen, und der alte Brandt hatte sehr viel später eingesehen, dass die
Dummheit beim jungen Herbert Frahm gelegen hatte. Die SPD war dem so
viel Jüngeren zu vergreist, zu konservativ, zu zahm, zu kompromisslerisch, zu
wenig kämpferisch erschienen, damals, und darum trat er aus der SPD aus
und schloss sich einer neu gegründeten, aus der SPD abgespalteten Partei
an, der Sozialistischen Arbeiterpartei (SAP).

Es war das alte Problem aller linken Parteien. Statt gemeinsam gegen Hitler zu kämpfen, kämpften sie gegeneinander. Die Feindschaft zwischen KPD
und SPD schien manchmal größer zu sein als die gemeinsame Feindschaft
gegen die Nationalsozialisten. Und zwischen KPD und SPD wuselten die
Splitter- und Sektiererparteien, in denen zu viele Theoretiker mit zu wenig
Realitätssinn ihre Meinungen, Ziele und Strategien fast täglich änderten.
Auf die eigentliche Herausforderung, nämlich Hitler, antworteten sie mit
weltfremden Weisungen. Immer schon, auch lange vor Hitler, auch im Ausland, spalteten sich die Linken, bis jeder seine eigene Einmann-Partei war. Der
junge Willy Brandt hatte diese gefährliche Zersplitterung der Opposition gegen Hitler durchaus gesehen und sich gerade von der SAP erhofft, diese Partei könne wieder alle Kräfte bündeln. Das war allerdings ebenfalls weltfremd.
0,1 Prozent erreichte die SAP bei den Wahlen im November 1932 und wenige
Monate später wurde sie von Hitler, genau wie die KPD und SPD, verboten.

Leber wollte seinem Schützling den Unsinn mit der SAP ausreden, aber der
blieb stur, ihre Wege trennten sich, und für Brandt bedeutete die Trennung
den Verzicht auf ein Stipendium, das Leber schon für ihn ausgehandelt hatte.

Journalist wäre er gern geworden, schreibt Brandt in seiner Autobiografie,
Deutsch und Geschichte hätte er gern studiert. »Daraus wurde nun nichts«,
fügt er lapidar hinzu, »und ich ging, statt zur Universität, zu einer Schiffsmaklerei, wo ich den Kapitänen kleiner Frachtschiffe die Formalitäten abzu-
nehmen hatte.« Die Arbeit sei »nicht uninteressant« gewesen, schreibt er,
was allerdings wenig überzeugend klingt, denn seine eigentliche Leiden-

schaft gehörte schon damals der Politik. Jede freie Minute nutzte er, um Mitglieder für seine Splitterpartei SAP zu werben, politische Vorträge zu halten, Diskussionen und Versammlungen zu dominieren.

Mit der Naivität und dem Optimismus der Jugend machte er sich daran, von Lübeck aus die Welt zu verändern. Er war überzeugt: Mit ihm und seinen Genossen ist die Geschichte. Sie sind die Zukunft, sie machen die Zukunft, und was sie nicht selber machen können, erledigen jene Mechanismen der Geschichte, die Karl Marx beschrieben hat. Der Klassenkampf ist da, die Revolution wird kommen, eine neue gerechte Ordnung wird das Ergebnis sein.

Der junge Revolutionär aus Lübeck musste überzeugend gewesen sein, denn mecklenburgische Genossen wollten ihn für den Landtag kandidieren lassen, und waren verblüfft, dass er das nötige Alter nicht hatte. Er war 19, wählbar war man erst ab 20. Wahrscheinlich war Willy Brandt deshalb so überzeugend, weil er tatsächlich alles selber glaubte, was er sagte.

Dass er nicht für den Landtag kandidieren konnte, war, aus der Rückschau betrachtet, nicht von Belang. Er hätte sein Mandat sowieso nur kurz wahrnehmen können, denn mit dem Verbot der Partei durch Hitler wäre er auch das Mandat losgeworden.

Das Verbot seiner Partei beeindruckte Brandt nicht. Darum machte er einfach illegal weiter mit der Parteiarbeit, wie viele andere seiner Genossen auch. Sie merkten jedoch bald, dass das nicht lange gut gehen würde. Sie waren ja den Nazis bekannt. Nach dem Reichstagsbrand am 27. Februar 1933, für den die Nationalsozialisten die Kommunisten verantwortlich machten, wurden auch Mitglieder der SAP in Lübeck festgenommen. Zahlreiche Genossen im ganzen Reich saßen bereits in den Gefängnissen, und wer unter ihnen noch frei herumlief, sah zu, dass er sich ins Ausland absetzen konnte, um von dort zu versuchen, gegen Hitler zu arbeiten.

Auch die SAP sah in diesem Weg eine Chance und beauftragte daher Willy Brandt, nach Norwegen zu gehen und in Oslo einen Auslandsstützpunkt aufzubauen. Ende März, Anfang April, er wusste es später selber nicht mehr so genau, steigt er in Travemünde zu einem Fischer ins Boot, der nachts zum Fischen aufs Meer fährt, und lässt sich in Dänemark heimlich absetzen. Während der Routinekontrolle des Zolls versteckt er sich hinter Kisten und Tauen und bleibt unentdeckt.

Er ahnt nicht, dass er seine Heimatstadt Lübeck erst nach zwölf Jahren wiedersehen wird. Fünf Jahre später sollte er einen anderen Lübecker in Paris treffen, Heinrich Mann. Die Tränen seien dem Bruder Thomas Manns gekommen, als er von Lübeck, der »Stadt mit den sieben Türmen« gesprochen und gemeint habe, wohl nie würden er und Brandt ihr Lübeck wiedersehen.

Brandt ahnt auch nicht, dass sein Großvater im Jahr darauf krank werden und verzweifelt Selbstmord begehen wird und ohne seinen Enkel begraben werden muss. Vom Großvater hatte Frahm 100 Mark in der Tasche, als er dänischen Boden betrat, abgehoben von dem Sparbuch, das dieser für seinen Enkel angelegt hatte.

Von der Insel Lolland fuhr er mit der Bahn nach Kopenhagen, übernachtete beim Arbeiterdichter Oscar Hansen und drei Tage später nahm er ein Schiff nach Norwegen. Sein Optimismus und seine jugendliche Unerfahrenheit, er war gerade mal 20, schützten ihn davor, sich all zu große Sorgen über seine Zukunft zu machen.

Das Land, in das er kommt, ist eigentlich ein seltsames, für einen deutschen Sozialisten in manchen Dingen befremdendes Land, und doch wurde es dem deutschen Emigranten während der Nazidiktatur zur eigentlichen Heimat. Es ist eine Monarchie, deren Bürger überzeugte Republikaner sind, aber ihren König lieben. Mit dem Begriff Monarchie verband ein deutscher Sozialist Kaiser, Könige und Adlige, welche ihre Bauern und Leibeigenen bis aufs Blut aussaugen. In Norwegen gab es nie Leibeigene. Zur deutschen Monarchie gehörte das Dreiklassenwahlrecht, ein säbelrasselnder Kaiser, die schnarrende Arroganz seiner Offiziere, Militarismus, Nationalismus, der Kasernenhofton und die Erziehung zum gehorsamen Untertanen. In Norwegen gab es das alles nicht.

König Haakon VII., der in Norwegen regierte, als Brandt dort lebte, war ein Bürgerkönig, der nicht viel Aufhebens um seine Person machte. Einer deutschen Emigrantin, die er beim Putzen in seinem Schloss sah, sagte er, er sei froh, dass auch Einwanderer bei ihm Arbeit erhielten. Als 1927 die norwegische Arbeiterpartei die Wahl gewann und stärkste Partei wurde, bedrängten die unterlegenen Konservativen den König, eine Regierungsbildung der »Kommunisten« zu verhindern. Der König wehrte dieses undemokratische Ansinnen ab und sagte: »Ich bin auch der König der Kommunisten.« Als die Stadt Oslo ihr neues Rathaus einweihen wollte, wurde vergessen, den König einzuladen. Daraufhin rief dieser beim Bürgermeister an und beschwerte sich nicht etwa, sondern fragte, ob er denn mit einer Einladung rechnen könne, wenn er sich durch eine Spende an den Baukosten beteilige. Ja, sagte der Bürgermeister, das ginge, und der König zahlte, und der Bürgermeister lud ihn ein.

Auch über die Erziehung staunten die Emigranten. Es wurde kaum mit Strafe gedroht in Norwegen, sondern versucht, mit Argumenten zu überzeugen oder einfach nur mit dem Satz: »Wir tun so etwas nicht.« Noch größer war das Erstaunen darüber, dass es zu funktionieren schien. Jedenfalls weitgehend. Dass Jugendliche sich einen Spaß daraus machten, nachts mit Steinen die Lampen zu zertrümmern, war ihnen offenbar nur schwer abzugewöhnen, denn die Stadtväter hatten eigens ein Budget für die Reparatur der Lampen im Haushaltsplan vorgesehen. Wer darüber seiner Verwunderung Ausdruck verlieh oder gar protestierte, bekam gesagt: »Als wir jung waren, taten wir das auch. Waren Sie nie jung?«

Ab 1934 nannte sich Herbert Frahm Willy Brandt. Es war ein Tarnname, denn aus Deutschland hatte er gehört, dass die Nazis bereits nach ihm fahndeten. Im neutralen Norwegen fühlte er sich zwar sicher, aber durch die deutsche Botschaft in Oslo waren auch schon Gestapo-Spitzel ins Land eingesickert. Allerdings dürften diese es wesentlich schwerer gehabt haben, sich einzuleben, als Willy Brandt.

Dieser bewegte sich in der norwegischen Gesellschaft wie ein Fisch im Wasser. Das hatte mehrere Gründe. Einer war der Großvater. Der konnte kein Hochdeutsch, sprach nur Platt, und das Plattdeutsche ist eng mit den nordischen Sprachen verwandt. Daher lernte Brandt schnell und mühelos Norwegisch. Seinen ersten Artikel, für eine Zeitschrift der internationalen Gymnasiastenunion, schrieb er noch auf Deutsch, was kein Problem war, denn so gut wie alle norwegischen Bildungsbürger sprachen damals Deutsch. Aber schon die nächsten Artikel, für Zeitungen und Zeitschriften der Arbeiterpartei und der Gewerkschaften, schrieb er auf Norwegisch. Seinen ersten Vortrag hielt er auf Deutsch, alle weiteren trug er Norwegisch vor.

Ein zweiter Grund für Brandts Wohlbefinden war der norwegische Menschentypus, den er gern durch einen seiner Lieblingswitze beschrieb: »Zwei norwegische Bauern sitzen schweigend bei einer Flasche Aquavit und haben sie bereits halb geleert. Da sagt der eine plötzlich: ›Skål!‹ Darauf der andere: ›Willst du nun saufen, oder willst du reden?‹«

Dieser wortkargen, eigenbrötlerischen, bedächtigen Art des Norwegers fühlte sich Brandt seelenverwandt, zumal er in dieser nach außen hin herb erscheinenden Art rasch die dahinterstehende Herzlichkeit, Freundlichkeit, Hilfsbereitschaft und Freiheitsliebe erkannte. Dazu gehörte eine gelebte Klassenlosigkeit, von der die Sozialisten in den anderen Ländern nur träumen konnten. Es gab keinen Standesdünkel. Die Norweger hatten eine unkomplizierte Art des Umgangs miteinander. Auch anderen Deutschen fiel das auf. Stefan Szende zum Beispiel, ein späterer Mitarbeiter Brandts in Oslo, erzählte, wie er einmal in Oslo im Theatercafé saß und ins Gespräch mit einem Freund vertieft war, als ein Fremder dazukam, den beiden die Hand reichte und sich am Gespräch beteiligte. Es war Oscar Torp, Vorsitzender der Arbeiterpartei, Sozialminister, davor Verteidigungsminister. So etwas kannte Szende aus anderen Ländern nicht. Niemals hätte sich ein Minister dazu herabgelassen, von selbst den Kontakt zu zwei Fremden zu suchen.

Das Fehlen von Klassenschranken drückte sich auch in der Sitzordnung des norwegischen Parlaments aus. Die Abgeordneten saßen nicht in Parteiblöcken getrennt voneinander, sondern nach Wahlkreisen und Regionen geordnet. Der Konservative aus einem bestimmten Wahlkreis saß neben dem Sozialdemokraten, Liberalen und Kommunisten aus demselben Wahlkreis. Schon diese Sitzordnung verhinderte die Entfremdung und die Sprachlosigkeit zwischen den verschiedenen weltanschaulichen Gruppen, wie sie in Deutschland und anderen Ländern üblich war.

Der dritte Grund, warum Brandt in Norwegen »weich« landete, lag in dem Auffangnetz, das er schon aus Lübeck kannte: das sozialistische Milieu, das geprägt war von jenem Schlachtruf, den Karl Marx und Friedrich Engels ein halbes Jahrhundert zuvor formuliert hatten: »Proletarier aller Länder, vereinigt euch!« Gemeint war: Ihr seid nicht Deutsche, nicht Franzosen, nicht Engländer, sondern ihr seid, egal welcher Nationalität, die ausgebeutete Arbeiterklasse. Der deutsche und der englische Arbeiter haben mehr Gemeinsamkeiten als der deutsche Arbeiter und sein deutscher Fabrikherr. Darum müssen die Arbeiter aller Länder eine internationale Gemeinschaft bilden.

Es kam dann in der zweiten Hälfte des 19. Jahrhunderts tatsächlich zur Internationalisierung der Arbeiterbewegung. Die Ideen des Sozialismus verbreiteten sich in ganz Europa und darüber hinaus, und dadurch waren die nationalen Arbeiterbewegungen international vernetzt.

Das kam auch dem Lübecker Sozialisten Willy Brandt zugute. Schon die Übernachtung bei Hansen in Dänemark war von seiner Partei organisiert. Und in Norwegen gab es ebenfalls Genossen, die längst Bescheid wussten und den deutschen Flüchtling in Empfang nahmen. Der Erste, der das tat, war Finn Moe, Redakteur für Außenpolitik des *Arbeiderbladet*, der offiziellen Parteizeitung der DNA (Det Norske Arbeiderparti). Finn Moe führte ihn ein in Norwegen, machte ihn den anderen Mitgliedern bekannt, vor allem dem Parteivorsitzenden Oscar Torp.

Willy Brandt kam also von einer Heimat in die andere. Er ist offen und herzlich aufgenommen worden. Man war neugierig auf ihn, wollte von ihm aus erster Hand erfahren, was eigentlich los ist in Deutschland und wie das weitergehen soll. Und nebenher wurde auch noch dafür gesorgt, dass er irgendwie finanziell über die Runden kam. Finn Moe hatte ihm ein möbliertes Zimmer organisiert. Aus Mitteln der Arbeiterpartei und der Gewerkschaft erhielt er monatlich rund 170 Kronen, nicht viel, aber ein Grundstock, den er durch seine Honorare für Artikel und Vorträge selber aufstocken konnte, sodass es zum Leben reichte. Man hatte ja im Arbeitermilieu gelernt, mit wenig auszukommen und das Wenige noch zu teilen.

Gedankt allerdings hatte Brandt den norwegischen Genossen deren Freundlichkeit nicht so richtig, das gab er später selber zu. Gekommen war er zunächst nämlich nicht primär, um sich den Norwegern als nützlich zu erweisen und zugleich Widerstand gegen Hitler zu organisieren, nein, geschickt worden war er von seiner Untergrund-SAP, um die aus SAP-Sicht etwas behäbige, sozialdemokratisierte, republikfreundliche norwegische Arbeiterpartei zu radikalisieren und auf die alten revolutionären Ziele einzuschwören. Das war der von der SAP an ihn erteilte Auftrag.

Gekommen war also ein arroganter Deutscher, der sich im Auftrag einer unbedeutenden »Sekte« wie ein Virus in die norwegische Arbeiterbewegung einnisten sollte, um diese zur SAP umzupolen. Und das versuchte er auch. Kaum war er Mitglied der Jugendorganisation der Arbeiterpartei, begann er, den Kurs derer, die ihn so freundlich aufgenommen hatten, radikal zu kritisieren. Die Kritisierten reagierten indes nicht mit Hinauswurf, sondern mit gelassener Freundlichkeit und Langmut, unterstützten den Kerl, der ihnen dauernd in die Suppe spuckte, einfach weiterhin und halfen ihm, wo sie nur konnten.

Im Rückblick war Brandt das sehr peinlich. Später schilderte er selber, wie lächerlich es war, »als Versprengter einer Armee, die keinen Ruhm an ihre Fahnen geheftet hatte, anderen beibringen« zu wollen, wie sie ihre Schlachten zu führen hätten. Aber so war das damals eben unter den Linken, und ganz besonders unter den linken Emigranten Europas. Ihre Macht- und Bedeutungslosigkeit und ihre Ohnmacht gegen Hitler kompensierten sie in ideologischen Schaukämpfen und theoretischen Haarspaltereien. Das war die eine Seite.

Die andere Seite war, dass es tatsächlich Diskussions- und Klärungsbedarf gab. Alle Sozialisten waren sich zwar einig, dass die Kapitalistenherrschaft beendet werden musste, aber sie waren total zerstritten über der Frage, wie sie dabei vorzugehen hätten. Sollte das Ziel friedlich durch die Eroberung demokratischer Mehrheiten Schritt für Schritt erreicht werden? Das war die norwegisch-sozialdemokratische Variante. Oder sollte durch revolutionäre Gewalt die Diktatur des Proletariats errichtet werden? Das war das andere, das kommunistische Extrem. Dazwischen gab es viele Schattierungen.

Ungeklärt war auch, wie man es mit der Sowjetunion halten sollte. Sollte man sie als Führungsmacht anerkennen, sich ihr gar unterwerfen und einfach die Direktiven aus Moskau befolgen? Oder versuchen, eigenständige, nationale und bessere Alternativen zum Sowjetsystem zu entwickeln?

Und dann war da noch dieser Hitler, mit dem man überhaupt nicht gerechnet hatte, der lange unterschätzt wurde, auch von den Sozialisten. Wie war dessen Aufstieg zu deuten? Wie hing das mit Mussolini zusammen? Wie sollte man das Phänomen des Faschismus deuten? War das etwas Neues oder war es die Vollendung der kapitalistischen Herrschaft?

Dies alles waren Luxusdiskussionen, die sich die linksintellektuellen Emigranten – und unter ihnen auch Willy Brandt – da leisteten. Die einzige Frage, die damals angesichts der heraufziehenden Katastrophe der Klärung bedurft hätte, wäre die Frage gewesen: Wie können wir diesen Hitler und dessen Helfer möglichst schnell und möglichst effizient mattsetzen und wie kriegen wir dafür möglichst viele Verbündete zusammen? Dazu wäre es nötig gewesen, dass die Diskutanten nicht nur ihre ideologischen Streitigkeiten für die Zeit nach Hitler beiseitelegen, sondern es wäre sogar nötig gewesen, dass sie über ihren Schatten springen und die Zusammenarbeit mit Gruppierungen suchen, die sie für die Stützen des alten kapitalistischen Systems hielten, also die Kirchen, das Bürgertum, den Adel.

Die Lage war nicht mehr so und die Sozialisten dieser Welt waren nicht mehr so stark, dass sie sich ihre Verbündeten hätten aussuchen können. Stattdessen hätten sie jeden dankbar begrüßen müssen, der aus seinem kirchlichen, bürgerlichen oder adligen Milieu ausscherte, um sich ganz der einen Aufgabe zu verschreiben, dem Sturz Hitlers.

Das geschah nicht und der ältere Brandt hat das später alles selber eingesehen und bedauert, dass er es nicht früher gesehen hat. Aber: Er hat es irgendwann kapiert. Und er hat es kapiert aufgrund der Erfahrungen, die er in seinem zwölfjährigen Exil gemacht hat. Schon während des Exils haben sich die Dinge für ihn geklärt und darum war der Brandt, der nach zwölf Jahren aus dem Exil heimkehrte, ein völlig anderer als der, der 1933 ins Exil gegangen war. Nicht er hatte die Norweger umgepolt, die Norweger hatten ihn umgepolt. Mit deren Willen zur Reform, zur friedlichen, demokratischen, permanenten Verbesserung der Welt ist Willy Brandt heimgekehrt. Es wird sein politisches Programm für die neue Bundesrepublik, die nach dem Krieg entsteht.

Auch die Langmut und die freundliche Gelassenheit der Norweger hat er nach Deutschland mitgebracht. Nie verliert er die Geduld mit den widerspenstigen Jungsozialisten in der SPD. Wenn andere längst schon die Nerven verloren haben und ihn drängen, die schlimmsten Spinner mit ihren abenteuerlichen Vorschlägen und absurden Ideen hinauszuwerfen, reagierte er sinngemäß nach dem Norweger-Motto: Ich habe auch so gesponnen, als ich jung war, wart ihr nie jung?

Brandts Exil war aber nicht nur ein wichtiger Lernprozess für ihn. Politisch hat er zwei Erfolge erzielt, auf die er auch später noch stolz ist. Ende 1934 wurden 24 Mitglieder der verbotenen SAP verhaftet und wegen Fortführung einer verbotenen Partei oder der Aufforderung zum Hochverrat angeklagt. Das allein kann schon viele Jahre Haft und Einweisung ins Konzentrationslager bedeuten. Aber eines der Mitglieder, Stefan Szende, wird sogar angeklagt wegen »Hochverrats, begangen in Zusammenarbeit mit dem Ausland«. Darauf stand die Todesstrafe. Brandt setzte nun in Norwegen alle Hebel in Bewegung, um internationale Aufmerksamkeit und Proteste gegen den Prozess zu organisieren. Es gelang ihm, ein paar Dutzend norwegische Richter und Anwälte zu mobilisieren, die mit juristischen Argumenten die Anklage anfochten. Die Anfechtung wurde von prominenten Zeitgenossen unterschrieben, darunter dem späteren norwegischen Justizminister und ersten Generalsekretär der Vereinten Nationen, Trygve Lie. Der Protest wurde an das Reichsjustizministerium geschickt, ans Gericht und an die Presse.

Die Sache funktionierte. Das Naziregime war damals noch bemüht, sich trotz aller Verbrechen, die es schon begangen hatte, nach außen hin den Anschein von Legalität zu geben. Die Angeklagten kamen mit verhältnismäßig milden Strafen – drei Jahre Gefängnis – davon, und Stefan Szende musste für zwei Jahre ins Zuchthaus. Das war zwar trotzdem alles andere als eine rechtsstaatlich-demokratische Justiz, aber ohne die aufsehenerregende Protestnote aus Norwegen wären die Urteile mit Sicherheit viel härter ausgefallen. Szende dürfte diese Aktion das Leben gerettet haben.

Ein zweiter politischer Erfolg, den Brandt sich mit anderen teilt, war die Verleihung des Friedensnobelpreises an Carl von Ossietzky. Dieser hatte als Mitarbeiter und später Herausgeber der oppositionellen Zeitschrift *Die Weltbühne* während der ganzen Weimarer Demokratie immer hart und kompromisslos gegen den deutschen Militarismus und Nationalismus angeschrieben, und natürlich auch gegen die Nazis. Sie hassten ihn dafür.

Daher gehörte er nach Hitlers Machtergreifung zu den ersten Verhafteten des Regimes. Und die Nazis übten grausam Rache. Sie verschleppten Ossietzky am 6. April 1933 in das neu errichtete Konzentrationslager Sonnenburg bei Küstrin, wo er ebenso wie die anderen Häftlinge schwer misshandelt wurde. Etwas später verlegten ihn seine Schergen ins KZ Esterwegen im nördlichen Emsland, wo die Gefangenen unter unerträglichen Bedingungen die dortigen Moore umgraben mussten. Im Herbst 1935 besuchte der Schweizer Diplomat Carl Jacob Burckhardt das KZ Esterwegen, wo er auch Ossietzky traf, den der Diplomat als ein »zitterndes, totenblasses Etwas« beschrieb, »ein Wesen, das gefühllos zu sein schien, ein Auge verschwollen, die Zähne anscheinend eingeschlagen«. Ossietzky sagte zu Burckhardt: »Danke, sagen Sie den Freunden, ich sei am Ende, es ist bald vorüber, bald aus, das ist gut.«

Diese Geschichte sprach sich herum und so kamen Freunde Ossietzkys auf die Idee, ihn für den Friedensnobelpreis vorzuschlagen und dadurch die Weltöffentlichkeit auf sein Schicksal hinzuweisen. Schon die Mobilisierung der Öffentlichkeit für die Nobelpreisvergabe erreichte das Ziel, auf Ossietzky aufmerksam zu machen, und der Vorschlag erreichte auch das

Nobelpreiskomitee im Jahre 1935. Dieses aber kuschte. Die nationalsozialistische Regierung saß bereits so fest im Sattel, dass sie starken außenpolitischen Druck auf die norwegische Regierung ausüben konnte, und diesem Druck wurde nachgegeben. Die Preisverleihung an Ossietzky unterblieb. Zunächst.

Nun schaltete sich Willy Brandt ein. Energisch und durchsetzungsstark, wie er damals schon war, bearbeitete er das einflussreiche linke norwegische Milieu und sagte: Die Nazis wollen Ossietzky durch die Arbeit in den Sümpfen zugrunde richten. Gebt ihm den Nobelpreis und sie werden damit aufhören müssen.

In der Presse der Arbeiterpartei, die allein in der Provinz über vierzig Zeitungen verfügte, erzählte er, wer Ossietzky war, warum ihn die Nazis hassten, und was sie mit ihm machten. Auch in Schweden machte Brandt Stimmung für Ossietzky. Aber es war keinesfalls ausgemacht, dass er Erfolg damit haben würde.

Das Hitler-Regime bekam diese Entwicklung natürlich mit und machte wieder Druck, warnte massiv vor einer öffentlichen Demütigung des Deutschen Reiches durch Verleihung des Preises an einen inhaftierten Gegner der Regierung. Deutschland war der zweitwichtigste Handelspartner Norwegens. Auch die Schweden bekamen den Druck zu spüren. Konnten Norweger und Schweden riskieren, es auf einen Konflikt mit dem mächtigen Deutschen Reich ankommen zu lassen? Wegen eines einzelnen Häftlings?

Eigentlich konnten sie sich das nicht leisten. Sie leisteten es sich aber trotzdem. Sie gaben Ossietzky den Preis. Sie riskierten den Konflikt. Am 23. November 1936 wurde Carl von Ossietzky rückwirkend der Friedensnobelpreis des Jahres 1935 zugesprochen.

Hitler schäumte vor Wut. Er musste eine empfindliche propagandistische Niederlage einstecken. Nun trat der preußische Ministerpräsident Hermann Göring auf den Plan und drängte Ossietzky persönlich dazu, den Preis nicht anzunehmen. Ossietzky lehnte ab.

Daraufhin lehnte das Naziregime es ab, Ossietzky zur Entgegennahme des Preises nach Oslo reisen zu lassen. Und Adolf Hitler verfügte, dass in Zukunft kein Reichsdeutscher mehr einen Nobelpreis annehmen dürfe.

Geholfen hat die ganze Geschichte Ossietzky nur noch wenig. Zwar wurde er wenige Tage nach der Verleihung des Nobelpreises in das Krankenhaus

Nordend (Berlin-Niederschönhausen) verlegt, aber da war er schon unheilbar an Tuberkulose erkrankt. An deren Folgen starb er am 4. Mai 1938.

Auf den weiteren Fortgang der Geschichte hatte die Sache keinen Einfluss mehr. Dennoch zeigt die Aktion, was möglich gewesen wäre, wenn mehr Deutsche dem Beispiel Willy Brandts gefolgt wären und einfach dem Regime ihren Widerstand, auf welche Art auch immer, entgegengesetzt hätten. Aber statt sich dafür zu schämen, dass sie das aus Feigheit oder Dummheit unterlassen hatten, haben sie später versucht, Brandt einen Strick aus seinen skandinavischen Jahren zu drehen und ihn als Vaterlandsverräter mit zwielichtiger Herkunft zu diffamieren. Sogar dass er sich ins Ausland abgesetzt hatte, statt brav darauf zu warten, bis Hitlers Häscher ihn dem Henker ausliefern, wurde ihm vorgeworfen.

Allein in den ersten zwei Jahren nationalsozialistischer Herrschaft wurden 3942 Gegner Hitlers ermordet und 132 544 Oppositionelle verwundet und verkrüppelt. Diejenigen, die nichts gegen diesen Terror unternommen und nichts riskiert hatten, fielen dann nach dem Krieg über jene her, die sich Hitlers Mördern durch Flucht ins Ausland entzogen hatten.

Die Geflohenen waren meist auch im Ausland nicht sicher. Besonders, wenn sie, wie Brandt, weiter gegen Hitler agitierten, wurden sie weiter verfolgt und riskierten ihr Leben. Auch Brandt war mehrmals in der Gefahr, den Nazis in die Hände zu fallen, und damit wäre sein weiteres Schicksal besiegelt gewesen. Einmal wurde er bei einem Treffen von Untergrundkämpfern in Holland verhaftet. Wenn er nicht norwegische Papiere bei sich gehabt und nicht so überzeugend norwegisch mit den Norwegern gesprochen hätte, wäre es ihm ergangen wie den Deutschen in der Gruppe. Diese wurden von der holländischen Partei zur deutschen Grenze gebracht und der Gestapo übergeben. Sie landeten im KZ.

Brandt war oft in der Gefahr, verhaftet zu werden, denn er reiste mit gefälschten Papieren zu Untergrundtreffen nach Berlin und Paris, und als Berichterstatter über den Spanischen Bürgerkrieg nach Katalonien. Und richtig gefährlich wurde es für ihn, als die Deutschen im April 1940 völkerrechtswidrig das neutrale Norwegen besetzten.

Ihm war klar, dass er nun möglichst schnell aus Oslo und Norwegen verschwinden sollte. Aber wie? Wie über die von Deutschen bewachte Grenze kommen? Und wohin?

Brandt hoffte zunächst auf die inzwischen gelandeten Engländer. Würden sie die deutsche Wehrmacht aus Skandinavien vertreiben können? Sie konnten es nicht, zogen wieder ab. Nun saß Willy Brandt in der Falle. Zwar war er aus Oslo verschwunden, aber als die Engländer abzogen, befand er sich in einem engen Tal, aus dem nur eine einzige Straße herausführte. Für eine Flucht über die Berge und ein längeres Ausharren in einem Versteck war er nicht ausgerüstet. Der Straße in die entgegengesetzte Richtung zu folgen, hätte bedeutet, irgendwann den deutschen Truppen in die Arme zu laufen. Was tun?

Die rettende, zugleich aber auch riskante Idee kam ihm durch einen abenteuerlichen Zufall. In dem einsamen abseitigen Tal begegnete er einer norwegischen Militäreinheit, die sich geschlagen auf dem Rückzug befand und erwartete, bald in deutsche Gefangenschaft zu geraten. Unter den Soldaten befand sich ein alter Freund: Paul Gauguin, Enkel des berühmten Malers. Die Mutter des Enkels war Norwegerin, Brandt hatte ihn in Oslo kennengelernt und ihn später während des Spanischen Bürgerkriegs in Barcelona wiedergetroffen. Gauguin war Teil einer Freiwilligen-Einheit, die gegen Hitler gekämpft hatte, nun wollte er sich auf eigene Faust zu Bekannten durchschlagen.

Daher wäre es für ihn von Vorteil gewesen, den Deutschen nicht als Soldat, sondern als Zivilist in die Hände zu fallen. Für Brandt dagegen wäre es von Vorteil gewesen, den Deutschen nicht als Zivilist, sondern als norwegischer Soldat in die Hände zu fallen, und darin steckte die rettende Idee für beide: Kleidertausch. Gauguin schlug sich als Zivilist durch, Brandt begab sich unerkannt in norwegischer Uniform in deutsche Kriegsgefangenschaft. Sogar in diesem abseitigen Tal hatte die sozialistische Internationale wieder einmal zuverlässig funktioniert.

Es dauerte nicht lange und die norwegische Einheit stieß tatsächlich auf deutsche Truppen, ließ sich entwaffnen und gefangen nehmen und in ein Kriegsgefangenenlager transportieren. Mitten unter ihnen: Willy Brandt. Wieder wird ihm daraus nach dem Krieg in Wahlkämpfen ein Strick gedreht. Seine Gegner bringen ein Foto in Umlauf, das Brandt in norwegischer Uniform zeigt. Die dazu verbreitete Botschaft lautete: Seht her, hier ist Herbert Frahm, der aufseiten der Norweger auf deutsche Soldaten geschossen hat. Eine glatte Lüge, aber wirksam.

Willy Brandt hat zwar gegen Deutschland gekämpft während der Nazizeit, aber mit seinen Mitteln, mit Worten, nicht mit dem Gewehr. Und wenn er es doch getan hätte, wäre auch in diesem Fall nicht er es gewesen, der dafür Rechenschaft abzulegen gehabt hätte, sondern die anderen, die mit ihren Gewehren auf Unschuldige geschossen hatten. Sie, die gehorsamen Soldaten der Wehrmacht, hätten sich sagen lassen müssen: Ihr seid über andere Völker hergefallen, die in Frieden leben wollten. In eurer Begleitung kamen die Mörderbanden der SS über Europa. In den von euch eroberten Ländern begingen sie hinter der Front ihre Grausamkeiten an der Zivilbevölkerung, an Frauen und Kindern, und etliche von euch angeblich so unschuldigen Wehrmachtssoldaten haben auch mitgemacht, auf Wehrlose geschossen und sich besudelt.

Aber das hat kaum jemand gesagt damals, in den ersten zweieinhalb Jahrzehnten nach dem Krieg.

Immerhin wurde Willy Brandt in deutscher Kriegsgefangenschaft von den Soldaten der Wehrmacht gut behandelt. Das lag aber nur am reichsoffiziellen Rassenwahn. Die Norweger zählten zur nordischen Rasse, waren Arier, die musste man natürlich besser behandeln als die polnischen Untermenschen oder gar die Juden. Darum wurde Willy Brandt ordentlich verpflegt, auch bald freigelassen und mit einem wichtigen Papier versehen, wonach er Gefangenensold und Verpflegung bis zu seiner Ankunft in seinem Heimatort Oslo zu erhalten habe. Damit konnte er sich bei deutschen Kontrollen ausweisen.

Nun war er also wieder in Oslo, das er verlassen hatte, weil er dort vor den Nazis nicht sicher war. Auch jetzt war er es nicht. Es war klar, dass er nicht lange bleiben konnte in Oslo, wieder herausmusste aus dem besetzten Norwegen, und so entschied er, sich irgendwie nach Schweden durchzuschlagen. Wieder halfen ihm die Genossen, organisierten einen Fluchtweg und einen Bauern, der ihm das letzte Stück Weg über die Grenze zeigte. Im Juni 1940 überschritt er die Grenze nach Schweden.

Zunächst war es für ihn dort nicht einfach. Auch Schweden war ein neutrales Land und es legte allergrößten Wert auf seine Neutralität. Daher war die Regierung bemüht, den Deutschen keinen Anlass zu bieten für den Vorwurf, sie nähmen es mit der Neutralität nicht so genau, gewährten beispielsweise »Staatsfeinden« Unterschlupf, die vom angeblich neutralen Territorium Schwedens aus gegen Deutschland agitierten. Um diesem Vorwurf vorzubeugen, arbeitete die schwedische Polizei mit der Gestapo zusammen, und eine

»Frucht« dieser Zusammenarbeit war die Festnahme und Inhaftierung des aus Deutschland ausgebürgerten und somit staatenlosen Willy Brandt.

Das war nicht ungefährlich, denn außer Sozialdemokraten gab es in Schweden und Norwegen auch andere, Konservativere, Nationalbewusstere, die durchaus empfänglich waren für den nationalsozialistischen Antisemitismus und die Verherrlichung der nordischen Rasse. Daher entstanden auf dieser Seite Sympathien für die Hitlerdeutschen und es wuchs die Bereitschaft, mit den Deutschen zusammenzuarbeiten und Hitlergegner an das Regime auszuliefern.

Aber es gab eben auch die norwegischen Genossen, sogar in Schweden, besonders in Stockholm. Und in Stockholm gab es natürlich auch sehr viele schwedische Sozialdemokraten, sogar in der Regierung, und natürlich sprach man miteinander, auch über diesen Willy Brandt, der den Norwegern in Stockholm bestens bekannt war und über den sie in Schweden nur Gutes zu berichten wussten. Auf dieses skandinavisch-sozialdemokratische Netzwerk war Verlass. Es intervenierte bei der schwedischen Regierung. Erfolgreich. Brandt wurde aus dem Gefängnis entlassen, bekam eine Aufenthaltserlaubnis, bekam obendrein noch die norwegische Staatsbürgerschaft verliehen und konnte sich nun wieder frei bewegen. Und seinen eigenen Lebensunterhalt verdienen durch Schreiben.

»Meine publizistische Tätigkeit, die ich sofort und mit Eifer entfaltete, galt vornehmlich dem Schicksal Norwegens. Artikel ohne Zahl, die in Stockholmer und auch in Provinzblättern erschienen, dienten ebenso wie diverse kleinere Schriften der Aufklärung über das besetzte Land, dessen Bürger ich war«, erinnert sich Brandt. Später gründet er mit einem schwedischen Freund ein Pressebüro und beliefert 70 schwedische Tageszeitungen. Dazu kommen Berichte und politische Analysen über die Verhältnisse in Norwegen, die an wichtige Exilpolitiker in Schweden, England und den USA geschickt wurden. Eine Vielzahl von Broschüren und Büchern über den Krieg in Norwegen, die Osloer Universität oder über die deutsche Besatzung veröffentlichte er im Bonniers-Verlag.

Jetzt lernte er in den nächsten fünf Jahren die schwedische Sozialdemokratie kennen und schätzen, auch deren Solidarität. Schweden war »nicht nur ein im Ganzen angenehmes Asyl, sondern Hinterland für den Widerstand und Hilfsquelle für den Wiederaufbau; besonders großzügig zeigten sich die

Schweden gegen ihren leidgeprüften finnischen Nachbarn im Osten. Im Ganzen lag die schwedische Auslandshilfe, pro Kopf der Bevölkerung, höher als die der USA zu Zeiten des Marshall-Plans«, schreibt Brandt in seiner Autobiografie.

In Stockholm entstand nun auf Betreiben Brandts so etwas Ähnliches wie der *Kreisauer Kreis*, nur auf internationaler Ebene. Sozialdemokraten aus einem Dutzend Ländern kamen im Sommer 1942 zusammen, um über eine europäische Nachkriegsordnung zu beraten. Dieser Kreis traf sich nun öfter. »Letzte Reste provinzieller Enge und nationaler Engstirnigkeit wurden hier, in den fruchtbaren Diskussionen dieser Gruppe, abgestreift; aus welcher Ecke der Arbeiterbewegung einer kam, beschäftigte niemanden mehr«, schreibt Brandt.

Allerdings bekam er in diesem Kreis einen zunehmend schweren Stand, umso mehr, je weiter die Zeit fortschritt, denn nun drangen Berichte über die deutschen Grausamkeiten nach Schweden. Die bisher in Skandinavien vorherrschende freundliche Stimmung für die Deutschen verschwand, schlug um in Deutschenfeindlichkeit und Deutschenhass, je mehr sich der Krieg seinem Ende näherte und je mehr Nachrichten über deutsche Verbrechen bekannt wurden. Plötzlich sah sich der von Deutschen verfolgte Willy Brandt in der Rolle eines Verteidigers der Deutschen.

Und nun war er dankbar, dass er vom deutschen Widerstand berichten konnte, aus erster Hand, denn die *Kreisauer* hatten ihre Verbindungen ins Ausland geknüpft, und es kam zu einem ersten Kontakt mit Theodor Steltzer, der ihm von den Verschwörern berichtete. Gerührt hörte Willy Brandt – zum ersten Mal seit zehn Jahren – wieder etwas von Julius Leber, und dass dieser eine wichtige Rolle im Kreis der Verschwörer spielte. Brandt bat Steltzer, Leber zu grüßen. Wenig später hatte er ein Treffen mit Adam von Trott zu Solz. Dieser überbrachte Brandt Grüße von Leber.

Plötzlich hatte sich für Brandt der Kreis des anständigen Deutschland noch einmal erweitert. Es waren also auch Adlige dabei im Kampf gegen Hitler, er hörte von Bonhoeffer und dem protestantischen Widerstand, von Delp und dem katholischen Widerstand, sogar von Offizieren wie dem Grafen Stauffenberg, und mittendrin Sozialdemokraten wie Julius Leber, Carlo Mierendorff, Theodor Haubach und der Gewerkschafter Wilhelm Leuschner. Das gab Willy Brandt die Kraft, sich inmitten der deutschfeindlichen Stimmung zu behaupten, und das machte ihm Hoffnung auf einen neuen Anfang im Nachkriegsdeutschland, auf ein besseres Deutschland.

Die Hoffnung erhielt allerdings einen gewaltigen Dämpfer, als er nach dem Krieg nach Deutschland zurückkehrte. Jene Widerständler, die zur Keimzelle eines neuen Deutschland hätten werden können, waren fast allesamt tot. Und in den nachfolgenden Jahren sollte das neue Deutschland weit überwiegend von jenen alten Kräften aufgebaut werden, die im Hitlerreich versagt hatten, von den Widerständlern nichts wissen wollten und einen wie Brandt verunglimpften, wo sie nur konnten.

Die Wende kam erst, als die Kinder dieser alten Kräfte erwachsen wurden und zu fragen begannen, was ihre Eltern eigentlich gemacht hatten in jenen zwölf Jahren, die aus der Zeit gefallen waren. Und da war dann plötzlich die Hölle los in Deutschland. Es begann die Studentenrebellion. Eine außerparlamentarische Opposition ging auf die Straße, warf Steine, forderte Aufklärung über die Vergangenheit, das Ende der autoritären Erziehung zum Gehorsam, den Sozialismus, Verstaatlichung der Banken, Vergesellschaftung des Privateigentums, alle Macht den Räten und noch weltfremdere Dinge.

Daraus wurde nichts, aber einer, der für diese Jugend Verständnis hatte, weil er sich daran erinnerte, dass auch er einmal jung war und auch schon viel Unsinn verzapft hatte, wurde 1969 Bundeskanzler, Willy Brandt. Jetzt erst war die Nachkriegszeit vorbei.

Es stimmt, dass Bundeskanzler Konrad Adenauer durch die Wiederbewaffnung und die Verankerung der Bundeswehr ins westliche Bündnis der NATO Deutschland in den Kreis der zivilisierten Nationen zurückgeführt hat, aber über den Weg getraut hat man den Deutschen im Ausland noch lange nicht. Einen Freund sahen die anderen in Deutschland nicht, auch wenn das Wort Freundschaft bei jedem Staatsbesuch eines ausländischen Gastes oder eines deutschen Bundeskanzlers im Ausland bis zum Erbrechen bemüht wurde. Deutschland war den anderen nützlich und notwendig als Bollwerk gegen den Kommunismus.

Deutschland war für den Fall eines möglichen Kriegs zwischen der NATO und den Warschauer-Pakt-Staaten in den Plänen britischer, französischer und amerikanischer Strategen das Schlachtfeld, auf dem dieser Krieg ausgetragen werden sollte. Deutschland wäre dabei draufgegangen. Das Opfer war einkalkuliert.

Geändert hat sich die Einstellung des Auslands erst mit der Kanzlerschaft Willy Brandts. Den hatten viele ausländische Staatsoberhäupter schon vor und während des Krieges kennengelernt, und zwar auf der richtigen Seite. Darum wussten sie: Diesem Deutschen konnten sie trauen. Wenn er nun mehrheitlich von seinem Volk gewählt worden war, dann konnte man auch diesem Volk wieder Vertrauen, Achtung und Respekt entgegenbringen.

So wurde also das, wofür Willy Brandt im Inland von Konservativen und Reaktionären fast zweieinhalb Jahre lang geschmäht wurde, nun ausschlaggebend dafür, dass man im Ausland endgültig begann, den Deutschen wieder zu trauen. Das Bild vom Kniefall Willy Brandts vor dem Ehrenmal des jüdischen Gettos in Warschau ging um die Welt und besiegelte den Eindruck, dass dieses Deutschland ein gewandeltes Deutschland sei, das seine Lektion gelernt hatte.

Spät, als Brandt nach der deutschen Einheit, bar aller Parteiämter, in der Rolle eines überparteilichen Patriarchen verehrt wurde, hat das Land, hat ganz Deutschland, ihm gedankt, was er für alle Deutschen getan hatte. Der Publizist Johannes Gross hatte einmal, das Verhältnis der Deutschen zu Adenauer und Brandt vergleichend, gesagt: Adenauer haben die Deutschen respektiert, Brandt haben sie, zuletzt, geliebt.

Willy Brandt starb am 8. Oktober 1992, versöhnt, auch mit seinen früheren Gegnern. Die Trauerrede hielt Helmut Kohl, der Brandt während seiner letzten Jahre ein Freund geworden war.

Das Land, in dem Willy Brandt starb, war, nicht zuletzt dank seines lebenslangen Kampfes, ein anderes, besseres, sympathischeres Deutschland, als das, in das Herbert Frahm hineingeboren worden war.

Robert Havemann
Der Mann mit den drei Leben

* 1910 in München ✦ 1929–1933 Studium der Chemie an den Universitäten München und Berlin ✦ 1932 Eintritt in die KPD ✦ 1933–1935 Stipendiat der Deutschen Forschungsgemeinschaft, Promotion an der Berliner Universität, Mitglied der Widerstandsgruppe *Neu Beginnen* ✦ 1936/1937 Assistent am Pharmakologischen Institut der Berliner Universität ✦ 1943 Gründungsmitglied und Leiter der Widerstandsgruppe *Europäische Union* ✦ September 1943 Verhaftung durch die Gestapo ✦ Dezember 1943 Verurteilung zum Tod wegen Hochverrats durch den Volksgerichtshof ✦ Aufschiebung der Vollstreckung, Einrichtung eines Labors im Zuchthaus ✦ 1945 Befreiung durch die Rote Armee ✦ 1946 Professur an der neu eröffneten Ost-Berliner Humboldt-Universität ✦ 1949 Wahl in den dritten deutschen Volkskongress als Abgeordneter des Kulturbunds ✦ 1951 Aufnahme in die Sozialistische Einheitspartei Deutschlands (SED) ✦ ab 1951 vertritt Havemann in Aufsätzen, Vorlesungen und Diskussionen kritische Ansichten ✦ 1959 Auszeichnung mit dem Nationalpreis II. Klasse der DDR ✦ 1964 Ausschluss aus der Partei, Entlassung aus dem Amt, Veröffentlichung seiner Vorlesungen in der BRD ✦ 1975 Streichung von der Liste der antifaschistischen Widerstandskämpfer auf Beschluss der SED ✦ † 1982 in Grünheide bei Berlin ✦ 1989 Rehabilitierung durch die Zentrale Parteikontrollkommission der SED

Als Willy Brandt aus seinem schwedischen Exil nach Deutschland zurückkehrte, war er wieder das, was er zu Beginn gewesen war: Sozialdemokrat. Seine fast drei Jahrzehnte während Reise von der SPD aus der SPD heraus und wieder zurück hatte ihn geografisch aus Lübeck nach Oslo über Stock-

241

holm mit Zwischenaufenthalten in Barcelona und Paris und Visiten in Berlin und Prag geführt.

Er war aber keineswegs der Einzige, der auf diese Weise durch Europa tourte. Seine Wege kreuzten sich immer wieder mit anderen Sozialisten, Emigranten, Flüchtlingen und Widerständlern, die ähnlich unterwegs waren wie er, teils legal, teils illegal, teils unfreiwillig, weil sie sich vor den Nazis in Sicherheit bringen mussten, teils freiwillig, weil sie die Nazis bekämpfen wollten, oft getrieben auch von dem Willen, eine sozialistische Ordnung in Europa zu etablieren, und dabei aber eher unfreiwillig an eine ganz andere Front gerieten: in die Auseinandersetzung mit der zweiten in Europa aufsteigenden totalitären Macht, mit dem Sowjetkommunismus stalinscher Prägung. Rote Diktatur gegen braune Diktatur, und dazwischen Leninisten, Trotzkisten, Anarchisten, Sozialisten, Sozialdemokraten, Juden, Katholiken, Protestanten, Bürgerliche, Konservative und Adlige aus allen Ländern, die einen auf der Flucht vor Stalin, die anderen auf der Flucht vor Hitler, einige auf der Flucht vor beiden.

Alle zusammen hatten sie gegen Hitler gar nichts vermocht. Zwar konnten sie ihm hier und da schaden, ihn aber aufzuhalten, gar zu stürzen, gelang ihnen nicht. Dazu brauchte es die geballte Kraft der Roten Armee und der Armeen Frankreichs, Englands und der USA.

Nutzlos war dieser »Tourismus« der Versprengten aus aller Herren Länder und deren »Emigrantengezänk« aber nicht, denn das Gezänk half, das politische Denken zu klären. Mit dem Ende des Krieges waren auch die Klärungsprozesse zahlreicher politischer Köpfe zu einem Ende gekommen. Wer jetzt wieder, wie Willy Brandt, in den Schoß der Sozialdemokratie zurückkehrte, wusste jetzt besser als vor Jahrzehnten, warum er Sozialdemokrat ist. Wer vorher Kommunist war, wie Herbert Wehner, und Sozialdemokrat wurde, wusste warum. Und wer, wie Walter Ulbricht, immer Kommunist war und es blieb, meinte ebenfalls zu wissen, warum er es blieb.

In den Lebensläufen dieser Menschen bündelte sich deutsche Geschichte. Durch das Leben, wie Willy Brandt es führte, zieht sich die Entwicklung Deutschlands vom Kaiserreich über die Weimarer Demokratie und den Nationalsozialismus bis zur geläuterten und stabilen Demokratie der Bundesrepublik. Dennoch steckt in diesem abenteuerlich wechselhaften Leben eines Willy Brandt nur die eine Hälfte der deutschen Geschichte. Um auch die andere Hälfte entlang der Biografie eines Deutschen zu erzählen, braucht man andere Menschen. Darum muss jetzt die Geschichte von Robert Havemann erzählt werden, dessen Leben gänzlich anders verlief als das eines Willy Brandt. Dennoch ist sie auch exemplarisch dafür, wie man sich im Verlauf eines langen Lebens in diesem Land entwickeln, was einem dabei alles zustoßen und was man dabei alles anrichten konnte.

Robert Havemann taugt nicht als Held. Um Heldenverehrung geht es in diesem Buch auch nicht, und darum heißt das Buch auch nicht »Perfekte Menschen« oder »Vorbildliche Menschen«, sondern »Mutige Menschen«.

Mut aber wird man Havemann nicht absprechen können und bei allem, was vielleicht sonst alles gegen ihn vorzubringen ist, werden zwei Tatsachen nicht zu bestreiten sein: Unter Hitler hatte er sein Leben riskiert, um gegen diesen zu kämpfen und Verfolgten des Regimes zu helfen. In der DDR-Diktatur, an deren Zustandekommen er engagiert mitgewirkt hat, hat er ab einem bestimmten Punkt gesagt: So geht es nicht. Hier mach ich nicht mehr mit.

Das hat ihn zwar nicht das Leben gekostet, aber seiner Karriere und seiner Lebensqualität war es abträglich, und dass die DDR-Führung ihn nicht im Stasi-Gefängnis von Bautzen hat verschwinden lassen, war nicht der Weisheit der Staatssicherheit zu verdanken, sondern der Prominenz und Aufmerksamkeit des Westens geschuldet. Havemann hatte zu zahlreichen westlichen Medien Kontakt, seine Verhaftung hätte internationales Aufsehen erregt und das System blamiert, das sich als demokratisch und republikanisch bezeichnete.

Am 11. März 1910 in München geboren, also drei Jahre älter als Willy Brandt, aufgewachsen in Bielefeld und Hannover, hatte er es leichter als dieser. Die Mutter war Malerin, der Vater Lehrer, Autor und Redakteur. 1929 beginnt er in München mit einem Studium der Chemie. 1931 geht er nach Berlin, beendet dort zwei Jahre später sein Studium und promoviert 1935 an der Berliner Universität. Als begabter Naturwissenschaftler, der sich schon in jungen Jahren mit Forschungen über die Biochemie des Blutstoffwechsels und mit Erfindungen zu messtechnischen Analysemethoden profiliert, könnte er jetzt Karriere machen, hätte er vielleicht auch gemacht, wenn er nicht nach Berlin gegangen wäre.

Bis dahin sei er ein völlig unpolitischer Mensch gewesen, aus bürgerlichem Hause stammend, nur an Naturwissenschaft interessiert, habe er immer gesagt, schreibt sein Sohn Florian Havemann. Aber in Berlin ist Robert Havemann politisiert worden. Dort liest er neben seinen Fachbüchern plötzlich auch Werke von Karl Marx und Friedrich Engels, beschäftigt sich mit dem dialektischen Materialismus, und das führt zu einem vorhersehbaren Ergebnis. Er wird Kommunist, wird Mitglied der Kommunistischen Partei Deutschlands (KPD). Jung sein, gebildet sein, intellektuell sein und Kommunist sein, das hat damals einfach irgendwie zusammengehört, vor allem für idealistische Menschen, die in der Kirche keinen Halt mehr finden konnten und ihn in der kommunistischen Ersatzreligion suchten.

Die KPD-Mitgliedschaft beschert dem jungen Havemann dann allerdings auch schon nach kurzer Zeit den ersten Karriereknick in seiner Biografie, denn im Jahr 1933 beginnt er seine Doktorarbeit. Und nicht weit von ihm entfernt beginnt ein anderer mit seiner Herrschaft: Adolf Hitler. In Juden, Kommunisten, Pazifisten und Sozialdemokraten sieht er – zu Recht – seine schärfsten Gegner und die größte Gefahr. Daher wird Havemann, der Kommunist, aus dem Kaiser-Wilhelm-Institut für Physikalische Chemie und Elektrochemie entfernt. Dank eines Stipendiums der Deutschen Forschungsgemeinschaft kann er 1935 trotzdem promovieren.

Es wäre nun hilfreich, wenn er aus der KPD austräte, und noch hilfreicher, wenn er in die NSDAP einträte, wie das viele seiner Wissenschaftlerkollegen für zweckmäßig halten. Tut er aber nicht. Im Gegenteil. Schon seit einiger Zeit gehört er einem Geheimbund an, einer Widerstandsgruppe, die bis heute nur wenige kennen, weil sie sich nach dem Krieg weder für die DDR noch für die Bundesrepublik propagandistisch verwerten ließ: *Neu Beginnen* hieß sie und gegründet worden war sie schon vor Hitlers Machtergreifung, allerdings nicht als Widerstandsgruppe, sondern als geheimer Klub, der die SPD und die KPD wieder zusammenführen sollte.

Die Gründer dieses Kreises um den Schriftsteller Walter Löwenheim setzten sich mit der Krise der Weimarer Republik und der Arbeiterbewegung »auf eine sehr originelle Art auseinander«, wie der Politikwissenschaftler Richard Löwenthal einmal sagte, der diesem Kreis ebenfalls angehörte. Sie sagten nämlich nicht, wie die Sozialdemokraten, »die Kommunisten sind schuld«, und auch nicht, wie die Kommunisten, »die Sozialdemokraten sind schuld«, sondern »die tiefe Spaltung der Arbeiterbewegung ist schuld«. Die Spaltung überwinden und dann neu beginnen, das wird ihr Programm.

Sie versuchten, es zu realisieren, indem sie sich gezielt Mitglieder beider Parteien, die sie für geeignet hielten, ausguckten und anwarben. Weder die Parteien sollten wissen, dass an ihrer Fusion gearbeitet wird, noch die Angeworbenen sollten wissen oder auch nur ahnen, dass sie für diese Fusion instrumentalisiert werden sollten. Die Gruppe musste also streng konspirativ vorgehen. Derjenige aus der Gruppe, der eine Person mit anderen zu einem Gespräch zusammenführte, »musste im Lauf der Unterhaltung sich nicht einverstanden erklären und verschwinden, und derjenige, der sie dann warb, war ihnen unbekannt – die Methode der sogenannten Abgrenzung« (Löwenthal).

Das Ganze war natürlich ein wenig absurd und hört sich nach Kinderkrimi an, aber die Sache hatte zwei Vorzüge: Die Gruppe gehörte nicht zu den vielen, die Hitler und den Faschismus unterschätzten. Aufgrund theoretischer Überlegungen schon vor Hitlers Ernennung zum Reichskanzler hatten die Mitglieder der Gruppe erkannt, dass Hitler eine totalitäre Parteidiktatur mit ganz besonderen Mitteln der Unterdrückung plante, und wenn er an die Macht käme, sich lange halten würde. Daraus folgte der zweite Vorzug: Die Gruppe wusste, dass sie sich im Fall einer Bemächtigung des Staates durch die Nazis auf eine lange Zeit der Illegalität einstellen musste. Sie war also auf den Fall vorbereitet und sie war auch durch ihre konspirative Praxis darauf vorbereitet. Das kam ihr zugute, als der Fall dann tatsächlich eintrat und Hitler Kanzler wurde.

Während dieser sogleich alle seine bekannten Gegner verhaften ließ, blieb die Gruppe *Neu Beginnen* zunächst verschont. Es wusste ja kaum jemand etwas von deren Existenz. Dadurch konnte sie ihr funktionierendes Untergrundnetz noch weiter ausbauen. Bis 1935 wuchs sie auf rund 500 Mitglieder an und konzentrierte sich vor allem auf Schulungsarbeit, den Aufbau eines Organisationsnetzes und eines funktionierenden Kurierwesens. Ziel der Organisation war nun nicht mehr primär die Überwindung der Spaltung, sondern das Überleben der Gruppe und deren Vorbereitung auf eine »Zeit danach«.

Deren Mitglieder hatten nämlich sehr realistisch erkannt: Die Vorstellung zahlreicher anderer Widerstandsgruppen, durch Flugblätter, Appelle und Einzelaktionen das Regime stürzen zu können, war naiv, führte nur zu einer Selbstgefährdung und früher oder später ins Konzentrationslager. Weit vorausblickend dachte die Gruppe: Hitler bedeutet Krieg. Den wird er verlieren. Erst danach kann man wieder über eine Fusion der KPD mit der SPD nachdenken. Bis dahin wird viel Zeit vergehen, diese sollte man nutzen, um sich – ungestört von der Gestapo – Gedanken über die richtige Ordnung nach Hitler zu machen.

Havemann hatte sich in dieser Gruppe nicht nur durch seine Beteiligung an der allgemeinen konspirativen Arbeit verdient gemacht, sondern auch durch sein Know-how als Chemiker. Er entwickelte eine Geheimtinte, mit der man zwischen den Zeilen harmloser, unverfänglicher Texte unsichtbar die eigentliche Botschaft schrieb. Der Adressat konnte dann durch chemische Behandlung des Papiers die Geheimtinte sichtbar machen.

Ab 1935 wurde es dann doch gefährlich. Einige Mitglieder wurden verhaftet, allerdings nicht wegen ihrer Mitgliedschaft in der Gruppe *Neu Beginnen*, sondern wegen anderer Zugehörigkeiten oder Aktionen außerhalb der Gruppe. Von dieser selbst wusste die Gestapo zu diesem Zeitpunkt noch immer nichts. Aber dann wurde eine Kontaktgruppe in Sachsen ausgehoben, einer plauderte sein Wissen aus und das brachte die Gestapo auf die Spur einiger Mitglieder des Kreises *Neu Beginnen*. Es kam zu weiteren Verhaftungen.

Nun zahlte sich aus, dass man von Anfang an konspirativ gearbeitet hatte. Die Gestapo erkannte nicht, dass sie es mit einem großen Netzwerk zu tun hatte. So blieben die anderen Mitglieder unbehelligt, auch Robert Havemann, der inzwischen über seinen Neffen Wolfgang Havemann in regelmäßigem Kontakt mit Arvid Harnack und anderen aus der Berliner Widerstandsgruppe *Rote Kapelle* stand.

Weitere Verhaftungen im Herbst 1938 führten zur Auflösung der Berliner Gruppe *Neu Beginnen*. Sie machte aber im Ausland weiter, besonders in London und Prag, und einige ihrer Mitglieder, wie etwa Fritz Erler, Erich Ollenhauer oder Waldemar von Knoeringen, gehörten dann neben Willy Brandt, Herbert Wehner und Kurt Schumacher nach dem Krieg zu den Gründervätern der neuen SPD in der Bundesrepublik.

Havemann, der in Berlin blieb, konspirierte nun auf andere, direktere Weise gegen das Nazi-Regime, und zwar, indem er sich in einen Kreis von »anständigen Leuten« begab, »die sich aufeinander verlassen konnten, eine eher lockere Gruppe mit politischem Verstand, guten Nerven und Instinkt«, wie es der Schriftsteller Friedrich Christian Delius einmal ausdrückte. Diese lockere

Gruppe »verhielt sich gegenüber anderen Menschen nichts weiter als normal, also hilfsbereit, anständig, freundlich, solidarisch« (Delius). Verhaltensweisen, auf die in dieser Zeit die Todesstrafe stand. Ihre Namen: Georg und Anneliese Groscurth, Paul und Grete Rentsch, Herbert und Maria Richter, Robert und Antje Havemann.

Groscurth und Havemann hatten sich am Kaiser-Wilhelm-Institut für Physikalische Chemie kennengelernt, wo sie beide, weil »kommunistischer Neigungen verdächtig«, gefeuert wurden. Danach arbeitete Groscurth als Internist am Berliner Robert-Koch-Krankenhaus und später als Privatdozent an der Friedrich-Wilhelms-Universität Berlin. Dort wird der hypochondrische »Stellvertreter des Führers«, Rudolf Heß, sein Patient. Bei dessen zahlreichen Konsultationen horcht Groscurth ihn aus und gibt alles, was er erfährt, an Widerstandsgruppen und an die Alliierten weiter.

Die Gruppe um Groscurth und Havemann versteckte Juden, beschaffte für diese Lebensmittel und falsche Papiere, ließ die Versteckten unter falschen Namen ärztlich behandeln und besuchte sie in ihren Verstecken, um sie mit Dia-Abenden oder durch bloße Anwesenheit ein wenig aufzumuntern. Außerdem horchten sie hohe Nazis aus, halfen jungen Männern, bei der Musterung der Wehrmacht durchzufallen, oder jungen Frauen, die von der Gestapo gesucht wurden, weil sie Juden versteckt hatten.

Im Juli 1943 gründeten sie, wieder einmal weit vorausblickend, eine Organisation, der sie den Namen *Europäische Union* gaben – ein halbes Jahrhundert bevor die Staaten Europas tatsächlich beginnen, zu einem neuen Gebilde namens EU zusammenzuwachsen. Sie wählten diesen Namen, weil zumindest Havemann und Groscurth sicher waren, dass ein neues, von allen Nazis gereinigtes Deutschland in einem vereinten Europa aufgehen müsse. Daher verfassten Groscurth, Havemann, Rentsch und Richter unter diesem Namen mehrere programmatische Texte, in denen sie sich für die Wiederherstellung demokratischer Rechte und Freiheiten und für ein vereinigtes, freies und sozialistisches Europa einsetzten. Nun halfen sie auch Widerstandsgruppen ausländischer Zwangsarbeiter, formulierten in Flugblättern ihr Programm und suchten weiterhin verfolgte Einzelne zu verstecken und zu retten. Mithilfe ausländischer Gewährsleute gelang es der kleinen Gruppe, ein weit verzweigtes Kontaktnetz in den Zwangsarbeitslagern rund um Berlin aufzubauen und die dort Festgehaltenen mit ihren Flugblättern, aber auch Informationen über den Kriegsverlauf sowie mit Medikamenten zu versorgen. Von den entwurzelten Zwangsarbeitern versprachen sie sich mehr revolutionäres Potenzial und mehr Internationalität als von den immer noch überwiegend hitlertreuen Deutschen.

In einem dieser Flugblätter heißt es, der künftige europäische Sozialismus bedeute nicht »Ausrottung der Bourgeoisie, Aufhebung des privaten Eigentums und Errichtung einer blutigen Diktatur dogmatischer Marxisten«, sondern die »Ausschaltung privater Interessen aus Politik und Wirtschaft« und eine »Befreiung des Individuums von wirtschaftlicher Bevormundung«. Die von den Nationalsozialisten aus ganz Europa verschleppten Zwangsarbeiter würden zu Trägern eines revolutionären Aufstands werden und die Vereinigten Staaten von Europa gründen: »Hitlers Umsiedlungsaktionen und die Verschleppung gewaltiger Massen ausländischer Arbeiter nach Deutschland haben den Boden für eine gesamteuropäische Lösung bereitet.«

Jedoch: Noch im Jahr ihrer Gründung, im September 1943, wird die *Europäische Union* durch einen Gestapospitzel entdeckt. Schlagartig werden die meisten Mitglieder verhaftet, auch ausländische, wie etwa der tschechische Jurist Paul Hatschek mit seiner Frau Elli und deren Tochter Krista Lavickova, der tschechische Chemiker Konstantin Zadkevicz, die französischen Elektrotechniker Wladimir Boisselier und Jean Cochon, der sowjetische Techniker Nikolai Sawitsch Romanenko und die sowjetische Lagerärztin Galina Fedorowna Romanowa. Der Volksgerichtshof verurteilt die Gründer der Widerstandsgruppe und elf weitere Mitglieder in dreizehn getrennten Prozessen zum Tode. Im Dezember 1943 kommt Robert Havemann in eine Todeszelle des Zuchthauses Brandenburg. Da war er noch keine 34 Jahre alt.

Havemann habe kaum je über diese Zeit gesprochen, habe »nicht versucht, niemals eigentlich, darüber zu sprechen, was es bedeutet, für ihn bedeutet hat, zum Tode verurteilt gewesen zu sein«, schreibt sein Sohn Florian. Nur eine kleine Geschichte habe er einmal erzählt, die Geschichte seiner letzten Fahrt vom Gefängnis Moabit in seine Todeszelle nach Brandenburg. Er habe in der grünen Minna gesessen, zusammen mit anderen Todeskandidaten, die er nicht kannte und die ihn nicht kannten. Er sei von ihnen nach seinem Alter gefragt worden und er habe geantwortet, dass er, 1910 geboren, bald 34 Jahre alt sein werde. Nein, so hätten sie es nicht gemeint – wie lange es denn her sei, dass er zum Tode verurteilt wurde. Vielleicht 13 Tage, 15, 16? Er wusste es nicht mehr so genau, aber die anderen hätten darauf voller Bewunderung die Köpfe gewiegt und gesagt, also schon in der Pubertät. Havemann habe das nicht verstanden und gefragt, wie sie es meinten. Sie antworteten, ob er denn nicht wisse, dass für einen zum Tode Verurteilten die Tage wie Jahre zählten, sie selbst wären noch Babys und würden sicher als Kleinkinder sterben.

So war es dann vermutlich auch, Havemann hat von ihrem weiteren Schicksal nichts mehr erfahren. Aber etwas anderes, ganz und gar Unglaubliches hatte er erfahren: Er würde nicht hingerichtet werden. Jedenfalls noch nicht.

Und seine Freunde? Groscurth, Richter, Rentsch?

Schon tot. Auch Wladimir Boisselier, Jean Cochon, Paul Hatschek mit Ehefrau Elli und Tochter Krista, Kurt Müller, Galina Fedorowna Romanowa, Nikolai Sawitsch Romanenko, Alexander Westermayer, Konstantin Zadkevicz. Sie alle wurden hingerichtet, außer Heinz Schlag der wegen Tuberkulose als »nicht hinrichtungsfähig« eingestuft wurde.

Warum wurde er, Havemann, noch nicht hingerichtet?

Befreundeten, einflussreichen Wissenschaftlern war es gelungen, Havemanns Forschungsarbeit als »kriegswichtig« erklären zu lassen. Seine Hinrichtung wurde daher mehrfach aufgeschoben.

Freigelassen wurde er jedoch nicht, sondern blieb im Gefängnis. Die Nazis richteten ihm in seiner Gefängniszelle ein Labor ein, damit er dort seine angeblich kriegswichtigen Forschungen fortsetzen konnte. Nun, da er im letzten Moment dem Tod entgangen war und der Krieg sich seinem Ende näherte, hätte er eigentlich – dankbar und froh über seine neu gewonnene Chance – diese Chance nutzen und darauf achten sollen, dass er keinen Anlass mehr bietet, sein Leben, das am seidenen Faden hing, zu gefährden.

Stattdessen nutzte er sein Privileg, um mithilfe eingeschmuggelter Bauteile einen Radioempfänger zu bauen, heimlich Nachrichten zu hören und aus den Meldungen täglich das illegale Nachrichtenblatt *Der Draht* für die Mithäftlinge herauszugeben. Unter ihnen befand sich auch Erich Honecker, der spätere SED-Chef und DDR-Staatsratsvorsitzende. Als Havemann vom Heranrücken der Roten Armee hört, stellt er in seinem Labor Reizstoffschwelkerzen und Sprengstoff zur Verteidigung gegen die SS und zur Selbstbefreiung der Gefangenen her. Am 27. April 1945 werden er und die anderen Häftlinge von der Roten Armee befreit.

Da Havemann seine Russen und Kommunisten kennt, trifft er noch eine letzte Vorsichtsmaßnahme für sich und die Mithäftlinge: Sie stellen sich selbst Papiere aus, die sie als Antifaschisten ausweisen sollen. Havemann, der die russische Schrift von einem Mitglied der *Europäischen Union* erlernt hat, schreibt den Text phonetisch nach dem russischen Diktat eines Haftkameraden. Erst dann, nachdem dies erledigt war, marschieren sie von Brandenburg nach Berlin.

Als Havemann dort heil ankommt, ist sein erstes Leben vorbei.

Jetzt kann es an den Aufbau des Kommunismus gehen. Jetzt ist die Zeit gekommen, denkt Havemann und stürzt sich beruflich und politisch in die Arbeit, in sein zweites Leben – und macht nun doch noch Karriere, als überzeugter und darum lange Zeit regimetreuer Kommunist in der DDR. Er wird Parlamentsabgeordneter, Mitglied der Volkskammer, Professor, Institutsdirektor, Dekan und Prorektor der Berliner Humboldt-Universität. Im Gegensatz zu normalen DDR-Bürgern darf er reisen – China, Indien, Afrika. Er erwirbt ein Grundstück, baut ein Wochenendhaus, fährt ein großes Auto, besitzt ein Motor- und ein Segelboot. In diesem zweiten Leben trägt er alles mit, was die Partei beschließt, die Niederschlagung des Aufstands gegen das Regime am 17. Juni 1953 genauso wie den Bau der Berliner Mauer. Zwei Tage vor dem Mauerbau hielt er noch eine regimetreue Rede in der Volkskammer, in der er den »Weg hinüber in die Bundesrepublik« tadelte und hinzufügte, »dass jeder, der dort hinübergeht, nicht nur unserer Sache untreu wird, sondern auch der Sache des Friedens in der ganzen Welt«.

Er war ein zuverlässiger, gläubiger Kommunist – einerseits. Andererseits war er den stets misstrauischen Parteioberen nie gläubig, nie linientreu genug. Der Stalinismus war ja ein System, in dem jeder jedem misstraute, darum musste jeder bewacht und bespitzelt werden, und selbst die Bewacher und Spitzel wurden bewacht und bespitzelt.

Dafür war die Stasi da. Sie war der Krake, der in jedes Haus, in jedes Schlafzimmer hinein- und jedem seiner Bürger nachschnüffelte. Besonders sorgfältig beschnüffelt wurden Künstler, Intellektuelle, Schriftsteller, Wissenschaftler. Was sie schrieben, was sie äußerten, wurde von der Stasi genauestens analysiert, seziert, durchleuchtet, mit der jeweils gültigen Parteilinie verglichen. Und nicht nur von der Stasi wurde alles geprüft und begutachtet, sondern auch noch von Ideologiewächtern in Moskau. Vor nichts hatten die kommunistischen Machthaber mehr Angst als vor Kommunisten, die selbstständig denken konnten und das auch taten.

Und da stellte die Stasi bei Havemann bereits Mitte der Fünfzigerjahre »ideologische Differenzen zur offiziellen Parteilinie« fest und schon ab dem Jahr 1956 meint sie, eine »beginnende Dissidenz« zu erkennen. Was Havemann über die Frage der Einmischung der Sowjetunion in innere Angelegenheiten Polens, die Einstellung der SED zu den Demokratisierungsversuchen in Polen und Ungarn und die zu oberflächliche Einschätzung des 17. Juni 1953 als faschistischen Putsch beschreibt, das alles erschien der Stasi sehr bedenklich.

Havemann wusste das, er kannte ja das System, wusste, was Kommunismus bedeutet, aber wollte systemimmanente Verbesserungen, betrieb »Fehlerdiskussion«, wie man in diesem System sagte. Sein Aufsatz *Meinungsstreit fördert die Wissenschaften* stößt auf offene Kritik durch das SED-Parteiorgan *Neues Deutschland*. Das ist ein Schuss gegen den Bug. Er weiß jetzt, dass er vorsichtiger sein muss, gibt sich auch Mühe, weniger anzuecken, der Partei seine Treue zu bekunden.

Aber dann begibt sich wieder der selbstständige Denker in ihm in gefährliches Wasser. In Leipzig hält er 1962 einen Vortrag mit dem Titel *Hat die Philosophie den modernen Naturwissenschaften bei der Lösung ihrer Probleme geholfen?* Daraus wird ihm später der Strick gedreht werden. Aber noch ist alles ruhig. Vorläufig lässt man ihn weitermachen.

1963 hält der Professor Havemann eine Vorlesungsreihe über »Naturwissenschaftliche Aspekte philosophischer Probleme« an der Humboldt-Universität Berlin. In seinen Vorträgen äußert er verstärkt kritische Ansichten, sein Hörsaal ist stets voll, aber in der Öffentlichkeit wird er heftig angegriffen. Auch auf dem 5. Zentralkomitee-Plenum der SED wird Havemann von verschiedenen Mitgliedern wegen seiner Reden und Vorlesungen attackiert.

Havemann versucht die Partei zu beruhigen. Dem Politbüromitglied Kurt Hager schreibt er, »alles, was ich zu philosophischen Fragen gesagt und geschrieben habe und schreibe, entspringt dem Bestreben, dieser unserer Philosophie und Weltanschauung auch dort zum Durchbruch zu verhelfen, wo wir bisher noch – teilweise nicht ohne unser eigenes Verschulden, wie ich meine – auf Ablehnung und Unverständnis stoßen«. Das sei bei sehr vielen

Naturwissenschaftlern der Fall. Es schmerze ihn sehr, wenn seine Bemühungen bei »führenden Genossen unserer Partei« zu »Mißverständnissen und Fehldeutungen« führten.

Und dann geht alles sehr schnell. In Rom, nein, in Moskau hatte die Inquisition Havemanns Manuskript seines Leipziger Vortrags über Philosophie und Naturwissenschaft gelesen und es zur Ketzerei erklärt. In der Sprache der Inquisitoren wurden Havemanns Gedanken als »durch und durch unwahre Darstellung des Einflusses des dialektischen Materialismus auf die Entwicklung der Naturwissenschaft in der UdSSR« bezeichnet. Anders ausgedrückt: Havemann ist ein Verräter und Agent des Klassenfeindes. Er muss weg.

Damit war Havemanns zweites Leben auch vorbei. Im März 1964 wurde er aus der Partei ausgeschlossen, aus seinem Amt entlassen und er bekam Hausverbot für die Humboldt-Universität.

Er beginnt sein drittes Leben, in dem er jetzt, rund um die Uhr bewacht und abgehört von der Stasi, von seiner häuslichen Arrestzelle aus das Regime vorführt und lächerlich macht. Ihm, der konspiratives Verhalten von der Pike auf gelernt hat, gelingt es immer wieder, seinen Bewachern zu entkommen. Er führt sie an der Nase herum. Er trifft sich mit westlichen Journalisten. Er veröffentlicht Artikel und Bücher in westlichen Zeitungen und Verlagen, empfängt Gäste aus aller Welt, und alles was er sagt, wird in westlichen Medien wiedergegeben und gelangt über das Fernsehen und andere Kanäle wieder zurück in die DDR.

Das Politbüro und die Stasi-Führer schäumen, aber können nichts machen, denn Havemanns Bewachung durch die Stasi wird von den westlichen Medien bewacht. Nur kleine Schikanen, kleine Nadelstiche fallen dem Regime jetzt noch ein. Mit Prozesshändeln wegen Lappalien, Geldstrafen oder der Streichung Havemanns von der Liste der antifaschistischen Widerstandskämpfer versuchen sie, den Dissidenten abzustrafen. Der aber entwickelt sich unter den Augen seiner östlichen und westlichen Bewacher während der Siebziger- und Achtzigerjahre zu einer zentralen Figur des Widerstands gegen das DDR-Regime.

Die Machthaber resignieren. Im November 1989 rehabilitiert die Zentrale Parteikontrollkommission der SED Havemann mit der Erklärung, Havemann habe »zum damaligen Zeitpunkt politisch richtige Einschätzungen und Wertungen der Politik der Partei vorgenommen«. Das kam natürlich ein bisschen spät. Kurz darauf fiel die Mauer.

Robert Havemann hat es nicht mehr erlebt. Er war schon am 9. April 1982 gestorben.

War er ein unbeugsamer Held? Ein vorbildlicher Kämpfer für Frieden, Freiheit, Wahrheit und Demokratie? Ein Vordenker eines demokratischen europäischen Sozialismus?

Jedenfalls war er ein »Gerechter unter den Völkern«. Als solcher solle er, zusammen mit den anderen Gründern der *Europäischen Union*, von der Holocaust-Gedenkstätte Yad Vashem geehrt werden, teilte die israelische Botschaft Mitte Januar 2006 mit.

Das war indes nicht die einzige Nachricht über den zu diesem Zeitpunkt schon fast vergessenen Robert Havemann. Einen Tag zuvor hatte die Birthler-Behörde eine Meldung über die »geheimdienstliche Verstrickung Havemanns« herausgegeben. Arno Polzin, ein Mitarbeiter der Behörde, hatte 251 Aktenbände des Staatssicherheitsdienstes über Havemann durchgearbeitet.

Und nun wissen wir: Von 1946 bis 1952 spionierte Robert Havemann für den sowjetischen Geheimdienst vor allem das Kaiser-Wilhelm-Institut für Physikalische Chemie und Elektrochemie in Berlin-Dahlem aus, dessen Leiter er bis 1950 war. Außerdem hatte er den Auftrag, seine ehemaligen Gefährten aus der Widerstandsgruppe *Neu Beginnen* zu beobachten. Wenige Monate nach dem Volksaufstand vom 17. Juni 1953 begann Havemanns Zusammenarbeit mit der Stasi. Sein erster großer Erfolg war die Anwerbung eines West-Berliner Mitarbeiters der Max-Planck-Gesellschaft für die DDR-Spionage. Auch der Aufklärungsabteilung der Nationalen Volksarmee arbeitete er zu.

Die Historikerin Simone Hannemann erforschte vor einiger Zeit weitgehend unerschlossene oder von der SED zu Propagandazwecken missbrauchte Akten des NS-Volksgerichtshofs und der Gestapo, Stasi-Material und Selbstzeugnisse Havemanns. Nach der Auswertung dieses Materials erkannte sie einen nicht immer sympathischen, oft durchaus eitlen und auch machtbewussten, im Spiel mit Konspiration und Öffentlichkeit geübten politischen Akteur, der sein eigenes Bild der Havemann-Figur entwarf, und dieses Bild immer wieder modifizierte und auch manipulierte.

Ja, er war ein Stalinist, der »höhere Ziele« kannte als nur die reine Wahrheit. Er war ein mutiger Widerstandskämpfer, und ein Stasispitzel war er auch. Auch privat gab es einiges an ihm auszusetzen - mehrere Ehefrauen, noch mehr Geliebte, eheliche und uneheliche Kinder, und man kann nicht sagen, dass er sich rührend um sie gekümmert hätte. Sein Sohn Florian schrieb deshalb eine 1100 Seiten dicke Abrechnung über ihn.

Sein Freund Wolf Biermann zeichnet naturgemäß ein anderes Bild: »Er war chronisch von sich selbst entzückt«, habe nicht »an übergroßer Bescheidenheit« gelitten. Aber das sei unter einem Regime, das jeden klein hielt, eine »kostbare Charakterschiefheit« gewesen. Biermann habe alles getan, um sich Havemanns »Hochmut« anzueignen. Die Basis dafür, dass er auch unter Druck nicht einknickte, sei die Freundschaft mit Havemann gewesen. »Dass ich die Angst hatte und nicht die Angst mich, das verdanke ich Robert.«

Robert Havemann war eine schillernde, zwielichtige, fragwürdige Person, der man dennoch Respekt zollen muss. Er war ein Mensch, wie ihn nur ein Land hervorbringen konnte, das von einer Diktatur in die nächste geriet. Und wer so einem Menschen aus Ostdeutschland gerecht werden will, muss auch noch die andere Seite, die westdeutsche, kurz streifen.

Anneliese Groscurth, die Witwe jenes von den Nazis ermordeten Arztes aus der *Europäischen Union*, lebte nach dem Krieg in Westdeutschland, arbeitete als Ärztin im Charlottenburger Gesundheitsamt, und wurde aus politischen Gründen 1951 aus dem öffentlichen Dienst entlassen und als Kommunistin diffamiert. Sie stand zwar politisch links, war aber parteilos.

Verurteilt worden war ihr Mann vom furchtbaren Juristen Roland Freisler, der den Krieg nicht überlebte. Assistiert hatte ihm der Kammergerichtsrat Hans-Joachim Rehse, der überlebte, nach dem Krieg weiter Recht sprechen durfte, als Einziger unter den Nazi-Richtern angeklagt, aber freigesprochen wurde.

Anneliese Groscurth aber hat bis in die Siebzigerjahre dafür kämpfen müssen, wenigstens die ihr zustehende Rente zu bekommen. Eine Entschädigung oder Wiedergutmachung erhielt sie bis zu ihrem Tod 1996 nie, auch den Söhnen versagte man die Waisenrente.

Es war dieser Umgang der Bundesrepublik mit seinen Widerstandskämpfern - deren Denunziation als Vaterlandsverräter, deren Vergessen, deren Herunterspielen ihrer Leistungen -, der viele politisch sensible Menschen anwiderte und sie in der antifaschistischen DDR das bessere Deutschland suchen ließ. Dass dann dort nichts zu finden war, ist wieder eine andere Geschichte.

Jener Georg Groscurth, den Freisler und Rehse unter Gebrauch einer menschenverachtenden Sprache ermorden ließen, hatte in einem Abschiedsbrief an seine Frau, geschrieben am Tag seiner Hinrichtung am 8. Mai 1944, gegen Ende den Satz formuliert: »Denke daran, dass wir für eine bessere Zukunft sterben, für ein Leben ohne Menschenhass.«

Der Satz beschämt beide Deutschlands.

Martin Niemöller
Der Stachel im Fleisch der Kirche

* 1892 in Lippstadt/Westfalen ✤ 1910 Abitur mit Auszeichnung ✤ 1910–1919 Dienst in der Kaiserlichen Marine, im Ersten Weltkrieg Dienst in der U-Bootwaffe, seit 1918 U-Boot-Kommandant ✤ 1919 Beginn des evangelischen Theologiestudiums in Münster ✤ 1920 Freikorps-Kommandant im Kampf gegen aufständische Arbeiter im Ruhrgebiet ✤ 1924 Ordination zum Geistlichen ✤ 1931 Pfarrer in Berlin-Dahlem, unterstützt zunächst die NSDAP ✤ 1933 Zusammenschluss im Pfarrernotbund ✤ 1934 Nach Ablehnung des Arierparagrafen Enthebung aus seinen Ämtern und Redeverbot ✤ 1937 Erneute Verhaftung, Inhaftierung im Konzentrationslager Sachsenhausen ✤ 1941 Verlegung nach Dachau ✤ 1945 Befreiung durch die amerikanischen Truppen ✤ 1945 Mitglied des Rates der Evangelischen Kirchen in Deutschland (EKD), Wahl zum Präsidenten des Kirchlichen Außenamtes, Stuttgarter Schuldbekenntnis ✤ 1946 Teilnahme an der Sitzung des Weltkirchenrates in Genf ✤ 1947 Ernennung zum Kirchenpräsidenten der evangelischen Landeskirche in Hessen und Nassau, Reisen nach Norwegen und Dänemark ✤ 1950 Auseinandersetzung mit Konrad Adenauer über die Folgen der Wiederbewaffnung ✤ 1961 Wahl zu einem der sechs Präsidenten des Weltkirchenrates ✤ 1964 Rücktritt vom Amt als Kirchenpräsident nach 17 Jahren ✤ † 6. März 1984 in Wiesbaden

Am 20. Januar 1942 trafen sich 15 hochrangige Vertreter von nationalsozialistischen Reichsbehörden und Parteidienststellen in einer Villa am Berliner Wannsee. Innerhalb von 90 Minuten organisierten und koordinierten sie in Grundzügen die Zusammenarbeit aller Instanzen für die Deportation der gesamten jüdischen Bevölkerung Europas zur Vernichtung in den Osten. Mit der »Vernichtung der jüdischen Rasse in Europa«, von Hitler am 30. Januar 1939 in einer Reichstagsrede erstmals angekündigt, wurde nun planmäßig begonnen.

Vor jenen SS-Führern und KZ-Schergen, die den Massenmord auszuüben hatten, sprach Heinrich Himmler in Posen 1943: »Ich will hier vor Ihnen in aller Offenheit auch ein ganz schweres Kapitel erwähnen. Unter uns soll es einmal ganz offen ausgesprochen sein, und trotzdem werden wir in aller Öffentlichkeit nie darüber reden. Ich meine jetzt die Judenevakuierung, die Ausrottung des jüdischen Volkes. Es gehört zu den Dingen, die man leicht ausspricht. – ›Das jüdische Volk wird ausgerottet‹, sagt ein jeder Parteigenosse, ›ganz klar, steht in unserem Programm, Ausschaltung der Juden, Ausrottung, machen wir.‹ (…) Von allen, die so reden, hat keiner zugesehen, keiner hat es durchgestanden. Von Euch werden die meisten wissen, was es heißt, wenn 100 Leichen beisammen liegen, wenn 500 daliegen oder wenn 1000 daliegen. Dies durchgehalten zu haben, und dabei – abgesehen von Ausnahmen menschlicher Schwächen – anständig geblieben zu sein, das hat uns hart gemacht. Dies ist ein niemals geschriebenes und niemals zu schreibendes Ruhmesblatt unserer Geschichte. (…) Wir hatten das moralische Recht, wir hatten die Pflicht gegenüber unserem Volk, dieses Volk, das uns umbringen wollte, umzubringen.«

In diesem Geist von Mord und Moral, Verbrechen und Sauberkeit, Hingabe, Treue und Gehorsam fuhren Hitler und seine Helfer fort bis zum Untergang. Judenerschießung, Frauenvergasung, Kinderverbrennung als schwere Verantwortung, die einem vom Führer aufgegeben war. Diese Perversion des Denkens und Handelns führte in jene Katastrophe, welche die Welt noch nicht gesehen hatte. Am Ende, als Europa in Schutt und Asche lag, Rauch über den Leichen und Trümmern schwebte, die Welt von dem Grauen in den Konzentrationslagern erfuhr, wurde die Frage gestellt: Wo war Gott? Warum hat er nicht eingegriffen? Wie konnte er so etwas zulassen?

Es war die falsche Frage. Die Frage hätte lauten müssen: Wo war der Mensch? Noch genauer hätte sie lauten müssen: Wo waren die Christen? Wie konnte die Kirche so etwas zulassen?

Es ist schwer zu begreifen, dass fast ein ganzes Volk diesen Wahnsinn und diese Perversion mitgemacht hat bis zuletzt. Noch schwerer zu begreifen ist, dass die Kirche, von Einzelnen abgesehen, dazu weitgehend geschwiegen, mitgemacht, sich Hitler nicht in den Weg gestellt hat. Und am schwersten zu begreifen ist, dass einige Kirchenführer sogar nach dem Untergang des Dritten Reiches keinen Grund gesehen hatten, ein schlechtes Gewissen zu haben.

Seit Dezember 1920 wurde in Deutschland im Wochenrhythmus gegen die Juden und die Demokratie gehetzt. Das Hetz-Organ hieß *Völkischer Beobachter* und war die parteieigene Wochenzeitung der NSDAP. Am 20. April 1923 kam das antisemitische Hetzblatt *Der Stürmer* dazu. Hätte die Kirche also nicht seit Dezember 1920 an jedem Sonntag gegen die Hetze des *Völkischen Beobachters* protestieren müssen? Und wenn sie es unterließ, wäre nicht der 20. April 1923 ein gutes Datum gewesen, um das Versäumte nachzuholen?

Im Juli 1925 wurde der erste Band von Adolf Hitlers »Mein Kampf« veröffentlicht, im Dezember 1926 der zweite. Darin formulierte Hitler seine zentralen politischen Ziele: die Juden bekämpfen, den angeblich jüdischen Marxismus bekämpfen, Lebensraum im Osten erobern, die Demokratie abschaffen. Es stand alles schon drin, was später kommen sollte. Seit 1925 war bekannt, wer Hitler ist. Kaum jemand warnte vor ihm, am wenigsten die Kirche.

Jesus wollte Frieden, Hitler den Krieg. Jesus predigte die Liebe, Hitler den Hass. Jesus wollte dienen, Hitler herrschen. Jesus liebte seine Feinde, Hitler ließ sie ermorden. Warum also ließ die Kirche Hitler gewähren?

Der Sohn Gottes, an den die Christen glauben, war Jude. Der Gott, zu dem die Juden beten, ist derselbe, zu dem die Christen beten. Wie konnten sie zulassen, dass ihre älteren Brüder, die Juden, schikaniert, bedroht, ausgeraubt, zusammengetrieben, deportiert und ermordet wurden?

Dem Christen ist geboten, seinen Nächsten zu lieben wie sich selbst. Wie konnten Christen schweigen, wegsehen oder sogar innerlich zustimmen, wenn die Familie von nebenan von der Gestapo abgeholt wurde? Wie konnte die Kirche schweigen, als in Deutschland zwischen »arischen Herrenmenschen«, »slawischen Untermenschen« und »jüdischem Ungeziefer« unterschieden wurde?

Im Gleichnis vom barmherzigen Samariter erzählt Jesus, wie ein Mensch unter die Räuber gerät und beinahe ermordet wird. Ein Priester und ein Levit gehen vorbei, zwei Repräsentanten der jüdischen Religion, und sie schreiten nicht ein. Der Samariter, ein Ungläubiger, hilft dem Überfallenen. Schon Jesus weiß etwas vom Versagen der Frommen und Gläubigen und der Tapferkeit der Ungläubigen. Unhörbar, aber laut, steht Gottes Ruf nach dem Menschen über dieser Geschichte und die Erinnerung an den ersten Sündenfall im Paradies, als Adam und Eva gegen Gottes Verbot verstießen und sich anschließend vor ihm versteckten.

Man muss nicht Theologe oder besonders gebildet sein, um zu erkennen, dass die gesamte christliche Botschaft von den Menschen das Gegenteil dessen fordert, was Hitler von ihnen forderte. Und doch hatte fast das ganze deutsche Volk diesen Widerspruch nicht erkannt oder nicht erkennen wollen, obwohl 1933 mehr als 95 Prozent der Deutschen der protestantischen oder der katholischen Kirche angehörten.

Wo waren diese Christen im Dritten Reich? Genau diese Frage stellte sich im Jahr 1945 ein ehemaliger KZ-Häftling, als er kurz nach seiner Befreiung in das Konzentrationslager Dachau zurückkehrte, um seiner Frau die Zelle zu zeigen, in der er vier Jahre lang eingesperrt war. Martin Niemöller hieß er. Evangelischer Pfarrer war er. Vor Dachau hatte er schon vier weitere Jahre als »persönlicher Gefangener Adolf Hitlers« im Konzentrationslager Sachsenhausen verbracht. Von ihm muss man erzählen, wenn man einigermaßen begreifen will, wie es kommen konnte, dass Christen nicht erkannten, was ihre Pflicht gewesen wäre.

Nun streift Niemöller also mit seiner Frau durch das KZ Dachau und sieht, wie ihr Blick auf eine Gedenktafel fällt, auf der steht: »Hier wurden in den Jahren 1933 bis 1945 238756 Menschen verbrannt.«

Er merkt, wie seine Frau zittert. Er muss sie stützen. Auch er ist plötzlich sehr erregt. Es läuft ihm heiß und kalt den Rücken herunter. Aber aus anderen Gründen als seiner Frau.

Sie erschrak vor der Zahl der Toten. Er erschrak vor den beiden anderen Zahlen: 1933 bis 1945.

»Was mir die Fieberschauer über den Rücken trieb, waren die beiden anderen Zahlen«, berichtete Niemöller nach dem Krieg in einem Vortrag. »1933–1945 stand da geschrieben. Ich hätte was darum gegeben, wenn diese Zahlen da nicht gestanden hätten«, denn da fragte ihn Gott: »Wo bist du gewesen von 1933–1945?«

Und darauf hatte er keine Antwort. »Ich hatte wohl ein Alibi in der Tasche, meinen Ausweis als Konzentrationär von 1937–1945. Aber was half mir dies Alibi? Gott fragte mich ja nicht, wo ich von 1937–1945 gewesen war, sondern wo ich von 1933 bis 1937 gewesen war. Von 1933–1937 hatte ich keine Antwort.

Hätte ich vielleicht sagen sollen: Ich war ein tapferer Bekenntnis-Pfarrer in jenen Jahren, ich habe ein Wort riskiert und schließlich Freiheit und Leben riskiert? Aber danach fragte mich Gott nicht. Gott fragte: Wo warst du von 1933–1937, wo hier Menschen verbrannt wurden? Von jenem Augenblick an war es für mich aus, ich kann nicht mehr auf unschuldig plädieren im Blick auf das, was inmitten unseres Volkes an Schuld, an Verdammnis, an Hölle Wirklichkeit geworden ist.«

Dies so viele Jahrzehnte nach Kriegsende zu lesen, ist erschütternd, denn dieser Pfarrer Niemöller hätte leicht sagen können: Ich war im KZ, weil ich gegen Hitler war. Ich wäre dort beinah umgekommen, also bin ich ein Widerständler, ein Held. Ich habe mein Leben riskiert, also lasst mich in Ruhe.

Stattdessen sprach er von seiner Schuld.

Andere, die wirklich schuldig waren, und Millionen derer, die sich durch Schweigen und Nichtstun mitschuldig gemacht hatten, wollten nach dem Krieg von ihrer Schuld oder Mitschuld, von ihrem Versagen oder ihrer Feigheit nichts wissen. Sie stahlen sich davon, beschrieben sich als Betrogene, als Opfer, die angeblich von nichts gewusst hatten und jetzt wünschten, mit der Vergangenheit nicht mehr behelligt zu werden. Dieser Pfarrer Niemöller, der von sich hätte sagen können, ich habe zwar 1933 auch Hitler gewählt, aber dann gingen mir die Augen auf, ich wurde klüger, predigte gegen Hitler, kam deshalb ins KZ, und deshalb ist meine Schuld nun aufgehoben, zumindest nicht mehr so groß, denn ich habe bereits gebüßt – dieser Martin Niemöller sagte stattdessen: Ich bin trotzdem schuldig. Die ganze Kirche ist schuldig.

Warum? Dies begründete er nach dem Krieg landauf, landab von zahlreichen Kanzeln und Kathedern herunter, weil er, wie er rasch merkte, bei den Deutschen auf etwas stieß, was er als »organisierte Unbußfertigkeit« bezeichnete. Darum sagte er 1946 in einer Predigt in Göttingen: »Ich bin schuldig, weil ich 1933 noch Hitler gewählt habe, weil ich geschwiegen habe, als man gleich in der ersten Zeit Scharen von aktiven Kommunisten ohne Prozess und Gerichtsverfahren verhaftete und einsperrte; ja, auch im KZ noch bin ich schuldig geworden, denn wenn all die Menschen ins Krematorium geschleift wurden, habe ich mich in die Ecke gedrückt und habe nichts dazu gesagt, habe nicht einmal dazu geschrien.«

Über seine Kirche insgesamt sagte er, auf ihr liege die eigentliche Schuld, »denn sie allein wusste, dass der eingeschlagene Weg ins Verderben führte, und sie hat unser Volk nicht gewarnt, sie hat das geschehene Unrecht nicht aufgedeckt oder erst, wenn es zu spät war«.

Später verdichtete er diese Gedanken zu den berühmt gewordenen, immer wieder zitierten und variierten Sätzen:

Als die Nazis die Kommunisten holten,
habe ich geschwiegen;
ich war ja kein Kommunist.
Als sie die Sozialdemokraten einsperrten,
habe ich geschwiegen;
ich war ja kein Sozialdemokrat.
Als sie die Gewerkschafter holten,
habe ich geschwiegen,
ich war ja kein Gewerkschafter.
Als sie mich holten, gab es keinen mehr,
der protestieren konnte.

Da hatte Martin Niemöller schon einen weiten Weg zurückgelegt und einen schmerzlichen Lernprozess hinter sich gebracht. Angefangen hatte er ganz anders. Angefangen hatte er als Pfarrerssohn und U-Boot-Kommandant im Ersten Weltkrieg. Geformt worden war er von einer guten und einer schlechten Tradition und er hat ein halbes Leben gebraucht, um sich mithilfe der guten aus der schlechten Tradition zu befreien.

Beide Traditionen vermittelte ihm sein Elternhaus, dem er, wie er immer wieder betonte, vieles verdankte. Dieses Elternhaus war ein evangelisches Pfarrhaus, eine Institution, die in der Zeit, als Martin Niemöller geboren wurde (1892), etwas ganz anderes war als heutige Pfarrhäuser. Der Pfarrer, egal, ob evangelisch oder katholisch, war damals eine Autorität, zu der man respektvollen Abstand hielt. Der Pfarrer war Pfarrherr, Hochwürden, Vertreter jener Macht, die sich die Herrschaft teilte mit der anderen, ihr eng verbundenen Macht, der des Staates und des Kaisers.

Das Bündnis von Thron und Altar, Kaiser und Papst wurde zur Zeit der Geburt Martin Niemöllers zwar schon von einigen infrage gestellt, aber »nur« von Sozialdemokraten und Kommunisten, kaum von Christen, und im Niemöller'schen Pfarrhaus überhaupt nicht. Evangelische Pfarrhäuser waren damals im Durchschnitt patriotischer und kaisertreuer als katholische. Diese Tatsache wurde Deutschland in der Weimarer Demokratie und dann unter Hitler zum Verhängnis, denn aus Patriotismus wurde Nationalismus, aus Kaisertreue Demokratiefeindlichkeit, und aus Gehorsam gegen Gott und Kaiser wurde Gehorsam gegen Hitler.

Der Judenverachtung frönte man unter Christen schon immer, obrigkeitshörig war man sowieso, und dem »wissenschaftlich« gelehrten Antisemitismus, der in der zweiten Hälfte des 19. Jahrhunderts Mode wurde, öffneten sich die christlichen Herzen bereitwillig. Dies war die schlechte Tradition, in der Martin Niemöller erzogen wurde. Sie hatte mit Martin Luther zu tun, obwohl dieser dafür nicht verantwortlich ist, denn die schlechte Tradition hatte, wie so viele Traditionen, als etwas Neues, Fortschrittliches und Gutes begonnen.

Luther unterschied zwei »Regimenter«, das geistliche und das weltliche. Vereinfacht gesagt heißt das: das geistliche soll die Seele regieren, hier hat der Staat nichts verloren. Das weltliche aber, die staatliche Obrigkeit, soll den normalen Alltag regieren, hier hat sich die Kirche nicht einzumischen. Die Kirche soll sich also heraushalten aus der Politik, vor allem sollen die geistlichen Herrscher den weltlichen nicht mit dem Evangelium argumentieren, denn das weltliche Reich unterliegt eigenen Gesetzen, auf welche das Evangelium nicht anwendbar ist.

Beide Regimenter haben ihr Recht, beide sind von Gott eingesetzt, und das weltliche ist dazu da, die »Guten« vor den »Bösen« zu schützen. Es muss eine Gewalt geben, die »die Bösen fängt, verklagt, würget und umbringt, die Guten schützt, entschuldigt (...) und errettet«, lehrte Luther, und folgerte daraus, durchaus in Übereinstimmung mit Paulus: »Seid untertan der Obrigkeit.«

Luther lehrte also scheinbar nichts Neues, denn untertan waren die Menschen den beiden Obrigkeiten Kirche und Staat sowieso und schon immer. Und von heute aus betrachtet, mit unserem Wissen über den Nationalsozialismus und andere Totalitarismen, erscheint uns diese lutherische Zwei-Reiche-Lehre als hoffnungslos veraltet und unbrauchbar.

Tatsächlich aber hat Luther mit dieser Lehre etwas revolutionär Neues bewirkt. Seine scheinbar kleine Änderung am Verhältnis von Thron und Altar hat zur Entmachtung des Papstes und der römischen Kirche geführt. Nach alter katholischer Lehre stand der Altar über dem Thron. Der Papst ist es, der den Kaiser krönt. Vom Papst empfängt der Kaiser die Legitimation für seine Herrschaft. Die Kirche also ist die eigentliche Macht, die das letzte Wort hat und darüber entscheidet, wer die weltliche Macht ausüben darf.

Luther beseitigte dieses Herrschaftsverhältnis, indem er Thron und Altar auf die gleiche Stufe stellte. Beide sind gleich vor Gott, haben sich gleichermaßen vor ihm zu verantworten, aber der Kaiser hat sich nicht mehr vor dem Papst zu verantworten. Beide sind von Gott eingesetzt, aber haben verschiedene Zuständigkeiten, und dafür gilt das Prinzip der gegenseitigen Nichteinmischung.

Die andere, konservativ-revolutionäre Lutherbotschaft war die fast schon zum Dogma erhobene Obrigkeitshörigkeit, der permanent gepredigte Untertanengeist, der schon von der katholischen Kirche gelehrt, aber von der lutherischen nun noch verstärkt wurde. Das Bündnis von Thron und Altar wurde nun noch inniger, wenn es sich um einen protestantischen Altar handelte.

Hier hatten Luther und seine Nachfolger etwas vergessen oder verdrängt, was vielleicht schon Paulus nicht mehr so richtig ernst genommen hatte: Jesus war das Opfer eines Justizmordes und dahinter stand ein Bündnis von Thron und Altar. Jesus hatte mehrfach Israels oberste Kleriker angegriffen, das »kam vor die Hohepriester und Schriftgelehrten, und sie trachteten, wie sie ihn umbrächten. Denn sie fürchteten sich vor ihm« (Markus 11,18).

Natürlich hatten Israels oberste Herren nicht vor, einen schmutzigen Mord zu begehen, es sollte schon sauber aussehen, ordnungsgemäß, juristisch einwandfrei. Am besten wäre daher eine ordentliche Hinrichtung, dachten sie, aber dazu waren die religiösen Führer Israels nicht befugt. Dieses Vorrecht lag bei der ungeliebten römischen Besatzungsmacht.

Die Geschichte von der Kreuzigung ist eine zutiefst herrschaftskritische Geschichte. Die Geschichte von den späteren Anhängern Jesu, die sich lieber den Raubtieren zum Fraß vorwerfen ließen, als dass sie dem Kaiser ihren Gruß entboten, ist ebenfalls eine herrschaftskritische Geschichte. Und das ganze Alte Testament kann man von Anfang bis Ende lesen als ein prinzipielles Misstrauen gegenüber jeglicher Macht, eine Fundamentalkritik an jeder Herrschaftsausübung und eine Geschichte der Relativierung aller weltlichen Mächte.

Schon der Auszug der Israeliten aus Ägypten war eine Kritik an der Herrschaft des Pharaos. Die Predigt der Propheten gipfelte immer wieder in Angriffen gegen die Mächtigen. Das erste Gebot – Ich bin der Herr dein Gott, du sollst keine anderen Götter haben neben mir – vernichtet für alle Zeiten jeglichen Totalitätsanspruch menschlicher Herrschaft. Das wurde lange Zeit und immer wieder – überwiegend aus politischen und ideologischen Gründen – vergessen im Christentum, besonders im Luthertum, besonders in Deutschland.

Engländer und Franzosen waren da freier, gingen deshalb andere Wege, fanden früher und leichter den Weg in die Demokratie. 1789, als in Paris das Volk aufstand, um die Totalherrschaft ihres Sonnenkönigs und dessen Bündnis mit der Kirche zu beenden, konnte man in einem deutschen Gesangbuch Verse lesen, wie diesen:

> *Jeder Bürger sich bewusst,*
> *dass er nicht regieren kann,*
> *sei ein treuer Untertan.*
> *Schaue Jesum Christum an,*
> *Er war auch ein Untertan.*
> *Tu wie er ohne alle Not*
> *deiner Obrigkeit Gebot.*

War Jesus ein treuer Untertan? Ja, er war ein treuer Untertan Gottes – und eben deshalb das Gegenteil eines treuen Untertanen der weltlichen und religiösen Mächte seiner Zeit. Sein strikter Gehorsam gegen Gott im Himmel zwang ihn zum Ungehorsam gegen die Götter der Erde. So entwickelte er sich zum Rebellen gegen die irdischen Mächte. Darum musste er sterben.

Die guten deutschen Lutheraner des 19. Jahrhunderts und auch noch die der Weimarer Demokratie hätten den Justizmord an Jesus eigentlich billigen müssen. Die Obrigkeit hatte es nun mal so befohlen und in diese weltlich-politische Angelegenheit hatte sich ein gut-lutherischer Christ nicht einzumischen.

Das Seltsame und eigentlich Tragische daran ist, dass diese guten Lutheraner sich für unpolitisch hielten. Tatsächlich waren sie deutsche Hurra-Patrioten, und Martin Niemöllers Vater, der Pfarrer Heinrich Niemöller, war auch einer, aber durchschaute in seiner patriotischen Begeisterung und seiner kaisertreu-untertänigen Verblendung nicht, welch hochpolitische Folgen dieser kaisertreue Patriotismus hatte.

Dieses besonders in Preußen gepflegte Amalgam aus Kaisertum und Luthertum scheint auf in einer Begebenheit aus dem Leben von Martin Niemöllers Vater. Bei der feierlichen Wiedereinweihung der Wittenberger Schlosskirche am Reformationstag 1892 stand er im Talar und mit Barett inmitten von Amtsbrüdern und Menschenmassen, die des Kaisers Weg zur Kirche säumten. Überwältigt von seinen patriotischen Gefühlen, riss er sich sein Barett vom Kopf und warf es voller Verzückung in die kaiserliche Ehrengarde. Der Vater Niemöller zweifelte nicht daran, dass Gott selbst es war, der diesem Kaiser Macht verlieh.

Das war die Tradition, in der Martin Niemöller erzogen wurde. Sie bestimmte das erste Drittel seines Lebens. Auch er wurde ein kaisertreuer deutscher Patriot und ein begeisterter Militarist obendrein. So, wie heute viele Kinder und Jugendliche Krieg führen am Computer, so führte der junge Niemöller Seekriegsschlachten in seiner Fantasie und auf dem Papier. In seinem Zimmer hing ein Werbeposter der Marine, auf dem sämtliche Schiffe der deutschen Flotte verzeichnet waren. Martin Niemöller kannte sie auswendig. Die Wände hatte er von oben bis unten mit Schiffsbildern beklebt. Zu Weihnachten wünschte er sich Marinekalender und den *Nauticus*, das 1899 erstmals erschienene *Jahrbuch für Deutschlands See-Interessen.* »Sein Bett«, schreibt sein Biograf Matthias Schreiber , »war ihm Barke, das Laken Segel, und seine Schwestern mussten ihm Flaggen für imaginäre Schiffe nähen, auch Wimpel für einen Signaldienst, über den er auf seemännische Manier Nachrichten mit seinen Freunden in der Nachbarschaft austauschte. In seinen Schulheften finden sich Skizzen und Zeichnungen von Kriegsschiffen. Mathematik und Physik waren seine Lieblingsfächer.«

So war klar, was dieser Matrose im Geiste nach dem Abitur tun würde: zur Marine gehen und ein wirklicher Matrose werden. Im Jahr 1910 erfüllt er sich diesen Traum, wird Seekadett in der kaiserlichen Marine und stürzt sich vier Jahre später als U-Boot-Kommandant, wie so viele andere seiner Generation, begeistert in den Ersten Weltkrieg, den er als sportlichen Wettkampf betrachtet.

Genauso beschreibt er auch seine Kriegserlebnisse, führt Tagebuch über seine »sportlichen Erfolge«, berichtet wie ein Sportreporter, wie er die französische Viermastbark ›Blanche‹ aus Dünkirchen versenkte. Ein »schönes, großes stählernes Schiff von 3000 Tonnen« sei es gewesen. Die Schönheit »wehrte sich wacker mit ihren drei Geschützen; aber am Ende waren wir doch die stärkeren und brachten sie bei Dunkelwerden durch einen Torpedotreffer zum Sinken«. Nach dem Abschuss erklang, wie bei jedem Sieg über ein feindliches Schiff, aus der Offizierskabine das Grammofon: »Deutschland, Deutschland über alles.«

Dass dabei Menschen starben, berührte Niemöller nicht. Das gehörte nun mal zum Handwerk. Jeder Abschuss eines feindlichen Schiffes war daher für ihn »eine Freude besonderer Art«.

Nach dem Krieg lebten viele derer, die mit Gesang in den Kampf gezogen waren, nicht mehr. Von Niemöllers 23 Klassenkameraden, die mit ihm Abitur gemacht hatten und dann im Krieg kämpften, überlebten nur fünf. Von jenen deutschen Soldaten, die lebend heimkehrten, wurden einige durch das Erlebnis des Krieges von ihrem Hurrapatriotismus und ihrer Kriegsverherrlichung geheilt, andere nicht. Niemöller gehörte zu den anderen.

Er machte sich die Dolchstoßlegende zu eigen, die Behauptung, nicht ein äußerer Feind habe die Niederlage im Krieg herbeigeführt, sondern der innere, Gewerkschafter, Sozialdemokraten, Kommunisten, »Vaterlandsverräter«. Noch 14 Jahre nach Kriegsende hängt er dieser Lüge an, bekämpft er die Weimarer Demokratie, sehnt einen Führer herbei.

Genau in dem Moment, in dem sich seine Sehnsucht erfüllt und der ersehnte Führer die Macht übernimmt, entfaltet ganz langsam die andere Tradition ihre Wirkung, die gute. Unter deren Einfluss stand Martin Niemöller eben auch, unter deren Einfluss hat er nach dem Ersten Weltkrieg Theologie studiert und ist Pfarrer geworden wie sein Vater. Ein Spruch aus seiner Kindheit in Wuppertal-Elberfeld steht am Anfang dieser Tradition. Der Spruch hat die Form einer ganz einfachen Frage und lautet: Was würde Jesus dazu sagen?

Das Pfarrerskind Martin Niemöller, das ganz selbstverständlich an jedem Sonntag im Gottesdienst saß, um den anderen Kindern der Gemeinde ein Vorbild zu sein, wurde von seinem Vater manchmal auch mit zu den Leuten genommen, beispielsweise zu Krankenbesuchen. Bei so einem Besuch im Haus eines proletarischen Heimarbeiters der Elberfelder Textilindustrie liest der Junge diese Frage, in Glasperlen auf Samt gestickt.

Er hat diese Frage zeit seines Lebens nicht mehr vergessen. Sie war für ihn wie ein Kompass, den er in seiner linken Hosentasche immer bei sich trug und privat benutzte. Allerdings gab es noch einen zweiten Kompass, den deutschnationalen, den er in der rechten Tasche trug und in öffentlichen und politischen Angelegenheiten benutzte. Als guter Lutheraner hatte er damit kein Problem. Der eine Kompass war eben für das geistliche Regiment der richtige, der andere fürs weltliche. Es war ihm noch nicht einmal bewusst, dass diese zwei grundverschiedenen Kompasse ein Problem sein könnten. Was wohl Jesus dazu sagen würde, dass Martin Niemöller auf hoher See feindliche Schiffe versenkt, war daher nicht Niemöllers Frage. Seine Frage lautete: Was würde der Kaiser dazu sagen? Und der ließ einmal nach der Meldung einer erfolgreichen Versenkung eines Schiffes an Niemöller und dessen Mannschaft telegrafieren: »Sehr gut!«

Auch nach dem Krieg navigiert Niemöller mit beiden Kompassen durch sein Leben. Seit 1931 ist er Pfarrer in Berlin-Dahlem, ein beliebter Pfarrer, ein engagierter Pfarrer und ein begabter Prediger. Noch ist er ganz der alte U-Boot-Kommandant. Noch gibt er Hitler seine Stimme. Aber da er mit Leib und Seele Pfarrer, mit Leidenschaft für seine Berliner Gemeinde da ist, zu der auch assimilierte und konvertierte Juden gehören, registriert er die feindliche Stimmung gegen sie. Sie macht ihm Sorgen, aber er sieht noch keinen Grund einzuschreiten. Er sorgt sich nur um die Mitglieder seiner Gemeinde, um die anderen nicht. Sein Kollege Dietrich Bonhoeffer, den er bereits kennt, ist da schon längst viel weiter. Dieser sieht die Gefahr für alle Juden in Deutschland und er sieht die Gefahr der Diktatur und eines neuen Krieges. So weit sieht Niemöller noch nicht.

Dietrich Bonhoeffer hatte es aber in gewisser Weise viel leichter als Niemöller. Bonhoeffer war dank seiner Herkunft und Entwicklung immer schon ein liberal und demokratisch gesonnener Mensch, der nicht viel Mühe hatte, von Anfang an in Hitler den Verbrecher zu erkennen, als der er sich in den nächsten zwölf Jahren erweisen sollte.

Niemöller dagegen sieht zunächst nur, dass am 1. April 1933 der Staat einen Boykott jüdischer Geschäfte anordnet. Darauf kann er reagieren, wie es seinem Naturell entspricht. Wo er seine Einkäufe tätigt, hat dem U-Boot-Kommandanten Niemöller niemand zu befehlen. Das ist seine Privatangelegenheit und geht niemand was an, auch den Staat nicht. Niemöller kauft daher weiter in jüdischen Geschäften ein. So klein, so leise, so privat fängt sein Widerstand an. Aber schon damit beweist er mehr Mut als die meisten seiner Zeitgenossen.

Nur eine Woche später, am 7. April, tritt der »Arierparagraf« in Kraft. Jüdische Beamte verlieren über Nacht ihre Arbeit, werden einfach auf die Straße gesetzt, ohne Abfindung, ohne Arbeitslosengeld, und es ist ganz allein ihr Problem, wie sie damit zurechtkommen. Niemöller hält das für fatal, sorgt sich um die betroffenen Mitglieder seiner Gemeinde, aber der obrigkeitshörige Untertan in ihm schweigt. Noch immer.

Erst als die Sache auf die Kirche übergreift, geht ein Ruck durch Niemöller. Wie war das mit den zwei Regimentern? Die Kirche soll sich nicht in staatliche Belange einmischen, der Staat sich aber auch nicht in kirchliche. Doch genau das geschieht. Auch die Kirche soll Pfarrer mit jüdischer Abstammung feuern. Schlimmer noch: Niemöllers evangelische Kirche soll, wie der Staat, das Führerprinzip einführen und sich einem Reichsbischof unterordnen. Am allerschlimmsten: Die Kirche soll sich Hitler unterordnen – ein klarer Verstoß gegen das erste Gebot jedes Christen. Gott ist der Herr, sonst keiner. Hitler hat in der Kirche nichts verloren. Luther hatte den Staat nicht aus der Macht der römischen Kirche befreit, damit dieser sich jetzt in Gestalt Hitlers der Kirche bemächtige. Jetzt erwacht Martin Niemöller. Jetzt beginnt sein Weg in den Widerstand, vorsichtig, tastend, zögerlich, aber immer dann ganz fest entschlossen, wenn er etwas gelernt hat.

Zunächst hatte er nur gelernt: Hitler respektiert die Grenzen nicht, welche ihm seit Luther gesetzt sind. Er mischt sich in innerkirchliche Angelegenheiten und die gehen ihn nichts an. Diese Grenzüberschreitung darf die Kirche nicht hinnehmen, sagt Niemöller nun im Kreis seiner Kollegen. Damit beginnt Niemöllers Weg in die Opposition – ein großer Schritt für ihn, ein kleiner nur für seine Kollegen Dietrich Bonhoeffer und Karl Barth.

Niemöllers erste zögerliche Schritte in die Opposition bedeuten für ihn die große Wende seines Lebens, denn er muss jetzt verlernen, was er in Jahrzehnten gelernt hatte, muss als Irrtum erkennen, woran er so lange geglaubt hatte – ein schmerzlicher Prozess, der nicht über Nacht zum Abschluss gebracht werden konnte, sondern viele Jahre seines Lebens erforderte. Darin besteht seine eigentliche Leistung.

Bis 1933 war Niemöller von einem Nazi fast nicht zu unterscheiden. Seine

Predigten bis dahin handeln von der Sehnsucht nach einem Führer, rühmen die Volksgemeinschaft, fordern Hingabe, Treue und Gehorsam, wenden sich gegen jeglichen Individualismus und gegen die Ächtung der Autorität, die er der Weimarer Republik unterstellte.

Aber der aufrechte Charakter in ihm zieht ihn langsam von den Nazi-Christen weg und zu Widerstandschristen wie Barth oder Bonhoeffer hin. Niemöller stellt sich der Herausforderung seiner Zeit, zeigt sich bereit, bisher sicher Geglaubtes infrage zu stellen und sich um der Wahrheit willen von lieb gewordenen Vorstellungen zu verabschieden, auch wenn's wehtut. So beginnt er, im Pfarrernotbund öffentlich gegen die Nationalsozialisten zu kämpfen. In diesem Notbund hatten sich am 21. September 1933 evangelische Theologen und kirchliche Amtsträger gegen die Einführung des Arierparagrafen in der Deutschen Evangelischen Kirche (DEK) zusammengeschlossen.

Die Gründung des Pfarrernotbundes war eine Reaktion auf die Kirchenwahlen vom 13. Juli 1933, bei denen die bestens organisierten Deutschen Christen eine Zweidrittelmehrheit erreichten und wenige Monate später ihren Führer Ludwig Müller am 6. September als Reichsbischof durchsetzten. Sogleich verlangte dieser, dass alle Geistlichen und Kirchenbeamten einen Ariernachweis zu erbringen hätten und selbst die Ehe mit »Nichtariern« nun ein Nichtberufungs- oder Entlassungsgrund von Geistlichen und Kirchenbeamten sei.

Daraufhin traf sich ein Kreis von Oppositionellen und gründete auf Initiative der Berliner Pfarrer Herbert Goltzen, Günther Jacob und Eugen Weschke den Pfarrernotbund. Ein paar Tage darauf traten ihm weitere Pfarrer, darunter auch Martin Niemöller und Dietrich Bonhoeffer, bei. Diese beiden formulierten ein Protestschreiben an die neue Kirchenregierung, in dem der Pfarrernotbund forderte, die kirchlichen Ariergesetze zurückzunehmen. Innerhalb weniger Monate traten Tausende von Pfarrern diesem Notbund bei. Es war der Beginn des Kirchenkampfs und der *Bekennenden Kirche.*

Aber es war ein zögerlicher, halbherziger Kampf. Schon in dem Protestschreiben an die Kirchenregierung kommt diese Halbherzigkeit zum Ausdruck. Nur gegen die Judendiskriminierung im Raum der Kirche verwahrte man sich, nicht gegen die staatliche Schikanierung der Juden insgesamt, wie Bonhoeffer es gefordert hatte. Man gab sich weiterhin staatstreu, versicherte, dass man sich als Kirche nicht in staatliche Angelegenheiten einmischen wolle, und verlange nur, dass sich auch umgekehrt der Staat aus kirchlichen Angelegenheiten heraushalte. Man war mehr auf die Wahrung kirchlicher Interessen bedacht als auf die Wahrung menschlicher Grundwerte im Deutschen Reich.

Dass Bonhoeffer sich mit seiner viel weitergehenden Position nicht durchsetzen konnte, hing mit der soziologischen Struktur der deutschen evangelischen Pfarrerschaft zusammen. Die meisten waren, wie Niemöller, deutschnational gesonnen. Wie er hatten sie den Nationalismus, Antijudaismus und Antisemitismus mit der Muttermilch eingesogen und mit der Heimatluft eingeatmet. Auch sie mussten umlernen. Nicht alle schafften es, denn es war mühsam. Auch für Niemöller.

Wie mühsam es war, geht aus einem Aufsatz hervor, den er im November 1933 in einer Zeitschrift veröffentlichte. Niemöller, inzwischen zum Vorsitzenden des Pfarrernotbundes gewählt, musste nun zahlreiche kritische Anfragen seiner Amtskollegen zur »Arierfrage« beantworten. Deshalb formuliert er in diesem Artikel seinen eigenen Standpunkt in dieser Frage und darin zeigt sich, wie weit entfernt von seinen späteren Einsichten er noch ist.

Einerseits hat er klar erkannt, was Jesus zum Arierparagrafen der Kirche sagen würde, und schreibt deshalb: »Wir haben in der Gemeinde (...) die bekehrten Juden als durch den Heiligen Geist vollberechtigte Glieder anzuerkennen.« Unter diesen Umständen sei ein kirchliches Gesetz, das die »Nichtarier« oder »Nichtvollarier« von den kirchlichen Ämtern ausschließt, bekenntniswidrig.

Aber was ist mit den »nicht bekehrten Juden« außerhalb der Gemeinde? Dazu liest man bei Niemöller nichts. Nur Bonhoeffer und Barth sagen klar an, auch gegen die staatlichen Übergriffe auf die Juden außerhalb der Kirche müsse die Kirche protestieren.

Niemöller dagegen schwenkt auf eine windelweiche, kompromisslerische Linie ein und lässt seinen Antisemitismus aufscheinen, wenn er im selben Artikel schreibt, dass »wir als Volk unter dem Einfluss des jüdischen Volkes schwer zu tragen haben«. Und dann legt er seinen Amtsbrüdern jüdischer Abstammung unter Berufung auf Paulus (I. Korinther 8) nahe, »kein Ärgernis« zu geben und vielleicht freiwillig auf Leitungsfunktionen zu verzichten.

Damit bewegte er sich auf der Linie des von dem Theologen Walter Künneth seit Pfingsten 1933 empfohlenen Verhaltens. Dieser hatte sich auch dafür ausgesprochen, als Kirche durch »verstärkte Judenmission« einen eige-nen Beitrag zur staatlichen »Lösung der Judenfrage« zu leisten, da nur zu Christus bekehrte Juden vom »Weltbeherrschungsanspruch« befreit seien. Hier liegt einer der Gründe, warum Juden heute so empfindlich reagieren, wenn in der Kirche für die »Bekehrung der Juden« gebetet wird und von »Ju-denmission« die Rede ist.

Das Schwanken zwischen seinen deutschnationalen Überzeugungen und der Frage, was wohl Jesus sagen würde, zeigt sich bei Niemöller auch noch 1934. In diesem Jahr erscheint sein Buch *Vom U-Boot zur Kanzel*, ein Werk, das gespickt ist mit Angriffen auf die Weimarer Demokratie. Andererseits hat sich inzwischen auf einer Synode in Wuppertal-Barmen im Mai 1934 die *Be-kennende Kirche* gebildet, die den Deutschen Christen samt ihrem Reichs-bischof den Gehorsam verweigerte. Es wurde ein eigenes Leitungsgremium gegründet, der »Bruderrat«. Die *Bekennende Kirche* gab sich also im Führer-staat ein Rätesystem und wer gehörte diesem basisdemokratisch entschei-denden Gremium an? Der Demokratenfresser Martin Niemöller.

Und was beschloss dieser Rat? Die Revolution. Sie nannten es nur nicht so. Was die zweite Synode in Niemöllers Gemeinde Berlin-Dahlem beschloss, er-hielt den Namen »kirchliches Notrecht«. In Wahrheit war es aber der Hinaus-wurf der Deutschen Christen aus der evangelischen Kirche. Die Synode, be-stehend aus einer Minderheit, betrachtete sich als die wahre evangelische Kirche, forderte die christlichen Gemeinden auf, keine Weisungen mehr zu be-folgen, die von der offiziellen deutschen evangelischen Mehrheitskirche mit ihrem Reichsbischof Müller kommen. Deren Verfassung sei zerschlagen, ihre rechtmäßigen Organe bestünden nicht mehr. Die Minderheit baute daher nun eigene Strukturen auf, Ausbildungsstätten, Finanzierungen und Leitun-gen. Der theologischen Scheidung in Barmen war damit die rechtliche ge-folgt. Und Martin Niemöller war glücklich darüber.

In den Konflikt mit den Deutschen Christen und der Hitler-Regierung stürzte sich der U-Boot-Kommandant nun mit fröhlicher Entschlossenheit. Hitler schuf extra ein eigenes Reichskirchenministerium, um die »Dahlemi-ten«, wie sie genannt wurden, wieder »zur Vernunft« zu bringen. Niemöller bezeichnete daraufhin Hitlers »Minister für kirchliche Angelegenheiten« konsequent als »Minister gegen die kirchlichen Angelegenheiten«, der nicht darüber zu befinden habe, was in der Kirche als vernünftig gelte.

Natürlich ließ sich die Staatsmacht diese Aufmüpfigkeit nicht gefallen. Fast alles hatte sie schon aus- oder gleichgeschaltet, die oppositionellen Parteien, Industrie und Gewerkschaften, die Jugend, die Presse, Kulturinstitutionen, Schulen und Hochschulen, Ärztekammern, Industrie- und Handelskammern, Verwaltungen und Justiz, Sport- und Gesangvereine. Sie alle funktionierten nahezu wie gewünscht: Juden und Oppositionelle wurden hinausgedrängt. Nur die Kirchen sträubten sich noch.

Dass eine Gleichschaltung der Kirchen schwierig werden würde, wusste Hitler. Immerhin 62,7 Prozent der Deutschen gehörten 1933 der protestantischen und 32,5 Prozent der katholischen Kirche an. Mit der katholischen Kirche hatte Hitler darum schon 1933 ein »Konkordat« abgeschlossen, einen Vertrag, in dem das Verhältnis zwischen dem Deutschen Reich und der römisch-katholischen Kirche geregelt wurde. Hitler versprach sich davon Ruhe vor den Katholiken und der katholischen Zentrumspartei und eine Steigerung seines Ansehens im Ausland. Er hat sie bekommen. Die römische Kirche versprach sich davon die Wahrung ihrer Rechte und Privilegien, Schutz vor Gleichschaltung und ein Ende des nationalsozialistischen Kampfs gegen katholische Verbände und Organisationen. Diese Rechnung ging nur teilweise auf. Als Hitler fest im Sattel saß, begann er, Teile der Vereinbarungen nach Gutdünken zu brechen und die katholischen Proteste dagegen zu ignorieren.

Genauso versuchte er, die evangelische Kirche in den Griff zu bekommen, nachdem sein Plan gescheitert war, das Christentum mithilfe der Kirchen zum ideologischen Überbau des Nationalsozialismus zu instrumentalisieren. Wenn er sie schon nicht für seine Ziele nutzen konnte, wollte er wenigstens ihren Einfluss so weit wie möglich eindämmen, am liebsten aber so ausschalten, wie er die gegnerischen Parteien ausgeschaltet hatte. Die Deutschen Christen dienten ihm als Trojanisches Pferd, und beinahe wäre ihm die Einschleusung und Aushöhlung der evangelischen Kirche gelungen – wenn da nicht dieser Niemöller und diese störrischen Pfarrer gewesen wären.

Am 4. Juni 1936 brachten sie Hitler ein weiteres Mal in Rage. Sie überreichten ihm eine Denkschrift, in der sie erstmals grundsätzliche Kritik an der Regierung übten. Nicht mehr nur gegen die »Grenzverletzung«, die Einmischung des Staates in kirchliche Angelegenheiten, protestierten die Unterzeichner in dieser Denkschrift, nein, jetzt wurden auch die Existenz von Konzentrationslagern und die Willkür der Gestapo scharf kritisiert und sogar die nationalsozialistische Weltanschauung: »Wenn hier Blut, Rasse, Volkstum und Ehre den Rang von Ewigkeitswerten erhalten, so wird der evangelische Christ durch das erste Gebot gezwungen, diese Bewertung abzulehnen.« Und dann, endlich, liest man in dieser Denkschrift, was beide Kirchen als Ganzes schon viel früher hätten sagen müssen: »Wenn dem Christen im Rahmen der nationalsozialistischen Weltanschauung ein Antisemitismus aufgedrängt wird, der zum Judenhass verpflichtet, so steht für ihn dagegen das christliche Gebot der Nächstenliebe.«

Endlich war es ausgesprochen. Es war der mutigste Protest von kirchlicher Seite gegen Hitler. Niemöller hatte ihn unterschrieben, andere auch, aber bei Weitem nicht alle. Nicht einmal alle Mitglieder der *Bekennenden Kirche* – sowieso eine Minderheit innerhalb der Kirchen – standen geschlossen hinter diesem Protest. Es war der Protest der Minderheit einer Minderheit. Und in den nachfolgenden Jahren wurden die Kirchenführer immer kleinlauter und führten nur noch Rückzugsgefechte. Nach der Reichspogromnacht gab es von kirchlicher Seite keine Wortmeldung.

Zur Feigheit der Mehrheit kam auch noch Verrat. Er kostete Friedrich Weißler, Bürochef der *Bekennenden Kirche*, das Leben. Weißler, ein zum Christentum konvertierter Jude, als Landgerichtsdirektor zwangspensioniert, hatte eine Kopie der Denkschrift an zwei Vikare Bonhoeffers weitergegeben, die sie eigenmächtig der Presse zukommen ließen. Daraufhin wurde das Dokument in der Auslandspresse veröffentlicht. Hitler schäumte. Er war damals noch heftig um internationale Anerkennung bemüht, jede Negativschlagzeile im Ausland kam ihm in die Quere.

Schnell hatte die Gestapo Friedrich Weißler als »undichte Stelle« entlarvt. Und was tat die *Bekennende Kirche*? Sie distanzierte sich von ihm, entließ ihn sogar und gab ihn, der seiner jüdischen Abstammung wegen besonders gefährdet war, der Verfolgung preis. Sie wollte jeden Verdacht subversiver Absichten von sich weisen und war noch immer bemüht, als staatstreu zu erscheinen. Weißler wurde sofort verhaftet, in das Konzentrationslager Sachsenhausen gebracht und dort so misshandelt, dass er an den Folgen starb.

Die *Bekennende Kirche* war leider nicht ein einziger großer Fels im Widerstand gegen Hitler, sondern bröckelndes Gestein. Nur die »härtesten Brocken«, Männer wie Karl Barth und Dietrich Bonhoeffer, hatten die Unvereinbarkeit von Christentum und Nationalsozialismus prinzipiell begriffen.

Niemöller und viele andere in der *Bekennenden Kirche* hatten immer nur punktuell begriffen. Niemöller zeigte dann wenigstens dort Mut, wo er etwas begriffen hatte. Andere zeigten diesen Mut nicht und die meisten Christen hatten nicht einmal punktuell etwas begriffen.

Nicht allein wegen der Unvereinbarkeit von Christentum und National-sozialismus ist die *Bekennende Kirche* entstanden, nicht um der Juden willen, auch nicht um der Demokratie willen und nicht, weil man, wie Bonhoeffer, weitsichtig erkannt hat, wohin das Hitler-Regime führen wird. Nein, der Wi-derstand der *Bekennenden Kirche* entzündete sich allein an der Tatsache, dass Hitler keine kirchlichen Interessen respektierte, sich in innerkirchliche Angelegenheiten eingemischt und über die Gruppe der Deutschen Christen, seinen willfährigen Dienern, versucht hat, auch die Kirche gleichzuschalten. Die *Bekennende Kirche* sollte im weiteren Verlauf auf halbem Weg zu einer richtigen kirchlichen Opposition stehen bleiben. Nur Bonhoeffer und wenige andere sind auf diesem Weg konsequent weitergegangen. Niemöller hinkte immer hinterher, aber mutig, und als Überlebender hat er diesen Weg dann nach dem Krieg umso entschiedener fortgesetzt. Immerhin hatte der zeitwei-lige Teilwiderstand der *Bekennenden Kirche* diese vor der totalen Gleich-schaltung bewahrt. Versagt hatte die Mehrheit der Christen trotzdem.

Mehr Mut, mehr theologische Reflexion und mehr Bereitschaft, die eige-nen Voraussetzungen infrage zu stellen, wären nötig gewesen. Bald schon hatte Hitler leichtes Spiel mit dem kirchlichen Widerstand. Nach Veröffentli-chung der mutigen Denkschrift griff er zu seinen bekannten Mitteln: Ein-schüchterungen, Repressionen, Verhaftungen, Verbote. Bei vielen in der Kir-che hat es gewirkt.

Nicht bei Niemöller. Er ließ sich nicht einschüchtern, predigte Sonntag für Sonntag gegen die staatlichen Grenzverletzungen, auch, als Gestapoleute zu regelmäßigen Besuchern seiner Gottesdienste wurden und alles mitschrie-ben, was der Pfarrer sagte. Manchmal predigte er fast direkt für sie, seine »treuesten Kirchenbesucher«, wie er sie nannte, meinte besonders sie, wenn er etwa über das Wort sprach »Gebt dem Kaiser, was des Kaisers ist, und Gott, was Gottes ist: Wir wollen ohne Murren der Welt geben, was ihr gehört. Aber wenn die Welt fordert, was Gottes ist, dann müssen wir mannhaft Widerstand leisten.« Es ist nicht überliefert, ob die »treuesten Kirchenbesucher« verstan-den hatten, dass mit »Welt« Hitler gemeint war.

Einmal sagte er in seiner Predigt: »Und wer, wie ich vorgestern Abend, in einem Abendmahlsgottesdienst nichts anderes neben sich sieht als drei junge Gestapoleute, die von Amts wegen die Gemeinde Jesu Christi bei ihrem Beten, Singen und Predigen auszukundschaften haben, drei junge Männer, die gewiss auch einmal auf den Namen des Herrn Jesus Christus getauft wurden und die gewiss auch einmal am Konfirmationsaltar ihrem Heiland die Treue gelobt haben und die nun von Amts und Dienst wegen dazu bestellt sind, der Gemeinde Jesu Christi Fallen zu stellen, den lässt die Schmach der Kirche so leicht nicht los.«

Am 19. Juni 1937 bezichtigte Niemöller Hitler des Wortbruchs. Dieser hatte, als er noch um die Sympathien der Kirche buhlte, allerlei Versprechungen gemacht, was der Kirche alles erlaubt sei. Dann wurden die Versprechungen nach und nach wieder kassiert, und schließlich gab es Drohungen, Verbote und Verhaftungen. Die Frage, »ob das Wort des Führers gilt«, sei »damit negativ beantwortet«, resümierte Niemöller.

Seine letzte öffentliche Rede hält er in Wiesbaden, dreimal in überfüllten Kirchen am 29. Juni 1937. Die Gestapo hörte auch zu und schrieb mit. Daher wissen wir, worum es ging, und erfahren, dass Niemöller wieder einen Schritt weitergekommen war, dazugelernt hatte. Er sprach von der Bindung an Christus, welche eine Freiheit gegenüber allen Autoritäten bedeutet. Das war damals politisch ungeheuer brisant, denn jedem Zuhörer war klar, wen Niemöller mit den »Autoritäten« meinte. Endlich hatte er seine altpreußisch-protestantische Staatsfrömmigkeit überwunden.

Mindestens ebenso brisant war sein Hinweis, dass Jesus Jude war. Wie also konnte man als Christ die Juden hassen? Im Zusammenhang damit sprach er von der »Arierfrage«, und ganz bewusst nicht von der »Judenfrage«, womit er sagte: Nicht die Juden, sondern die Arier sind das Problem.

Das alles kam auch dem Führer zu Ohren. Am 1. Juli 1937 reagierte er. Zwei Männer der Gestapo holten Niemöller morgens, an einem Donnerstag, ab, um ihn zu »vernehmen«. Dieser reagierte gelassen. Es war nicht die erste Verhaftung. Fünfmal schon hatten sie ihr Spiel mit ihm getrieben, ihn jedes Mal für mehrere Stunden festgehalten, einmal auch einen ganzen Tag lang. Bereits vierzig Verfahren waren gegen ihn anhängig. Niemöller ließ es ruhig über sich ergehen.

Beunruhigend war allerdings, dass Niemöller diesmal in das Berliner Untersuchungsgefängnis Moabit gebracht und in eine Einzelzelle gesperrt wurde. Was hatte das zu bedeuten?

Es wurde ihm von Tag zu Tag klarer. Diesmal sollte es wohl länger dauern, bis man ihn wieder in seine Gemeinde ließ. Tatsächlich wurden es sieben Monate. So lange saß er in Untersuchungshaft, trotz des Protests der *Bekennenden Kirche*, trotz der Berichte im Ausland über seine Verhaftung, trotz der Kirchenglocken, die man in England für ihn läuten ließ.

Mehr als 10 000 Briefe und Postkarten aus aller Welt bekam er ins Gefängnis. Seine Frau bat er, die Postlawine zu stoppen. Noch hatten ihn sein Humor und seine Zuversicht nicht verlassen. Ungebrochen zählte der U-Boot-Kommandant die Tage und sagte: »Ich bin jetzt schon so lange hier, wie 1917 meine Fahrt mit U 151 dauerte; nur habe ich diesmal keine 50 000 Tonnen versenkt.« In seinen Briefen erkundigte er sich nicht nur nach der Gesundheit seiner Familie, sondern auch nach dem Wohlergehen seines kurz vor der Verhaftung gekauften Opel, den er »Katharina von Bora« – so hieß Luthers Ehefrau – getauft hatte.

Niemöller besuchte auch den Gefängnisgottesdienst. Als der Gefängnispfarrer ihn fragte: »Mein Bruder, warum bist du im Gefängnis?«, antwortete Niemöller: »Mein Bruder, warum bist du nicht im Gefängnis?«

Am 7. Februar 1938 begann die Hauptverhandlung vor dem Sondergericht beim Landgericht Berlin. Die Sache Niemöllers stand gut, denn er hatte gute Anwälte, und die Staatsanwälte hatten wenig Belastendes in der Hand gegen ihn. Am 2. März 1938 wurde das Urteil verkündet: sieben Monate Festungshaft und eine Geldstrafe von 2000 Reichsmark. Die Festungshaft galt durch die Untersuchungshaft als verbüßt.

Damit hätte Niemöller wieder ein freier Mann sein können – wenn nicht unweit vom Gericht Hitler in seiner Reichskanzlei getobt hätte und nur mit Mühe davon abgehalten werden konnte, die Richter zu verhaften und ins Konzentrationslager zu bringen. Von der Verhaftung der Richter sah Hitler schließlich ab, nicht aber von seiner Wut auf Niemöller. Dieser war ihm viel verhasster, weil gefährlicher, als Bonhoeffer. Dessen radikale ethischen Forderungen fanden im preußischen Protestantismus keinen Widerhall. Niemöller aber, der patriotische Kämpfer des Ersten Weltkriegs, war bei den einflussreichen Nationalkonservativen beliebt und fand bei ihnen mit seiner gemäßigteren Opposition Gehör. Gerade das aber konnte Hitler nicht dulden, und darum intervenierte er gegen den Richterspruch, setzte ihn einfach außer Kraft und ließ Niemöller noch im Gerichtssaal erneut verhaften.

Während am Hauptausgang die Familie und viele Gemeindeglieder mit Blumen ihren Pfarrer erwarteten, führte ihn die Gestapo durch den Hinterausgang des Gerichts in einen Wagen und brachte ihn direkt nach Sachsenhausen ins Konzentrationslager. Als diese unrechtmäßige Verschleppung bekannt wird, treffen unzählige Protestnoten von politischen und kirchlichen Persönlichkeiten aus aller Welt in der Reichskanzlei ein. Sie nützen nichts. Niemöller bleibt eingekerkert bis zum Untergang des Nazi-Reiches.

Hilfreich war der Protest trotzdem. Als »Persönlicher Gefangener des Führers« erhielt er doppelte SS-Rationen, Wein und täglich eine Zigarre. Darüber fielen nach dem Krieg die Moralisten aus aller Welt her. »Schlaraffenland hinter Stacheldraht« sei das gewesen, während andere gefoltert worden seien. Doch Goebbels verriet in seinem Tagebuch die nüchterne Absicht: »Niemöller soll gut essen, dick werden, dass niemand ihn mehr mit einem Märtyrer verwechseln kann. Aber auf die Menschheit wird er nicht mehr losgelassen.« Das Aufsehen, das die Verhaftung des international bekannten Hitler-Gegners verursachte, hatte ihn vor der Folter und der Ermordung bewahrt. Noch heute können internationale Proteste, wie sie etwa *amnesty international* für politische Gefangene organisiert, diesen das Leben retten, die Haft erleichtern, zur Freiheit verhelfen.

Trotz einigermaßen guter Haftbedingungen müssen die acht Jahre in Sachsenhausen und Dachau grausam gewesen sein. Auf die Frage, wie er selbst die Zeit seiner Gefangenschaft erlebt habe, antwortete Niemöller 1945: »Ich erzähle grundsätzlich nichts von meinen Erlebnissen. Ich könnte gräuliche Dinge erzählen. Es genügt mir zu sagen: keine Feder, kein Film reicht aus, um das zu schildern. Und wenn man mich fragt: War es wirklich so schlimm?, dann kann ich nur sagen: Es war tausendmal schlimmer.«

Am 7. April 1945 hört Niemöller in Dachau Kanonendonner. Sind das die Amerikaner? Geht der Krieg auf sein Ende zu? Wird das Ende seine Befreiung bringen? Sicher ist das nicht.

Noch unter dem Kanonendonner der Roten Armee in Berlin befiehlt Hitler aus dem Führerbunker heraus kurz vor Kriegsende, noch lebende »Verräter« hinzurichten. Dieser Befehl wird weitgehend ausgeführt, obwohl es angesichts der näher heranrückenden Truppen von Russen, Amerikanern, Engländern und Franzosen immer schwieriger wird, dem Befehl unverzüglich Folge zu leisten. Viele KZ-Häftlinge werden gegen Ende des Kriegs von einem Lager ins andere gebracht. Manche können solche Transporte zur Flucht nutzen. Anderen nützt es nichts. Noch im letzten Moment werden sie hingerichtet.

Am 24. April 1945 werden auch in Dachau 160 »Sonderhäftlinge« auf Lastwagen verfrachtet und aus dem Lager gefahren. Wohin die Reise gehen soll, wissen sie nicht. Was ihre Bewacher mit ihnen vorhaben, wissen sie ebenfalls nicht. Auch Martin Niemöller ist dabei.

Die Fahrt endet in Südtirol. Dort wird bekannt, dass die SS-Bewacher den Befehl haben, die Häftlinge zu erschießen und ihre Leichen in einem See zu versenken. Dann geschieht das Wunder. Eine Einheit der Deutschen Wehrmacht kreuzt Ende April den Gefangenentransport. Unter den Offizieren befindet sich ein Hörer von Niemöllers Dahlemer Predigten. Er erkennt ihn, befreit ihn aus den Händen der SS und übergibt ihn und sich selbst am 4. Mai der US-amerikanischen Armee. Am 8. Mai ist der Krieg zu Ende und Niemöller hat überlebt.

Bonhoeffer, Stauffenberg, die *Kreisauer* und viele andere, die gegen Hitler gekämpft hatten, sind tot. Überlebt haben viele derer, die den Mund gehalten, mitgemacht, gejubelt, gespitzelt, Juden schikaniert und Judenverstecker denunziert hatten. Überlebt haben zahlreiche Mörder, Kriegsverbrecher und KZ-Schergen. Überlebt haben viele Juristen, die Unschuldige verurteilt hatten. Überlebt haben Bischöfe, Pfarrer, Christen, die sich durchlaviert oder bei den Deutschen Christen mitgemacht hatten. Und mitten unter ihnen, einsam und allein: Martin Niemöller, der sich schuldig fühlt und von Menschen umgeben ist, die sich für unschuldig halten, die jammern angesichts der Not und des Hungers, der Zerstörungen, der Vertreibungen, der vielen Gefallenen und Verletzten.

Dass Niemöller, der acht Jahre im KZ verbrachte, öffentlich von seiner Schuld spricht, regt die auf, die nicht im KZ gesessen haben, am allermeisten die, die sich schuldig gemacht haben, aber davon nichts wissen wollen. Auch in der Kirche ist das so.

Wen wählen die Evangelischen im Sommer 1945 zum Vorsitzenden des Rates der evangelischen Kirche in Deutschland (EKD)? Niemöller? Nein. Den hannoverschen Landesbischof August Marahrens wählen sie, jenen lavierenden Mitläufer, der 1944 nach dem missglückten Attentat Stauffenbergs auf

Hitler das Attentat als »verbrecherisch« bezeichnet und Gott für die »gnädige Errettung des Führers« gedankt hatte. Noch 1947 konnte dieser erste Nachkriegsbischof der EKD in seinem Verhalten während des Dritten Reiches nichts Tadelnswertes erkennen. In seinem Rechenschaftsbericht vor der Synode betrachtete Marahrens das Nazi-Regime in den Kategorien der alten Zwei-Reiche-Lehre als »normalen Staat«, daher könne seine Grundhaltung gegenüber dem Dritten Reich nicht falsch gewesen sein.

Mit solch Unbelehrbaren innerhalb und außerhalb der Kirche bekam es Niemöller nach dem Krieg zu tun. Er schwieg nicht dazu. Gleich auf der Gründungsversammlung der EKD in Treysa hielt er eine Rede, in der es so zur Sache ging, dass einige seiner Amtsbrüder ihn als »taktlos« bezeichneten. Niemöller griff Marahrens an und sagte: »Wenn heute jeder kleine Parteigenosse Amt und Brot verliert, dann ist es unmöglich, dass Männer in der Kirchenleitung gehalten werden, die sich in Hirtenbriefen oder in gedruckten Äußerungen oder sonst irgendwie so über den Nationalsozialismus und seine Weltanschauung ausgesprochen haben, dass der kleine Mann dadurch das gute christliche Gewissen bekam, sich der Partei anzuschließen.«

Das und vieles andere, das Niemöller nun sagte, wollten viele nicht hören. Einer, der genau beobachtete, wie die Kirche mit ihrer Vergangenheit und mit Leuten wie Niemöller umzugehen gedachte, war Karl Barth. Im Juni 1946 schrieb er an Niemöller: »Die Art, wie man Dich in Berlin, in Bayern, in Frankfurt, in Treysa und seither von Stuttgart und Umgebung aus Ehren kaltzustellen und unschädlich zu halten versucht hat, ist in der Tat verräterisch dafür, wie die Dinge in der EKD noch immer und nun auch aufs neue stehen. Ich sehe auch das leise Lächeln, Achselzucken und Kopfschütteln, mit denen auch die uns Nahestehenden unter den letztes Jahr an die Macht Gekommenen so ganz behutsam ein wenig Distanz zwischen sich und Dich setzen. (...) Es ist klar wie die liebe Sonne, daß Du ihnen (...) unheimlich unbequem bist und daß es irgendeine Ecke in ihrer Seele gibt, in welcher sie wohl wünschen, es stünde zu Dachau oder anderwärts ein wunderschönes Gedächtniskirchlein, zu welchem sie alle Jahre einmal wallfahren und wo sie dann – Heiliger Martin, bitt' für uns arme Sünder! – etliche Horen zu Deinen Ehren singen könnten, statt daß Du in Deinem so bedauerlich ramponierten Auto immer noch im Land herumfährst und taktlose Dinge sagst, die sie dann mit ausbaden müssen.«

Aber das »Gedächtniskirchlein« gab es nicht. Dafür war der unbequeme Niemöller viel zu lebendig. Irgendetwas musste mit dem quicklebendigen Störenfried geschehen. Und da die geistlichen Würdenträger der EKD nicht dumm sind, erkannten sie, dass Niemöller von unschätzbarem Nutzen für das Bestreben sein könnte, die Kirche und die Deutschen in die internationale Völkerfamilie zurückzuführen. Daher beauftragten sie den Mann, der im Ausland als »Hitler's most famous prisoner« und als der »Pastor, der Hitler besiegte«, glorifiziert wurde, mit der Pflege der internationalen Beziehungen der evangelischen Kirche. In Frankfurt wurde er Leiter des »Kirchlichen Außenamts«.

Wenn die EKD-Granden gedacht haben sollten, dieses Amt führe Niemöller so oft ins Ausland, dass er im Inneren nur noch wenig stören könne, so stimmte die Erwartung zwar im ersten Teil, nicht aber im zweiten. Trotz häufiger Auslandsreisen störte Niemöller den inneren Frieden in der EKD, und dies umso mehr, als gerade das ihm verliehene Amt seiner Stimme Gewicht verlieh. So setzte sich Niemöller als einer der Ersten für ein öffentliches Schuldbekenntnis der Kirche ein.

Dabei half ihm der Druck von außen. Ein Besuch hochrangiger Vertreter des Ökumenischen Rates der Kirchen (ÖRK) stand an. Sie zeigten sich versöhnungsbereit, aber erwarteten von den Vertretern der EKD ein glaubwürdiges Schuldbekenntnis.

Und so kam es zu dem Schuldbekenntnis, das auf einer Ratstagung in Stuttgart gemeinsam verfasst und dort am 19. Oktober 1945 verlesen wurde. Darin heißt es:

»Mit großem Schmerz sagen wir: Durch uns ist unendliches Leid über viele Völker und Länder gebracht worden. Was wir unseren Gemeinden oft bezeugt haben, das sprechen wir jetzt im Namen der ganzen Kirche aus: Wohl haben wir lange Jahre hindurch im Namen Jesu Christi gegen den Geist gekämpft, der im nationalsozialistischen Gewaltregiment seinen furchtbaren Ausdruck gefunden hat; aber wir klagen uns an, dass wir nicht mutiger bekannt, nicht treuer gebetet, nicht fröhlicher geglaubt und nicht brennender geliebt haben.«

»... nicht mutiger bekannt«? Man war also mutig, nur nicht mutig genug? Gegen den Nazi-Geist gekämpft? Das Schuldbekenntnis war Schönfärberei. Mutig waren in der Kirche unter Hitler nur Einzelne. Lange Jahre gegen die

Nazis gekämpft haben nur wenige. Die Kirche als Ganzes und die Mehrheit ihrer Mitglieder war nicht nur nicht mutig dagegen, sondern offen oder heimlich dafür. Und von den Juden war in dem Schuldbekenntnis nicht die Rede.

Aber die ausländischen Kirchen gaben sich damit zufrieden, denn sie sahen, dass zu diesem Zeitpunkt eine deutlichere Sprache nicht möglich war und die Formulierung dieses Bekenntnisses seinen Verfassern unter den damaligen Umständen sogar Mut abverlangt hatte. Dass es wirklich mutig war, zeigten die empörten Reaktionen in der Öffentlichkeit, auch in der Kirche. Zahlreiche Mitglieder distanzierten sich von den Vertretern der eigenen Kirche wie von feindlichen Vaterlandsverrätern.

Die Aufregung legte sich aber schnell, denn man hatte Wichtigeres zu tun. Notunterkünfte inmitten von Schutt und Trümmern mussten errichtet, Lebensmittel besorgt, Vermisste gesucht werden. Man hungerte, fror, litt und hatte Angst vor den Russen. Was würden die Sieger tun? Würde es eine Siegerjustiz geben? Ein zweites Versailles? Es ging jetzt um die Zukunft, nicht um die Vergangenheit. Es ging ums Überleben. Und um den Wiederaufbau. Verbissen, stumm und wie betäubt stürzten sich die Deutschen in die Arbeit, überstanden ihre Entnazifizierungsverfahren, die Währungsreform, den Hunger, die Not, die Flüchtlingswellen, fingen wieder ganz von vorne an, vollbrachten ein kleines Wirtschaftswunder, beschwiegen die Vergangenheit und nahmen hin, dass die alten Nazis nach dem Krieg wieder dieselben Posten und Ämter besetzten, die sie vor dem Krieg innehatten.

Niemöller und einige andere protestierten laut dagegen. Sie wurden kaum gehört. Niemöller hörte nicht auf, von der Vergangenheit zu reden, von seiner Schuld und der Schuld der Deutschen. Erst ab 1968, als die Studentenbewegung auf die Straße ging und junge Leute ihre Eltern fragten, »was habt ihr eigentlich gemacht in der Hitlerzeit?«, setzte eine erste Besinnung ein, begann die Auseinandersetzung mit der Vergangenheit. Sie hält an bis heute, und wenn einer sich um die Wahrheit über die Deutschen und den Nationalsozialismus verdient gemacht hat, dann ist es Martin Niemöller.

Er hatte den Mut, um Gottes und der Wahrheit willen, eigene lieb gewordene Überzeugungen infrage zu stellen und sich von ihnen, wenn es sein musste, zu verabschieden. Während des Ersten Weltkrieges hatte für Niemöller noch uneingeschränkt der Satz gegolten: »Wir hören (...) ein Kommando und sind verantwortlich dafür, dass es ausgeführt wird.« Nach 1945 hatte er erkannt: »Ein Mensch, der einem Befehl folgt, mit dem er einem anderen etwas antut, der hat den Menschen schon verraten. Es gibt keine Berufung auf den Befehl als Entschuldigung. Jeder ist für das, was er tut, auch verantwortlich. Leistet überall und immer tapferen Widerstand, wo es um den Menschen geht.«

Als Martin Niemöller am 6. März 1984 im Alter von 92 Jahren in Wiesbaden starb, hatte er einen weiten Weg hinter sich. Nicht nur vom U-Boot auf die Kanzel und ins Konzentrationslager, sondern noch weit darüber hinaus. Im Jahr 1976 wurde er Ehrenpräsident der deutschen Friedensgesellschaft, die mit der Vereinigung der Kriegsdienstverweigerer zur DFG/VK fusioniert hatte. Der einst kriegsbegeisterte U-Boot-Kommandant hatte sich also im Alter zum Pazifisten gewandelt. Seine Gegner, die er immer hatte, bis zuletzt, konstruierten aus diesen »Widersprüchen« seiner Biografie den dümmstmöglichen Vorwurf: »Charakterlosigkeit«.

Er selbst, den man nicht verteidigen musste, weil er sich stets selbst zu erwehren wusste, konterte mit dem Argument: »Daß ich meine Überzeugung in meinem Leben geändert habe, ich glaube, nicht aus Charakterlosigkeit, sondern weil ich dazugelernt habe –, dessen schäme ich mich nicht (...). Wir sollten darauf hoffen, daß auch die Leute, die uns augenblicklich führen, noch dazulernen können (...).«

Wie solch ein lebenslanges Dazulernen zu Frieden und Versöhnung und sogar in tiefgründigen Humor führen kann, davon zeugt ein hübscher Briefwechsel zwischen Martin Niemöller und Albert Schweitzer. In beider Leben gab es einmal einen Punkt, an dem sich ihre Wege kreuzten und beinah der eine den anderen umgebracht hätte. Albert Schweitzer wurde das bewusst, als er Niemöllers Buch *Vom U-Boot zur Kanzel* gelesen hatte.

Im Jahr 1958, als Niemöller sich in Deutschland gegen die Ausrüstung der Bundeswehr mit Atomwaffen stark machte, schrieb deshalb Schweitzer an Niemöller:

»Lieber Herr Niemöller, wo stand Ihr Unterseeboot im November 1917? Das Schiff, auf dem ich mit meiner Frau als Gefangener nach Europa befördert wurde, lag mit einem ganzen Konvoi im Hafen von Dakar und wagte sich nicht heraus, weil ein deutsches Unterseeboot davor läge. Nun habe ich vor längerer Zeit gelesen, daß Ihr Boot zu jener Zeit in jenen Gewässern sein Wesen gehabt habe. Es wäre mir interessant zu wissen, ob Sie mir wirklich einmal nach dem Leben getrachtet haben, was ich Ihnen natürlich im voraus verzeihen würde, christlicherweise.«

Niemöller antwortete: »Hochverehrter Herr Professor, ich war damals tatsächlich Erster Offizier auf U 151, und wir haben vor dem Hafen von Dakar unser Wesen oder Unwesen gehabt. Es ist aber nichts Ernsthaftes passiert bis auf eine Kanonenschießerei mit dem Dampfer Rhone. Das Schiff war aber für uns viel zu schnell.«

Darauf Schweitzer: »Lieber Herr Niemöller, Sie haben mir also tatsächlich aufgelauert und nach dem Leben getrachtet. Wenn es Ihnen geglückt wäre, hätten Sie jetzt einen braven Kumpanen weniger im Anti-Atom-Kampf. Da es sich schon so gefügt hat, wollen wir umso besser zusammenhalten.«

Die Vergangenheit vergeht nicht

Die Menschen und Ereignisse, über die in diesem Buch berichtet wird, scheinen einer versunkenen Zeit anzugehören, die mit der Welt von heute nichts mehr zu tun hat. 76 Jahre, mehr als ein Dreivierteljahrhundert, liegen zwischen dem Beginn der Hitler-Herrschaft und dem Erscheinen dieses Buches.

Für junge Menschen, die um das Jahr 1989 und später geboren wurden, ist schon der Fall der Mauer in Berlin etwas weit Zurückliegendes, das sie nicht selbst erlebt haben und darum der Geschichtsbücher und des Geschichtsunterrichts bedarf, um ihnen dieses Ereignis näherzubringen. Noch viel ferner ist ihnen die Nazi-Diktatur und deren Vorgeschichte. Weil das so fern ist, liegt es nahe zu denken: Lasst diese alten Geschichten ruhen. Wir haben nichts damit zu tun. Wir lassen uns nicht verantwortlich machen für Taten, die andere begangen haben, auch wenn diese anderen unsere Großeltern oder Urgroßeltern waren. Also lasst uns in Ruhe.

Auch diese selbst, die Alten, sagen schon lange und immer wieder: Lasst uns endlich einen Schlussstrich ziehen. Lasst und nach vorne schauen und was war, vergessen.

Das kann man machen. Es wird aber nicht helfen.

Das Vergangene wird sich um den gezogenen Schlussstrich nicht kümmern und immer wieder über ihn hinweg in unsere Gegenwart hineinfunken. Im Mai 2009 funkte es wieder. Da lernten wir in Deutschland einen neuen Namen aus dieser scheinbar fernen Vergangenheit buchstabieren: John Demjanjuk. Er wurde aus den Vereinigten Staaten nach Deutschland ausgeliefert, wo er wegen Verbrechen im Vernichtungslager Sobibor angeklagt werden soll. Die Staatsanwaltschaft München I wirft dem 89-Jährigen vor, zwischen März und September 1943 an der Ermordung von mindestens 29 000 Juden beteiligt gewesen zu sein.

Wenn der Prozess beginnt, wird abermals mithilfe letzter überlebender Zeugen und einem Gebirge von Akten aufgerollt werden, wie das damals war, in den Vernichtungslagern des Nazi-Reiches. Vielleicht wird das dann der letzte Prozess gegen einen mutmaßlichen NS-Verbrecher gewesen sein.

Und dann? Wird, wenn das Urteil gesprochen ist und die Kommentatoren ihr Urteil über das Urteil und den Prozess abgegeben haben, die »Akte Holocaust« endgültig geschlossen? Kann dann der von vielen so ersehnte Schlussstrich gezogen werden?

Das ist nicht zu erwarten, denn Geschichte vergeht nicht, ist immer gegenwärtig, scheint zwar irgendwo in den Archiven zu ruhen und in den Geschichtsbüchern zu schlummern, aber dann drängt sie sich von dort doch immer wieder auf vielfältige Weise in unseren Alltag hinein. Über die Nachrichten aus dem Nahen Osten zum Beispiel. Jedes Kind, das dort getötet wird, sei es ein israelisches oder ein arabisches, hängt durch eine Vergangenheit, die nicht vergehen will, mit diesen zwölf kurzen Jahren zusammen, in denen das Volk der Juden beinah ausgelöscht worden wäre. Nach diesem Völkermord und den bitteren Erfahrungen derer, die vor Hitler fliehen wollten und an zahlreichen Grenzen abgewiesen oder gar an die Nazis ausgeliefert wurden, wollten die Juden, um das nie mehr erleben zu müssen, eine sichere Zufluchtsstätte.

Dieser Wunsch hat wesentlich zur Gründung des Staates Israel mit beigetragen. Die Staatsgründung erfolgte gegen den Willen der dort ansässigen Araber und Palästinenser. Seitdem herrscht im Nahen Osten entweder Krieg oder Unfrieden, Frieden nie, bis heute nicht. Und wir Deutschen sind, ob wir es wollen oder nicht, noch heute und in Zukunft in alles verstrickt, was im Nahen Osten geschieht und geschehen wird. Ein Frieden liegt in weiter Ferne. Gute Ratschläge haben wir den verfeindeten Parteien nicht zu erteilen. Wenn wieder jemand umkommt in Israel oder Palästina, bleibt uns nur, die Toten zu bedauern, mit deren Angehörigen zu leiden und an den deutschen Anteil zu denken, der in diesem Leid steckt.

Permanent anwesend ist unsere Vergangenheit im Abwesenden. Es gibt kaum eine deutsche und kaum eine europäische Familie, die nicht unter dem Verlust von Vater, Mutter, Großvater, Großmutter, Bruder oder Schwester zu leiden hatte, weil die Männer tot auf den Schlachtfeldern des Zweiten Weltkriegs liegen blieben, in der Gefangenschaft umkamen oder weil die Frauen in den Bombennächten oder auf der Flucht ihr Leben ließen. Die Vertriebenen leiden bis heute unter der Abwesenheit ihrer Heimat. In den Erinnerungen, den Fotos an der Wand, auf der Kommode, in den Familien-Alben ist dieses Abwesende, sind die Abwesenden anwesend. Oder in der »Halle der Namen«, dem letzten Raum im Museum zur Geschichte des Holocaust in Yad Vashem.

Anwesend ist die Geschichte in den abwesenden Gebäuden des letzten Kriegs. Man sieht sie nicht mehr. Wo sie einst standen und unter den Bomben einstürzten und verbrannten, wurde meist Neues gebaut, aber eben daran erkennt man, dass es ein Ersatz ist für das Alte, das vor dem Krieg dort gestanden haben musste. Wie es ausgesehen haben könnte, davon bekommt man eine Ahnung, wenn die neuen Gebäude zwischen jenen alten stehen, die nicht zerstört wurden. Deutschen Häuserzeilen, Straßen, Plätzen, ganzen Stadtvierteln und Städten wurden in den Bombennächten Wunden geschlagen. Die Narben sind noch heute zu sehen.

Eine ganz andere Art von Abwesenheit bekommt Deutschland zu spüren durch die Vernichtung ihrer geistigen Elite. Deutschland war vor dem Krieg eine militärische, wissenschaftlich-technische und kulturelle Weltmacht. Deutsch war eine Sprache, die weltweit gesprochen wurde.

Das ist vorbei. Militärisch, wissenschaftlich, technisch, kulturell spielt Deutschland heute in der Welt nur noch Nebenrollen. Jene Elite, die Deutschland zu dem gemacht hatte, was es vor dem Krieg war, war nach dem Krieg nicht mehr da. Ein Teil dieser Elite wurde in Konzentrationslagern ermordet, ein zweiter Teil ist im Krieg gefallen, ein dritter Teil ins Ausland geflohen und dort geblieben. Die Sowjets haben nach dem Krieg Maschinen, Anlagen, ganze Fabriken in Ostdeutschland abgebaut, in Russland wieder aufgebaut, und die zugehörigen Ingenieure ebenfalls mitgenommen. So kam es, dass es die Russen waren, und nicht die Deutschen, die als Erste einen Satelliten ins All geschossen haben.

In den USA lebte vor und während des Krieges bereits jener Teil der technischen und kulturellen Intelligenz, der vor Hitler hatte fliehen müssen, Albert Einstein zum Beispiel. Nach dem Krieg wanderten weitere fähige Köpfe aus, auch solche, die dem Hitler-Regime gedient hatten, der Raketenspezialist Wernher von Braun. So kam es, dass es Amerikaner waren, die erstmals auf dem Mond landeten.

Was in Deutschland bis Kriegsbeginn an Wissen, Können, Erfindungsreichtum und Fantasie über Jahrhunderte aufgebaut wurde, ist innerhalb von zwölf Jahren zu einem großen Teil zerstört worden und konnte, eben weil die Eliten nicht mehr da waren, in dem Dreivierteljahrhundert nach Kriegsende nicht wiederhergestellt werden, kann wahrscheinlich nie wiederhergestellt werden. Die Lücke, die sie hinterließen, steckt heute in den fehlenden Innovationen unserer Wirtschaft. Die fehlenden Innovationen reißen Lücken in den Arbeitsmarkt und in die Staatskasse. Für die Sünden unserer Väter sind wir nicht verantwortlich, die Folgen haben wir trotzdem zu tragen.

Sogar in das alltägliche parteipolitische Einerlei, ins Kleinklein des Parteiengezänks funkt die Vergangenheit hinein und schmiedet daraus kleine Lokalpossen. In Erfurt streiten sich die Parteien des Thüringer Landtags über die Jürgen-Fuchs-Straße. Jürgen Fuchs war ein Gegner des DDR-Regimes, enger Freund von Robert Havemann und Wolf Biermann. Er saß im Stasi-Gefängnis, wurde aus der DDR ausgebürgert und starb eines frühen Todes. Seine Freunde behaupten, er sei im DDR-Gefängnis radioaktiv bestrahlt worden. Bewiesen ist das nicht, fest steht nur: Er war einer der führenden DDR-Oppositionellen und er starb früh an einem Krebsleiden.

Im Jahr 2002 ließ das Parlament von Thüringen die Straße vor dem Landtag in Jürgen-Fuchs-Straße umbenennen. Die Anschrift des Landtages in Erfurt heißt also korrekt nach dem Dichter und DDR-Dissidenten Jürgen Fuchs, und diese Adresse steht auf den Briefbögen der Fraktionen von CDU und SPD, nicht aber auf dem Briefpapier der Linkspartei. Diese verwendet den früheren Namen, die Arnstädter Straße 51. Nachdem sich Wolf Biermann darüber im Spiegel erregt hatte, erregte sich Bodo Ramelow, Spitzenkandidat der Thüringer Linken für die Landtagswahl 2009, über die CDU, die nach der Wende versucht hatte, die Käthe-Niederkirchner-Straße in Berlin Mitte umzubenennen. Käthe Niederkirchner wurde laut Ramelow von den Nazis im KZ umgebracht. Weil sie aber Kommunistin war und laut CDU »eindeutig das vorbereitet«, hatte, »was wir später in der DDR erfahren haben«, wollte die CDU einen anderen Straßennamen. Sie kam nicht durch damit.

Das Beispiel zeigt: Das Vergangene vergeht nicht. Die deutsche Teilung nach dem Krieg, die Existenz zweier deutscher Staaten über vier Jahrzehnte, die Frage, ob die DDR ein Unrechtsstaat war, ob die Opfer dieses Unrechtsstaats die Namen ihrer Peiniger öffentlich nennen dürfen, solche und ähnliche Dinge beschäftigen die Medien, die Gerichte, die Parteien und die Öffentlichkeit, obwohl die DDR seit 1989 nicht mehr existiert. Deshalb verlangen auch viele Bürger dieses untergegangenen Staates, vor allem die Helfer und Täter der Diktatur, nach so vielen Jahren das Vergangene nun ruhen zu lassen.

Auch sie werden lernen müssen, dass sich die Vergangenheit nicht entsorgen lässt – und dass man nur vorausschauen und sich orientieren kann, wenn man zurückblickt. Wer wissen will, wie es weitergeht und wo er hin soll, muss wissen, wo er herkommt und wo er steht.

Und wenn er der Wahrheit über das Vergangene nicht ins Gesicht sehen und alles Unangenehme verdrängen will, hat das oft Folgen, die nur noch peinlich, ja beschämend und beklemmend sind. Jahrzehntelang haben überlebende Zwangsarbeiter und KZ-Häftlinge aus Deutschland keinen Pfennig Entschädigung erhalten. Es musste erst peinlicher Druck auf deutsche Unternehmen im Ausland ausgeübt, es mussten Anwälte eingeschaltet werden, bis sich unser Staat und unsere Unternehmen dazu herabließen, den noch lebenden Opfern durch kleine symbolische Gesten und ein bisschen Geld entgegenzukommen – während die Witwen der Nazi-Richter und Nazi-Offiziere üppige Pensionen bis an ihr Lebensende erhielten.

Auch in dieser Angelegenheit funkte es wieder. Anfang Juni 2009 wurde bekannt, dass ein im Jahr 2002 verabschiedetes Gesetz zur Entschädigung von Nazi-Opfern offenbar nicht funktioniert. Das Gesetz sollte Juden, die von den Nazis in Osteuropa in Gettos gesperrt worden waren, für ihre damalige Arbeit einen Rentenanspruch zusichern.

Sieben Jahre später stellt sich heraus, dass die Rentenversicherungen von circa 70 000 Anträgen sehr alter NS-Opfer mehr als 90 Prozent als unzulässig abgelehnt haben – und dadurch mehr als zwei Milliarden Euro sparten. Der Grund: Die deutsche Rentenbürokratie verlangte ein Dreivierteljahrhundert nach Kriegsende von den hochbetagten Opfern Nachweise, Dokumente, Urkunden, die kaum ein ehemaliger Bewohner der Gettos liefern kann. Die Reihe solch beschämender Vorgänge wird vermutlich erst enden, wenn der letzte Überlebende gestorben ist.

Es gibt aber auch positive Entwicklungen, die man nicht verschweigen soll. Trotz aller Widerstände haben sich die meisten Deutschen ihrer Vergangenheit gestellt. Rechtsradikale und antisemitische Propaganda finden in den Medien kaum einen Widerhall und stoßen bei der Mehrheit der Bevölkerung auf wenig Resonanz. Rechtsradikale Parteien gelangen manchmal in Kommunal- und Länderparlamente, meistens aber nicht, und wo doch, bekämpfen sie sich oftmals gegenseitig, bedienen sich aus der Parteikasse und erledigen sich nicht selten von selbst, noch ehe eine Legislaturperiode zu Ende ist.

Natürlich gibt es einen braunen Bodensatz, spuken in vielen jungen und alten Köpfen noch immer oder schon wieder Ressentiments gegen Juden, Ausländer, Homosexuelle und andere Minderheiten. Aber dieser Bodensatz wird kaum genährt, denn er steht einer wachsamen Öffentlichkeit, kritischen Medien und einem schlagkräftigen Verfassungsschutz gegenüber.

Eltern und Lehrer besuchen mit ihren Kindern und Schülern Gedenkstätten, Museen und Gedenkveranstaltungen, von denen es in Deutschland immer mehr gibt. Eltern und Lehrer sehen sich mit Kindern und Jugendlichen Filme und Dokumentationen über die NS-Zeit an, die zumeist eine hohe Qualität haben. Die Historiker erforschen noch immer emsig und gründlich das Dritte Reich und den Weg in dieses Reich. Trotz heftiger Propaganda und größter Anstrengungen haben Rechtsradikale in Deutschland kaum eine Chance. Man kann hier ruhig einmal sagen: Die Deutschen in ihrer Mehrheit sind in den letzten sechzig Jahren zu überzeugten Demokraten gereift. Die Demokratie ist in diesem Land und deren Köpfen fest verankert und mit dem braunen Bodensatz, den es im Übrigen auch in anderen Ländern, besonders in Osteuropa, gibt, wird dieses Land schon fertig. Die Wachsamkeit darf allerdings nie nachlassen, das versteht sich von selbst.

Der Gedanke, dass unsere Demokratie doch ziemlich stabil ist, hatte ebenfalls im Mai 2009 seinen Niederschlag gefunden. Da wurden wir nicht nur durch Demjanjuk an unsere bedrückende Geschichte erinnert, sondern auch an eine glückliche, gelungene Geschichte. Deutschland feierte den 60. Geburtstag des Grundgesetzes, und dieses Gesetz ist ein echter Glücksfall, ein Kleinod, ein Schatz, den es zu hüten gilt, denn wer so alt ist wie unsere Verfassung und im Westen Deutschlands geboren wurde, wird dank dieser Verfassung von sich sagen können, in seinem ganzen Leben nie etwas anderes kennengelernt zu haben als Frieden in Freiheit und mit wachsendem Wohlstand.

Nie wurde die westdeutsche Nachkriegsgeneration vor die Wahl gestellt, Mitglied einer verbrecherischen Organisation zu werden, oder im Fall der Weigerung Nachteile im Beruf und im Privatleben hinnehmen zu müssen. Nie mussten die Angehörigen dieser Generation um ihr Leben fürchten, weil es einem Nachbarn gefallen hätte, sie wegen einer Lappalie zu denunzieren. Nie mussten sie sich wegen ihres Glaubens, ihrer Herkunft oder ihrer Rasse vor Verfolgung fürchten. Nie mussten sie ihr Leben riskieren im Widerstand gegen eine totalitäre Macht. Auch der Kelch der Stasi ist an den Westdeutschen vorbeigegangen. Glücklich das Land, das keine Helden nötig hat – die Westdeutschen leben seit ihrer Geburt in solch einem Land. Das Einzige, was einem hier abverlangt wird, ist ein bisschen Zivilcourage am Arbeitsplatz, in der Schule, am Stammtisch und in der Öffentlichkeit.

Mit den Bürgern der untergegangenen DDR, die später dazukamen, leben die Deutschen heute in einer Friedens- und Wohlstandszone, die von Irland bis in die Ägäis und vom Nordkap bis Malta reicht. Dass Deutsche, Engländer und Franzosen jemals wieder aufeinander schießen, ist nach heutigem Ermessen praktisch ausgeschlossen. Wer das vor hundert Jahren prophezeit hätte, hätte sich als Utopist und Traumtänzer lächerlich gemacht. Heute erscheint uns diese erstaunliche Leistung schon als so selbstverständlich, dass unser Verdruss über Brüssel und die Eurokratie größer ist als unser freudiges Erstaunen über den 60-jährigen Frieden in Europa.

Er ist allerdings das Ergebnis des Schocks über die großen Katastrophen des blutigen 20. Jahrhunderts. Zwei Weltkriege, der Holocaust, Hitler und Stalin, Massenmörder wie es sie noch nie gegeben hat – das alles scheint es gebraucht zu haben, um Deutsche und Europäer zur Vernunft zu bringen.

Jetzt ist es geschafft. Aber jetzt geht es darum, die erfreulichen 60 Jahre, die gefeiert wurden, in die Zukunft zu verlängern. Wenn sich dafür aus der Vergangenheit etwas lernen lässt, dann dies, dass die Demokratie Demokraten braucht. Demokratien können an Demokratenmangel zugrunde gehen. Demokratenmangel beginnt mit der mangelnden Bereitschaft, sich über öffentliche Angelegenheiten zu informieren. Wenn zu viele zu wenig wissen wollen, dann ist die Demokratie in Gefahr.

Sie kann schon in Gefahr geraten allein dadurch, dass zu viele iPod-verstöpselte Ohren zur Abschaltung der Köpfe führen. Sie kann in Gefahr geraten, wenn zu viele Köpfe in Chatrooms, in Facebook, in Computerspielen, vor der Glotze und am Handy hängen und keine Zeit mehr bleibt, sich darüber zu informieren, was eigentlich los ist in der Welt. Fernsehen und Internet reichen als Informationsquelle nicht. Zeitung und Buch bleiben auch in Zukunft unerlässlich. Demokratie und Schrift gehören zusammen.

»Nichts kommt von selbst«, hat Willy Brandt einmal gesagt, »alles muss erkämpft werden, und was einmal erkämpft wurde, ist immer gefährdet und selten von Dauer.« Demokratie, Menschenrechte, Freiheit, Gleichheit, das sind keine Selbstverständlichkeiten, sondern schwer erkämpfte Errungenschaften. Sie bleiben uns nur erhalten, wenn wir sie pflegen, wenn wir uns um unsere Demokratie kümmern. Das Kümmern beginnt mit dem Bemühen um Wissen, Wahrheit, Aufklärung, Information – und Erinnern.

Vorschläge zur Unterrichtsgestaltung mit »Mutige Menschen – Widerstand im Dritten Reich«

Folgende Fragen sind Anregungen zu einer Projekt- und/oder Gruppenarbeit zum Thema Nationalsozialismus und Widerstand. Es geht dabei darum herauszuarbeiten und zu vertiefen, wie die Geschehnisse in der Vergangenheit das Leben der Schüler und deren Umgebung heute noch beeinflussen. Die Ergebnisse können in Form von Referaten oder Hausarbeiten präsentiert werden.

Recherchieren Sie zu folgenden Themen und präsentieren Sie die Ergebnisse:

▶ *Wie ist das Zitat von Imre Kertész, das dem Buch vorangestellt ist (S. 5), zu verstehen? Setzen Sie es in Beziehung zu den Porträts.*

▶ *Gibt es in Ihrer unmittelbaren näheren Umgebung ebenfalls »mutige Menschen«, die durch Widerstand in welcher Form auch immer gegen das nationalsozialistische Regime oder durch Hilfestellung für Bedrängte aufgefallen sind? Stellen Sie diese Personen vor.*

Folgende Arbeitsaufträge beziehen sich auf das Kapitel *Die Vergangenheit vergeht nicht*:

▶ *Der Autor schreibt von der »Abwesenheit« vieler Personen und Dinge aufgrund des Nationalsozialismus und des 2. Weltkriegs. Ergänzen Sie diese Liste für Deutschland und ganz konkret für Ihre nähere Umgebung.*

▶ *Inwieweit hat sich Ihr Heimatort (oder ein Ort in der näheren Umgebung) nach dem Krieg verändert, in Bezug auf Städtebau, Bevölkerung, Politik?*

293

▶ Recherchieren Sie, welche »fähigen Köpfe« aus der technischen und kulturellen Intelligenz (S. 286) während und nach dem Krieg auswanderten und welche »Innovationen« diese Auswanderer einbrachten.

▶ Woran macht Christian Nürnberger im letzten Kapitel die Stabilität unserer Demokratie fest? Vergleichen Sie Nürnbergers Einschätzung mit der Aussage von Verteidigungsminister zu Guttenberg, dass sich Afghanistan nicht als Vorzeigedemokratie nach unseren Maßstäben eignet.

Literaturverzeichnis

Allgemein zur Geschichte und Vorgeschichte des »Dritten Reichs«

Bracher, Funke, Jacobsen (Hrsg.): Nationalsozialistische Diktatur 1933-1945. Eine Bilanz, Schriftenreihe der Bundeszentrale für politische Bildung, Band 192, Bonn 1983

Bullock, Alan: Hitler. Eine Studie über Tyrannei, Droste, Düsseldorf 1969

Bundeszentrale für politische Bildung: Deutscher Widerstand 1933-1945. Informationen zur politischen Bildung (Heft 243), Bonn 2004, unter http://www.bpb.de/publikationen/023183464460469814505568712602211,,0, Deutscher_Widerstand_19331945.html

Enzensberger, Hans Magnus: Hammerstein oder Der Eigensinn. Eine deutsche Geschichte, Suhrkamp, Frankfurt am Main 2008

Fest, Joachim C.: Hitler. Band 1: Der Aufstieg, Band 2: Der Führer, Ullstein, Frankfurt 1978

Fest, Joachim C: Staatsstreich. Der lange Weg zum 20. Juli, btb-Verlag, München 1997

Fest, Joachim C: Der Untergang. Hitler und das Ende des Dritten Reiches, Alexander-Fest-Verlag, Berlin 2002

Giordano, Ralph: Die Traditionslüge. Vom Kriegerkult in der Bundeswehr, Kiepenheuer und Witsch, Köln 2000

Glaser, Hermann: Spießer-Ideologie. Von der Zerstörung des deutschen Geistes im 19. und 20. Jahrhundert und dem Aufstieg des Nationalsozialismus, Fischer, Frankfurt am Main 1985

Klemperer, Viktor und Nowojski, Walter: Ich will Zeugnis ablegen bis zum letzten. Tagebücher 1933-1945, 8 Bde., Aufbau, Berlin 2006

Leuschner, Joachim (Hrsg.): Deutsche Geschichte, Digitale Bibliothek 151, Directmedia, Berlin 2006

Ortner, Helmut: Der Hinrichter. Roland Freisler – Mörder im Dienste Hitlers, Steidl, Göttingen 1996

Overesch, Manfred und Saal, Friedrich Wilhelm: Deutsche Geschichte von Tag zu Tag. 1918-1949, Digitale Bibliothek Band 39, Directmedia, Berlin 2000

Strauch, Dietmar: Ihr Mut war grenzenlos. Widerstand im Dritten Reich, Beltz & Gelberg, Weinheim 2006

Ueberschär, Gerd R. (Hrsg.): Der deutsche Widerstand gegen Hitler. Wahrnehmung und Wertung in Europa und den USA, Wissenschaftliche Buchgesellschaft, Darmstadt 2002

Ueberschär, Gerd R.: Für ein anderes Deutschland. Der deutsche Widerstand gegen den NS-Staat 1933-1945. Fischer, Frankfurt am Main 2006

zu Dietrich Bonhoeffer

Bethge, Eberhard: Dietrich Bonhoeffer. Rowohlt Bildmonographien, Reinbek 2006

Bonhoeffer, Dietrich: Widerstand und Ergebung. Briefe und Aufzeichnungen aus der Haft, Gütersloher Verlagshaus, Gütersloh 2002

Bonhoeffer, Dietrich und Wedemeyer, Maria von: Brautbriefe Zelle 92. Dietrich Bonhoeffer – Maria von Wedemeyer 1943–1945, München 2006

Gremmels, Christian und Huber, Wolfgang (Hrsg.): Dietrich Bonhoeffer Auswahl 1927–1945, sechs Bände, Gütersloher Verlagshaus, Gütersloh 2006

Wind, Renate: Dem Rad in die Speichen fallen. Die Lebensgeschichte des Dietrich Bonhoeffer, Gütersloher Verlagshaus, Gütersloh 2003

zu Willy Brandt

Brandt, Willy: Links und frei. Mein Weg 1930–1950, Hoffmann und Campe, Hamburg 1982

Brandt, Willy: Erinnerungen. Spiegel Edition 15, Spiegel-Verlag, Hamburg 2006

Merseburger, Peter: Willy Brandt. Visionär und Realist, DVA, München 2006

zu Georg Elser

Ortner, Helmut: Der Attentäter. Georg Elser – der Mann, der Hitler töten wollte, Steidl, Göttingen 1993

Steinbach, Peter und Tuchel, Johannes: Georg Elser, be.bra wissenschaft, Berlin 2008

Steinbach, Peter und Tuchel, Johannes: Georg Elser. »Ich habe den Krieg verhindern wollen«, unter: http://www.georg-elser.de/dok/index.html, Gedenkstätte Deutscher Widerstand 2001, eine gemeinsame Initiative der Bundeszentrale für politische Bildung, von Landeszentralen für politische Bildung und der Gedenkstätte Deutscher Widerstand

zu Mildred Harnack

Blair Brysac, Shareen: Mildred Harnack und »Die Rote Kapelle«. Die Geschichte einer ungewöhnlichen Frau und einer Widerstandsbewegung, Scherz, Bern 2003

Höhne, Heinz: Kennwort Direktor. Die Geschichte der Roten Kapelle, S. Fischer, Frankfurt am Main 1991

zu Robert Havemann

Hannemann, Simone: Robert Havemann und die Widerstandsgruppe »Europäische Union«. Eine Darstellung der Ereignisse und deren Interpretation nach 1945. Schriftenreihe der Robert-Havemann-Gesellschaft, Berlin 2001

Havemann, Florian: Havemann, Suhrkamp, Frankfurt am Main 2007

Havemann, Katja und Widmann, Joachim: Robert Havemann oder Wie sich die DDR erledigte, Ullstein, Berlin 2003

Weitere Quellen bei der Website der Robert-Havemann-Gesellschaft: http://www.havemann-gesellschaft.de/

Literaturverzeichnis

zu Fritz Kolbe

Delattre, Lucas: Fritz Kolbe. Der wichtigste Spion des Zweiten Weltkriegs, Piper, München 2005

Fischer, Joschka: Rede von Bundesaußenminister a. D. Fischer anlässlich der Gedenkveranstaltung zu Ehren von Fritz Kolbe (1900–1971), Angehöriger des Auswärtigen Dienstes von 1925–1945, aktiver Widerstandskämpfer gegen den Nationalsozialismus, 9.9.2004, unter http://www.auswaertiges-amt.de/diplo/de/Amt/PolitischesArchiv2009/HistorischeDokumente/Widerstand.html und http://archiv.bundesregierung.de/bpaexport/artikel/04/711804/multi.htm

zu Janusz Korczak

Korczak, Janusz: Wie man ein Kind lieben soll, Vandenhoeck & Ruprecht, Göttingen 1971

Neudeck, Rupert und Ruegenberg, Lukas: Janusz Korczak. Der König der Kinder, Butzon & Bercker, Kevelaer 2008

Pelzer, Wolfgang: Janusz Korczak. Rowohlt Monographie, Reinbek 2007

Weitere Quellen unter http://www.janusz-korczak.de/ und http://www.korczak.com/korczak.htm

zu Helmuth James von Moltke

Brakelmann, Günter: Helmuth James von Moltke. 1907–1945, Eine Biographie, C. H. Beck, München 2007

Moltke, Freya von: Erinnerungen an Kreisau 1930–1945, C. H. Beck, München 2006
Außerdem: http://www.kreisau.de/kib/Kreis/Mitglieder/hjm/hjm. htm

zu Martin Niemöller

Bentley, James: Martin Niemöller. Eine Biographie, C. H. Beck, München 1985

Oeffler, Prolingheuer, Schuck, Werner, Wischnath (Hrsg.): Martin Niemöller. Ein Lesebuch, Pahl-Rugenstein, Köln 1989

Schreiber, Matthias: Martin Niemöller. Rowohlt Monographie, Reinbek 2008

Stöhr, Martin: Martin Niemöller – Streiten für den Menschen, Vortrag am 2. 7. 2007 im Hessischen Ministerium für Wissenschaft und Kunst

Weitere Quellen unter http://www.martin-niemoeller-stiftung.de/

zu Sophie Scholl

Bassler, Sibylle: Die Weiße Rose. Zeitzeugen erinnern sich, Rowohlt, Reinbek 2006

Hartnagel, Fritz: Damit wir uns nicht verlieren. Briefwechsel 1937–1943, Fischer, Frankfurt am Main 2008

Scholl, Hans und Sophie (hrsg. von Inge Jens): Briefe und Aufzeichnungen, S. Fischer, Frankfurt am Main 1984

Vinke, Hermann: Das kurze Leben der Sophie Scholl. Ravensburger Buchverlag, Ravensburg 2005

Weitere Quellen unter http://www.weisse-rose-stiftung.de/ und http://www.bpb.de/themen/HKQ6B3,0,0,Sophie_Scholl_und_die_Wei%DFe_Rose.html

zu Irena Sendler

Hans, Barbara: Schindlers unbekannte Schwester, in: Der Spiegel, 18.03.2007
Mieszkowska, Anna: Die Mutter der Holocaust-Kinder. Irena Sendler und die geretteten Kinder aus dem Warschauer Ghetto, DVA, München 2007
  Außerdem: http://www.irenasendler.org/

zu Claus Schenk Graf von Stauffenberg

Hoffmann, Peter: Claus Schenk Graf von Stauffenberg. Die Biographie, Pantheon, München 2008
Krockow, Christian Graf von: Eine Frage der Ehre. Stauffenberg und das Hitler-Attentat vom 20. Juli, Rowohlt, Reinbek 2004
Ueberschär, Gerd R.: Stauffenberg. Der 20. Juli 1944, S. Fischer, Frankfurt am Main 2004

In dieser Reihe als Schulausgabe ebenfalls erschienen:
Mutige Menschen – für Frieden, Freiheit und Menschenrechte

Nürnberger, Christian:
Mutige Menschen – Widerstand im Dritten Reich
ISBN 978 3 522 30213 5

Innenillustrationen: Katharina Bußhoff
Einbandgestaltung und -typografie: init. büro für gestaltung, Bielefeld
Texttypografie: Sabine Conrad
Schrift: Eidetic
Satz: KCS GmbH, Buchholz/Hamburg
Reproduktion: Medienfabrik, Stuttgart
Druck und Bindung: Friedrich Pustet, Regensburg
© der Originalausgabe 2009 by Gabriel Verlag
(Thienemann Verlag GmbH), Stuttgart/Wien
© dieser Schulausgabe 2010 by Gabriel Verlag
(Thienemann Verlag GmbH), Stuttgart/Wien
Printed in Germany. Alle Rechte vorbehalten.

5 4 3 2 1° 10 11 12 13

www.gabriel-verlag.de

Christian Nürnberger

Mehr mutige Menschen

Mutige Menschen –
für Frieden, Freiheit und Menschenrechte

304 Seiten · Schulausgabe
ISBN 978 3 522 30184 8

Mutig sind sie: die Menschen, die sich einsetzen für Frieden, Freiheit und Menschenrechte. Sie riskieren viel, bringen sich dadurch sogar in Gefahr. Und ob sich ihr Einsatz lohnen wird, wissen sie im Voraus nicht. Aber sie wollen etwas verändern.

Christian Nürnberger erzählt von Frauen und Männern, die Mut zeigen: Mut, die Dinge anders zu sehen, Mut, etwas Neues zu wagen, Mut, mit der bisherigen Tradition zu brechen oder einer Übermacht die Stirn zu bieten: Ayaan Hirsi Ali · Peter Benenson · Bärbel Bohley · Bartolomé de Las Casas · Mahatma Gandhi · Martin Luther · Nelson Mandela · Wangari Muta Maathai · Rosa Parks · Anna Politkowskaja · Alice Schwarzer · Bertha von Suttner

www.gabriel-verlag.de

Alois Prinz
Wer bin ich –
und was kann ich bewirken?

Mehr als du denkst
208 Seiten
ISBN 978 3 522 30161 9

Alois Prinz erzählt von Menschen, die an ihre Grenzen kamen, sich nicht mehr zufrieden geben wollten mit der bestehenden Situation und sich auf die Suche machten. Von Menschen, die alle auf ihre Weise erlebt haben, dass etwas gänzlich Neues ins Spiel kam. „Wer die Wahrheit sucht, der sucht Gott, ob es ihm klar ist oder nicht", so fasst es Edith Stein zusammen.

Wendepunkte im Leben von: Aurelius Augustinus, Franz von Assisi, Teresa von Avila, Martin Luther, Jesus von Nazareth, Blaise Pascal, Dorothee Sölle, Edith Stein, Elisabeth von Thüringen, Simone Weil

www.gabriel-verlag.de